D1695831

Schriftenreihe

Studien zum Immobilienrecht

Band 15

ISSN 1868-0364

Verlag Dr. Kovač

Bauträgerverträge in England und Deutschland

Dissertation
zur Erlangung des Grades eines Doktors der Rechte
der Rechts- und Wirtschaftswissenschaftlichen Fakultät
der Universität Bayreuth

Vorgelegt
von
Raphael Beermann
aus
Warendorf

Dekan: Prof. Dr. Martin Leschke
Erstberichterstatter: Prof. Dr. Martin Schmidt-Kessel
Zweitberichterstatter: Prof. Dr. Jessica Schmidt, LL.M. (Nottingham)
Tag der mündlichen Prüfung: 10. April 2017

Raphael Beermann

Bauträgerverträge in England und Deutschland

Verlag Dr. Kovač

Hamburg 2018

VERLAG DR. KOVAČ GMBH
FACHVERLAG FÜR WISSENSCHAFTLICHE LITERATUR

Leverkusenstr. 13 · 22761 Hamburg · Tel. 040 - 39 88 80-0 · Fax 040 - 39 88 80-55

E-Mail info@verlagdrkovac.de · Internet www.verlagdrkovac.de

Bibliografische Information der Deutschen Nationalbibliothek
Die Deutsche Nationalbibliothek verzeichnet diese Publikation
in der Deutschen Nationalbibliografie;
detaillierte bibliografische Daten sind im Internet
über http://dnb.d-nb.de abrufbar.

ISSN: 1868-0364
ISBN: 978-3-8300-9663-4

Zugl.: Dissertation, Universität Bayreuth, 2017

© VERLAG DR. KOVAČ GmbH, Hamburg 2018

Meiner Familie

Vorwort

Diese Arbeit wurde vom Fachbereich Rechtswissenschaft der Universität Bayreuth im Sommersemester 2017 als Dissertation angenommen. Rechtsprechung und Literatur zum deutschen Recht konnten bis zum Januar 2018 und zum englischen Recht weitestgehend bis zum März 2017 berücksichtigt werden.

An erster Stelle danke ich meinem Doktorvater, Herrn Prof. Dr. Martin Schmidt-Kessel, ganz herzlich für die Betreuung dieser Arbeit und die wertvollen Einzelgespräche gerade in der Schlussphase der Bearbeitung. Sehr dankbar bin ich ihm auch für die Möglichkeit zur Teilnahme an den zahlreichen, spannenden Seminaren und internationalen Tagungen, die er mit großem Engagement nachhaltig geprägt hat. Dies war nicht nur akademisch bereichernd und wird mir immer in Erinnerung bleiben. Ich danke weiter Frau Prof. Dr. Jessica Schmidt, LL.M. (Nottingham) für die schnelle Anfertigung des Zweitgutachtens.

Mein tiefster Dank gilt meiner lieben Familie, meiner Mutter Maria, meinem Vater Reinhard, meinen Geschwistern Dominik und Sophia. Euch und insbesondere dem Andenken meines Vaters ist diese Arbeit gewidmet; ihr wart und seid mein starkes Fundament und das Fundament dieses Werks.

Ich danke weiter meinen engen Freunden und besonders auch der wunderbaren Constanze von Roeder für die so wichtige Aufmunterung, das Bestärken, manches Kopfschütteln und vor allem die Gelassenheit, die ich immer wieder bei Euch finden konnte.
Schließlich danke ich auch Herrn Siegfried Muke herzlich für die engagierte und akribische Durchsicht meiner Arbeit, die deutlich über die Pflichten eines ohnehin hervorragenden Nachbarn hinausging.

Berlin, im März 2018

Literaturverzeichnis

Abbey, Robert/ Richards, Mark: Property Law Handbook, 2nd edition, Oxford 2009.

- A practical approach to Conveyancing, 12th edition, Oxford 2010.

Adams, J.E.: The Standard Conditions of Sale (first edition) – a critique, Conveyancer and Property Lawyer 1990, S. 179.

Adriaanse, John: Construction Contract Law: The Essentials, 2nd edition, Hampshire, New York 2007.

Ampferl, Hubert: Insolvenz des Bauträgers, ZWE 2006, S. 214.

Armbrüster, Christian: Treuwidrigkeit der Berufung auf Formmängel, NJW 2007, S. 3317.

Austen-Baker, Richard: Länderbericht England in: Rechtsvergleichende Unter-suchung zu Kernfragen des privaten Bauvertragsrechts, Filderstadt 2008.

Bamberger, Heinz Georg/ Roth, Herbert (Hrsg.): Beck'scher Online Kommentar zum BGB, 44. Edition, München 2017.

Bärmann, Johannes/ Pick, Eckhart: Wohnungseigentumsgesetz, Gesetz über das Woh-nungseigentum und das Dauerwohnrecht, Kommentar, 18. Auflage, München 2007.

Basty, Gregor: Der Bauträgervertrag, 9. Auflage, Köln, München 2018.

- DNotZ 2008, Forderungssicherungsgesetz und Bauträgervertrag, S. 891.

Battersby, Graham/ Kidwell, Raymond/ Iwi, David/ Black, Alastair: Halsbury's Law of England, Vol. 42, 4th edition, London 1976.

Baumann, Wolfgang/ Fabis, Henrich: Totgesagte leben länger – Zur voreiligen Beerdi-gung des Bauträgervertrages, RNotZ 2001, S. 101.

Beale, H. G. (Hrsg.): Chitty on Contracts, Volume I, General Principles, 30th edition, London 2008.

- Chitty on Contracts, Volume II, Specific Contracts, 30th edition, London 2008.

Beatson, Jack/ Burrows, Andrew/ Cartwright, John: Anson's Law of Contract, 30th edi-tion, Oxford 2016.

Bernstorff, Christoph Graf von: Einführung in das englische Recht, 4. Auflage, München 2011.

Böhringer, Walter: Das deutsche Grundbuchsystem im internationalen Rechtsvergleich, BWNotZ 1987, S. 25.

Braun, Eberhard (Hrsg.): Insolvenzordnung, Kommentar, 6. Auflage, München 2014.

Bright, Susan/ McFarlane, Ben: Proprietary Estoppel and Property Rights, Cambridge Law Journal 2005, S. 449.

Britton, Philip: Consultants' certificates: liability to the homeowner?, Const. L.J. 2012, 28(6), S. 452.

Britton, Philip/ Fairweather, Mark: The walk to paradise gardens: Construction defects in residential developments, verfügbar unter: www.blpinsurance.com (letzter Abruf im Januar 2018).

Brown, Rod: UK Real Estate – Conveyancing, in: Rechtsfragen der Immobilienfinanzierung, 2006, S. 24.

Bruce-Radcliffe, Godfrey: Development and the Law, London, New York 2005.

Butt, Paul: Commercial Property, Guildford 2010.

Cuckson, David: The hazards of buying and selling contaminated land, I.C.C.L.R. 1992, 3(8), S. 278.

Dierkes, Holger: Sicherungspflichten des Bauträgers in Spanien und Deutschland (Diss.), Frankfurt am Main 2007.

Dixon, Martin: What sort of land registration system?, The Conveyancer and Property Lawyer 2012, 5, S. 349.

-      Confining and defining proprietary estoppels: the role of unconscionability, Legal Studies, Vol. 30 No. 3 September 2010, S. 408.

Dowling, Alan: The Vendor's Duty of Care between Contract and Completion, The Cambrian Law Review 1990, S. 33.

Duckworth, Neil/ Rodell, Anne: Property Law and Practice, Guildford 2009.

Fleming, Hazel: Fitness for purpose: the implied design obligation in construction contracts, Const. L.J. 1997, 13(4), S. 227.

Frank, Susanne (Hrsg.)/ Wachter, Thomas (Hrsg.): Handbuch Immobilienrecht in Europa, Zivil- und steuerrechtliche Aspekte des Erwerbs, der Veräußerung und der Vererbung von Immobilien, Heidelberg 2004.

Franzmann, Till: Sicherer Immobilienerwerb durch Notar und Grundbuch, MittBayNot 2009, S. 346.

Ganten, Hans/ Jagenburg, Walter/ Motzke, Gerd: Vergabe- und Vertragsordnung für Bauleistungen Teil B, 3. Auflage, München 2013.

Goff of Chievely, Robert Goff/ Jones, Gareth H.: The law of restitution, 8th edition, London 2010.

Gottwald, Stefan/ Steer, Christian: Teilweise Rückerstattung der Grunderwerbsteuer bei Insolvenz des Bauträgers?, MittBayNot 2005, S. 278.

Gray, Kevin/ Gray, Susan Francis: Elements of Land Law, 5th edition, Oxford, New York 2009.

Grziwotz, Herbert: Kommentar zur Makler- und Bauträgerverordnung, 2. Auflage, Köln 2012.

Hansen, Ewald/ Nitschke, Volker/ Brock, Harald: Bauträgerrecht, Planung – Finanzierung – Vertrag – Abwicklung, Neuwied 2006.

Harpum, Charles: Selling without title: a vendor's duty of disclosure? Law Quarterly Review 1992 (108) Apr, S. 280.

Havard, Timothy: Contemporary Property Development, 2nd edition, London 2008.

Hochberg, Daniel: Misrepresentation in property transactions, A paper presented to the Property Litigation Association Autumn Training Day at the Royal Society of Medicine on 2 October 2007, frei verfügbar unter: http://www.pla.org.uk/images/uploads/library_documents/notesHOCHBERGweb.pdf (letzter Abruf Januar 2018).

Hoffmann, Bernd von: Das Recht des Grundstückskaufs, Eine rechtsvergleichende Untersuchung (Habil.), Tübingen 1982.

Jansen, Christian: Towards a European Building Contract Law (Diss.), Tilburg 1998.

Jansen, Christian/ Harrison, Reziya: Good Faith in Construction Law: The Inaugural King's College Construction Law Lecture, Const. L.J. 1999, S. 346.

Jauernig, Othmar (Hrsg.): Bürgerliches Gesetzbuch – Kommentar, 16. Auflage, München 2015.

Johnson, David: Defective premises law: time for remedial works?, Const. L.J. 2012, 28(2), S. 132.

Joussen, Edgar: Sicherungsumfang einer MaBV-Bürgschaft, NZBau 2011, S. 275.

Kapellmann, Klaus D./ Messerschmidt, Burkhardt: VOB Teile A und B, 6. Auflage, München 2018.

Kessel, Christian: Erwerb und Besitz einer Immobilie in England und Wales, in: Haus- und Grundbesitz im Ausland, Gruppe 4/L, Freiburg 1996.

Kniffka, Rolf/ Koeble, Wolfgang, Kompendium des Baurechts, 4. Auflage, München 2014.

Kniffka, Rolf (Hrsg.): IBR-Online-Kommentar Bauvertragsrecht, Mannheim, letzte Aktualisierung 12.05.2017.

Köhler, Helmut: Zur Rechtsnatur der Mängelhaftung bei der Veräußerung neu errichteter Bauwerke, NJW 1984, S. 1321.

Kopp, Beate: Immobilienerwerb und -vererbung in England, MittBayNot 2001, S. 287.

Kulick, Reinhard: Auslandsbau, 2. Auflage, Wiesbaden 2010.

Locher, Jorst/ Locher, Ulrich: Das private Baurecht, 8. Auflage, München 2012.

McFarlane, Ben: Promises, Promises… Proprietary Estoppel after *Yeoman's Row Management Ltd v Cobbe* (2008); verfügbar unter: www.propertybar.org.uk/library (letzter Abruf Januar 2018).

McFarlane, Ben: Proprietary Estoppel and Third Party Rights after the Land Registration Act 2002, Cambridge Law Journal 2003, S. 661.

McFarlane, Ben/ Hopkins, Nicholas/ Nield, Sarah: Land Law – Text, Cases, and Materials, 1st edition, Oxford, New York 2009.

McGregor, Harvey: McGregor on Damages, 18th edition, London 2009.

Medicus, Dieter/ Jensen, Peter: Bürgerliches Recht, 26. Auflage, Köln 2017.

Medicus, Dieter/ Lorenz, Stephan: Schuldrecht II: Besonderer Teil, 17. Auflage, Köln 2014.

Megarry, Robert/ Wade, William: The Law of Real Property, 8th edition, London 2012.

Mehrings, Josef: Einbeziehung der VOB in den Bauträgervertrag, NJW 1998, S. 3457.

Messerschmidt, Burkhard/ Voit, Wolfgang, Privates Baurecht, 2. Auflage 2012.

Monreal, Udo: Die Sicherheit gemäß § 632a BGB in der notariellen Praxis, DNotZ 2015, S. 317.

Mundt, Achim: Baumängel und der Mängelbegriff des BGB-Werkvertragsrechts nach dem Schuldrechtsmodernisierungs-gesetz, NZBau 2003, S. 73.

Murray, Peter L.: Real Estate Conveyancing in 5 European Union Member States – A Comparative Study (2007), verfügbar unter: http://www.deutschernotarverein.de/_files/Aktuelles/murrayreportfinal310807en.pdf (letzter Abruf Januar 2018).

Müschner, Michael: Grundzüge und aktuelle Problemfelder der MaBV und ihre Auswirkungen auf die Bauträgerfinanzierung, Zeitschrift für Bank- und Kapitalmarktrecht 2003, S. 815.

Myers, Danny: Economics and Property, 2nd edition, London 2006.

O'Connor, Pamela: Be careful what you wish for: positive freehold covenants, Conv. 2011, 3, S. 191.

O'Sullivan, Janet: Building Contracts – Is there a concurrent liability in tort? Cambridge Law Journal 2011, S. 291.

Odersky, Felix: Länderbericht Großbritannien in: Nomos Kommentar BGB, Sachenrecht Band 3: §§ 854 -1296, 3. Auflage 2013.

Pape, Gerhard/ Uhlenbrock, Wilhelm/ Voigt-Salus, Joachim: Insolvenzrecht, 2. Auflage, München 2010.

Partington, David: Implied covenants for title in registered freehold land, Conv. 1989, Jan/Feb, S. 18.

Pause, Hans-Egon: Bauträgerkauf und Baumodelle, 5. Auflage, München 2011.

Pawlowski, Mark/ Brown, James: Contracts for the Sale of Land and Personal Property: The Equitable Interests of the Purchaser, Nottingham L.J. 2011, S. 38.

Pielow, Johann-Christian (Hrsg.): Beck'scher Online Kommentar zum Gewerberecht, Edition 40, München 2017.

Preussner, Matthias/ Kandel, Roland/ Jansen, Günther: Beck'scher Online Kommentar zur VOB/B, Edition 29, 2017.

Reithmann, Christoph: Erwerber, Bauträger, Bank – Interessenausgleich im Bauträgervertrag, NJW 1997, S. 1816.

Rogers, William V.H.: Winfield and Jolowicz on Tort, 17th edition London 2006.

Säcker, Franz Jürgen/ Rixecker, Roland/ Oetker, Hartmut/ Limpberg, Bettina (Hrsg.): Münchener Kommentar zum BGB, Band 1, Allgemeiner Teil §§ 1 – 240, 7. Auflage, München 2015; Band 2, Schuldrecht Allgemeiner Teil §§ 241 – 432, 7. Auflage, München 2016; Band 3, Schuldrecht Besonderer Teil I, §§ 433 – 534, 7. Auflage, München 2016; Band 5/1, Schuldrecht Besonderer Teil III/1, 7. Auflage, München 2018; Band 7, Sachenrecht, §§ 854 – 1296, 7. Auflage, München 2017.

Scamell, Ernest, Land Covenants, Haywards Heath 1996.

Schimansky, Herbert/ Bunte, Hermann-Josef/ Lwowski, Hans-Jürgen (Hrsg.): Bankrechts-Handbuch, Band 1, 5. Auflage, München 2017.

Schmid, Christoph U./ Hertel, Christian, Real Property Law and Procedure in the European Union – General Report, 2005, verfügbar unter:
http://www.eui.eu/Documents/DepartmentsCentres/Law/ResearchTeaching/ResearchThemes/EuropeanPrivateLaw/RealPropertyProject/GeneralReport.pdf
(letzter Abruf Januar 2018).

Schmidt-Kessel, Martin, Standards vertraglicher Haftung nach englischem Recht – Limits of Frustration (Diss.), Baden-Baden 2003.

Schoofs, Oliver/ Hafkesbrink, Volker, Bauvertrag und Bauprozess, Köln, Berlin, München 2007.

Silverman, Frances/ Goss, Annette/ Hewiston, Russel/ Reekie, Peter/ Rodell, Anne/ Taylor,
Michael, The Law Society's Conveyancing Handbook, 16th edition, London 2009.

Slessenger, Emma, Precedents editor's notes (September/October), Conv. 2009, 5, S. 371.

Sparkes, Peter, Real Property Law and Procedure in the European Union – Report from England and Wales, 2005, verfügbar unter:
www.eui.eu/Documents/DepartmentsCentres/Law/ResearchTeaching/
(letzter Abruf Januar 2018).

- European Land Law, Oxford, Portland 2007.

Staudinger, Julius von (Hrsg.): Kommentar zum Bürgerlichen Gesetzbuch mit Einführungsgesetz und Nebengesetzen,

Buch 1, Allgemeiner Teil, §§ 90-124; 130-133 (Sachen und Tiere, Geschäftsfähigkeit, Willenserklärungen), Neubearbeitung, Berlin 2017;

Buch 2, Recht der Schuldverhältnisse, §§ 249-254 (Schadensersatzrecht), Neubearbeitung, Berlin 2017;

Buch 2, Recht der Schuldverhältnisse, §§ 255-304 (Leistungsstörungsrecht 1), Neubearbeitung, Berlin 2014;

Buch 2, Recht der Schuldverhältnisse, §§ 430-480 (Kaufrecht), Neubearbeitung, Berlin 2014;

Buch 2, Recht der Schuldverhältnisse, §§ 631-651 (Werkvertragsrecht), Neubearbeitung, Berlin 2014;

Buch 3, Sachenrecht, §§ 883-902 (Allgemeines Liegenschaftsrecht 2), Neubearbeitung, Berlin 2013.

Thompson, Mark P., Modern Land Law, 5th edition Oxford, New York, Auckland, Cape Town, Dar es Salaam, Hong Kong, Karachi, Kuala Lumpur 2012.

Uff, John, Construction Law, 10th edition, London 2009.

Ullmann, Eike, Der Bauträgervertrag – quo vadit? NJW 2002, S. 1073.

Wagner, Klaus-R., Forderungssicherungsgesetz und Bauforderungssicherungs-gesetz: Folgen für Bauträger und Bauträgerverträge, ZfBR 2009, S. 312.

Walz, Robert (Hrsg.), Beck'sches Formularbuch Zivil-, Wirtschafts- und Unternehmensrecht, 4. Auflage, München 2018.

Wälzholz, Eckhard/ Bülow Lorenz, MittBayNot 2001, Die Schuldrechtsreform in der notariellen Praxis – ein Überblick mit Checklisten und Formulierungsvorschlägen, S. 509.

Weise, Stefan, Der Bauträgervertrag nach der Baurechtsreform, NJW 2018, S.44.

Wilkinson, Sara/ Reed, Richard, Property Development, 5th edition, Abingdon, New York 2008.

Wilmot-Smith, Richard, Construction Contracts – Law and Practice, 2nd edition, Oxford 2010.

Wood, Douglas/ Chynoweth, Paul/ Adshead, Julie/ Mason, Jim, Law and the Built environment, 2nd edition, Oxford 2011.

Verzeichnis ausländischer Entscheidungen

Abdullah v Shah [1959] A.C. 124

AJ Dunning & Sons (Shopfitters) Ltd v Sykes & Son (Poole) Ltd (1987) A.C. 287

Alan Estates Ltd. v W.G. Stores Ltd [1982] Ch. 511

Amalgamated Building Contractors Ltd v Waltham Holy Cross UDC [1952] 2 All E.R. 452

Amalgamated Investment Property Co Ltd v John Walker Sons Ltd [1977] 1 W.L.R. 164

Anderson Antiques v Anderson Wharf [2007] EWHC 2086 (Ch)

Applegate v Moss [1971] 1 Q.B. 406

Archer v Brown [1985] Q.B. 401

Armstrong Holmes Ltd v Holmes [1993] 1 W.L.R. 1482

Atlantic Estates plc v Ezekiel [1991] 2 E.G.L.R. 202

Attorney General v Blake [2001] 1 A.C. 268

Austerberry v Oldham Corporation (1885) 29 Ch. D. 750

Baht v Masshouse Developments Ltd [2012] P.L.S.C.S. 68 (Ch. D.)

Bain v Fothergrill (1874) LR 7 H.L. 158

Barraud v Archer (1831) 9 L.J.Ch. (o.S.) 173

Bartlett v Barclays Bank Trust Co. Ltd [1980] Ch. 515

Bartlett v Tuchin (1815) 6 Taunton 259

Beard v Porter [1948] 1 K.B. 321

Beaufort Developments (NI) Ltd v Gilbert-Ash Ltd and Others [1998] 2 All E.R. 778

Behzadi v Shaftesbury Hotels Ltd [1992] Ch. 1

Berkley v Poulett [1977] 1 E.G.L.R. 86

Bevan Investments v Blackhall & Struthers (1978) 11 B.L.R. 78 CA

Bolam v Friern Hospital Management Committee [1957] 1 W.L.R. 582

Bole v Huntsbuild Ltd [2009] EWCA Civ 1146

Botham v T.S.B. Bank plc. (1997) 73 P. & C.R.D. 1

Bowmer and Kirkland Ltd v Wilson Bowden Properties Ltd (Q.B.) (1996) 80 B.L.R. 131

Bridge UK.Com Ltd v Abbey Pynford Plc [2007] E.W.H.C. 728 TCC

Caparo Industries plc v Dickman [1990] 2 A.C. 605

Carlish v Salt [1906] 1 Ch. 335

Cato v Thompson (1882) 9 Q.B.D. 616

Cedar Transport Group Ltd v Wyvern Property Trustees Ltd (1980) 258 E.G. 1077

Clarke v Ramuz [1891] 2 Q.B. 456

Clipsham v Vertue [1957] 2 Q.B. 401

Cole v Rose [1978] 3 All E.R. 1121

Combe v Lord Swaythling [1947] Ch. 625

Commission for the New Towns v Cooper (Great Britain) Ltd [1995] Ch. 259

Cook v Taylor [1942] 2 All E.R. 85

Cottrill v Steyning & Littlehampton Building Society [1966] 1 W.L.R. 753

Crabb v Arun DC [1976] Ch. 179

Crosse v The Duke of Beaufort (1851) 5 De G & Sim 7

Cullinane v British "Rema" Manifacturing Co Ltd [1954] 1 Q.B. 292

Cumberland Consolidated Holdings Ltd v Ireland [1946] K.B. 264

D. & F. Estates Ltd. v. Church Commissioners for England [1989] A.C. 177

Davron Estates Ltd v Turnshire Ltd (1982) WL 967562

Faruqi v English Real Estates Ltd [1979] 1 W.L.R. 963

Flight v Booth (1834) 1 Bing NC 370

Franks & Collingwood v Gates (1983) 1 Con. L.R. 21

G.H. Myers & Co. v Brent Cross Service Co [1934] 1 K.B. 46

Galoo Ltd v Bright Grahame Murray [1994] 1 W.L.R. 1360

Gloucestershire County Council v Richardson [1969] 1 A.C. 480 HL

Gordon v Selico Ltd (1986) 18 H.L.R. 219

Great Eastern Hotel v John Laing Construction (2005) 99 Con. L.R. 45

Greaves v Baynham Meikle [1975] 1 W.L.R. 1095

Green v Smith (1738) 1 ATK 572

Grossman v Hooper [2001] EWCA Civ 615

Hadley v Baxendale (1854) 9 Ex. 341

Hall v Bainbridge (1848) 12 Q.B.D. 699

Hall v Warren (1804) 32 E.R. 738

Hancock v BW Brazier (Anerley) Ltd [1966] 1 W.L.R. 1317

Harington v Hoggart (1830) 1 B. & Ad. 577

Harrison v Shepherd Homes Ltd (2011) 27 Const. L.J. 709

Harrow LBC v Qazi [2004] 1 A.C. 983

Harvey v Pratt [1965] 2 All E.R. 786

Hedley Byrne v Heller & Partners Ltd [1964] A.C. 465

Helden v Strathmore Ltd [2011] EWCA Civ 542

Henderson v Merrett Syndicates Ltd. [1995] 2 A.C. 145

Herkanaidu v Lambeth LBC [1999] P.L.S.C.S. 291

Heyman v Darwins [1942] A.C. 356

Hiern v Mill (1806) 33 E.R. 237

Hissett v Reading Roofing Co Ltd [1969] 1 W.L.R. 1757

Holloway v Chancery Mead Ltd [2007] E.W.H.C. 2495 (TCC)

Hongkong Fir Shipping Co Ltd v Kawasaki Kisen Kaisha Ltd [1962] 2 Q.B. 26

HSBC Trust Co (UK) Ltd. v Quinn [2007] EWHC 1543 (Ch.)

Hughes v Metropolitan Railway Co (1877) 2 App Cas 439

Hutchinson v Harris (1978) 10 B.L.R. 19 CA

IBA v EMI and BICC [1980] P.N.L.R. 179

Jacobs v Revell [1900] 2 Ch. 858

Jenson v Faux [2011] 1 W.L.R. 3038

Jerome v Kelly (Inspector of Taxes) [2004] 1 W.L.R. 1409

Johnson v Agnew [1980] A.C. 367

Jones v Forest Fencing Ltd [2001] EWCA Civ 1700

Jones v Gardiner [1902] 1 Ch. 191

Jordan v Norfolk County Council [1994] 1 W.L.R.1353

Kern Corporation Ltd v Walter Reid Trading Pty Ltd (1987) 163 C.L.R. 164

Knight Sugar Co Ltd v Alberta Ry & Irrigation Co. [1938] 1 All E.R. 266

Koufos v C Czarnikow Ltd (The Heron II) [1969] 1 A.C. 350

Laurence v Lexcourt Holdings [1978] 1 W.L.R. 1128

Lawrence v Cassel [1930] 2 K.B. 83

Lewin v Barratt Homes Ltd (2000) 79 P. & C.R. D20

Linden Gardens Trust Ltd v Lenesta Sludge Disposals Ltd [1994] 1 AC 85

Linklaters v McAlpine [2010] E.W.H.C. 2931 (TCC) para 125

Livingstone v Rawyards Coal Co (1880) 5 App. Cas. 25

Pearce v Tucker (1862) 176 E.R. 61

Perry v Sidney Phillips & Son [1982] 1 W.L.R. 1297

Phillips v Lamdin [1949] 2 K.B. 33

Phillips v Silvester (1872) 8 Ch.App. 173

Photo Productions Ltd v Securicor Transport Ltd [1980] A.C. 827

Pilkington v Wood [1953] Ch. 770

Pinekerry Ltd v Needs (Kenneth) (Contractors) Ltd (1992) 64 P.&C.R. 245 at 252

Pips (Leisure Productions) Ltd v Walton (1980) 43 P.&C.R. 415 at 424

Rainieri v Miles [1981] A.C. 1050

Ravenocean Ltd. v. Gardner [2001] NPC 44

Rawlings v Rentokil Laboratories [1972] E.G.D. 744

Rayner v Preston (1881) 18 Ch. D. 1

Re Allen and Driscoll's Contract (1904) 2 Ch. 226

Re Bastable, ex parte Trustee [1901] 2 K.B. 518

Re Brewer and Hankin's Contract (1899) 80 LT 127

Re Daniel [1917] 2 Ch. 405

Re Forsey and Hollebone's Contract [1927] 2 Ch. 379

Re Gloag and Miller's Contract (1883) 23 Ch. D. 320

Re Hare and O'More's Contract [1901] 1 Ch. 93

Re Pooley, ex parte Rabbidge (1878) 8 Ch. D. 367

Re Scott and Alvarez's Contract [1895] 2 Ch. 603

Re Stone and Saville's Contract [1963] 1 W.L.R. 163

Re Watford Corporation and Ware's Contract [1943] Ch. 82

Re White and Smith's Contract [1896] 1 Ch. 637

Sookraj v Samaroo [1984] C.L.J. 134

Sookraj v Samaroo [2004] U.K.P.C. 50

Spiro v Glencrown Properties Ltd [1991] Ch. 237

Street v Mountford [1985] 1 A.C. 809

Sudbrook Trading Estate Ltd [1983] 44 P. & C.R. 153

Swaisland v Dearsley (1861) 29 Beav. 430

Swiss Bank Corpn v Lloyds Bank Ltd [1979] Ch. 548

Sykes v Taylor-Rose [2004] 2 P. & C.R. 30

Taylor Fashions v Liverpool Victoria Trustees; Old & Campbell v Liverpool Victoria Friendly Society [1982] Q.B. 133

Taylor v Caldwell (1863) 122 E.R. 309

Taylor v Hamer [2002] E.W.C.A. Civ. 1130

Thompson v Corroon (1993) 66 P. & C.R. 445

Thorner v Majors [2009] 1 W.L.R. 776

Timmins v Moreland Street Properties Ltd [1958] Ch. 110

Tito v Waddell (No. 2) [1977] Ch. 107

Tootal Clothing Ltd v Guinea Property Management Ltd (1992) 64 P. & C.R. 452

Topfell Ltd v Galley Properties Ltd [1979] 1 W.L.R. 446

Townsend (Builders) v Cinema News [1959] 1 W.L.R. 119

Tudor v Hamid [1988] 1 E.G.L.R. 251

Tulk v Moxhay (1848) 2 Ph 774

Turner v Moon [1901] 2 Ch. 825

UCB Corporate Services Ltd v Thomason [2005] EWCA Civ. 225

Union Eagle Ltd v Golden Achievement Ltd [1997] A.C. 514

Urban I (Blonk Street) Ltd v Ayres [2013] E.W.C.A. Civ. 816 para 44

Wall v Bright [1820] 37 E.R. 456

Walsh v Lonsdale (1882) 21 Ch. D. 9

Walters v Morgan (1861) 3 De GF & J 718

Ware v Vanderber (1978) 247 E.G. 1081

Watson v Burton [1957] 1 W.L.R. 19

Watts v Morrow [1991] 1 W.L.R. 1421

Whitbread Co Ltd v Watt [1902] 1 Ch. 835

White v Nutts (1702) 1 PW 61

Williams v Fitzmaurice (1858) 157 E.R. 709

Wilson v Clapham (1819) 1 Jac. & W. 36

Wolverhampton Corp v Emmons [1901] 1 Q.B. 515

Woodar Investment Development Ltd v Wimpey Construction U.K. Ltd (1980) 1 W.L.R. 277

Workers Trust Merchant Bank Ltd v Dojap Investments Ltd, (1993) A.C. 573

Yandle & Sons v Sutton [1922] 2 Ch. 199

Yaxley v Gotts [2000] Ch. 162

Yeoman's Row Management Ltd v Cobbe [2008] 1 W.L.R. 1752

Young & Marten Ltd. v McManus Childs [1969] 1 A.C. 454

Gliederung

A. Einführung

Verträge auf dem Immobilien- und Bausektor stellen auf Grund ihres finanziellen Volumens, ihres Umfanges und der speziellen Risiken seit jeher besondere Anforderungen an alle Beteiligten. Der Erwerb und die Errichtung von Gebäuden sind keine Alltagsgeschäfte und stellen für viele Menschen das finanziell bedeutendste Geschäft ihres Lebens dar; dies gilt vor allem für Verbraucher, die sich eine Wohnimmobilie anschaffen möchten.

Einen bedeutenden Teilbereich des Bau- und Immobiliensektors bildet der Bauträgervertrag, der den Erwerb eines noch zu errichtenden Gebäudes mitsamt dem zugehörigen Grundstück beinhaltet. Der Vorteil dieser Konstellation für Erwerber ist, dass sie nur einen Vertrag mit dem Bauträger abschließen, anstatt mit Architekten und Subunternehmern jeweils einzelne Verträge eingehen zu müssen. Auf diese Weise bleibt die Situation in tatsächlicher und rechtlicher Hinsicht übersichtlicher: Mit dem Bauträger existiert im Idealfall ein Ansprechpartner für alle Fragen des Bauvorhabens.

Im Zentrum dieser Untersuchung steht die rechtliche Situation von Bauträgerverträgen in England und Wales, mit den sich hieraus ergebenden Pflichten der Parteien unter Berücksichtigung der wirtschaftlichen und branchentypischen Umstände. Vergleichend dazu wird auf die Situation in Deutschland eingegangen und werden die wesentlichen Gemeinsamkeiten und Unterschiede beider Systeme aufgezeigt.

Der elementare Unterschied zwischen den Geschäftsmodellen in England und Deutschland liegt in den unterschiedlichen Zahlungsmodalitäten. Hieraus ergibt sich eine grundlegend andere Verteilung der Risiken, insbesondere des Risikos der Insolvenz des Bauträgers. In Deutschland ist der Erwerber zur Vorleistung verpflichtet bzw. erbringt Abschlagszahlungen nach Bauabschnitten; der Bauträger baut mit dem Geld des Erwerbers, der Erwerber trägt damit im Grundsatz das Insolvenzrisiko. In England und Wales zahlt der Erwerber, abgesehen von einer Anzahlung im Zeitpunkt des Vertragsschlusses i.H.v. zehn Prozent der Vertragssumme, erst *nach* Fertigstellung der Bauarbeiten an den Bauträger. Folglich trägt er das Vorleistungs- und Insolvenzrisiko hier nur in einem erheblich geringeren Umfang und zwar nur in Höhe der geleisteten Anzahlung.

Dieser substantielle Unterschied führt in dem jeweiligen System zu grundsätzlich anderen Regelungsbedürfnissen: Das Erfordernis (rechtlicher) Schutzmechanismen zu Gunsten des Erwerbers ist in England im Hinblick auf das Vorleistungs- und Insolvenzrisiko viel geringer, während der Schutz des Erwerbers vor der Insolvenz des Bauträgers in Deutschland einen Schwerpunkt der rechtlichen Auseinandersetzung mit diesem Geschäftsmodell bildet. Dies hat naturgemäß auch prägende Auswirkungen auf die vorliegende Untersuchung.

Zum Zweck des Schutzes des Erwerbers vor dem ersatzlosen Verlust seiner Vorleistungen wurde in Deutschland die Makler- und Bauträgerverordnung (MaBV) erlassen, die dem Bauträger Pflichten zum Schutz der Abschlagszahlungen des Erwerbers auferlegt, deren Erfüllung Voraussetzung für die Entgegennahme von Teilzahlungen sind.
Etwas Derartiges ist im englischen System nicht bzw. nur in deutlich geringerem Umfang erforderlich; nichtsdestotrotz gibt es auch hier Mechanismen, die den Erwerber vor einem Verlust seiner Anzahlung im Fall der Insolvenz des Bauträgers schützen. Dies geschieht jedoch nicht durch hoheitliche Regelungen, sondern grundlegend anders auf dem Wege einer berufsständischen Selbstkontrolle. Wichtigste Institution in diesem Zusammenhang ist das *National House Building Council* (*NHBC*), eine unabhängige *non-profit* Organisation, welche die hier registrierten Bauträger verpflichtet, Insolvenz- und Mängelversicherungen für deren Auftraggeber abzuschließen und die anstrebt, auf diesem Wege eine Verbesserung der Standards auf dem englischen Bausektor zu erreichen.[1]
Dagegen wird dem Erwerber im Ergebnis weder in England noch in Deutschland das Fertigstellungsrisiko abgenommen, also die Gefahr, dass der Bau „steckenbleibt" und nicht vollendet wird. In beiden Systemen besteht bei einem auf der Insolvenz des Bauträgers beruhenden Baustopp letztlich kein durchsetzbarer Anspruch auf Fortsetzung der Arbeiten gegen den Bauträger oder den Insolvenzverwalter. In England bleibt die Entscheidung über die Fortsetzung der Bauarbeiten oder alternativ die Rückzahlung der Anzahlung an den Erwerber dem Versicherer (*NHBC*, s.o.) selbst überlassen.

---

[1] www.nhbc.co.uk.

Nicht nur anhand der verschiedenen Geschäftsmodelle, sondern auch bei der Bezeichnung bzw. Qualifikation der den Modellen zu Grunde liegenden Vertragstypen zeigt sich die Schwierigkeit des vorliegend durchgeführten Vergleichs: Während man in Deutschland von einem Bauträgervertrag oder dem Bauträgermodell spricht, existiert im englischen System keine einheitliche oder gar rechtstechnische Typisierung derartiger Verträge. Der Einfachheit halber wird im Rahmen dieser Arbeit dennoch der Begriff des Bauträgervertrages auch im Zusammenhang mit den in England und Wales verwendeten Vertragsmodellen verwendet. Auf Grund der fehlenden eigenen Kategorie eines Bauträgervertrages im *common law* wäre es mindestens unpräzise, von der Existenz eines englischen Bauträgerrechts zu sprechen. Auf Grund dessen sowie weiterer grundlegender struktureller Unterschiede zwischen dem *common law* und dem deutschen Recht wird es im Rahmen dieser Arbeit immer wieder erforderlich sein, auf eine von der deutschen Rechtsterminologie abstrahierte Sicht- und Ausdrucksweise zurückzugreifen. Die Verwendung deutscher technischer Begriffe zur Erklärung von Rechtsinstituten des *common law* wäre ebenso unpräzise bzw. falsch.[2]

Personen oder Unternehmen, die wie ein Bauträger in Deutschland tätig sind, werden in England und Wales als *developer* bezeichnet;[3] hierin ist jedoch kein technischer Begriff zu sehen, an den sich bestimmte Rechtsfolgen wie beispielsweise gewerberechtliche Anforderungen knüpfen. Er dient in erster Linie der Beschreibung eines Berufsbildes. Zu Beginn dieser Arbeit wird erläutert, welches Tätigkeitsprofil sich hinter einem *developer* in England und Wales verbirgt und in welchen Formen er auftritt. Wie auch beim deutschen Bauträger entspricht es dem Regelfall, dass der *developer* das später zu übereignende Gebäude nicht selbst errichtet, sondern die Bauleistung an Subunternehmer delegiert. Neben den Bauunternehmern gibt es weitere Akteure, die zwar mit dem Bauvorhaben verbunden, aber nicht direkt am Bauträgervertrag beteiligt sind; exemplarisch genannt seien hier Architekten und kreditgebende Banken. Diese werden neben weiteren Beteiligten ebenfalls im ersten Teil im Hinblick auf ihre Rolle im Bauprozess beschrieben.

---

[2] Vgl. zu den Schwierigkeiten bei der Verwendung technischer Begriffe im Rahmen des Vergleichs internationaler Bausektoren; *Kulick*, Auslandsbau, S. V.

[3] Es gibt teilweise auch die Bezeichnungen *builder* oder *house-builder*.

Wie Grundstückstransaktionen in England und Wales durchgeführt werden bzw. welche dinglichen Rechte dort überhaupt Gegenstand von Bauträgerverträgen sind, ist aus deutscher Perspektive ohne die Kenntnis einiger Grundprinzipien des englischen *land law* und des dortigen Registersystems nur schwer nachvollziehbar. Diese werden daher zu Beginn dieser Arbeit in Form eines Überblicks dargelegt. Dabei wird sich zeigen, dass das englische Recht im Hinblick auf Grundstücke trotz vieler gesetzgeberischer Initiativen nach wie vor stark durch seine feudalen Strukturen geprägt ist, was zumindest rechtstechnisch zu bedeutenden Unterschieden zum deutschen System führt. So ist z.B. die Ausübung absoluter Herrschaftsrechte an Grundstücken im *common law* die Ausnahme und formal der Krone vorbehalten. Wie noch zu zeigen sein wird, wirken sich die Systemunterschiede zwischen dem *common law* und dem deutschen Recht jedoch wirtschaftlich nicht in gleich starkem Maße aus.

Bauträger und *developer* müssen sich sowohl in England und Wales als auch in Deutschland nicht nur an dem messen lassen, wozu sie sich vertraglich verpflichtet haben. Es gibt darüber hinaus hoheitsrechtliche bzw. berufsständische Anforderungen, die berücksichtigt werden müssen. Ein System hoheits- bzw. gewerberechtlicher Aufsicht über den Marktzugang und die Tätigkeit des Bauträgers, was in Deutschland durch die Gewerbeordnung (hier ist insbesondere die in § 34c Abs. 1 Nr. 4 lit a GewO geregelte Gewerbeerlaubnis zu beachten) sowie die MaBV durchgesetzt wird, ist in England und Wales nicht vorhanden.

Im Hinblick auf die Kontrolle des Bauvorhabens an sich existiert dagegen sowohl in England und Wales als auch in Deutschland ein System staatlicher Kontrolle, wodurch die Einhaltung bauordnungs- und bauplanungsrechtlicher Standards gewährleistet wird. Die Ausführungen in diesem Zusammenhang beschränken sich auf die Skizzierung der jeweiligen öffentlich-rechtlichen Anforderungen.

Den Schwerpunkt dieser Arbeit bildet die Analyse der Absprache zwischen Bauträger und Erwerber mit den sich daraus für die Parteien ergebenden Pflichten und Rechtsbehelfen.

Der Bauträgervertrag lässt sich in England und Wales keinem bestimmten, gesetzlich geregelten Vertragstyp zuordnen; grundsätzlich spielt im *common law* die Frage nach einer rechtlichen Qualifizierung von Verträgen keine vergleichbare Rolle. Hier gibt es kaum vertragsspezifische Regelungen, die gesetzlich verankert sind. In Deutschland ist der Bauträgervertrag trotz seiner langjährigen Tradition erst im Rahmen der Reform des Bauvertragsrechts mit Wirkung zum 1. Januar 2018 ins BGB aufgenommen worden und wird nunmehr in §§ 650u, v BGB geregelt. Gemäß § 650u Abs. 1 S. 2 BGB werden im Hinblick auf die Errichtung des Bauwerks die Regelungen des Werkvertragsrechts sowie die gesetzlich ebenfalls neu eingeführten Vorschriften zum Bauvertrag und zum Verbraucherbauvertrag für anwendbar erklärt. § 650u Abs. 1 S. 3 BGB erklärt im Hinblick auf die Ansprüche auf Übertragung bzw. Einräumung der Rechte am Grundstück die Regelungen über den Kauf für anwendbar. Auch wenn diese Arbeit zeitlich vor dem Wirksamwerden der Bauvertragsreform angefertigt wurde, sind die wesentlichen und für den Bauträgervertrag relevanten Änderungen berücksichtigt. Neben den Vorschriften des BGB sind für den Bauträgervertrag vor allem auch die Regelungen der bereits erwähnten MaBV zu beachten.

In England und Wales kommen die allgemeinen für Bau- und Grundstückskaufverträge geltenden Prinzipien zur Anwendung. Jedoch wird die Unterwerfung eines Bauträgergeschäftes unter die in diesem Bereich komplexen und unübersichtlichen Grundsätze des *common law* in der Praxis nach Möglichkeit vermieden; stattdessen werden sehr detaillierte und praxisgerechte Modellverträge herangezogen; weit verbreitet sind die Bauverträge des *Joint Contracts Tribunal* (*JCT*)[4]. Seit Jahrzehnten gibt die *Law Society* zudem mit den *Standard Conditions of Sale* (*SCOS*) Standardbedingungen für den Immobilienkauf heraus, die Gegenstand praktisch jeden Grundstückgeschäftes in England und Wales sind. Die *SCOS* haben keinen Gesetzescharakter, ergänzen, ersetzen und präzisieren das *common law* jedoch, um transparente und übersichtliche Regelungen zu schaffen. Eine Auseinandersetzung mit den wichtigsten auf die Pflichten und Rechtsbehelfe anwendbaren Bestimmungen der *SCOS* ist Teil dieser Arbeit.

---

[4] Das *JCT* tritt in der Rechtsform einer *limited* auf und arbeitet seit Jahrzehnten mit Fachleuten des Bausektors an der Fortentwicklung der Verträge.

Kern des Bauträgervertrages bilden die Pflichten des Bauträgers zur Übereignung des Grundstückes und zur Errichtung des Gebäudes.

Die mit der Übertragung der Rechte am Grundstück verbundenen Pflichten ergeben sich dabei nicht nur aus dem Vertrag, sondern auch aus dinglichen Zusicherungen, sogenannten *covenants*, die mit Ausstellung der Erfüllungsurkunde (*title deed*) entstehen. Diese sind für den Fortbestand der Pflichten über den Erfüllungszeitpunkt des Vertrages hinaus erforderlich, da auf Grund der *doctrine of merger* die Wirkungen des schuldrechtlichen Vertrages im Zeitpunkt der Erfüllung erlöschen. Es zeigen sich demnach bereits an dieser Stelle signifikante Unterschiede zum deutschen Recht. Zudem muss das Grundstück zwar frei von versteckten rechtlichen Belastungen übertragen werden, für physische Mängel jedoch besteht keine Haftung; dies folgt aus dem *caveat emptor*-Prinzip. Stattdessen können aber die Grundsätze der *misrepresentation* oder *misdescription* eingreifen, welche den Bauträger für fehlerhafte Angaben im Hinblick auf den Vertragsinhalt, die den Erwerber zum Abschluss des Vertrages bewegt haben, haftbar machen. Darüber hinaus muss der *developer* eventuell versteckte rechtliche Belastungen offenlegen (*duty of disclosure*) und den Nachweis erbringen, Inhaber des zu übertragenden Rechtes am Grundstück zu sein (*proof of title*).

Im Hinblick auf die Errichtung des Bauwerks unterliegt der *developer* einer Verpflichtung in dreifacher Hinsicht: Er schuldet die fachgerechte Erbringung der Bauleistung (unter Einschluss der Bauplanung), die Verwendung mangelfreier Materialien sowie die Tauglichkeit des fertigzustellenden Gebäudes für den vertraglich vorgesehenen Zweck.

Die für Grundstücksübertragungen und Bauleistungen jeweils geltenden Prinzipien sind nicht immer miteinander vereinbar, treffen aber im Rahmen eines Bauträgervertrages unweigerlich aufeinander. Das Verhältnis dieser Grundsätze wird daher zu beleuchten sein, konkret untersucht wird zum Beispiel, ob das *caveat emptor*-Prinzip und die *doctrine of merger* im Rahmen von Bauträgerverträgen auch auf die Bauleistungen Anwendung finden.

Eine Besonderheit des Pflichtenprogramms auf deutscher Seite sind die sich aus der MaBV ergebenden Sicherungspflichten des Bauträgers, die dem Schutz des in Deutschland vorleistungspflichtigen Auftraggebers dienen.

Auch bei der Betrachtung der Rechtsbehelfe offenbaren sich erhebliche Unterschiede zwischen dem englischen und dem deutschen System. Im *common law* gilt das Prinzip einer strikten Haftung, ohne dass ein Verschulden erforderlich ist; zudem nimmt der Anspruch auf Schadensersatz die bei Weitem wichtigste Stellung ein, ein Anspruch auf (Nach)Erfüllung (*specific performance*) kommt dagegen nur in Ausnahmefällen in Betracht. Etwas anderes gilt jedoch für Grundstücksgeschäfte, da hier mit einem Anspruch auf Schadensersatz häufig kein angemessener Ausgleich geschaffen werden kann.

Die Grundsätze des *common law* werden bei Mängeln oder Verzögerungen jedoch in fast allen Fällen von den Bestimmungen der *SCOS* überlagert, die in einigen Punkten deutlich abweichende Regelungen vorsehen. Zudem hat das *NHBC*, welches die bei ihm registrierten Baudienstleister verpflichtet, mit ihren Auftraggebern Insolvenz- und Mängelversicherungen abzuschließen, ein eigenes System von Rechtsbehelfen etabliert. Hierdurch werden zunächst der Baudienstleister und darüber hinaus das *NHBC* selbst verpflichtet, Mängel auszuräumen und dem Erwerber entstandene Schäden zu ersetzen.
Wie zu zeigen sein wird, bringt dieses System sowohl Vor- als auch Nachteile gegenüber der Anwendung der in diesem Bereich einschlägigen Grundsätze des *common law*.
In Deutschland wird in Abwesenheit vertraglicher Spezialabreden auf die Rechtsbehelfe des Kauf- oder Werkvertragsrechts zurückgegriffen, je nachdem ob die Grundstückskauf- oder die Errichtungskomponente des Bauträgervertrages betroffen ist.

Im letzten Teil der Arbeit werden die Zahlungspflicht des Erwerbers und die Konsequenzen einer Verletzung derselben thematisiert. Die Zahlungsmodalitäten in England und Wales bzw. Deutschland unterscheiden sich, wie bereits eingangs erwähnt, bedeutend. Auf Grund der Vorleistungspflicht des Erwerbers muss dieser in Deutschland schon während der Bauphase Zahlungen leisten, was in England und Wales absolut unüblich ist. Die Rechtsbehelfe des Bauträgers bzw. *developer* bei Zahlungsverzögerungen weisen demgegenüber viele Parallelen auf, auch im Hinblick auf den Umfang von Schadensersatzansprüchen.

Im Verlauf dieser Untersuchung wird sich zeigen, dass für das Verständnis und den wissenschaftlichen Vergleich der Funktionsweise des Bauträgermodells in

England und Wales und seines deutschen Pendants mehr erforderlich ist, als lediglich die jeweils anwendbaren Regelungen zu bestimmen und einander gegenüberzustellen. Bereits dieser Punkt bringt jedoch Schwierigkeiten mit sich und erfordert die Betrachtung unterschiedlicher Regelungskomplexe wie dem Vertrags- und Immobiliarsachenrecht unter Berücksichtigung vieler Bestimmungen, die keinen Gesetzescharakter haben. Dabei werden die dogmatischen Unterschiede zwischen der deutschen Rechtsordnung und dem *common law* besonders im Hinblick auf das Grundstücks- und Registersystem deutlich.

Neben den rechtlichen Rahmenbedingungen ist ebenfalls die Betrachtung der Mechanismen und Besonderheiten des jeweiligen Marktes erforderlich; die unterschiedlichen Konzepte und Vorgehensweisen der Bauträger bzw. *developer* beeinflussen entscheidend die Notwendigkeit für rechtliche Regelungen bzw. gesetzgeberische Eingriffe. Manche Schwierigkeiten und Risiken, die in Deutschland bestehen, haben in England und Wales schon auf Grund konzeptioneller Unterschiede der Bauträgermodelle keine Bedeutung. Wichtigstes Beispiel hierfür bilden hier die bereits erwähnten unterschiedlich ausgestalteten Finanzierungsmodalitäten, die für die Erwerber verschiedene Risiken mit sich bringen. Der Vergleich der Situationen in England und Wales sowie in Deutschland wird ergeben, dass man Risiken mit völlig unterschiedlichen Konzepten begegnen kann und dass keinesfalls immer gesetzgeberisches Handeln erforderlich ist. Insbesondere in England und Wales existiert in dieser Hinsicht ein nicht immer einfach zu durchdringendes Zusammenspiel verschiedener Regelungen und Bestimmungen. Vielleicht stellt sich das Verhältnis von *Timothy Havard* zu diesem Bereich des Bausektors auch deswegen als eher distanziert dar:

"Property Development is, after all, a hard practical world, where there is little room for pure academic thought"[5].

Diese Worte sind umso mehr großer Ansporn, die rechtlichen Gesichtspunkte dieses stark durch die Praxis geprägten und nicht immer einfach zu überschauenden Bereiches auf rechtsvergleichender Basis in England und Wales einerseits sowie in Deutschland andererseits zu untersuchen.

---

[5] *Havard*, Contemporary Property Development, S. 66.

B. Grundlagen

Im Rahmen des ersten Abschnitts dieser Arbeit wird zunächst erläutert, was einen Bauträger ausmacht und auf welche Art und Weise er tätig wird. Zudem werden weitere Parteien vorgestellt, die mittelbar und unmittelbar an einem Bauträgervertrag beteiligt sein können. Weiter werden die Grundzüge des Grundbuch- und Registersystems des *common law* erläutert, sowie auf die Frage eingegangen, welche Rechte in England und Wales überhaupt Gegenstand von Bauträgerverträgen sind. Schließlich wird auch aufgezeigt, welchen Kontrollmechanismen Bauträger und Baudurchführung in England und Wales sowie in Deutschland unterliegen.

I. Funktion und Erscheinungsformen des Bauträgers

Bauträger treten sowohl in England und Wales als auch in Deutschland in jeweils unterschiedlichen Erscheinungsformen auf.

1. Der *developer* in England und Wales

Personen, die auf eigenen Grundstücken Immobilien errichten bzw. errichten lassen, um diese später zu veräußern, werden in England und Wales als *property developer* oder kurz *developer* bezeichnet. Eine gesetzliche Definition des *developer* gibt es allerdings nicht. Das *NHBC* beschreibt den *developer* in seinen Richtlinien als *"any person, partnership, company or organization that arranges for the construction of homes or is concerned in or with such arrangements"*.[6]

Auf dem englischen Bausektor nehmen *developer* eine wichtige Rolle ein; insbesondere Verbraucher, die (Wohn)Immobilien erwerben wollen, schließen in der Regel keine Verträge ab, die einen Bau auf eigenem Grundstück beinhalten, sondern kaufen das Grundstück samt noch zu errichtendem Haus vom *developer*.[7] Letzterer übernimmt neben der Errichtung des Gebäudes zumeist auch die Bauplanung und die Einholung von Genehmigungen. Der spätere Erwerber erhält also

---

[6] *NHBC Rules for Builders and Developers registered with NHBC* (*Definitions*), Dokument frei zugänglich unter www.nhbc.co.uk.

[7] *Austen-Baker*, Länderbericht England in: *Pfeiffer/Hess/Huber* (Hrsg.), Rechtsvergleichende Untersuchung zu Kernfragen des privaten Bauvertragsrechts, S. 208 f.

alle im Zusammenhang mit dem Bauprojekt anfallenden Leistungen aus einer Hand. Es gibt je nach wirtschaftlicher Stärke und Spezialisierung verschiedene Erscheinungsformen des *developer*, die mit den unterschiedlichen Märkten innerhalb des Bausektors korrespondieren. Der *developer* kann als einzelne natürliche Person oder auch als multinationales Unternehmen in Erscheinung treten.[8] Ohne starre Kategorein bilden zu müssen, kann im Hinblick auf die Art der zu errichtenden Immobilie zwischen *residential development* (Wohnimmobilien) und *commercial development* (gewerbliche Immobilien) unterschieden werden. Einige *developer* errichten spekulativ, während andere vor der Bauphase bereits Verträge zur späteren Übertragung abgeschlossen haben. Die verschiedenen Kategorien sind weder absolut, noch stehen sie abstrakt nebeneinander, sondern überschneiden sich immer wieder.

a) *Residential developer*

Residential developer erstellen Immobilien für den (privaten) Wohnungsmarkt und werden auch *house builders* genannt.[9] Der Wohnungssektor macht einen für *developer* attraktiven und den bei weitem größten Teil des Immobilienmarktes aus; hier sind die technischen Anforderungen an die Errichtung der Gebäude im Gegensatz zu komplexen Großprojekten niedriger und es gibt eine große Gruppe potentieller Interessenten für das fertige Produkt.[10] Agiert ein *developer* als *house builder*, fungiert er zugleich als Initiator und Projektmanager eines Bauvorhabens: Er wählt ein Grundstück aus und holt alle erforderlichen Genehmigungen ein; die Errichtung und gegebenenfalls das Design werden einem Bauunternehmer (*builder*) überlassen,[11] der seinerseits wiederum häufig Architekten und weitere Subunternehmer einschaltet. Größere *developer*-Unternehmen können auch gleichzeitig Bauunternehmer sein, dies ist aber nicht der Normalfall.[12]

Die Finanzierung des *developer* erfolgt durch die Aufnahme von Krediten zumeist spezialisierter Banken, oder bei entsprechender Unternehmensgröße durch eigene Quellen in Form von Bilanzgewinnen oder am Aktienmarkt.[13] Der Gewinn wird

---

[8] *Wilkinson/Reed*, S. 12; *Bruce-Radcliffe*, S. 4.
[9] *Havard*, S. 4.
[10] *Havard*, S. 32.
[11] *Havard*, S. 4.
[12] *Havard*, S. 4.
[13] *Havard*, S. 4.

in der Regel kurzfristig durch die Veräußerung des *freehold*[14] an den Endnutzer realisiert; die Vereinbarung einer langfristigen *lease* mit den Endnutzern ist zumindest im Bereich von Wohnimmobilien seltener, noch dominiert auf dem privaten Wohnsektor das Prinzip der *owner-occupation*, welches besagt, dass der Besitzer einer Immobilie auch dessen wirtschaftlicher Eigentümer ist (Inhaber des *freehold*).[15] Der Anteil der Personen, die Wohnimmobilien mieten, ist dagegen seit dem Ende der 1980er Jahren bis heute von 8 Prozent auf 14 Prozent (in Deutschland lag der Wert im Jahr 2007 bei 67 Prozent) gestiegen. Dennoch wird das *freehold* seine Stellung gegenüber einer *lease* vorerst behaupten, das Prinzip der sogenannten *owner occupation* dominiert.[16] Das liegt nicht zuletzt an einem gewissen sozialen Stigma, das Personen in England anhaftet, die eine Immobilie mittel- oder langfristig mieten, anstatt das *freehold* daran zu erwerben.[17]

b) *Commercial developer*

Developer, die gewerbliche Immobilien errichten und veräußern, werden als *commercial developer* bezeichnet. Sie sind meist größer und finanzstärker als *residential developer* und spalten sich wiederum in eine Reihe von Unterarten auf.[18] Hinsichtlich ihrer grundsätzlichen Vorgehensweise lassen sich zwei Gattungen unterscheiden: *developer trader* und *developer investor*. Diese Formen dominieren den englischen Markt.[19]

aa) *Developer trader*

Der *developer trader* überträgt das *freehold* an Immobilien nach deren Fertigstellung auf den Erwerber, um durch den Erlös kurzfristig Gewinne zu erzielen.[20] Diese Strategie wird auch dann gewählt, wenn finanzielle Voraussetzungen fehlen, um Gewinne langfristig z.B. durch Leasingverträge zu generieren.[21] Daher ist

---

[14] Näher zu *freehold* und *leasehold* siehe unten, B. IV. 1.
[15] *Duckworth/Rodell*, Property Law and Practice, S. 4; *Wilkinson/Reed*, S. 13; *Havard*, S. 4.
[16] *Havard*, S. 35.
[17] *Day*, Are we better of renting?, The Observer, 14.11.2010.
[18] *Havard*, S. 36 ff.
[19] *Wilkinson/Reed*, S. 12; *Havard*, S. 8.
[20] *Havard*, S. 9.
[21] *Havard*, S. 27.

eine baldige Veräußerung erforderlich, um die eigenen Kosten des Vorhabens zu decken und die erforderlichen Gewinne einzustreichen.

bb) *Developer investor*

Developer investors legen Bauvorhaben als dauerhafte Investition an und übertragen nach Fertigstellung der Immobilie nicht das *freehold*, sondern vereinbaren mit dem späteren Nutzer eine *lease*.[22] Sie investieren also langfristig. *Developer investors* treten vor allem dort auf, wo Kaufpreise für Immobilien hoch sind; hier nämlich sind nur wenige Endnutzer, zumeist ebenfalls Unternehmen, bereit, große finanzielle Mittel ihres Kerngeschäftes für die Anschaffung von Betriebs- oder Geschäftsräumen zu investieren.[23] Dies trifft zum Beispiel auf Immobilien zu, die in Zentren größerer Städte liegen, wo Gebäude und Grundstücke entsprechend teuer sind.

Verträge zwischen einem Bauunternehmer (*builder*) und dem Endabnehmer (kann auch Verbraucher sein), die lediglich Bauleistungen in größerem Umfang enthalten, sind selten. Vor der Eingehung derartiger Verträge wird gewarnt, vor allem wenn diese vorsehen, dass der Verbraucher in Vorleistung gehen soll.[24] Bei kleineren Arbeiten, z.B. Reparaturen an bereits bestehenden Gebäuden, schließen aber auch Verbraucher reine Bauverträge ab, häufig sogar mündlich.[25]

2. Der Bauträger in Deutschland

Eine zivilgesetzliche Definition des Bauträgers gibt es in Deutschland nicht. Allerdings wird in der mit Wirkung zum 1. Januar 2018 ins Gesetz aufgenommenen Vorschrift des § 650u BGB der Bauträgervertrag beschrieben als *„ein Vertrag, der die Errichtung oder den Umbau eines Hauses oder eines vergleichbaren Bauwerks zum Gegenstand hat und der zugleich die Verpflichtung des Unternehmers enthält, dem Besteller das Eigentum an dem Grundstück zu übertragen oder ein*

---

[22] *Havard*, S. 8.

[23] *Havard*, S. 8; zu den Risiken des Modells mit einem *developer investor* siehe *Wilkinson/Reed*, S. 12.

[24] *Austen-Baker* in: Rechtsvergleichende Untersuchung zu Kernfragen des privaten Bauvertragsrechts, S. 232.

[25] *Austen-Baker* in: Rechtsvergleichende Untersuchung zu Kernfragen des privaten Bauvertragsrechts, S. 209.

Erbbaurecht zu bestellen oder zu übertragen." Hinter dem Begriff des Bauträgers verbirgt sich die Beschreibung einer tatsächlichen Tätigkeit zur Übereignung eines Grundstückes (oder des Erbbaurechtes daran) verbunden mit der (schlüsselfertigen) Errichtung eines Hauses, einer Wohnung oder eines Gewerbeobjektes.[26] Der Bauträger errichtet das Objekt auf eigene Rechnung, eigenes Risiko und auf eigenem Grundstück. Er muss die Leistungen nicht notwendig selbst vornehmen; häufig wird ein Teil in Eigenregie erbracht und die Durchführung der übrigen Arbeiten Subunternehmern überlassen.[27] Wie in England gibt es freilich auch auf dem deutschen Bausektor unterschiedliche Betätigungsfelder und Gesellschaftsformen für Bauträger; häufig vorkommend ist die GmbH oder auch ein Tätigwerden in kommunaler Trägerschaft. Abzugrenzen ist der Bauträger schließlich vom Baubetreuer, der in fremdem Namen und auf fremde Rechnung für den Bauherrn tätig wird.[28] Im Gegensatz zum Baubetreuer ist der Bauträger damit gleichzeitig Bauherr und trägt das Bauherrenrisiko.[29]

3. Vergleichende Betrachtung

Die tatsächlich ausgeübten Tätigkeiten sowie die Tätigkeitsfelder auf dem jeweiligen Bausektor des *developer* bzw. Bauträgers sind nahezu identisch. Der Begriff des Bauträgers ist in Deutschland jedoch viel genauer untersucht und behandelt worden als sein englisches Äquivalent, auch wenn er in keiner privatrechtlichen Norm fixiert ist. Es gibt unterschiedliche Definitionen[30] und detaillierte Abgrenzungen zu anderen im Bausektor tätigen Personen wie Baubetreuern und Generalunternehmern bzw. Generalübernehmern.[31] In England werden Personen mit einem entsprechenden Tätigkeitsprofil neben *developer* auch als *builder*, *housebuilder*, *home builder* oder schlicht als *vendor* (Verkäufer) bezeichnet; es existiert keine feste Bezeichnung und auch keine rechtliche Definition dieser Begriffe, die teilweise auch in unterschiedlichen Zusammenhängen verwendet werden.

---

[26] *Pause*, Bauträgerkauf und Baumodelle, Rn. 32; *Schoofs/Hafkesbrink*, Bauvertrag und Bauprozess, Rn. 1108.

[27] *Pause*, Rn. 33.

[28] *Pause*, Rn. 35; *Dierkes*, Sicherungspflichten des Bauträgers in Spanien und Deutschland, S. 29.

[29] *Dierkes*, S. 29.

[30] Vgl. dazu *Pause*, Rn. 47 ff.

[31] Vgl. dazu *Pause*, Rn. 32 ff. m.w.N.

Zurückzuführen ist das auf die Abwesenheit spezialisierter Normen, und die damit verbundene fehlende Notwendigkeit einer genauen Qualifizierung. Lediglich die Richtlinien des *NHBC* (privater Dachverband für Bauträger und -unternehmer) beinhalten entsprechende Definitionen, um eine Registrierung ihrer Mitglieder zu ermöglichen.[32]

Wichtiger Unterschied zum deutschen System ist, dass *developer* in England und Wales unter keiner direkten öffentlich-rechtlichen Kontrolle wie in Deutschland stehen, wo eine Genehmigung zur Berufsausübung nach § 34c GewO erforderlich ist.[33] Die Kontrolle wird hier dem Markt überlassen, das *NHBC* hat entsprechende Qualitätsstandards aufgestellt. Hierauf wird unter B. II. 5. genauer eingegangen.

II. Weitere Akteure auf dem Bausektor

Bauträger interagieren mit einer Reihe verschiedener Akteure auf dem Bausektor, mit denen der Erwerber regelmäßig keine direkten vertraglichen Beziehungen unterhält. In der Folge werden die wichtigsten kurz dargestellt.

1. Bauunternehmer

Der Bauunternehmer, der in England als *builder* oder *contractor* bezeichnet wird, ist für die physische Realisierung des Bauprojektes im Einklang mit dem Vertrag und den gesetzlichen Bestimmungen verantwortlich.[34] Der Unterschied des deutschen Bauunternehmers zu seinem englischen Pendant ist häufig der Umfang der übernommenen Leistungsverpflichtungen im Vertrag: Während in Deutschland noch immer mehrere gewerkeabhängige und parallele Bauverträge verwendet werden, ist in England die Vergabe sämtlicher mit dem Bau zusammenhängender Leistungen an einen Generalunternehmer die Regel.[35] Die meisten *builder* sind ebenfalls wie die Bauträger im *NHBC* registriert, um die Erfüllung der dortigen Qualitätsanforderungen zu garantieren.

---

[32] Siehe unten, B. II. 5.
[33] Dazu näher unten B. V. 1.
[34] *Kulick*, S. 57.
[35] Dies berücksichtigen auch die Standardbauverträge des *JCT* und *ICE*, siehe C. II. 2.; *Kulick*, S. 57.

Bauunternehmer treten entweder selbstständig auf und gehen Verträge mit Bauträgern ein oder bilden eine Abteilung innerhalb eines Bauträgerunternehmens. Die physische Verwirklichung des Vorhabens durch den Bauunternehmer macht zwar einen entscheidenden Faktor aus, dennoch nimmt diese Phase nur einen überschaubaren Teil des Gesamtvorhabens von der Planung bis hin zur Veräußerung ein; sie bildet nur die „Spitze des Eisberges".[36]

2. Architekt

Architekten übernehmen zusammen mit Bauingenieuren im Wesentlichen die Planungsaufgaben im Zusammenhang mit dem Bauvorhaben und werden vom Bauträger dazu beauftragt. Der englische *architect* übt während des Bauprozess weitere wichtige Funktionen aus, welche im *RIBA Outline Plan of Works*[37] zusammengefasst werden.[38] Je nach gewählter Art des Bauvertrages übernimmt er auch Aufgaben des Projektmanagements und besorgt vor allem bei kleineren Vorhaben die erforderlichen Baugenehmigungen.[39] Bei größeren Projekten werden hierfür Fachkräfte eingesetzt, sogenannte *planning consultants*.[40] Wichtig ist insbesondere die Zertifizierungsfunktion des Architekten, wodurch Baufortschritte und Arbeitsumfänge bestätigt werden. Ist zwischen *developer* und Bauunternehmer eine abschnittsweise Zahlung vereinbart, zertifiziert der Architekt die Konformität der bisher geleisteten Arbeit mit den Bauplänen, so dass die Höhe der Abschlagszahlung und deren Fälligkeit festgesetzt werden können.[41] Weiter zertifiziert der Architekt auch den praktischen und endgültigen Abschluss der Bauarbeiten (*certificate of practical and final completion*); hierdurch wird das Ende der Bauphase markiert und bestätigt, dass der Bauunternehmer alle erforderlichen Arbeiten ausgeführt hat, so dass der *developer* die Immobilie an den Erwerber

[36] *Havard*, S. 255.
[37] Das *Royal Institute of British Architects* (*RIBA*) gibt mit dem *Outline Plan of Work* (aktueller Stand 2007) einen Leitfaden für die Aufgaben des Architekten während aller Phasen des Bauprozesses heraus. Die entsprechenden Dokumente sind frei zugänglich auf der Homepage des Verbandes: www.architecture.com.
[38] *Havard*, S. 247; *Wilkinson/Reed*, S. 22.
[39] *Havard*, S. 247.
[40] *Wilkinson/Reed*, S. 22.
[41] *Havard*, S. 247; die Festsetzung der zu leistenden Zahlungen erfolgt häufig durch den *quantity surveyor*, der auch in den Standardverträgen des *JCT* vorgesehen ist.

übergeben kann.[42] Größere *developer* beschäftigen oft eigene Architekten; ihre Bezahlung bemisst sich in aller Regel prozentual an der Summe der Gesamtbaukosten.[43] In Deutschland übernimmt der Architekt ebenfalls die erwähnten Aufgaben im Zusammenhang mit der Planung, Koordinierung und der (privaten) Bauaufsicht.[44] Er benötigt allerdings eine Plan- oder Bauvorlageberechtigung, was in England nicht erforderlich ist.[45] Deren Erteilung richtet sich nach dem Bauordnungsrecht des jeweiligen Bundeslandes. Die Berufsbezeichnung *architect* bzw. Architekt ist sowohl in England als auch in Deutschland geschützt.

3. *Quantity surveyor*

Die Rolle des englischen *quantity surveyor* liegt in der Betreuung des Bauvorhabens von Beginn bis zum Ende. Die Bezeichnung leitet sich vom Leistungsverzeichnis eines Bauvertrages (*bill of quantities*) ab. Er ist in den Standardbauverträgen des *JCT*[46] neben dem Architekten als zweiter Berater des Bauherrn vorgesehen, unterstützt den *developer* hinsichtlich finanzieller Fragen und zeigt Alternativen oder Änderungsmöglichkeiten an den vom Architekten entwickelten Bauplänen auf.[47] Weiter überwacht er den Baufortschritt und genehmigt Abschlagszahlungen gegenüber dem Bauunternehmer, nachdem der Architekt die Fortschritte entsprechend zertifiziert hat.[48] Für umfangreiche Bauvorhaben benötigen *developer* erfahrene *quantity surveyors* mit guten Beziehungen vor allem zu den beteiligten Architekten. In Deutschland ist diese Berufsbezeichnung unbekannt.[49] Die entsprechenden Tätigkeiten werden vom Architekten oder Baubetreuer übernommen.

---

[42] *Havard*, S. 247; *Wilkinson/Reed*, S. 22.

[43] *Wilkinson/Reed*, S. 22.

[44] *Locher/Locher*, Das private Baurecht, Rn. 369; allgemein zum Berufsbild des Architekten, Rn. 350 ff.

[45] *Kulick*, S. 42.

[46] Dazu näher unter C. II. 2.

[47] *Wilkinson/Reed*, S. 23.

[48] *Wilkinson/Reed*, S. 23.

[49] *Kulick*, S. 59.

4. Finanzinstitute

Banken und andere Finanzdienstleister spielen auf dem Bausektor eine wichtige Rolle, um sowohl für Bauträger und -unternehmer als auch für die Erwerber das nötige Kapital zur Realisierung eines Bauvorhabens zur Verfügung zu stellen. Für private Käufer stellt der Erwerb einer Immobilie in vielen Fällen den finanziell bedeutendsten Vertrag ihres Lebens mit weitreichenden Folgen dar.[50]

Auch Bauträger benötigen für die Finanzierung des Bauvorhabens die Unterstützung von Kreditinstituten. Abgesehen von einer Anzahlung in Höhe von zehn Prozent des Kaufpreises erhalten Bauträger in England und Wales vor dem Abschluss der Bauarbeiten kein Geld vom späteren Erwerber; Abschlagszahlungen sind anders als in Deutschland nicht üblich.[51] Daher können Bauprojekte zum überwiegenden Teil nur mit eigenen finanziellen Mitteln, bzw. mit Kapital, das am Markt beschafft wurde, durchgeführt werden. Aber auch in Deutschland benötigen die Bauträger finanzielle Unterstützung der Banken, obwohl hier die Erbringung von Abschlagszahlungen vor Erbringung der Bauleistung durch den Erwerber üblich ist; allein hierdurch jedoch lassen sich in der Regel nicht alle Kosten decken.

Die Finanzierungsmodelle der Banken können dabei je nach Vorgehensweise bzw. Bauträgermodell angepasst werden: Falls eine zeitnahe Veräußerung der Immobilie nach Fertigstellung und die damit verbundene schnelle Refinanzierung der Baukosten vorgesehen ist,[52] bedarf es lediglich kurzfristiger Kredite.[53] Ist die Immobilie dagegen als dauerhafte Geldanlage geplant, ist ein langfristigeres Finanzierungskonzept erforderlich.[54] Es steht außer Frage, dass ganz unterschiedliche Anforderungen der verschiedenartigen Kreditnehmer zu erfüllen sind. Ent-

---

[50] *Wilkinson/Reed*, S. 15.

[51] *Kopp/Waldner*, Länderbericht England: in *Frank/Wachter*, Handbuch Immobilienrecht in Europa, Rn. 228; *Austen-Baker* in: Rechtsvergleichende Untersuchung zu Kernfragen des privaten Bauvertragsrechts, S. 227 f.; in der englischen Literatur wird dieses Zahlungsmodell im Übrigen nicht einmal erwähnt.

[52] So wird es, wie bereits oben dargelegt, auf dem privaten Immobilienmarkt gehandhabt: Hier erhält der Erwerber im Gegenzug für die Zahlung des Kaufpreises das *freehold* und damit wirtschaftliches Eigentum an der Immobilie (*onwer occupation*).

[53] *Wilkinson/Reed*, S. 5.

[54] *Wilkinson/Reed*, S. 5.

sprechende Finanzdienstleistungen werden hauptsächlich, aber nicht ausschließlich von hierauf spezialisierten Banken zur Verfügung gestellt.[55] Seit den 1980er Jahren haben die Banken ihre traditionelle Rolle als vor allem kurzfristige Kreditgeber ausgedehnt und stellen nun vermehrt Mittel für langfristige Bauprojekte zur Verfügung.[56] Ebenfalls tätig auf diesem Gebiet sind Baugesellschaften (z.B. *Nationwide*, *Yorkshire Building Society*), sowie Versicherungs- und Rentenfondgesellschaften. Letztere investieren oft in Immobilien, die langfristig Profite abwerfen und sich somit gut als dauerhafte und relativ stabile Geldanlage darstellen.[57] In der Regel wird der Rückzahlungsanspruch im Rahmen des gewährten Kredites durch die Bestellung einer *mortgage* (bildet funktional das Äquivalent zur deutschen Hypothek) an der Immobilie abgesichert.[58]

5. *National House Building Council*

Das im Jahr 1936 gegründete *National House Building Council* (in der Folge: *NHBC*) ist eine unabhängige, private *non-profit* Organisation, deren Aufgabe darin liegt, die Standards auf dem englischen Bausektor zu sichern und zu erhöhen sowie die Erwerber neuer Immobilien zu schützen.[59] Es entwickelt technische Vorgaben für Gebäude und für den Bauprozess, zu deren Einhaltung sich mehr als 18.000 *developer* und *builder* verpflichtet haben. Durch Vereinbarung mit dem Ersterwerber einer neuen Immobilie müssen die registrierten Mitglieder garantieren, dass die Errichtung der Gebäude den Standards der Organisation entspricht. Das *NHBC* beschäftigt Sachverständige (*officers*), die die Bauarbeiten beaufsichtigen und die Einhaltung der Standards überwachen; bei groben Verstößen können registrierte *developer* aus dem *NHBC* ausgeschlossen werden.[60]

Elementare Funktion des *NHBC* ist die Versicherung von Verbrauchern und privaten Käufern gegen die typischen Risiken bei einem Erwerb noch zu errichtender (Wohn-)Immobilien. Während dies in anderen Ländern durch die Kontrolle der

---

[55] *Havard*, S. 15.
[56] *Wilkinson/Reed*, S. 138.
[57] *Wilkinson/Reed*, S. 16, 131; *Havard*, S. 19.
[58] *Wilkinson/Reed*, S. 164.
[59] www.nhbc.co.uk.
[60] *Wood/Chynoweth/Adshead/Mason*, Law and the Built Environment, S. 107.

öffentlichen Verwaltung[61] oder zwingende Normen des Privatrechts[62] wahrgenommen wird, übernimmt in England das *NHBC* den Schutz der Erwerber als Instrument berufsständischer Selbstkontrolle.[63] Hierfür können die Erwerber auf eine Versicherung (*NHBC Buildmark*) zurückgreifen, die zum einen im Falle der Insolvenz des *developer* den Anspruch auf Rückerstattung der bereits geleisteten Anzahlung und zum anderen ein Mängelgewährleistungssystem für insgesamt zehn Jahre bereitstellt. Dies wird in der Folge im Detail erörtert.[64] Darüber hinaus bietet das *NHBC* ein Verfahren zur Streitbeilegung an.[65]

Ebenfalls erwähnenswert ist das *TrustMark*-Netzwerk, dem ebenfalls Unternehmen aus dem Baubereich angehören.[66] Diese verpflichten sich, ähnlich wie im Fall einer Registrierung beim *NHBC*, zur Einhaltung verschiedener Standards und zur besonderen Rücksichtnahme auf Verbraucher und dürfen im Gegenzug das *TrustMark*-Siegel verwenden. *Developer* oder *builder*, die sich mit größeren Projekten befassen, sind hier jedoch nicht vorrangig vertreten. Der Fokus liegt eher auf Unternehmen, die Dienstleistungen von geringerem Umfang wie Reparatur-, Instandhaltungs- oder Aufwertungsarbeiten im Hinblick auf Gebäude anbieten.[67]

In Deutschland gibt es keine mit dem *NHBC* vergleichbare Organisation. Die Einhaltung der Baustandards und der Schutz des Erwerbers werden vielmehr durch das Erfordernis einer Gewerbeerlaubnis für Bauträger und zwingende Vorschriften für Bauträgerverträge angestrebt.[68]

---

[61] In Deutschland ist vor allem § 34c GewO zu beachten.

[62] Zu beachten sind die Vorschriften der MaBV, näher dazu *Pause*, Rn. 208 f.; siehe auch unten, C. I. 2.

[63] *von Hoffmann*, Das Recht des Grundstückskaufs, Eine rechtsvergleichende Untersuchung, S. 9.

[64] Siehe unten, E. II. sowie G. III. 1. c).

[65] *Wood/Chynoweth/Adshead/Mason*, S. 107.

[66] Mehr Informationen unter www.trustmark.org.uk.

[67] vgl. auch *Britton/Fairweather*, The walk to Paradise Gardens: Construction Defects in Residential Developments in English Law, S. 19 f.

[68] Dazu näher unter B. V. 1.

6. *Solicitor* und *licensed conveyancer*

Trotz der Tatsache, dass ihre Beteiligung in England und Wales nicht gesetzlich vorgeschrieben ist, wirken an praktisch jedem Grundstücksgeschäft Anwälte (*solicitors*) oder Immobilienfachleute (*licensed conveyancers*) mit.[69] Wie in Deutschland sind sie für die Beratung beider Parteien eines Bauträgergeschäftes und die Vertragsgestaltung zuständig. In der vorvertraglichen Phase überprüfen sie, ob das Grundstück dinglich belastet ist und ob ggf. erforderliche Baugenehmigungen vorliegen. Besonders bei der Durchführung von Kettengeschäften,[70] in deren Rahmen eine sorgfältige Synchronisierung verschiedener Grundstückstransaktionen durchgeführt werden muss, ist der Erwerber einer Immobilie auf die Fachkompetenz des *solicitor* angewiesen. In vielen Fällen nämlich generiert er die finanziellen Mittel für den Erwerb einer neuen Immobilie durch den Verkauf der von ihm bisher bewohnten Immobilie. Um zu gewährleisten, dass der Erwerber über das erforderliche Geld verfügt und gleichzeitig die neue Immobilie beziehen kann, müssen im entscheidenden Zeitpunkt alle rechtlichen Fragen hinsichtlich des Grundstückes bzw. der hieran bestehenden Rechte geklärt sein. Die lückenlose Darstellung der Rechtslage jedoch ist nicht immer einfach darstellbar und kann Wochen in Anspruch nehmen.[71] Auch die kreditgebenden Banken verlangen die Beteiligung eines *solicitor* an Grundstücksgeschäften; auf Grund der Bestellung von Sicherungsrechten am Vertragsgegenstand liegt es auch in ihrem Interesse, dass die Freiheit der Immobilie von Belastungen und Sachmängeln anwaltlich bestätigt wird.[72] Im Falle einer Fehlinformation oder schlechten Beratung kommt dann auch ein Regressanspruch gegen den Anwalt in Frage. Während in Deutschland auf Grund des Zwangs zur Beurkundung an jedem Grundstücksgeschäft sogar ein Notar beteiligt sein muss, gibt es im englischen Recht keine entsprechende Formvorschrift.[73] Ein *notary* (Äquivalent zum deutschen Notar) dient in England in erster Linie dazu, Rechtsgeschäften außerhalb des Landes zur Wirksamkeit zu verhelfen, wenn wie vor allem in kontinental-europäischen

---

[69] *Franzmann*, Sicherer Immobilienerwerb durch Notar und Grundbuch, MittBayNot 2009, S. 346 (349), Der Anteil der Grundstückstransaktionen, der von *licensed conveyancers* betreut wird liegt hiernach bei drei Prozent.
[70] *Abbey/Richards*, A practical approach to Conveyancing, S. 227; *Schmid/Hertel*, General Report on European Property Law, S. 57.
[71] Siehe unten, F. I. 3. a).
[72] *Schmid/Hertel*, S. 50.
[73] *Kopp/Waldner*, Länderbericht England, Rn. 23.

Rechtsordnungen die Mitwirkung eines Notars vorgeschrieben ist.[74] Die Aufgaben, die in Deutschland von Notaren im Rahmen von Grundstücksgeschäften ausgeübt werden, übernehmen in England *solicitors*.[75]

III. Grundbuch- und Registersystem

Das Grundbuchsystem in England und Wales wurde durch den *Land Registry Act 1862 (LRA)* eingeführt, zunächst ohne, dass ein Zwang zur Registrierung von Eigentumsrechten bestand. Im gleichen Jahr wurde auch die Grundbuchbehörde (*HM Land Registry*) geschaffen, die ihren Hauptsitz in London pikanterweise auf einem bislang nicht registrierten Grundstück hat. Mit der Einführung der Registrierungspflicht für im Zentrum Londons gelegene Grundstücke nahm die Bedeutung des Registers Ende des 19. Jahrhunderts zu. Die Registrierungspflicht weitete sich auf immer mehr Gebiete aus, bis sie sich schließlich 1990 auf ganz England und Wales erstreckte. Laut dem Jahresbericht des Grundbuchamtes lag der Anteil registrierter Eigentumsrechte an Grundstücken im Jahr 2011 bei ca. 79 Prozent.[76] Bislang nicht registrierte Grundstücke müssen registriert werden, sobald sie Gegenstand einer Grundstücksverfügung werden, *s. 6 LRA 2002*. Wird der Registrierung nicht innerhalb von zwei Monaten nach der Verfügung nachgekommen, ist die Grundstücksübertragung unwirksam, *s. 7 LRA 2002*. Zukünftig wird es also immer weniger unregistrierte Rechte an Grundstücken geben. Bei Letzteren müssen die für eine Transaktion relevanten Eigenschaften anhand einer Analyse der *title deeds* (Eigentumsurkunden) ermittelt werden, was sehr aufwendig und kostspielig sein kann.[77] Bei registrierten Grundstücken dagegen sind alle Informationen auf einen Blick ersichtlich und beispielsweise *mortgages* (funktionsäquivalent zu den Hypotheken im deutschen Recht) aufgeführt. Das Register soll dabei den aktuellen Status der Rechte an einem Grundstück exakt widerspiegeln, dies ist Inhalt des geltenden *mirror principle*:

---

[74] *Kopp/Waldner*, Länderbericht England, Rn. 26.
[75] *Sparkes*, European Land Law, S. 287 f.
[76] Die Daten sind auf der Homepage des Grundbuchamtes abrufbar unter: http://www.landregistry.gov.uk/ (letzter Abruf Februar 2014).
[77] Näher dazu unten, F. I. 3. a).

„The fundamental objective of the [Act] is that, under the system of electronic dealing with land that it seeks to create, the register should be a complete and accurate reflection of the state of the title to land at any given time, so that it is possible to investigate title to land on line, with the absolute minimum of additional enquiries and inspections."[78]

Der Staat garantiert für die Richtigkeit des Registers und ersetzt Schäden, die auf Fehlern beruhen.[79] Nicht im Register geführt werden dagegen *overriding interests*, bei denen es sich um beschränkte dingliche Rechte an einem Grundstück wie zum Beispiel eine *lease* handelt.[80] In *Schedule 3 Land Registration Act 2002* sind weitere *overriding interests* aufgeführt. Diese können dem Käufer eines Grundstückes, auch ohne, dass sie im Register eingetragen sind, entgegengehalten werden.[81] In *Williams & Glyn Bank v Boland*[82] strebte eine Hypothekenbank die Inbesitznahme des Hauses eines ihrer Schuldner an, da dieser seinen Kreditzinszahlungen nicht mehr nachkam. Hiergegen klagte die Ehefrau des Schuldners, die das Haus ebenfalls bewohnte. Das *House of Lords* bestätigte die Entscheidung des *Court of Appeal*, wonach die Ehefrau zwar kein eingetragenes Recht am Grundstück hatte, wohl aber Inhaberin eines *overriding interest* war, welches ihr auf Grund des durch sie zur Finanzierung des Hauses geleisteten Beitrages zustand. Dies stand einer Verwertung des Hauses durch die Bank letztlich entgegen.

Die Nichtberücksichtigung der *overriding interests* im Grundstücksregister steht in klarem Widerspruch zum *mirror principle*. Die Situation wird daher auch als *„crack in the mirror"* bezeichnet, auch wenn es in diesem Zusammenhang nicht gerade häufig zu Schwierigkeiten kommt.[83]

Insgesamt findet in England durch die fortwährende Registrierung eine Annäherung an die kontinentalen Grundbuchsysteme statt. Durch den am 13. Oktober

---

[78] (2001) Law Com. No. 271, para 1.5; *Thompson*, Modern Land Law, S. 112.
[79] *Thompson*, S. 113.
[80] *Megarry/Wade*, The Law of Real Property, 7-028 ff.
[81] *Silverman*, Conveyancing Handbook, D 2.3.1.; zum *caveat emptor*-Prinzip bzw. der Pflicht des Grundstücksverkäufers zur Offenlegung versteckter Rechtsmängel, vgl. F. I. 2.
[82] [1980] 3 W.L.R. 138.
[83] *Odersky* in: NOMOS-Kommentar BGB, Bd. 3, Länderbericht Großbritannien, Rn. 36.

2003 in Kraft getretenen *Land Registration Act 2002*, welcher den *LPA 1925* zu großen Teilen ersetzte, wurden darüber hinaus die Rahmenbedingungen für das zukünftige elektronische Verfahren zur Übertragung von Grundstücken (*e-conveyancing*) geschaffen.[84] Das traditionelle System unregistrierter Grundstücke erwies sich bereits zu Beginn des 20. Jahrhunderts als viel zu ineffizient. In puncto Rechtssicherheit und Schutz vor Missbrauch scheint das Niveau des deutschen Grundbuchsystems bislang jedoch nicht erreicht worden zu sein.[85] Im Gegensatz zu Deutschland gibt es in England noch immer unregistrierte Grundstücke und mit den *overriding interests* Rechte an Grundstücken, die ohne Eintragung Drittwirkung entfalten können. In Deutschland dagegen muss jedes Recht an einem Grundstück gemäß § 873 I BGB ins Grundbuch eingetragen werden. Hierdurch kann die dingliche Rechtslage an Grundstücken mit einem Blick ins Grundbuch vollumfänglich geklärt werden.

IV. Verfügungsgegenstand von Bauträgerverträgen

Wenn Grundstückskauf- bzw. Bauträgerverträge vollzogen werden, stellt sich die Frage, welche Herrschaftsrechte an den Erwerber übergehen. Während in Deutschland regelmäßig das Eigentum am Grundstück und zu errichtendem Gebäude Gegenstand von Bauträgerverträgen sind, stellt sich die Situation in England und Wales etwas differenzierter dar.

1. *Land* und die daran bestehenden Herrschaftsrechte in England und Wales

Das englische Grundstücksrecht hat einen gänzlich anderen Ursprung als das kontinentaleuropäische, so dass das Verständnis einzelner Rechtsinstitute nicht immer einfach ist. Ein absolutes dingliches Herrschaftsrecht an Grundstücken gibt es im Gegensatz zu kontinentaleuropäischen Rechtsordnungen in England seit der Eroberung durch *William the Conqueror* im Jahr 1066 nicht mehr.[86] Alles Land

---

[84] Ausführlich dazu *Dixon, What sort of land registration system?* Conv. 2012, 5, 349-354; *Thompson*, S. 211.

[85] *Franzmann*, Sicherer Immobilienerwerb durch Notar und Grundbuch, MittBayNot 2009, S. 346 (353); vgl. auch *Böhringer*, Das deutsche Grundbuchsystem im internationalen Rechtsvergleich, BWNotZ 1987, S. 25 (26).

[86] *Thompson*, S. 21.

wurde damals von der Krone in Anspruch genommen, die damit formal Eigentum an allen Grundstücken hielt; Gefolgsleute und Landesherren konnten jedoch ein Lehensrecht erwerben.[87] An diesem System der Herrschaftsrechte hat sich trotz des Untergangs des Lehenswesens bis zum heutigen Tage nichts geändert. Es ist daher technisch falsch, zu behaupten, dass einer Person ein Grundstück uneingeschränkt gehöre. Wohl aber können Herrschaftsrechte (*legal estates*) an Land ausgeübt werden,[88] die in ihrer wirtschaftlichen Funktion absoluten Rechten praktisch gleichen.

Seit der umfassenden Reform des Grundstücksrechts (*property legislation*), die unter anderem durch die Verabschiedung des *Law of Property Act 1925* umgesetzt wurde, gibt es gemäß *s. 1 LPA 1925* in England und Wales nur noch zwei Eigentumsrechte (*legal estates*), die man an einem Grundstück ausüben kann: „*An estate in fee simple absolute in possession*" (*freehold*) und „*a term in years absolute*" (*leasehold*). Sowohl *freehold* als auch *leasehold* sind sogenannte *property rights* oder *proprietary rights* und können im Gegensatz zu *personal rights* gegenüber jedermann geltend gemacht werden.[89] Sie entsprechen in ihrer Funktion damit den dinglichen Rechten im deutschen System. Beide Rechte können auch nebeneinander an einem Grundstück bestehen. Mit dem *Commonhold and Leasehold Reform Act 2002* wurde das *commonhold* als weiteres Herrschaftsrecht eingeführt.[90]

a) *Land* als Bezugspunkt für Rechte an Grundstücken

Der Bezugspunkt für Rechte an Grundstücken in England und Wales ist *land*. In *s. 205(1)(ix) LPA 1925* wird näher beschrieben, was sich hinter diesem Begriff verbirgt: Neben der Bodenfläche werden auch "*mines and minerals...[and]...buildings or parts of buildings*" als zum *land* zugehörig beschrieben. Ebenso schließt *s. 132 (1) LRA 2002* auch "*other structures*" in die Definition von *land* mit ein. Ebenfalls zu *land* zugehörig sind *fixtures*, welche Gegenstände

---

[87] *Thompson*, S. 21 f.
[88] *McFarlane/Hopkins/Nield*, Land Law, S. 68; *Thompson*, S. 26.
[89] *Bright/McFarlane*, Proprietary Estoppel and Property Rights, C.L.J. 2005, S. 449 (466); *McFarlane*, Proprietary Estoppel and Third Party Rights after the Land Registration Act 2002, C.L.J. 2003, S. 661 (684).
[90] Siehe dazu unten, B. IV. 1. d); vgl. auch *Wood/Chynoweth/Adshead/Mason*, S. 220 f.

bezeichnen, die fest mit dem Grundstück verbunden sind.[91] Gegenstände, die im Rahmen der Baudurchführungen verbaut werden, werden zu Bestandteilen des Grundstückes und dem hieran bestehenden Herrschaftsrecht.[92]

Etwas anderes gilt für *chattels*, bewegliche Gegenstände, die gegenüber dem Grundstück als eigenständig gelten und deshalb auch nicht von Rechten an Grundstücken erfasst werden.[93] Im Einzelfall kann es schwierig sein, Gegenstände einer dieser Kategorien zuzuordnen; sowohl der Grad als auch der Zweck der Verbindung zwischen Grundstück und Gegenstand müssen bestimmt werden.[94] In *Botham and ors v TSB Bank plc*[95] wurden beispielsweise Badezimmergarnituren und die Arbeitsflächen einer Küche als *fixtures* qualifiziert; festverlegte Teppiche, Gardinen und Deckenlampen dagegen als *chattels*. Insgesamt wurde in dieser anschaulichen Entscheidung hinsichtlich von 109 Gegenständen die Frage geklärt, ob es sich jeweils um ein *fixture* bzw. *chattel* handelt.

Wichtig ist diese Unterscheidung vor allem, um die Reichweite von eventuellen Sicherungsrechten, die an der Immobilie bestellt werden, zu bestimmen. Darüber hinaus fällt für die beweglichen *chattels* keine Grunderwerbssteuer (*Stamp Duty Land Tax*) an, wohl aber für den Wert der *fixtures*. Dies kann auf die Vertragsgestaltung und Bemessung des Kaufpreises einen erheblichen Einfluss haben.

b) *Freehold*

Das oben bereits erwähnte *freehold* ist ein zeitlich unbegrenztes Herrschaftsrecht an einem Grundstück, das umfassende absolute Rechte garantiert.[96] Die einzelnen Begriffe des Ausdruckes *fee simple absolute in possession* haben dabei folgende Bedeutung:[97] Ein *fee* beschreibt ein vererbbares Recht. Ein *fee simple* ist ein Recht, über das der Inhaber (*freeholder*) verfügen kann. Das Attribut „*absolute*" beinhaltet die Unmöglichkeit der Einschränkung des Rechtes, auch in zeitlicher

---

[91] *McFarlane/Hopkins/Nield*, S. 40.
[92] *Austen-Baker* in: Rechtsvergleichende Untersuchung zu Kernfragen des privaten Bauvertragsrechts, S. 227 f.
[93] *McFarlane/Hopkins/Nield*, S. 40.
[94] *Elitestone Ltd v Morris* (1997) 1 W.L.R. 687; *Thompson*, S. 14, 16 f.; *McFarlane/Hopkins/Nield*, S. 42.
[95] (1997) 73 P. & C.R. D1.
[96] *McFarlane/Hopkins/Nield*, S. 68.
[97] *Wood/Chynoweth/Adshead/Mason*, S. 178.

Hinsicht. Ist das Recht „*in possession*", darf der Berechtigte unmittelbar und nicht erst in der Zukunft das Grundstück unmittelbar besitzen oder Nutzungen daraus ziehen. In wirtschaftlicher Hinsicht stimmt das *freehold* demnach mit dem deutschen Konzept des Volleigentums überein.

c) *Leasehold*

Ein *leasehold estate* bzw. eine *lease* ist ein Rechtsinstitut eigener Art, das in unterschiedlichen Ausprägungen auftreten kann. Sie kann zugleich dingliches Recht und vertragliche Beziehung zwischen *landlord* und *tenant* sein. Die *lease* (oder auch *tenancy*) beinhaltet inhaltlich das gleiche Bündel absoluter Rechte wie das *freehold*, mit dem entscheidenden Unterschied der zeitlichen Befristung.[98] Je nach eingeräumter Laufzeit ist sie entweder mit dem deutschen Erbbaurecht (*long lease*) oder der Miete (*let* oder *rack rent lease*) vergleichbar. Die langfristige *lease* kann für eine praktisch unbegrenzte Zeit (nicht selten für 999 Jahre) eingeräumt werden, weshalb ähnlich wie für den Erwerb von *freehold* eine erhebliche Einmalzahlung zu leisten ist.[99] Jeder Inhaber einer *lease* kann anderen Personen eine *sub lease* einräumen; der *landlord* allerdings kann dies durch die Belastung der Haupt-*lease* mit einem entsprechenden *restricitve covenant* (funktionsäquivalent zu der deutschen Unterlassungsdienstbarkeit) verhindern.[100]

Die Einräumung einer *lease* hat gegenüber dem *freehold* gerade auf dem Wohnungsmarkt entscheidende Vorteile und ist aus diesem Grund das weit überwiegend eingeräumte Herrschaftsrecht an Wohnungen.[101] Dies hängt mit der Möglichkeit zusammen, dass dingliche Verpflichtungen (*positive* bzw. *negative covenants*), z.B. im Zusammenhang mit der Instandhaltung der Wohnung bzw. den Gemeinschaftseinrichtungen im Falle einer Weiterveräußerung der *lease*[102]

---

[98]*McFarlane/Hopkins/Nield*, S. 72 mit dem Hinweis auf vgl. *Street v Mountford* [1985] 1 A.C. 809 at 816, wo auch zum Umfang einer *lease* bzw. *tenancy* und dem Unterschied zu einer bloßen *license* ausgeführt wird; *Thompson*, S. 400.

[99] *Kopp*, MittBayNot 2001, S. 287 (287).

[100] *Thompson*, S. 445.

[101] Wohnungen, an denen *freehold* gehalten wird, werden als *flying freeholds* bezeichnet und kommen vor allem im Südwesten Englands und im Großraum London vor, vgl. *Sparkes*, Real Property Law and Procedure in the European Union – Report from England and Wales, S. 21.

[102] Der *landlord* kann das *freehold* übertragen, der *tenant* die *lease*.

stets auf den Rechtsnachfolger übergehen.[103] Dies ergibt sich für *leases*, die vor 1996 entstanden sind, aus dem Grundsatz *privity of estate*, der durch die Entscheidung in *Spencer's Case* geprägt wurde.[104] Für *leases*, die nach 1996 eingeräumt wurden und noch werden ist dieser Grundsatz leicht abgewandelt im *Landlord and Tenant (Covenants) Act 1995* geregelt. Im Fall von *freehold* ist ein Übergang dinglicher Belastungen in Form von *covenants* nach den Regeln des *common law* i.e.S. nicht[105] und *in equity* nur in engen Grenzen[106] möglich.[107]

Aber auch die Einräumung einer *lease* an Wohnungen bringt Schwierigkeiten mit sich. Zum einen nimmt der Wert einer *lease* im Laufe der Zeit immer weiter ab, wodurch auch die Bereitschaft der Inhaber sinkt, ihrer Instandhaltungspflicht nachzukommen. Zum anderen wälzen *landlords* die Kosten für die Erfüllung ihrer Pflicht zur Instandhaltung der Gemeinschaftseinrichtungen in der Praxis regelmäßig auf die *tenants* ab oder vernachlässigen ihre Pflichten ebenfalls.[108] Nicht zuletzt aus diesem Grund wurde im Jahr 2002 mit dem *commonhold* ein drittes Eigentumsrecht geschaffen.

d) *Commonhold*

Das *commonhold* wurde durch den *Commonhold and Leasehold Reform Act 2002* geschaffen und beinhaltet eine neue Art der Ausübung von Rechten an Grundstücken. Das neue Konzept sieht die Ausübung von *freehold* durch einzelne Bewohner an verschiedenen Wohnungen (*units*) innerhalb eines Gebäudes vor, während an den Gemeinschaftseinrichtungen bzw. den gemeinschaftlichen Teilen des Grundstückes von allen Wohnungseigentümern in einer *commonhold association*

---

[103] Um die Qualität von Wohnungen und Gemeinschaftseinrichtungen innerhalb eines Gebäudes zu sichern, verpflichten sich die *tenants* gegenüber dem *landlord* mittels eines *positive covenant* zur Instandhaltung „ihrer" Wohnungen, während sich umgekehrt der *landlord* zur Unterhaltung der Gemeinschaftseinrichtungen und dazu verpflichtet, die Verpflichtung der übrigen Mieter zur Instandhaltung von deren Wohnungen durchzusetzen. Diese Pflichten gehen, wie gesagt, auf die Rechtsnachfolger über; *Wood/Chynoweth/Adshead/Mason*, S. 220.

[104] (1583) 5 Co Rep 16a.; ausführlich dazu *Thompson*, S. 448 ff.; vgl. auch *Wood/Chynoweth/Adshead/Mason*, S. 249.

[105] *Austerberry* v *Oldham Corporation* (1885) 29 Ch. D. 750.

[106] *Tulk* v *Moxhay* (1848) 2 Ph 774.

[107] *O'Connor*, Careful what you wish for: positive freehold covenants, Conv. 2011, 3, 191-207 (191).

[108] *Wood/Chynoweth/Adshead/Mason*, S. 220.

gemeinschaftlich *freehold* ausgeübt wird.[109] Die Gründe für die Einführung liegen in der Überwindung der eben geschilderten praktischen Nachteile, die die bislang weit überwiegende Ausübung von *leases* an Wohnungen und Geschäftsräumen mit sich gebracht hatte. Durch das *commonhold* liegt die Wahrnehmung der Instandhaltungs- und anderer Pflichten bzgl. der Gemeinschaftseinrichtungen nicht mehr beim *landlord*, sondern in der Verantwortung der Gemeinschaft der Wohnungsinhaber. Ihr Eigentumsrecht an den Wohnungen ist im Gegensatz zur *lease* wertbeständig und die Instandhaltung des Gebäudes können sie eigenverantwortlich und unter voller Kostenkontrolle selbst durchführen.[110]

Das *commonhold* ist für in der Zukunft neue geschaffene Wohn- oder Gewerbeeinheiten relevant, an denen noch keine *lease* ausgeübt wird. Die Akzeptanz hält sich bislang in Grenzen: Im Jahr 2008 waren in England und Wales erst 14 *commonholds* registriert.[111] Es bleibt daher abzuwarten, ob sich diese neue Art des Eigentums dauerhaft durchsetzen oder ob an den traditionellen Mechanismen der *lease* festgehalten wird. Deutlich ist jedenfalls, dass mit der Einführung des *commonhold* vor allem auch eine Annäherung an das deutsche System des Wohnungseigentums vollzogen wurde.

2. Grundstück und Rechte an Grundstücken in Deutschland

Gegenstand eines Bauträgervertrages in Deutschland ist in der Regel das Eigentum an einem Grundstück inklusive am darauf neu errichteten Gebäude. Der Begriff des Grundstückes ist nicht gesetzlich definiert; es handelt sich hierbei nach allgemeinem Verständnis um einen abgegrenzten Teil der Erdoberfläche, der im Grundbuch als selbstständiges Grundstück geführt wird.[112] Wie auch in England muss im Einzelnen geklärt werden, ob Gegenstände (wesentliche) Bestandteile eines Grundstücks sind oder als Zubehör rechtliche Eigenständigkeit bewahren; insofern sind die §§ 90 ff. BGB maßgeblich und insbesondere § 94 BGB zu beachten, der die Voraussetzungen für wesentliche Bestandteile von Grundstücken

---

[109] *Wood/Chynoweth/Adshead/Mason*, S. 220 f.; *Thompson*, S. 591.
[110] *Wood/Chynoweth/Adshead/Mason*, S. 220.
[111] Law Comm. Consultation Paper No. 186, para 11.4, abrufbar unter: http://lawcommission.justice.gov.uk.
[112] RGZ 84, 270; MüKo/*Commichau*, § 1 WEG, Rn. 15.

schafft.[113] Bei Einbauküchen (um das Beispiel von oben aufzugreifen) muss in Deutschland im Einzelfall differenziert werden, zudem wird dies regional unterschiedlich gesehen.[114] Sie bilden gemäß § 94 Abs. 2 BGB nur dann einen wesentlichen Bestandteil des Grundstückes, wenn sie eigens für das Gebäude angefertigt wurden und aus diesem Grund mit ihm eine Einheit bilden.[115] Eine Einbauküche kann aber auch Zubehör eines Grundstückes sein, wenn sie nach der Zweckbestimmung des Einfügenden dem Gebäude auf Dauer dienen soll.[116] Möglich ist auch, dass Einbauküchen weder einen wesentlichen Bestandteil, noch Zubehör des Grundstückes darstellen, sondern selbständige, bewegliche Sachen sind.

Anstelle des Eigentums können auch ein Erbbaurecht,[117] Wohnungseigentum,[118] oder Teileigentum[119] am Grundstück übertragen bzw. bestellt werden. Für das Erbbaurecht bestimmt § 12 Abs. 1 S. 2 ErbbauRG, dass ein auf Grund eines Erbbaurechts errichtetes Bauwerk wesentlicher Teil des Erbbaurechts (und nicht etwa des Grundstückes) wird. Hier fallen das Eigentum am Grundstück und das Eigentum am Gebäude also ausnahmsweise auseinander. Die Einräumung von Wohnungserbbaurechten im Rahmen von Bauträgerverträgen ist nicht selten; der Bauträger teilt das Erbbaurecht gemäß §§ 30 Abs. 2, 8 WEG in Wohnungs- und Teilerbbaurechte auf und verpflichtet sich in der Absprache zur Errichtung der Wohnungen sowie zur Verschaffung des Erbbaurechtes.[120]

---

[113] Gemäß § 94 Abs. 1 BGB sind alle fest mit dem Boden verbundenen Sachen wesentliche Bestandteile; das gilt gem. § 94 Abs. 2 BGB auch für zur Herstellung in ein Gebäude eingefügte Sachen.

[114] Vgl. BGH NJW RR 1990, S. 586 (586).

[115] BGH NJW RR 1990, S. 586 (587); BGH NJW RR 1990, S. 914 (919 f.); Bei Serienanfertigungen sind die Voraussetzungen an einen wesentlichen Bestandteil i.S.d. § 94 Abs. 2 BGB nicht gegeben.

[116] BGH NJW 2009, S. 1076 (1078); Dies wird ebenfalls regional unterschiedlich gesehen, vgl. auch MüKo/*Stresemann* § 97, Rn. 34.

[117] Das Erbbaurecht ist gem. § 1 Abs. 1 ErbbauRG das „veräußerliche und vererbliche Recht, auf oder unter der Erdoberfläche des (belasteten) Grundstücks ein Bauwerk zu haben".

[118] Wohnungseigentum ist das Sondereigentum an einer Wohnung in Verbindung mit dem Miteigentumsanteil an dem gemeinschaftlichen Eigentum, zu dem es gehört, § 1 Abs. 2 WEG.

[119] Teileigentum ist das Sondereigentum an nicht zu Wohnzwecken dienenden Räumen eines Gebäudes in Verbindung mit dem Miteigentumsanteil an dem gemeinschaftlichen Eigentum, zu dem es gehört, § 1 Abs. 3 WEG.

[120] *Pause*, Rn. 574.

Der markanteste Unterschied des englischen Systems der Herrschaftsrechte an Grundstücken zu seinem deutschen Pendant ist dessen feudale Prägung, die bis heute die Ausübung absoluter Herrschaftsrechte durch jedermann verhindert. In Deutschland dagegen ist die Ausübung absoluter Eigentumsrechte an Grundstücken fester Bestandteil des Systems. Der wirtschaftliche Eigentümer entspricht, abgesehen von einigen Sonderfällen wie des Vorbehalts- oder Sicherungseigentums, dem rechtlichen Eigentümer. Das ist in England praktisch nie der Fall; hier ist die absolute Herrschaftsmacht formal nur der Krone zuzuordnen.

In funktionaler und wirtschaftlicher Hinsicht sind die Unterschiede zwischen England und Deutschland allerdings bedeutend geringer: In beiden Jurisdiktionen gibt es verschiedene Rechte, die an Grundstücken ausgeübt werden können. Das *freehold* entspricht in dieser Hinsicht dem deutschen Volleigentum, die *lease* je nach Laufzeit einem Erbbaurecht oder einer Miete und das *commonhold* bildet das Äquivalent zum Wohnungseigentum.[121] Im Ergebnis sind die Unterschiede damit vor allem technischer Natur.

V. Regulierung des Bauträgergewerbes und Bauprozesses

Zur Sicherung der Qualität auf dem Bausektor und eines funktionierenden Marktes sind Mechanismen erforderlich, die eine Kontrolle des Bauträgers und des Bauprozesses gewährleisten. Es gibt verschiedene Anknüpfungsmöglichkeiten für eine Regulierung (z.B. Marktzugangsregelungen und Berufsausübungsregelungen) und verschiedene Institutionen, welche die Einhaltung der Standards überwachen können. Die Kontrolle muss dabei nicht unbedingt von staatlicher Seite erfolgen; hier zeigen sich zwischen England und Wales auf der einen und Deutschland auf der anderen Seite Unterschiede. Gemeinsamkeiten wiederum sind im Hinblick auf planerische und technische Vorgaben im Rahmen der Baukontrolle erkennbar.

---

[121] Für einen Vergleich des *commonhold* mit dem Wohnungseigentum aus englischer Sicht *Smith*, Apartment ownership – German style, Conv. 2007, S. 203 ff.

1. Kontrolle des Bauträgers

Hinsichtlich der Beaufsichtigung des Bauträgers als Gewerbetreibendem ergeben sich in England und Deutschland, wie soeben erwähnt, deutliche Unterschiede. Ein staatliches System zur Kontrolle des Bauträgers oder anderer Anbieter von Dienstleistungen auf dem Bausektor ist in England und Wales nicht vorhanden; auch entsprechende Berufsregister existieren nicht. Dagegen steht der deutsche Bauträger unter staatlicher Aufsicht, die mit Hilfe des öffentlichen Gewerberechts durchgeführt wird.[122]

Im *Latham*-Report[123] aus dem Jahr 1994 wurde vorgeschlagen, in England und Wales eine gesetzliche Versicherung für Bauträger und Bauunternehmer einzuführen, die das Risiko für versteckte Mängel an Immobilien übernimmt, wodurch das Risiko einer Insolvenz als Folge der Haftung für derartige Mängel hätte minimiert werden können. Dies wäre nicht nur den Bauträgern selbst, sondern auch den Erwerbern zugutegekommen, die dadurch einen solventen Adressaten für eventuelle Ersatzansprüche hätten. Zu einer Umsetzung des Vorschlags ist es jedoch nie gekommen, so dass die Lösung dieser Frage auch weiterhin allein dem Markt überlassen bleibt.

Auch für Bauträgerverträge gibt es keine gesonderten gesetzlichen Vorgaben, die Schutzmechanismen für Verbraucher beinhalten. Lediglich im zweiten Abschnitt des *Housing Grants Construction and Regeneration Act 1996* sind Regeln zu Abschlagszahlungen und Instrumente zur Streitbeilegung vorhanden. Diese beziehen sich allerdings nur auf die Erbringung von Bauleistungen und gelten außerdem gem. *s. 106 (2) HGCRA 1996* nicht für Verträge über den Bau von *Wohn*immobilien, die mit dem späteren Bewohner abgeschlossen werden.

Die liberale Herangehensweise des Staates in diesem Bereich bedeutet aber nicht, dass es in England und Wales gar keine besonderen Verhaltensgrundsätze für

---

[122] Insbesondere § 34c GewO und die Vorschriften der MaBV sind hier zu beachten. Näher dazu sogleich.

[123] Der Bericht mit dem Titel „Constructing the Team: Joint review of procurement and contractual arrangements in the UK construction industry" von *Sir Michael Latham* ist Ergebnis einer Studie zur Steigerung der Effektivität des Bausektors; vgl. dazu *Britton/Fairweather*, S. 16.

Bauträger und Bauunternehmer gibt. Das *NHBC* hat, wie bereits erwähnt[124], eigene Standards geschaffen,[125] zu deren Einhaltung sich die dort registrierten Bauträger und Bauunternehmer verpflichten und die die Erwerber von zu errichtenden Immobilien vor den unterschiedlichen Risiken schützen. Die Registrierung der Bauträger und die damit verbundene Anerkennung der Standards ist ein wichtiges Qualitätsmerkmal, wodurch zwar kein rechtlich verbindliches, wohl aber ein ökonomisches Marktzugangserfordernis geschaffen wird. Bauträger ohne eine Registrierung beim *NHBC* dürften keine Chancen auf dem Markt haben.

Die durch das *NHBC* geregelten detaillierten Anforderungen nehmen unter anderem Bezug auf die staatlichen Bauvorschriften, die *Building Regulations* (siehe folgender Punkt), bzw. ergänzen diese.[126] Darüber hinaus wurden mit den *Rules for Builders and Developers* Verhaltensgrundsätze geschaffen: Beispielsweise sind *developer* gemäß *rule 8* der *Rules for Builders and Developers* verpflichtet, sicherzustellen, dass eine Gebäude- und Insolvenzversicherung zu Gunsten des zukünftigen Erwerbers abgeschlossen wird.

Ferner forderte das *Office of Fair Trading* auf Grund der Ergebnisse einer Studie des Wohnungsbausektors aus dem Jahr 2008 die Einführung eines branchenweiten Verhaltenskodex für *developer* und *builder*. Andernfalls sollte eine Gesetzesinitiative angestoßen werden, die durch eine Abgabe der Industrie finanziert werden sollte. Daraufhin entwickelten elf Wohnungsbaugesellschaften und ähnliche Organisationen (unter ihnen das *NHBC* und das *Council of Mortgage Lenders*[127]) den *Consumer Code for Homebuilders*, der am 1. Mai 2010 in Kraft trat. Er umfasst Verhaltensregeln für *builder* und *developer*, die über die Errichtung von Gebäuden hinausgehen und den gesamten Prozess von der Vermarktung der Immobilie bis hin zur nachvertraglichen Streitbeilegung betreffen.[128] Der *Consumer Code for Homebuilders* verpflichtet alle registrierten Mitglieder zu einer transparenten Informationspolititk gegenüber Verbrauchern, die eine neue Immobilie erwerben möchten. Zweck ist, dass Käufer fair behandelt werden, sich stets im Klaren über die zu erwartenden Leistungen sind und im Falle von Komplikationen

---

[124] Siehe oben, B. II. 5.
[125] *NHBC Standards 2014*, bestellbar auf www.nhbc.co.uk; Rules for builders and developers registered in the *NHBC*, frei verfügbar www.nhbc.co.uk.
[126] *Britton/Fairweather*, S. 43.
[127] Zusammenschluss von Baukreditgebern in einer *non-profit* Organisation, mehr auf www.cml.org.uk.
[128] *Britton/Fairweather*, S. 35.

ihre Möglichkeiten zu einer kostengünstigen Streitbeilegung kennen.[129] Neben den neuen Informationspflichten birgt der *Consumer Code for Homebuilders* inhaltlich jedoch wenig Neues: die Freiheit des *developer* bei der Vertragsgestaltung wurde kaum eingeschränkt und auch der Schutz der Verbraucher wurde gegenüber den bereits bestehenden Versicherungen der *NHBC* nicht entscheidend ausgebaut.[130]

In Deutschland und damit grundlegend anders als in England und Wales, benötigt der Bauträger bereits für den Zugang zu seinem Beruf gemäß § 34c Abs. 1 Nr. 4 lit a GewO eine gewerbliche Erlaubnis, welche gemäß Abs. 2 bei Unzuverlässigkeit oder ungeordneten finanziellen Verhältnissen zu versagen ist, ohne dass Raum für ein Ermessen besteht. Wird die Tätigkeit trotz fehlender Erlaubnis durchgeführt, erfüllt dies den Bußgeldtatbestand des § 144 Abs. 1 Nr. 1 lit h GewO und stellt eine Ordnungswidrigkeit dar.[131] Bei wiederholtem Verstoß kann gem. § 148 Nr. 1 GewO sogar eine Straftat vorliegen.[132] Die Gültigkeit des Bauträgervertrages ist von einem Verstoß gegen die gewerberechtlichen Vorgaben jedoch nicht betroffen: § 34c GewO verkörpert keine Verbotsnorm i.S.d. § 134 BGB.[133] Auch wenn sich keine unmittelbaren zivilrechtlichen Konsequenzen ergeben, ist die staatliche Kontrolle in Deutschland damit deutlich ausgeprägter als in England und Wales, wo keine gewerberechtlichen Anforderungen bestehen.

Darüber hinaus hält die Makler- und Bauträgerverordnung (MaBV), die auf Grundlage des § 34c Abs. 3 GewO ergangen ist, Regelungen bereit, die den Inhalt jeden Bauträgervertrages entscheidend beeinflussen und die damit ebenso die Berufsausübung des Bauträgers betreffen.[134]

---

[129] *Abbey/Richards*, S. 386.
[130] *Britton/Fairweather*, S. 36.
[131] BGH NJW 1981, S. 387 (388).
[132] Beck-OK GewO/*Will*, § 34c, Rn. 116.
[133] BGH NJW 1981, S. 387; vgl. dazu auch BGH NJW 1981, S. 399.
[134] *Hansen/Nitschke/Brock*, Bauträgerrecht, S. 21; Die MaBV versucht das Vorleistungsrisiko des Bauträgers mit dem Interesse des Erwerbers, Zahlungen nur gegen Gegenleistung zu erbringen, zu harmonisieren.

Umfasst ist hiervon sind vor allem besondere Sicherungspflichten bzgl. des Vermögens des Erwerbers im Fall der Entgegennahme von Abschlagszahlungen vor der Abnahme (§ 3 MaBV), worauf im Rahmen der Ausführungen zum Erwerberschutz im Einzelnen einzugehen sein wird.[135] Darüber hinaus existieren unter anderem Buchführung- und Informationspflichten (§ 10 MaBV bzw. § 11 MaBV). Die MaBV stammt zwar aus dem Gewerberecht und ist damit öffentlich-rechtlich zu qualifizieren, schafft aber privatrechtliche Mindestanforderungen, die zusammen mit den Vorschriften der GewO einen zweigleisigen Schutz für Erwerber noch zu errichtender Immobilien bieten.[136] Trotz ihres öffentlich-rechtlichen Charakters sind die Vorschriften zwingend für Bauträgerverträge; abweichende Vereinbarungen sind gem. § 12 MaBV i.V.m. § 134 BGB nichtig.[137] Ein Verstoß kann darüber hinaus gemäß § 18 MaBV eine Ordnungswidrigkeit darstellen. Auf weitere Fragen der MaBV, insbesondere im Zusammenhang mit ihrer Anwendung im Fall von Vertragslücken, wird noch detailliert eingegangen.[138]

Der Grund für die in Deutschland stärker ausgeprägte staatliche Kontrolle sowohl des Berufszugangs als auch der Berufsausübung liegt im Kern in der größeren finanziellen Verantwortung des deutschen Bauträgers im Gegensatz zum englischen *developer* und der damit verbundenen höheren Schutzbedürftigkeit der Erwerber: Der Bauträger baut (unter anderem) mit dem Geld des späteren Erwerbers, der abschnittsweise zahlt und in Vorleistung tritt.[139] Da der Bauträger zudem auf eigenem Grund baut, geht das Eigentum an den verbauten Teilen anders als bei reinen Bauverträgen, die auf dem Grundstück des Auftraggebers ausgeführt werden, nicht gemäß § 946 BGB i.V.m. § 94 Abs. 1 bzw. Abs. 2 BGB automatisch auf den Erwerber über, so dass mit der MaBV Sicherungsmechanismen etabliert

---

[135] Hierzu ausführlich unten, E. IV.
[136] Im Einzelnen ist die Rechtsnatur nicht unumstritten: Für die Qualifizierung als rein öffentlich-rechtliche Vorschrift: *Basty*, Der Bauträgervertrag, Rn. 35 mit dem Hinweis auf BGH 22.12.2000 – VII ZR 310/99 – BGHZ 146, 250; *Hansen/Nitschke/Brock*, S. 23; *Müschner*, Grundzüge und aktuelle Problemfelder der MaBV und ihre Auswirkungen auf die Bauträgerfinanzierung, BKR 2003, S. 815 ff.; als „Halblösung" zwischen Gewerbe- und Zivilrecht bezeichnet bei *Grziwotz/Grziwotz* MaBV Einleitung, Rn. 9; vgl. auch C. I. 2.
[137] *Hansen/Nitschke/Brock*, S. 23; *Basty*, Rn. 36; *Müschner*, BKR 2003, S. 815 (815).
[138] Siehe unten, C. I. 2.
[139] *Hansen/Nitschke/Brock*, S. 21; *Münscher*, Grundzüge und aktuelle Problemfelder der MaBV und ihre Auswirkungen auf die Bauträgerfinanzierung BKR 2003, S. 815 (815).

wurden (insbesondere § 3 MaBV), die einen ersatzlosen Verlust der Abschlags-zahlungen im Fall der Insolvenz des Bauträgers verhindern. Der Bauträger wird zu einer verantwortungsvollen und zweckgebundenen Verwendung (vgl. § 4 MaBV) der Vermögenswerte des Erwerbers verpflichtet.

In England und Wales ist im Rahmen von Bauträgerverträgen wie bei Grund-stückskaufverträgen allgemein die abschnittsweise Zahlung der Vergütung vor Leistungserbringung des *developer* dagegen unbekannt (siehe oben, B. II. 4.);[140] abgesehen von der Anzahlung muss der Erwerber Zahlungen erst nach der Fertig-stellung des Gebäudes leisten. Folglich entsteht von vorneherein nicht das Risiko, dass der Erwerber Vorauszahlungen auf Grund einer Insolvenz des *developer* ver-liert, ohne eine adäquate Gegenleistung erhalten zu haben. Für umfassende gesetzgeberische Maßnahmen oder berufsständische Bestimmungen gibt es daher keinen Bedarf.

Die Vorleistungspflicht nach deutschem Vorbild kann im Ergebnis jedoch wirt-schaftliche Vorteile für Erwerber mit sich bringen: Andernfalls nämlich müsste der Bauträger seine Ausgaben ausschließlich durch Kredite finanzieren, die er dann wie in England und Wales eigenständig am Kapitalmarkt beschaffen müsste; es liegt nahe, dass die hierdurch entstehenden Kosten auf den Erwerber abgewälzt werden.[141]

2. Öffentliche Baukontrolle

Die Kontrolle des Bauvorhabens als solches wird auch in England und Wales durch staatliche Vorschriften umgesetzt, die eine zu den deutschen Vorschriften des Bauplanungs- und Bauordnungsrechts äquivalente Funktion bekleiden.

Wichtigste Rechtsquelle des *planning law* ist der *Town and Country Planning Act 1990 (TCPA 1990)*, in dem das gesamte bis dahin ergangene Planungsrecht unter Einschluss des Genehmigungsverfahrens geregelt ist. Die lokalen Behörden

---

[140] Dieses Zahlungsmodell wird in der englischen Literatur nicht einmal erwähnt. Nachweis daher nur bei *Austen-Baker* in: Rechtsvergleichende Untersuchung zu Kernfragen des pri-vaten Bauvertragsrechts, S. 227 f. sowie *Kopp/Waldner*, Länderbericht England, Rn. 228.

[141] *Müschner*, BKR 2003, S. 815 (815).

(*local authorities*) treffen die Entscheidung hinsichtlich der Erteilung von Baugenehmigungen.[142] Wie auch in Deutschland ist die Mehrzahl der Vorhaben genehmigungsbedürftig, *s.57 (1) TCPA 1990*.[143] Für ein *development* muss daher ein Antrag auf *planning permission* gestellt werden. Die Definition eines *development* ist in *s.55 TCPA 1990* geregelt:

> „*Development means the carrying out of building, engineering, mining or other operations in, on, over or under land, or the making of any material change in the use of any building or other land.*"

Hiernach sind alle Bau- und Ingenieursarbeiten, Minenarbeiten oder ähnliche Tätigkeiten, die auf, über oder unter der Erde stattfinden sowie erhebliche Nutzungsänderung bei Gebäuden oder Grundstücken genehmigungsbedürftig. Häufig knüpfen die Behörden die Erteilung einer Baugenehmigung gemäß *s.70 (1) TCPA 1990* an Bedingungen.[144] Die zum *TCPA 1990* funktionsäquivalenten Regelungen des deutschen Bauplanungsrechts finden sich zu großen Teilen im Baugesetzbuch (BauGB), wobei die Art der baulichen Nutzung in der Baunutzungsverordnung (BauNVO) geregelt ist.

In bauordnungsrechtlicher Hinsicht müssen neben einigen umweltrechtlichen Gesetzen[145] vor allem der *Building Act 1984* und die *Building Regulations 1985* bzw. *2000* berücksichtigt werden; hier werden neben technischen Standards unter anderem auch Gesundheits- und Sicherheitsbestimmungen normiert. Die *Building Regulations* werden regelmäßig durch *amendments* ergänzt, um dem technischen Fortschritt Rechnung zu tragen; die letzte Änderung trat 2012 in Kraft.

---

[142] *Wilkisnon/Reed*, S. 183.

[143] *S.57 (1) TCPA 1990*: "*Planning permission is required for the carrying out of any development of land*".

[144] *Wilkinson/Reed*, S. 193; *Havard*, S. 102: Oft wird von Seiten der *developer* auch auf einen *outline consent* hingewirkt, was in etwa dem deutschen Bauvorbescheid entspricht, um bereits im Vorbereitungsstadium des Grundstücksgeschäftes Gewissheit über die grundsätzliche Vereinbarkeit des Vorhabens mit den öffentlichen Vorgaben zu erlangen.

[145] Z.B. der *Environmental Protection Act 1990*, ergänzt durch die *Contaminated Land (England) Regulations 2006* sowie der *Water Resources Act 1991*.

Die Konsequenzen aus Verstößen sind in *ss.35* ff. *Building Act 1984* normiert und haben vor allem strafrechtlichen Charakter;[146] es droht die Zahlung eines Bußgeldes und die Verpflichtung, entsprechende Änderungen am Gebäude vorzunehmen. Zwar ist eine zivilrechtliche Haftung in *s.38(1)* vorgesehen, diese Vorschrift ist aber bislang nicht in Kraft getreten und nur vorläufig in den Rechtsakt aufgenommen. Darüber hinaus griffe die Haftung gem. *s.38(4)* ohnehin nur bei einem Todesfall oder der Verletzung des Körpers und nicht bei Schäden am Gebäude. Die Erwerber noch zu errichtender Immobilien können vom Bauträger demnach allein auf dieser Grundlage keinen Regress für Schäden am Gebäude verlangen.[147]

Die Anforderungen der englischen *Building Regulations* werden jedoch häufig zum Gegenstand von Bau- oder Bauträgerverträgen, so dass bei einem Verstoß Ansprüche des Erwerbers wegen Vertragsverletzung in Betracht kommen; auch eine Haftung aus *tort*, dem Funktionsäquivalent des *common law* zur deliktischen Haftung im deutschen Recht, ist möglich.[148] In beiden Fällen gilt aber, dass eine Verletzung der *Building Regulations* nicht zwingend eine Haftung des Baudienstleisters begründet;[149] die entsprechenden Haftungsvoraussetzungen der jeweiligen Haftungsregime müssen vorliegen.

In der Entscheidung *Murphy v Brentwood District Council*[150] wurde die Frage diskutiert, ob die Baubehörde für Gebäudeschäden in Anspruch genommen werden kann, wenn sie zuvor die Konformität des Gebäudes mit den *Building Regulations* zu Unrecht bescheinigt hat; letztlich wurde die Haftung abgelehnt. In dem der Entscheidung zu Grunde liegenden Sachverhalt hatte die Baubehörde die Fundamente eines neu errichteten Gebäudes nicht adäquat untersucht und auf Grund dessen die Instabilität der Konstruktion übersehen. Dennoch wurde ein Zertifikat ausgestellt, welches die Konformität mit den Bestimmungen bescheinigte. Der Käufer war in der Folge gezwungen, das Haus mit Verlust zu verkaufen und verlangte Schadensersatz auf Grundlage des *tort of negligence*; für vertragliche Ansprüche gegenüber der Behörde gab es freilich keine Basis. Die öffentliche Hand ist auf Grund ihrer Liquidität naturgemäß ein beliebter Klagegegner, nicht zuletzt deswegen hatte die Entscheidung Signalwirkung. Das *House of Lords* begründete

---

[146] *Britton/Fairweather*, S. 18.
[147] *Britton/Fairweather*, S. 71 f.
[148] *Britton/Fairweather*, S. 18.
[149] *Britton/Fairweather*, S. 43 f.
[150] [1991] 1 A.C. 398.

die Ablehnung einer Haftung der Behörde damit, dass es sich bei den Einbußen des Klägers um einen im Rahmen des Deliktsrechts nicht ersatzfähigen reinen Vermögensschaden (*pure economic loss*) handelte, da weder Verletzungen des Körpers oder der Gesundheit noch Beschädigungen von Gegenständen, die nicht zum Gebäude gehören, eingetreten waren. Hierfür könne es jedoch nach den Grundsätzen des *law of tort*[151] keinen Ersatz geben.[152] Eine Haftung der Behörde kommt damit nur für Schäden in Betracht, die an Körper, Gesundheit oder an nicht zum Gebäude gehörenden Gegenständen eingetreten sind.[153]

In Deutschland kann eine rechtswidrig erteilte bauaufsichtliche Schlussabnahme einen Amtshaftungsanspruch gemäß § 839 BGB i.V.m. Art. 34 GG gegen die ausstellende Baubehörde begründen, wenn dadurch die Gesundheit des Geschädigten betroffen wurde.[154]

In Deutschland sind bauordnungsrechtlich insbesondere landesrechtliche Vorschriften relevant, die auch die Erteilung der Baugenehmigung regeln (z.B. § 75 NBauO). In ihrer Funktion stehen sie den *Building Regulations* gleich. Als Teil des Gefahrenabwehrrechts gehört die Baukontrolle zu den Kernaufgaben des Staates und wird daher nicht dem Markt überlassen. In diesem Punkt gleichen sich die Situationen in England und Deutschland.

---

[151] Etwas anderes gilt ausnahmsweise nach den Grundsätzen der Entscheidung *Hedley Byrne v Heller & Partners Ltd* [1964] A.C. 465 bei Vorliegen einer „*special relationship*" (vgl. dazu näher unten G. II. 1. b); die Voraussetzungen waren in der vorliegenden Konstellation jedoch nicht gegeben.

[152] *Murphy v Brentwood* D.C. [1991] 1 A.C. 398 at 475 per Lord Bridge of Harwich.

[153] Vergleiche dazu die *complex structure theory* unten, G. III. 1. a).

[154] LG Bonn, Urteil vom 15.03.2006, Az.: 1 O 552/04; in dem der Entscheidung zu Grunde liegenden Sachverhalt brach ein zu Unrecht durch die Behörden genehmigter Balkon ab und verletzte den sich dabei auf dem Balkon befindlichen und abgestürzten Geschädigten erheblich.

C. Konstruktionen und Inhalt des Bauträgervertrages

Der Bauträgervertrag ist als eigene Kategorie mit fest umschriebenen Rechten und Pflichten in England nicht gesondert qualifiziert. Verständigen die Parteien sich auf die Errichtung eines Gebäudes und zur Übertragung des entsprechenden Baugrundstückes, wird diese Absprache häufig als (*contract for the*) *sale of new property*[155] bezeichnet. Hierbei handelt es sich jedoch um keinen technischen Begriff oder eine Definition, die bestimmte Rechtsfolgen nach sich zieht. Im Gegensatz dazu bildet der mit Wirkung zum 1. Januar 2018 auch ausdrücklich ins BGB aufgenommene Bauträgervertrag (§§ 650u ff. BGB) in Deutschland eine eigene Kategorie und wird in Literatur und Rechtsprechung in vielerlei Hinsicht intensiv behandelt.

In der Folge werden die in England und Wales bzw. Deutschland für diesen Vertragstypus jeweils anwendbaren Regeln und privatautonome Vertragsgestaltungen aufgezeigt. Kurz zu betrachten sind darüber hinaus vorvertragliche Vereinbarungen, die in England und Wales häufig schon alle Inhalte des noch zu schließenden Bauträgervertrages umfassen. Sodann werden die Anforderungen an das Zustandekommen, die Wirkungen des Vertragsschlusses sowie schließlich die Struktur derartiger Vereinbarungen dargestellt.

I. Maßgebliches Gesetzesrecht

1. England und Wales

Ein speziell für einen *contract for the sale of new property* kodifizierter Regelungskomplex ist im englischen System nicht vorhanden.[156] Der Grund dafür liegt nicht zuletzt im Charakter des *common law* selbst: Hier existiert keine umfassende Kodifikation, die einzelne Schuldverhältnisse und deren Inhalte abschließend regelt. Zwar gibt es gesetzliche Regelungen für Teilbereiche des Vertragsrechts, wie z.B. den *Sale of Goods Act 1979*; ein System besonderer Regeln für jeweils verschiedene Vertragstypen ist dagegen nicht vorhanden.

---

[155] *Duckworth/Rodell*, S. 407; *Abbey/Richards*, Property Law Handbook, S. 223.
[156] *Odersky* in NOMOS Kommentar, Länderbericht Großbritannien, Rn. 59.

Entsprechend hielt *Lord Reid* in *Modern Engineering (Bristol) Ltd v Gilbert-Ash (Northern) Ltd* für das Bauvertragsrecht fest:

„[...] *When parties enter into a detailed building contract there are, however, no overriding rules or principles covering their contractual relationship beyond those which generally apply to the construction of contracts".*[157]

Für Bauträgerverträge gelten daher die allgemeinen Prinzipien des Vertragsrechts sowie die für den Grundstückskauf und die Bauleistungen geltenden Regeln des *common law.* Da der Großteil der Grundstücksgeschäfte in England und Wales auf umfangreichen Standardverträgen beruht (auch Bauträgerverträge werden in aller Regel nach einem Muster des *developer* geschlossen), sind die *Unfair Terms in Consumer Contracts Regulations 1999* zu beachten, die den Verbraucherschutz sicherstellen sollen. Auch der *Unfair Contract Terms Act 1977* wirkt auf dieses Ziel hin; sein Anwendungsbereich erstreckt sich jedoch nicht auf *„contracts relating to the creation, transfer or termination of interests in land"*[158], zu denen auch der Vertrag bezüglich des Erwerbs einer noch zu errichtenden Immobilie zählt und spielt daher in diesem Zusammenhang keine Rolle.

In der Folge werden weitere gesetzliche Instrumente, die bei einem *sale of new property* zu berücksichtigen sind, kurz dargestellt. Auf die Vorschriften, die die Bauplanung und Bauüberwachung durch die Behörden betreffen, wurde bereits oben (B.V.) eingegangen.

a) **Gesetzliche Bestimmungen des Grundstücksrechts**

Auf die Komponente des Bauträgervertrages, die die Übertragung der Rechte am Grundstück betrifft, finden die Vorschriften des englischen *land law* Anwendung, welches seit jeher als komplex gilt. Seit dem Ende des 19. Jahrhunderts wurden

---

[157] A.C. 689 at 699.
[158] *Schedule 1 (b) Unfair Contract Terms Act 1977.*

mehrere gesetzgeberische Versuche unternommen, um diese Materie zu vereinfachen.[159] Unter der Führung von *Lord Birkenhead* wurden 1925 diverse Rechtakte erlassen, die das Grundstücksrecht bis heute nachhaltig geprägt haben.[160] Die wichtigsten Gesetze sind der *Law of Property Act 1925*, der *Land Charges Act 1925* und der *Land Registration Act 1925*.[161] Hierdurch wurde die Übertragung von Grundstücken einfacher, effizienter und billiger. Durch den *Law of Property Act 1925* wurde unter anderem die Anzahl der Eigentumsrechte an Grundstücken (*legal estates*) gemäß *section 1(1)* auf zwei reduziert: *freehold* und *leasehold*. Durch den *Land Charges Act 1925* (mittlerweile ersetzt durch den *Land Charges Act 1972*) konnten Grundstücksbelastungen, die an nicht registrierten Grundstücken bestanden, registriert werden. Auf diese Weise waren deren Inhaber besser geschützt und potentielle Erwerber konnten sich durch Einsichtnahme in das Register schnell einen Überblick über etwaige Belastungen verschaffen.

Der *Law of Property (Miscellaneous Provisions) Act 1989* ergänzt den LOPA 1925 und regelt die Form von Verträgen, die Grundstücksdispositionen zum Gegenstand haben.[162] Durch den *Law of Property (Miscellaneous Provisions) Act 1994* werden zudem *covenants for title* (mit dem Eigentumsrecht verbundene Garantien) kodifiziert, die bei allen Grundstücksveräußerungen eine wichtige Rolle spielen.[163]

Der *Land Registration Act 2002* ersetzt den *Land Registration Act 1925* und vereinfacht und modernisiert die Registrierung von Grundstücken weiter. Zudem wurden hier die Grundlagen für das *electronic conveyancing*, den elektronischen Grundstücksverkehr, geschaffen.[164]

---

[159] *Vendor and Purchaser Act 1874, Conveyancing Act 1881, Settled Land Act 1882, Law of Property Act 1922, Law of Property Act 1924.*

[160] Dieser Vorgang ist auch unter den Namen *Property Legislation* bzw. *Birkenhead Legislation* bekannt.

[161] Weiter wurden auch der *Adminsitration of Estates Act 1925*, der *Trustees Act 1925* sowie der *Settled Land Act 1925* im Zuge der *Property Legislation* verabschiedet.

[162] Siehe unten, C. IV. 1.

[163] Ausführlich hierzu unten, C. IV. 1.

[164] Für einen Überblick über den elektronischen Grundstücksverkehr *Abbey/Richards*, S. 44 ff.; vgl. auch *Kopp/Waldner*, Länderbericht England, Rn. 130.

Als Teil des *criminal law* hat der *Property Misdescription Act 1991* ebenfalls Einfluss auf das Grundstücksrecht. Er stellt die Angabe falscher oder missverständlicher Tatsachen im Hinblick auf Grundstücke bzw. an ihnen bestehender Rechte unter Strafe, sofern diese Gegenstand eines Vertrages zur Übertragung werden.[165]

Für die an einem Immobilienkauf beteiligten Anwälte der Parteien hat die *Law Society* darüber hinaus mit dem *National Conveyancing Protocol* oder kurz *National Protocol* ein Standardformular entwickelt, das einen Leitfaden für die beschleunigte und vereinfachte Durchführung von Grundstücksgeschäften bereithält.[166] Hierin wird erläutert, welche Schritte in den verschiedenen Phasen eines Grundstückgeschäftes vorzunehmen sind, beispielsweise die Einholung bestimmter Informationen im Hinblick auf das Grundstück oder das Zusenden von Dokumenten an die andere Vertragspartei. Diese Agenda ordnet neben der Verwendung der *SCOS* auch die Verwendung der *Property Information Form* an, eines Standardformulars, in welches der Verkäufer Informationen zur Immobilie zur Weitergabe an den Kaufinteressenten festhält.[167] Anwälte sind nicht verpflichtet, auf das *National Protocol* zurückzugreifen; jedoch müssen sie mitteilen, ob sie es zur Grundlage ihrer Tätigkeit machen oder nicht.[168]

b) Gesetzliche Bestimmungen des Bauvertragsrechts

Im Hinblick auf die Errichtung des bzw. der Gebäude im Rahmen eines Bauträgervertrages existieren ebenfalls verschiedene Gesetze, die sich in ihren Anwendungsbereichen teilweise überschneiden. Der englische Gesetzgeber ist auf diesem Gebiet überdurchschnittlich stark aktiv, was an der Dynamik des Bausektors selbst liegt, dessen Anforderungen sich fortlaufend verändern.

In *Part II* des *Supply of Goods and Services Act 1982* wird ab *s. 12* allgemein der Inhalt von *services* geregelt. Hierunter fallen sowohl Dienst- als auch Werkleistungen, sodass auch Bauleistungen umfasst sind. Der Anbieter der *service*-Leistung ist beispielsweise gemäß *s. 13* verpflichtet, seine Tätigkeit mit *reasonable care and skill* (angemessener Sorgfalt und Sachkunde) auszuführen. Wie noch im

---

[165] Präambel des *Property Misdescritpion Act 1991.*
[166] *Gray/Gray,* Elements of Land Law, S. 1038; *Abbey/Richards,* S. 68.
[167] *Gray/Gray,* S. 1039.
[168] *Abbey/Richards,* S. 69.

Einzelnen dargelegt wird, löst ein Verstoß eine Haftung wegen *breach of contract* aus.[169]

Auch der *Housing Grants, Construction and Regeneration Act 1996* (*HGCRA 1996*) stellt Regelungen für Bauleistungen zur Verfügung: Das Gesetz geht auf den *Latham-Report* aus dem Jahr 1994 zurück, der das Ergebnis einer von der Regierung in Auftrag gegebenen Studie zur Steigerung der Effizienz auf dem Bausektor ist.[170] Der *HGCRA 1996* enthält in *ss.104, 105* die Definition des *construction contract*, ist aber gemäß *s.106* nicht auf Wohnimmobilien anwendbar. Wichtiger Gegenstand des Gesetzes sind die in *ss.109-113* geregelten Zahlungsmodalitäten, die auch ein Ratenzahlungsregime beinhalten. Es gibt aber keine Hinweise darauf, dass der *HGCRA 1996* auch im Rahmen von Bauträgerverträgen angewandt wird; im Hinblick auf die Vergütung gelten die bei Grundstückskaufverträgen üblichen Grundsätze bzw. Praktiken.[171] Der *HGCRA 1996* betrifft vielmehr reine Bauverträge mit gewerblichem Charakter und nicht die Bauleistung im Rahmen von Bauträgerverträgen. Damit kommt ihm auch keine der MaBV in Deutschland entsprechende Funktion zur Sicherung des vorleistungspflichtigen Erwerbers zu. Dieser Schutz ist in England und Wales, wie bereits erwähnt, nicht erforderlich, da der Erwerber nicht in Vorleistung tritt, bzw. andere Mechanismen zur Absicherung vorgesehen sind. Der *HGCRA 1996* und wird im *Scheme for Construction Contracts Regulations 1998 (Statutory Instrument No. 649)* näher konkretisiert. Daneben wird der *HGCRA 1996* durch den *Local Democracy, Economic Development and Construction Act 2009* modifiziert bzw. ergänzt.[172]

Mit dem *Defective Premises Act 1972* (*DPA 1972*) existiert daneben ein für Bauleistungen geltendes Gesetz aus dem deliktsrechtlichen Bereich. In *s.1(1) DPA 1972* wird Personen, die an der Errichtung von Wohngebäuden beteiligt sind, eine

---

[169] Dazu ausführlich F. II. 2. Sowie G. II. 3.

[170] *Sir Michael Latham*, Constructing the Team: Joint review of procurement and contractual arrangements in the UK construction industry; schon zuvor gab es Untersuchungen in diesem Bereich: Der 1944 erschienene *Simon-Report* und der 1964 erschienene *Banwell-Report* befassten sich vor allem mit der öffentlichen Auftragsvergabe von Bauvorhaben.

[171] Siehe dazu unten H. I. 1.

[172] So gilt der HGCRA 1996 nun auch für Bauverträge, die der Schriftform nicht genügen, *s.139(1) Local Democracy, Economic Development ans Construction Act 2009*. Zudem wurden Änderungen bei der Regelung der Zahlungsmodalitäten vorgenommen.

duty of care, eine Pflicht zum sorgfältigen Handeln, auferlegt (*duty to build dwellings properly*). Auf die konkreten Anwendungsfälle und Haftungsvoraussetzungen wird im weiteren Verlauf der Untersuchung näher eingegangen.[173]

Der vielfältige Charakter eines Bauträgervertrages spiegelt sich folglich auch in der Anwendbarkeit unterschiedlicher gesetzlicher Grundlagen aus verschiedenen Bereichen wider. Darüber hinaus sind die in diesem Bereich anwendbaren Prinzipien der Rechtsprechung zu berücksichtigen, die an den relevanten Stellen dieser Arbeit dargestellt werden. Es zeigt sich, dass die Frage nach den maßgeblichen Regelungen vor allem in England und Wales auf den ersten Blick nicht einfach zu beantworten ist und dass ein speziell auf Bauträgerverträge zugeschnittenes Gesetzesrecht nicht existiert. So hebt auch *Britton* hervor:

> "[...] *individual consumers have almost no special legal protection in English law, simply because they have dealings with developers or builders. The only real exception which addresses this situation specifically is the Defective Premises Act 1972.*"[174]

2. Deutschland

Um die für den Bauträgervertrag maßgeblichen gesetzlichen Regelungen des deutschen Rechts zu ermitteln, war insbesondere bis zum 1. Januar 2018 zunächst ein Blick auf dessen Rechtsnatur erforderlich. Die Hauptelemente bilden die kaufrechtliche Komponente im Hinblick auf den Grundstückserwerb sowie die werkvertragliche Komponente bezüglich der Errichtung des Bauwerks; darüber hinaus beinhaltet der Bauträgervertrag auch Organisations-, Architekten- und Ingenieurleistungen.[175] Nach Ansicht der Rechtsprechung handelt es sich beim Bauträgervertrag um einen typenkombinierten aber einheitlichen Vertrag *sui generis*,[176]

---

[173] Siehe dazu unten G. II. 5.
[174] *Britton/Fairweather*, S. 17.
[175] *Basty*, Rn. 6 ff.; *Mehrings*, Einbeziehung der VOB in den Bauträgervertrag, NJW 1998, S. 3457 (3457).
[176] BGH 5.4.1979 – VII ZR 308/77 – NJW 1979, S. 1406 (1407); BGH NJW 1986, S. 925 (926); BGH 8.11.2001 – VII ZR 373/99 – NJW 2002, S. 511 (511).

auf dessen einzelnen Bestandteile die jeweils spezifischen gesetzlichen Regelungen Anwendung finden.[177]

Im Rahmen der Reform des Bauvertragsrechts wurde mit Wirkung zum 1. Januar 2018 der Bauträgervertrag durch die Neuschaffung der §§ 650u ff. BGB nunmehr ausdrücklich gesetzlich geregelt. Eine grundlegende Neuordnung des Bauträgervertragsrechts geht mit der Reform allerdings nicht einher. Hierdurch wurden vor allem Klarstellungen und Anpassungen an das geänderte bzw. neu geschaffene Recht des Bauvertrags bzw. des Verbraucherbauvertrags umgesetzt.[178]

In § 650u Abs. 1 S. 2 BGB werden im Hinblick auf die Errichtung bzw. den Umbau des Gebäudes die wesentlichen Bestimmungen zum allgemeinen Werkvertragsrecht (§§ 631 - 650 BGB), zum ebenfalls neu geschaffenen Bauvertrag (§§ 650a - 650h BGB) und zum Verbraucherbauvertrag (§§ 650i - 650o BGB) für anwendbar erklärt. Einige Vorschriften werden ausdrücklich von der Verweisung ausgenommen; die wichtigsten Ausnahmen in diesem Zusammenhang bilden die §§ 648, 648a BGB n.F., die seit der Reform die freie Kündigung bzw. die außerordentliche Kündigung aus wichtigem Grund regeln.[179] Anders als noch vor der Reform des Bauvertragsrechts[180] ist die Kündigung des werkvertraglichen Teils des Bauträgervertrages aus wichtigem Grund damit jedenfalls auf gesetzlicher Grundlage nicht mehr möglich.[181] Die freie Kündigung des Bauvertrages war auch zuvor schon nicht möglich.[182]

---

[177] Staudinger/*Beckmann*, § 433, Rn. 15 f.; *Basty*, Rn. 10 ff.

[178] *Weise*, Der Bauträgervertrag nach der Baurechtsreform, NJW 2018, S. 44 (44); *v. Heymann/Merz* in: Schimansky/Bunte/Lwowski, Bankrechts-Handbuch, Bd. I, 5. Auflage 2017, § 86, Rn. 140.

[179] Zuvor regelte § 648 BGB die Sicherungshypothek des Bauunternehmers und § 648a die Bauhandwerkersicherung.

[180] Insoweit hat der BGH in einer stark kritisierten Entscheidung entschieden, dass der den Bau betreffende Teil des Bauträgervertrages jedenfalls grundsätzlich aus wichtigem Grund kündbar ist, BGH NJW 1986, S. 925 (927).

[181] Kritisch hierzu *Weise*, NJW 2018, S. 44 (44).

[182] BGH NJW 1986, S. 925 (926 f.).

Im Hinblick auf die Übertragung des Eigentums oder Erbbaurechts am Grundstück sind auf den Bauträgervertrag gemäß § 650u Abs. 1 S. 3 BGB die Regelungen des Kaufrechts (§§ 433 ff. BGB) anzuwenden. Darüber hinaus sind die Vorschriften der Makler- und Bauträgerverordnung (MaBV) zu berücksichtigen.

§ 650v BGB erlaubt dem Bauträger die Entgegennahme von Abschlagszahlungen vor der Abnahme; die Vorschrift entspricht § 632a Abs. 2 BGB a.F., das Recht der Abschlagszahlungen bei Bauträgerverträgen wurde durch die Reform nicht geändert.[183]

§ 632a Abs. 2 BGB a.F. wurde speziell für Bauverträge durch das Gesetz zur Beschleunigung fälliger Zahlungen vom 30.3.2000 in das Werkvertragsrecht integriert.

Baudienstleister, die nach dem Grundkonzept des Bau- und Werkvertragsrechts bis zur Abnahme vorleistungspflichtig sind, sollten hierdurch finanziell entlastet werden; als Vorbild diente § 16 Abs. 1 VOB/B.[184] Im Jahr 2009 wurde § 632a BGB a.F. durch das Forderungssicherungsgesetz (FoSiG) modifiziert und um die Absätze 2 bis 4 erweitert, um eine speziell für Bauträgerverträge geltende Regelung auch innerhalb des BGB zu schaffen. Gemäß § 632a Abs. 2 BGB a.F. wurde die Veranschlagung von Abschlagszahlungen durch Bauträger im Vorfeld der Erbringung von Bauleistungen nach Maßgabe einer gemäß Art. 244 EGBGB ergangenen Verordnung ermöglicht, vorausgesetzt es liegt eine entsprechende explizite Vereinbarung der Parteien vor. Hierin ist ein Verweis auf die im Mai 2001 erlassene Verordnung über Abschlagszahlungen bei Bauträgerverträgen (Hausbauverordnung) zu sehen, welche wiederum das in § 3 Abs. 2 MaBV niedergelegte Zahlungsregime für anwendbar erklärt. Hiernach muss der Bauträger gewisse Sicherungspflichten erfüllen, um bereits vor der Abnahme Zahlungen des Erwerbers entgegennehmen zu dürfen. Die einzelnen Voraussetzungen werden im Rahmen der Vergütungspflicht des Erwerbers genauer behandelt.[185] Der Verweis ist allerdings nur klarstellender Natur, da auch bereits vor Erlass des FoSiG bei gesonderter Vereinbarung eines Abschlagszahlungsregimes durch die Parteien

---

[183] v. *Heymann/Merz* in: Schimansky/Bunte/Lwowski, Bankrechts-Handbuch, Bd. I, 5. Auflage 2017, § 86, Rn. 140; *Weise*, NJW 2018, S. 44 (44).

[184] Messerschmidt/Voit/*Messerschmidt*, Privates Baurecht, 2. Auflage 2012, II. Teil, § 632a, Rn. 1; Details zur VOB/B siehe unter C. II. 3.

[185] Siehe unten, H. I. 2.

die in § 3 Abs. 2 MaBV verankerten Voraussetzungen zu berücksichtigen waren.[186]

Gegenstand von Diskussionen war, welche Regelungen Anwendungen finden, wenn die Parteien ein Zahlungsregime vereinbaren, das den Anforderungen des § 3 Abs. 2 MaBV nicht genügt bzw. zu Ungunsten des Erwerbers hiervon abweicht. Der BGH entschied am 22.12.2000, dass eine gegen § 3 Abs. 2 MaBV verstoßende Absprache gemäß § 134 BGB nichtig sei und letztlich § 641 BGB Anwendung fände, wonach die Fälligkeit der Zahlungen erst nach Abschluss der Bauphase bei Abnahme eintreten kann.[187] Der Abschlagszahlungsplan des § 3 Abs. 2 MaBV selbst könne dem BGH zufolge nicht als (zivilrechtliche) Ersatzregelung eingreifen. Die MaBV beruhe auf § 34 c Abs. 3 GewO und sei eine die Befugnisse des Bauträgers regelnde, gewerberechtliche Vorschrift, die keine Regelungslücken in zivilrechtlichen Verträgen schließen könne.[188] Diese Rechtsauffassung wurde durch den BGH im Jahr 2007 erneut bestätigt.[189] Auch § 632a BGB a.F. kann in diesem Zusammenhang nicht als Auffangregelung herangezogen werden.[190]

Für Bauträger bedeutet dies in derartigen Fällen, dass sie nicht mehr mit dem Geld des Erwerbers bauen können und ihre Finanzierungskonzepte den Gegebenheiten des § 641 BGB anpassen müssen. Das nötige Kapital muss dann auf anderem Wege beschafft werden, was auf Grund möglicher erhöhter Finanzierungskosten einen Nachteil darstellt.

Nach der Einführung des § 632a BGB im Jahr 2000 in seiner damaligen Fassung stand darüber hinaus zur Diskussion, ob § 3 Abs. 2 MaBV weiterhin im Rahmen von Allgemeinen Geschäftsbedingungen in den Vertrag einbezogen werden kann, da sich das gesetzliche Leitbild i.S.d. § 307 Abs. 2 Nr. 1 BGB durch die Einführung des § 632a BGB a.F., welcher höhere Anforderungen für Bauträger zur Entgegennahme von Abschlagszahlungen mit sich gebracht habe, nunmehr geändert

---

[186] Jauernig-BGB/*Mansel*, § 632a a.F., Rn. 10.; Messerschmidt/Voit/*Messerschmidt*, Privates Baurecht, II. Teil, § 632a a.F., Rn. 10.

[187] BGH NJW 2001, S. 818 (819 ff.); detaillierte Besprechung bei *Ullmann*, Der Bauträgervertrag – quo vadit?, NJW 2002, S. 1073 ff.

[188] BGH NJW 2001, S. 818 (820).

[189] BGH NJW 2007, S. 1947 (1948).

[190] *Basty*, Rn. 44, 46.

habe.[191] Unter anderem konnten Abschlagszahlungen nunmehr nur noch für in sich abgeschlossene Teile des Werkes beansprucht werden, was nach der Konzeption des § 3 Abs. 2 MaBV gerade nicht erforderlich ist.[192] Der ehemalige Richter am BGH *Thode* vertrat daraufhin in einem Tagungsbeitrag vom 16. bzw. 17. November 2000 die Ansicht, dass der Bauträgervertrag am Ende sei, da das Abschlagszahlungsregime der MaBV eine unangemessene Benachteiligung des Vertragspartners des Bauträgers darstelle und nicht mehr formularmäßig einbezogen werden könne.[193] In der Folge entwickelte sich eine lebhafte Diskussion in dieser Frage[194] woraufhin das Bundesministerium für Justiz im Mai 2001 die bereits erwähnte Hausbauverordnung erließ, um in der Debatte schnell Klarheit zu schaffen: Demnach sollte für Bauträgerverträge auch weiterhin das spezielle Zahlungsregime der MaBV (§§ 3 Abs. 2, 7 MaBV) im Rahmen von Allgemeinen Geschäftsbedingungen anwendbar bleiben; auf diesem Wege wurde die gewerberechtliche MaBV in das Zivilrecht transformiert.[195]

Durch das Forderungssicherungsgesetz wurde dann mit Wirkung zum 1. Januar 2009 die Vorschrift des § 632a Abs. 2 BGB neu gefasst, der nun eine Ermächtigungsgrundlage für den Erlass einer Verordnung auf Grundlage des Art. 244 EG-BGB enthielt, durch welche wiederum die Zahlungsmodalitäten für Bauträgerverträge festgelegt werden sollten. Es wurden also keine festen Voraussetzungen für die Entgegennahme von Abschlagszahlungen geschaffen, sondern mit der Möglichkeit zur Verabschiedung einer die Zahlungsmodalitäten regelnden Verordnung eine flexible Lösung gewählt, um auf zukünftige Entwicklungen angemessen reagieren zu können.[196] In § 632a Abs. 2 BGB a.F. ist jedoch vor allem ein Verweis auf die bereits bestehende Hausbauverordnung zu sehen, die in § 1 S. 1 die formularmäßige Einbeziehung des Abschlagszahlungsregimes der MaBV in Bauträgerverträge ermöglicht. Diese Regelung sollte das in § 3 MaBV vorgesehene Zahlungsregime zum gesetzlichen Leitbild machen, um der Inhaltskontrolle gemäß § 307 BGB gerecht zu werden.[197] Problematisch ist, dass § 1 S. 1

---

[191] *Ullmann*, NJW 2002, S. 1073 (1075).
[192] *Pause*, Rn. 198.
[193] *Baumann/Fabis*, Totgesagte leben länger – Zur voreiligen Beerdigung des Bauträgervertrages, RNotZ 2001, S. 101 (106).
[194] Hierzu insgesamt *Basty*, Rn. 24 ff. m.w.N. sowie *Baumann/Fabis*, RNotZ 2001, S. 101 ff.
[195] *Pause*, Rn. 199; vgl. auch *Basty*, Rn. 35.
[196] *Pause*, Rn. 199.
[197] BGH NJW 2007, 1947 (1949) mit Hinweis auf die Beschlussempfehlung und den Bericht des Rechtsausschusses, BT-Dr 14/2752, S. 14.

HausbauVO lediglich vorsieht, dass der Besteller bei Bauträgerverträgen entsprechend der in § 3 MaBV bzw. § 7 MaBV geregelten Grundsätze zur Leistung von Abschlagszahlungen verpflichtet werden *kann*. Hierdurch wird also kein dispositives Recht, sondern lediglich eine Möglichkeit zur Einbeziehung des Zahlungsregimes der MaBV in Formularverträge geschaffen. Somit ist ein klares gesetzliches Leitbild gerade nicht vorhanden. In der notariellen und gerichtlichen Praxis findet dies jedoch bislang keine Beachtung; von der Möglichkeit der Einbeziehung wird ohne weiteres ausgegangen.

Darüber hinaus bestehen Zweifel an der Konformität der Hausbauverordnung und dem Zahlungsregime von Bauträgerverträgen allgemein mit der Klauselrichtlinie 93/13/EWG (Klausel-RL): Art. 3 Abs. 3 Anhang Nr. 1. o) Klausel-RL geht von der Missbräuchlichkeit vertraglicher Vereinbarungen aus, wenn ein Verbraucher allen seinen Verpflichtungen nachkommen muss, obwohl der Gewerbetreibende seine Verpflichtungen nicht erfüllt. Die dem Bauträgervertrag immanente Pflicht zur Vorauszahlung des Bestellers, welche durch die Hausbauverordnung in Bauträgerverträge einbezogen werden kann, verstößt gegen Art. 3 Abs. 1 und 3 i. V. m. Anhang Nr. 1. o) Klausel-RL, wenn der Besteller Verbraucher ist, da z.B. bei Insolvenz des Bauträgers der Besteller gezahlt hätte, ohne eine Gegenleistung zu erhalten.[198] Allerdings lässt die Klausel-RL im Grundsatz zu, dass der Unternehmer bzw. Bauträger diesen Nachteil durch andere Sicherheiten kompensiert.[199] § 632a Abs. 3 BGB a.F. gewährt Verbraucher-Bestellern im Rahmen eines Bauträgervertrages in dieser Konstellation zwar zusätzlich eine Erfüllungssicherheit; ob dies jedoch ausreicht, um den Anforderungen der Richtlinie gerecht zu werden, ist nicht geklärt.[200]
Auch in diesem Fall geht die Praxis dagegen unbeirrt von der Wirksamkeit derartiger Vereinbarungen aus und begründet dies mit dem Umstand, dass diese Zahlungsmodalitäten schließlich in §§ 3, 7 MaBV geregelt seien; dass die Bestimmungen der MaBV selbst europarechtswidrig sein könnten (die Klausel-RL betrifft zivilrechtliche und öffentlich- rechtliche Regelungen gleichermaßen, so dass auch die MaBV erfasst wird), wird nicht einmal erwogen.[201]

[198] Messerschmidt/Voit/*Wagner*, I. Teil, E., Rn. 39.
[199] Messerschmidt/Voit/*Wagner*, I. Teil, E., Rn. 39.
[200] *Wagner*, Forderungssicherungsgesetz und Bauforderungssicherungsgesetz: Folgen für Bauträger und Bauträgerverträge, ZfBR 2009, S. 312 (315).
[201] Messerschmidt/Voit/*Wagner*, I. Teil, E., Rn. 39.

Es ist bedenklich, dass Gerichte und Notare, die verpflichtet sind, dem Gemeinschaftsrecht zur Durchsetzung zu verhelfen, es offenbar auf Grund der Komplexität des Verhältnisses der deutschen Regelungen zum Gemeinschaftsrecht diesen Punkt ignorieren. Beurkundende Notare sind diesbezüglich für Verbraucher wenig hilfreich, wenn sie trotz ihrer Amtspflicht des sichersten Weges offenbar nicht von den Maßstäben der Klausel-RL ausgehen, sondern von der These, der herkömmliche Bauträgervertrag habe sich bewährt.[202]

Im Gegensatz zu den erwähnten Vorschriften des BGB und der MaBV finden die Vorschriften der Verordnung über die Honorare für Architekten- und Ingenieurleistungen (HOAI) bzgl. der Vergütung einzelner Planungsleistungen auf Grund der Einheitlichkeit des Bauträgervertrages keine Anwendung auf letzteren.[203] Auch die Bauhandwerksicherung gemäß § 648a BGB ist nicht anwendbar, da der Bauträger nicht auf fremdem Grund baut.[204]

Gesetzgeberische Interventionen und Reformen zur Prägung von spezifischen Vertragsinhalten und Vertragskategorien sind im Gegensatz dazu in England unüblich. Ein entsprechendes Tätigwerden ist im Hinblick auf die Sicherung von Vorauszahlungen des Erwerbes auch nicht erforderlich, da dort ein grundlegend anderes Finanzierungsmodell verwendet wird.[205] Generell wird auftretenden Risiken durch eine Kombination allgemeiner Regeln und berufsständischer Grundsätze, die keinen Gesetzescharakter haben, begegnet.[206] Das Vorauszahlungsrisiko als solches existiert dagegen abgesehen von der Anzahlung bei Vertragsschluss in England nicht. Deren Rückzahlung wird wiederum durch eine entsprechende Versicherung des *NHBC* gesichert.

II. Privatautonome Vertragsgestaltung

Neben gesetzlichen Regelungen und richterlichen Grundsätzen sind vor allem auch die zwischen den Parteien vereinbarten Standardbedingungen unerlässlich, um die Effizienz von Bauträgerverträgen sicherzustellen.

---

[202] *Wagner*, ZfBR 2009, S. 312 (315).
[203] BGHZ 136, 1 – NJW 1997, S. 2329 (2330).
[204] *Basty*, Rn. 8.
[205] *Comparitive Study on Private Construction Law*, S. 227, 228; siehe B. II. 4. sowie H. I. 1.
[206] Z.B. die *NHBC Rules for Builders and Developers*, siehe dazu C. VII.

1. *Standard Conditions of Sale (SCOS)*

In England und Wales haben die *Standard Conditions of Sale* (*SCOS*) neben den Rechtsquellen des *common law* entscheidende Bedeutung für Grundstückskaufverträge. Diese von der *Law Society*[207] entwickelten Vertragsbedingungen sind im Jahr 2011 in mittlerweile fünfter Auflage erschienen und prägen das Verhältnis zwischen Verkäufer und Erwerber von Immobilien nachhaltig. Ebenfalls relevant sind die *Standard Commercial Property Conditions* (*SCPC*), die für den Verkauf von gewerblichen Immobilien verwendet werden. Die *SCPC* sind ähnlich wie die etwas älteren *SCOS* aufgebaut und behandeln alle wichtigen Aspekte des Grundstückskaufs. Beide Klauselwerke berücksichtigen das gesamte englische Grundstücksrecht und wurden immer wieder an die aktuellen Entwicklungen in Gesetz und Rechtsprechung angepasst. Sie stellen zwar kein zwingendes Gesetzesrecht dar, sind aber sehr engmaschig und ausführlich ausgestaltet und werden in praktisch jedes Grundstücksgeschäft einbezogen.[208]

Verträge, die die *SCOS* bzw. *SCPC* nicht zu ihrer Grundlage machen, fallen allein in den Anwendungsbereich des für Grundstückskaufverträge geltenden *common law*. Auf Grund der hohen Komplexität des englischen Rechtes in diesem Bereich und der damit verbundenen Rechtsunsicherheit wird jedoch angestrebt, schon vertraglich und unter Einbeziehung der *SCOS* bzw. der *SCPC* alle denkbaren Inhalte und Konsequenzen des Geschäftes abzudecken.[209] Absprachen, die nicht den *SCOS* oder den *SCPS* unterliegen, gelten daher als lückenhaft und werden als *open contracts* bezeichnet.[210] Die *SCOS* und die *SCPC* haben den Status eines Hilfsgesetzes, ohne welches der moderne Geschäftsverkehr nur noch schwer vorstellbar ist. Teilweise wird bei Reformbedarf im Grundstücksrecht sogar von einer Gesetzesänderung abgesehen und stattdessen eine Anpassung der *SCOS* durch die *Law Society* vorgenommen.[211]

---

[207] Die *Law Society of England and Wales* ist die Vereinigung, die den Berufsstand der *solicitors* vertritt. Sie übt unter anderem Funktionen aus, welche in Deutschland von der Anwaltskammer übernommen werden.

[208] *Megarry/Wade*, 15-049; *Silverman*, B 12.1.1.

[209] *Abbey/Richards*, Property Law HB, S. 46.

[210] *Megarry/Wade*, 15-047. Die entsprechenden auf das Verhältnis zwischen Verkäufer und Käufer eines Grundstücks anzuwendenden Regeln werden daher auch als *open contract rules* bezeichnet, *Haprum*, L.Q.R. 1992 (Vol. 108), S. 280 (282).

[211] So beispielsweise im Rahmen der Neuregelung der Gefahrtragung in *condition 5.1.1 SCOS*.

Regelungen, die die Durchführung von Bauarbeiten betreffen, werden von den *SCOS* und *SCPC* dagegen nicht erfasst. Hierfür existiert ein breites Spektrum unterschiedlicher Standardvertragsmuster, um den Anforderungen an die unterschiedlichen Bauvorhaben gerecht zu werden.[212]

Im ersten Abschnitt der *SCOS* werden Begrifflichkeiten definiert und die Schriftform für den Vertrag und die Korrespondenz festgelegt. Im zweiten Abschnitt folgen Regeln bzgl. des Zustandekommens des Kaufvertrages, der Anzahlung und Sondervorschriften für den Auktionskauf. Der dritte Abschnitt befasst sich mit den rechtlichen und physischen Eigenschaften des Grundstückes. Im vierten Abschnitt sind die Beweispflicht hinsichtlich der Inhaberschaft der Eigentumsrechte des Verkäufers, ein Zeitplan und weitere Bedingungen für die Vollendung des Rechtserwerbs niedergelegt. Der fünfte Abschnitt sieht Regelungen im Hinblick auf die Gefahrtragung vor, der sechste Abschnitt regelt die Umstände der Erfüllung (Zeit, Zahlungsmodalitäten, Dokumentübergabe). Im siebten Abschnitt sind die Rechtsbehelfe der Parteien geregelt. Im achten und neunten Abschnitt folgen Sonderregelungen für die Übertragung von *leasehold* und *commonhold*, der zehnte Abschnitt schließlich behandelt knapp den Umgang mit beweglichen Gegenständen (*chattels*), die Bestandteil des Vertrages werden sollen. Die *SCPC* sind ähnlich gegliedert wie die *SCOS*, halten aber weitergehende Regelungen in Bezug auf *leases* und Versicherungen bereit. Auf die einzelnen Bestimmungen wird an den entsprechenden Stellen dieser Arbeit jeweils genauer eingegangen.

Wie schon angedeutet, kann von den Standardbedingungen jederzeit durch ausdrückliche Vereinbarungen der Parteien abgewichen werden, was regelmäßig geschieht. Dann werden in den *special conditions*[213] die entsprechenden Modifikationen verankert. Hierbei muss die Standardklausel, von der Abstand genommen werden soll, nicht explizit erwähnt werden: Gemäß Klausel *1.1.4 SCOS* bzw. Klausel *1.1.4(a) SCPC* gehen im Kollisionsfall individuell ausgehandelte Absprachen den Standardbedingungen vor. In der Praxis werden die entsprechenden Klauseln dennoch meist genannt, um Klarheit zu schaffen.[214]

---

[212] Dies sind vor allem die vom *JCT* (*Joint Contract Tribunal*) und dem ICE (*Institute of Chartered Engineers*) entwickelten Standardverträge; siehe dazu sogleich C. II. 2.
[213] Vgl. dazu unten, C. VI.
[214] *Duckworth/Rodell*, S. 178 f.

2. Standardbauverträge

Die Absprache bezüglich der Errichtung des Gebäudes oder der Wohnung ist neben der Kaufkomponente der den Bauträgervertrag prägende Teil und je nach der Art des Projekts sehr unterschiedlich ausgestaltet. Sie kann allerdings auch in einem separaten Bauvertrag verankert werden.[215] Für die Vielzahl in Frage kommender Bauprojekte gibt es ebenso viele Standardbauverträge.

Am weitesten verbreitet sind die Bedingungen des *Joint Contracts Tribunal* (*JCT*).[216] Diese Organisation ist 1931 aus dem *Royal Institute of British Architects* (*RIBA*) hervorgegangen und gibt seit 1939 regelmäßig Standardverträge für die Bauindustrie heraus. Seit 1998 hat das *JCT* die Gesellschaftsform einer *limited* angenommen und beschäftigt Experten aus unterschiedlichen Bereichen des Bausektors wie Architekten, Ingenieure, Bauunternehmer aber auch Auftraggeber. Das *JCT* beobachtet die Entwicklungen der Branche und kontrolliert sowie aktualisiert die Verträge laufend. Die gefragtesten Vertragsmuster sind der *Standard Building Contract* und der *Design and Build Contract*.[217]

Auch die 1818 gegründete *Instituion of Civil Engineers* (*ICE*) stellt Standardvertragsmuster bereit und fördert darüber hinaus das Bauingenieurswesen in unterschiedlichen Bereichen.[218] Die von ihr entwickelten *New Engineering Contracts* (*NEC*) sind Standardverträge, die vorwiegend für Bauprojekte verwendet werden, die die öffentliche Infrastruktur betreffen (Brücken, Tunnel, etc.).[219] Besteht bei derartigen Bauprojekten ein internationaler Bezug, kommen die auf den Standardverträgen der *ICE* beruhenden *FIDIC*-Vertragsmuster[220] in Betracht.[221] Bei Wohnimmobilien, oder solchen Gebäuden, die dem Aufenthalt von Menschen

---

[215] *Kopp/Waldner*, Länderbericht England, Rn. 227.

[216] Das *JCT* ist ein Verband von Bauunternehmern, Gutachtern und Architekten, der Standardverträge auf dem Bausektor entwirft, veröffentlicht und aktualisiert.

[217] Dazu sogleich.

[218] www.ice.org.uk.

[219] Beispielsweise wurden der Eisenbahntunnel unter dem Kanal und Terminal 5 des Londoner Heathrow Flughafens auf Grundlage eines Mustervertrages des ICE (Vertrag „NEC 3") errichtet; *Wood/Chynoweth/Adshead/Mason*, S. 105.

[220] FIDIC (*Fédération Internationale des Ingénieurs Conseils*) ist der bedeutendste internationale Dachverband von nationalen Verbänden beratender Ingenieure im Bauwesen.

[221] *Uff*, Construction Law, S. 351.

dienen, werden dagegen die Vertragsmuster des *JCT* angewandt, auch wenn sich die Anwendungsbereiche beider Vertragsfamilien überschneiden können.

Die vielfältigen Standardverträge werden auf Grund ihrer Komplexität von *Uff* auch als „*private code of law*" für das Baugewerbe bezeichnet;[222] *Lord Denning* äußerte sich ähnlich, als er in *Amalgamated Building Contractors Ltd v Waltham Holy Cross UDC*[223] von einem „*legislative code*" sprach. Diese Komplexität wurde durch die Gerichte oft kritisiert; allerdings hat die Rechtsprechung selbst, an deren Grundsätze die Verträge angepasst werden müssen, einen Teil zu den Schwierigkeiten beigetragen:

> "*Standard forms of building contracts have often been criticized by the courts for being unnecessarily obscure and verbose. But in fairness one should add that it is sometimes the courts themselves who have added to the difficulty by treating building contracts as if they were subject to special rules of their own [...]*".[224]

Mittlerweile existieren viele verschiedene Modelle, die sich nach dem Umfang der Tätigkeit des Auftragnehmers (z.B. Standardbauvertrag, Generalübernehmervertrag, Generalunternehmervertrag), der Endpreisberechnung oder der Art des Bauprojektes (Wohn- bzw. Geschäftsimmobilie) unterscheiden.

Der *JCT 05 Standard Form of Building Contract* (*JCT 05*) ist der traditionelle Bauvertrag für die meisten Bauvorhaben. Er beinhaltet die Pflicht des Bauunternehmers, das oder die Gebäude fachgerecht und so wie es die Pläne und Vorstellungen des Auftraggebers vorsehen, zu errichten.[225] Charakteristisch ist hierbei die Einsetzung eines *contract adminsitrator*, einem Architekten, der die Bauarbeiten überwacht.[226] Ihm kommen in diesem Zusammenhang weitreichende Befugnisse zu, die unter anderem die Kontrolle der Ausführung der Bauarbeiten

---

[222] *Uff*, S. 348.
[223] [1952] 2 All E.R. 452 at 453.
[224] *Lord Lloyd of Berwick* in *Beaufort Developments (NI) Ltd v Gilbert-Ash Ltd and Others* [1998] 2 All E.R. 778, 780b.
[225] *Wilkinson/Reed*, S. 205; *Uff*, S. 389: cl. 2.1: "*carry out and complete the works in a good and workmanlike manner and in compliance with the contract documents [...]*".
[226] *Uff*, S. 287.

durch Zertifikate vorsehen. Nur wenn der *contract administrator* die Bauarbeiten gemäß *clause 4.9 JCT 05* bzw. *clause 2.30 JCT 05* als vertragsgemäß zertifiziert, kann der Bauunternehmer Ansprüche auf Abschlagszahlungen bzw. auf die Schlusszahlung geltend machen.[227] Zudem muss der Bauunternehmer den Anweisungen des *contract administrator* gemäß *clause 3.10 JCT 05* Folge leisten, andernfalls kann der Auftraggeber Dritte zur Erfüllung bestellen und die Mehrkosten geltend machen, *clause 3.11 JCT 05*.[228]

Neben dem *Standard Building Contract* gewinnt der *Design and Build Contract* immer mehr an Bedeutung: Dieser verpflichtet den Bauunternehmer dazu, neben der Errichtung auch Planung und Design der Immobilie zu übernehmen.[229] Oft beauftragen die Bauunternehmer auch Subunternehmer, um speziellen Anforderungen an einem Projekt gerecht zu werden,[230] was mittlerweile in den Vertragsmustern des *JCT* berücksichtigt wird.

Die Standardverträge befinden sich im Anwendungsbereich der Missbrauchsklauseln-Richtlinie 93/13/EWG, die durch die *Unfair Terms in Consumer Contracts Regulations 1999* in das englische Recht umgesetzt wurde. Bei der Entwicklung und Anpassung der Formularverträge müssen die Anforderungen dieses Rechtsaktes und des *Unfair Contract Terms Act 1977 (UCTA 1977)* stets berücksichtigt werden.
Durch die Aufnahme eines Regimes zur außergerichtlichen Streitbeilegung und Regelungen für Zahlungsmodalitäten, berücksichtigen die Standardbauverträge zudem auch die Vorgaben des *Housing Grants, Construction and Regeneration Act 1996* (s.o.), der im zweiten Abschnitt entsprechende Regelungen vorsieht.

Zu einer richterlichen Kontrolle der Formularverträge anhand dieser Rechtsakte ist es bislang nicht gekommen; anders als im deutschen Recht gab es auch keine Diskussionen um eine eventuelle Privilegierung von Standardklauseln im Rahmen einer AGB-Inhaltskontrolle.[231] Ohnehin gibt es in England und Wales kaum

---

[227] *Uff*, S. 406 bzw. S. 397.
[228] *Uff*, S. 394; insgesamt zum JCT 05 vgl. *Uff*, Chapter 12.
[229] *Uff*, S. 361; *Wilkinson/Reed*, S. 205.
[230] *Wood/Chynoweth/Adshead/Mason*, S. 105.
[231] Bis zur Klarstellung des Gesetzgebers durch die Änderung des AGB-Rechts im Rahmen des FoSiG (Abschaffung der VOB-Privilegierungstatbestände in § 308 Nr. 5 BGB sowie § 309 Nr. 8 b) ff) BGB und Neuschaffung des § 310 Abs. 1 S. 3 BGB gab es eine Diskussion um

Bedenken, dass die Formularverträge Verbraucher benachteiligen könnten; sie sind so konzipiert, dass sie die Interessen aller Beteiligten gleichermaßen berücksichtigen.[232]

3. Vergabe- und Vertragsordnung für Bauleistungen (VOB)

In Deutschland gibt es im Hinblick auf den Grundstückserwerb keine Standardbedingungen, die eine mit den *SCOS* oder *SCPC* vergleichbare Bedeutung hätten. Die im BGB geregelten Prinzipien des Grundstückskaufs bzw. -erwerbs regulieren diesen Bereich zufriedenstellend, weshalb für die flächendeckende Verwendung einheitlicher Standardbedingungen kein Bedarf besteht. Die unbedingte Vermeidung von *open contracts*, also Verträgen, die allein gesetzlichen Regelungen unterstellt sind, ist anders als in England und Wales keine Prämisse bei der Vertragsgestaltung.

Ein etwas differenziertes Bild zeigt sich dagegen bei der Regulierung von Bauverträgen bzw. von Bauleistungen im Rahmen eines Bauträgervertrages. Weil der Werkvertrag im BGB den Bedürfnissen der Baupraxis nur unzureichend Rechnung trägt, wurde bereits im Jahr 1926 die Vergabe und Vertragsordnung für Bauleistungen (VOB – damals noch unter dem Namen Verdingungsordnung für Bauleistungen) eingeführt. Bei der VOB handelt es sich nicht um ein Gesetz oder eine Rechtsverordnung; vielmehr sind ihre Bestimmungen als Allgemeine Geschäftsbedingungen einzuordnen, auch wenn sie keine Mustervereinbarungen von Fachverbänden darstellen.[233] In ihrer aktuellen Fassung gliedert sich die VOB in drei Teile, die jeweils einzeln vereinbart werden können: Teil A (VOB/A) regelt die Vergabe von Bauverträgen durch öffentliche Ausschreibung, Teil B (VOB/B

---

die Privilegierung der VOB/B im Rahmen der Inhaltskontrolle. Mittlerweile ist gemäß § 310 Abs. 1 S. 3 BGB klargestellt, dass eine Privilegierung nur möglich ist, wenn die VOB/B als Ganzes in den Vertrag einbezogen wird und gegenüber einem Unternehmer, einer juristischen Person des öffentlichen Rechts oder einem öffentlich-rechtlichem, Sondervermögen verwendet wird. Bei Anwendung gegenüber einem Verbraucher findet die Inhaltskontrolle dagegen immer statt. Dadurch, dass die VOB/B aber so gut wie nie „als Ganzes" einbezogen wird (vor allem nicht bei Bauträgerverträgen), ist auch im Übrigen vom Eingreifen der Inhaltskontrolle auszugehen.

[232] *Austen-Baker* in: Rechtsvergleichende Untersuchung zu Kernfragen des privaten Bauvertragsrechts, S. 215.

[233] An der Ausarbeitung der VOB waren in erheblicher Art und Weise auch Kundenkreise und die öffentliche Hand beteiligt, um einen gerechten Ausgleich zwischen den Belangen des Bauherrn und des Bauunternehmers zu schaffen, vgl. *Locher/Locher*, Rn. 139.

– Allgemeine Vertragsbedingungen für die Ausführung von Bauleistungen) betrifft die Pflichten der Parteien ab Vertragsschluss und Teil C (VOB/C) erfasst schließlich die Allgemeinen Technischen Vorschriften für Bauleistungen, was einer Kodifikation der allgemein anerkannten Regeln der Baukunst entspricht.[234] Relevant ist vor allem die VOB/B, da sie die gesetzlichen Vorgaben des Werkvertragsrechts modifiziert und vertieft, um sie so an die Anforderungen von Bauverträgen anzupassen.

Die Bestimmungen der VOB/B stellen keinen Handelsbrauch oder Gewohnheitsrecht dar, sondern müssen durch individuelle Parteivereinbarung in den Vertrag einbezogen werden.[235] Die Anwendung der VOB/B auf Bauträgerverträge ist allerdings nicht unproblematisch: Die Bestimmungen finden bei einer Einbeziehung durch die Parteien weder Anwendung auf Planungsleistungen noch auf die die Übertragung des Grundstücks und alle anderen Bereiche des Bauträgervertrages, die keine Bauleistungen darstellen.[236] Auch auf die im Bauträgervertrag verkörperten Bestimmungen bzgl. der Bauleistungen sind sie auf Grund der Unterscheide zwischen Bauträger- und reinen Bauverträgen nur eingeschränkt anwendbar.[237] Unpassende Regeln bleiben daher „materiell gegenstandslos".[238] Dies bedeutet, dass die VOB/B im Hinblick auf Bauträgerverträge nicht „als Ganzes" vereinbart werden kann, was wiederum Auswirkungen auf die Inhaltskontrolle der Bestimmungen anhand der §§ 305 ff. BGB nach sich zieht.[239] Der BGH hat jedoch entschieden, dass selbst eine Einbeziehung der VOB/B „als Ganzes" gegenüber Verbrauchern eine Inhaltskontrolle der Bestimmungen nach sich zieht.[240] Dies ist mittlerweile auch in § 310 Abs. 1 S. 3 BGB verankert, welcher durch das Forderungssicherungsgesetz (FoSiG) mit Wirkung zum 1.1.2009 geändert wurde. Hiernach kann eine Privilegierung der VOB/B nur bei Verwendung gegenüber

---

[234] *Locher/Locher*, Rn. 140.

[235] *Schoofs/Hafkesbrink*, Rn. 139; *Locher/Locher*, Rn. 139.

[236] Ganten/Jagenburg/Motzke/*Jagebnburg* VOB/B, G. I., Rn. 170 ff., 186 ff. Im Hinblick auf die Unanwendbarkeit der VOB/B für Planungsleistungen siehe BGH NJW 1983, S. 453 (454).

[237] Es werden z.B. keine Änderungs- oder Anordnungsbefugnisse gemäß § 1 Nr. 3 bzw. Nr. 4 VOB/B vereinbart; auch 3 VOB/B (Ausführungsunterlagen) und § 4 VOB/B (Anordnungsbefugnisse des Bestellers im Rahmen der Bauasuführung) lassen sich nicht mit dem Inhalt eines Bauträgervertrages vereinbaren, vgl. *Schoofs/Hafkesbrink*, Rn. 1163.

[238] BGH NJW 1988, S. 142 (143).

[239] Bei der Anwendung der VOB/B „ohne inhaltliche Abweichungen insgesamt" gemäß § 310 Abs. 1 BGB wäre keine AGB-Kontrolle durchzuführen.

[240] BGH 24.7.2008 – VII ZR 55/07 – ZfBR 2008, S. 670 (674).

Unternehmern, juristischen Personen des öffentlichen Rechts oder einem öffentlich-rechtlichen Sondervermögen eingreifen.

Relevant für die Praxis ist dies insbesondere auf Grund der Verjährungsfrist für
Mängelansprüche, die gemäß § 13 Abs. 4 VOB/B auf vier Jahre (bis 2002 sogar
auf nur zwei Jahre) begrenzt ist und damit für den Anbieter der Baudienstleistung
günstiger gegenüber der fünfjährigen Verjährungsfrist des § 634 a Abs. 1 Nr. 2
BGB. Die Regelung in § 13 Abs. 4 VOB/B kann allerdings nur (im seltenen und
bei Bauträgerverträgen nicht vorliegenden) Fall einer Vereinbarung der VOB/B
„als Ganzes" eingreifen und nicht isoliert und einseitig vom Auftragnehmer gestellt werden; im Übrigen ist die Regelung unwirksam gemäß § 309 Nr. 8 b) ff)
BGB.[241] Ebenfalls unwirksam, allerdings auf Grund von § 308 Nr. 5 BGB ist
§ 12 Abs. 5 VOB/B, der eine fiktive Abnahme vorsieht.[242]

Wie oben bereits ausgeführt, gelten die Modellverträge in England als konform
im Hinblick auf den *UCTA 1977* und die *UTCCR 1999*, an deren Maßstab Formularverträge gemessen werden, so dass es auch keine richterlichen Entscheidungen auf diesem Gebiet gibt. Klauseln, die den völligen Ausschluss der Haftung
oder eine Beschränkung der Haftung auf bestimmte Mängel vorsehen, sind unüblich bzw. verstoßen so offensichtlich gegen das in *sec. 11 UCTA 1977* geregelte
Angemessenheitsprinzip, dass sie erst gar nicht Bestandteil der Modellverträge
werden. Eine Beschränkung der Haftung auf Mängel, für deren Existenz den *developer* kein Verschulden trifft, oder ein Ausschluss der Nachbesserung als
Rechtsbehelf sind dem englischen System fremd bzw. stellen sich hier erst gar
nicht und kommen in Modellverträgen daher von vorneherein nicht in Frage.[243]
In Deutschland sind derartige Klauseln gemäß § 309 Nr. 8 b) unwirksam.

---

[241] BGH NJW 1986, S. 315 (316); vgl. ausführlich dazu Beck-OK VOB/B/*Koenen*, § 13 Abs. 4,
Rn. 9 ff.
[242] Kapellmann/Messerschmidt/*Havers*, VOB/B, § 12, Rn. 67; Messerschmidt/Voit/*Voit*, Privates Baurecht, III. Teil, VOB Teil B, § 12, Rn. 18.
[243] Vgl. *Austen-Baker* in: Rechtsvergleichende Studie zu Kernfragen des privaten Baurechts,
S. 244.

III. Vorvertragliche Absprachen

Die Bindung an einen Bauträgervertrag bzw. an Grundstückskaufverträge im Allgemeinen bringt für Erwerber im Regelfall hohe finanzielle Verpflichtungen mit sich. Vor allem Verbraucher gehen in diesem Zusammenhang oft bis an die Grenzen ihrer finanziellen Belastbarkeit, so dass einem vorschnellen oder unüberlegten Vertragsabschluss vorgebeugt werden muss. In England und Wales bzw. Deutschland gibt es hierfür unterschiedliche Methoden.

In Deutschland verringern bereits die strengen Anforderungen an das Zustandekommen von Grundstückskaufverträgen, welche eine notarielle Beurkundung vorsehen, die Gefahr eines unüberlegten Abschlusses.[244]

Die Formanforderungen in England sind weitaus geringer; ausreichend ist die Schriftform, die Beteiligung eines Notars ist dagegen nicht erforderlich.[245] Während der vorvertraglichen Korrespondenz werden in der Regel bereits alle Bedingungen des noch zu schließenden Vertrages schriftlich niedergelegt.[246] Um eine vorschnelle Bindung in dieser Phase auszuschließen, werden die Parteiverhandlungen ausdrücklich unter der Prämisse *„subject to contract"* („vorbehaltlich eines Vertragsschlusses") geführt.[247] Dies beinhaltet die Möglichkeit eines folgenlosen Abstandnehmens von zwischen den Parteien ausgehandelten Inhalten und fördert auch die Bereitschaft der Parteien, sich überhaupt auf Vertragsverhandlungen einzulassen, und damit letztlich die Dynamik des Marktes. Der Käufer hat so die Möglichkeit, über Finanzierungsoptionen nachzudenken und die physischen Eigenschaften des Grundstückes zu untersuchen, für die der Verkäufer auf Grund des *caveat emptor*-Prinzips keine Haftung übernehmen muss.[248] Wichtiger Grund für den vorübergehenden Ausschluss der Bindungswirkung ist weiter die Tatsache, dass in England und Wales Immobilien häufig Teil einer Veräußerungskette sind. Die Erfüllungstermine der Transaktionen müssen sorgfältig aufeinander abgestimmt werden, da die aus einem Geschäft erzielten Erlöse in vielen Fällen für die Finanzierung des in der Kette nächsten Geschäftes vonnöten sind.[249]

---

[244] Dazu ausführlicher im nächsten Punkt, C. IV.
[245] Dazu ausführlicher im nächsten Punkt, C. IV.
[246] *Megarry/Wade*, 15-011.
[247] *Wood/Chynoweth/Adshead/Mason*, S. 67.
[248] *Megarry/Wade*, 15-010.
[249] *Megarry/Wade*, 15-011; *Thompson*, S. 184.

Für die Synchronisation von Kettengeschäften ist die Verwendung nicht bindender vorvertraglicher Absprachen ein entscheidender Vorteil, da die Absprachen auf diesem Wege nicht nur in zeitlicher Hinsicht unkompliziert angepasst werden können.[250]

Die unverbindlichen Absprachen bringen allerdings auch den Nachteil mangelnder Rechtssicherheit mit sich: Im Falle längerfristiger Verhandlungen bei gleichzeitig steigenden Grundstückspreisen kann der Verkäufer drohen, doch noch an jemand anderen zu verkaufen, falls sich der Käufer nicht bereit erklärt, mehr für die Immobilie zu zahlen; dieses Verhalten wird als „*gazumping*" bezeichnet[251] und trat erstmals in den 1970er Jahren auf, als die Grundstückspreise stark anstiegen.[252] Im Gegensatz dazu könnte der potentielle Käufer bei einem Abfall der Grundstückspreise versuchen, den bis zu diesem Zeitpunkt in der Korrespondenz festgelegten Preis niedriger anzusetzen, was als „*gazundering*" bekannt ist.[253] Das *gazumping* stellt allerdings die problematischere und weitaus häufiger auftretende Variante dar. Diese Unwägbarkeit können die Parteien aber mit sogenannten „*lock-out*"-Vereinbarungen verhindern, durch die sich der Anbieter verpflichtet, für einen gewissen Zeitraum keiner anderen Partei Angebote bzgl. der Immobilie zu unterbreiten.[254] Inwiefern hierdurch wirklich die Kontaktaufnahme zu anderen potentiellen Käufern in der Praxis eingedämmt werden kann, erscheint allerdings fraglich.

Vor dem Abschluss des Vertrages kann dem potentiellen Käufer nach englischem Recht auch eine *option* eingeräumt werden, welche ein Rechtsinstitut *sui generis* darstellt.[255] Hierdurch wird der Verkäufer einseitig verpflichtet, das Grundstück zu vorher ausgehandelten Bedingungen zu verkaufen, während es dem Käufer offen steht, dieses Angebot innerhalb einer Frist anzunehmen.[256] Durch sie können die oben beschriebenen Probleme des *gazumping* oder *gazundering* verhin-

---

[250] *Megarry/Wade*, 15-011.
[251] *Megarry/Wade*, 15-011; *Thompson*, S. 185.
[252] *Thompson*, S. 185.
[253] *Megarry/Wade*, 15-011.
[254] *Megarry/Wade*, 15-011.
[255] *Spiro v Glencrown Properties Ltd* [1991] Ch. 537 at 544 per Hoffman J.
[256] *Megarry/Wade*, 15-012.

dert werden, da von den hier vereinbarten Bedingungen später nicht mehr einseitig abgewichen werden kann. Die Gewährung einer *option* erfolgt auf vertraglichem Wege, für dessen Wirksamkeit nach englischem Recht *consideration* zwischen den Parteien erforderlich ist; der Verkäufer muss also eine Gegenleistung erbringen, sei sie auch nur symbolischer Art.[257] Für die *option* gelten neben der Schriftform auch die weiteren Voraussetzungen des *LP(MP)A 1989*,[258] wogegen die Erklärung der Annahme formfrei erfolgen kann.[259] Eine *option* verkörpert darüber hinaus ein eintragungsfähiges Recht am Grundstück.[260] In ihrer Wirkung entspricht sie damit einem dinglich gesicherten Angebot nach deutschem Recht. Sie greift nicht wie das Vorkaufsrecht erst im Falle des Verkaufs an einen Dritten ein, sondern kann vom Inhaber selbstständig geltend gemacht werden.

Grundstückseigentümer können Kaufinteressierten auch ein *right of pre-emption* einräumen, wodurch sie sich im Falle eines Entschlusses zur Veräußerung verpflichten, zunächst dem Berechtigten die Möglichkeit des Erwerbs zu geben.[261] Eine grundsätzliche Verpflichtung des Grundstückseigentümers zum Verkauf besteht im Gegensatz zu einer *option* allerdings nicht von vornherein. Auch der Inhaber des *right of pre-emption* ist nicht verpflichtet, das Geschäft einzugehen. Ein *right of pre-emption*, das am Tag des Inkrafttretens des *Land Registration Acts 2002* am 13. Oktober 2003 oder später an einem registrierten Grundstück eingeräumt wurde, stellt gemäß *s. 115 LRA 2002* auch ein *interest in land* dar, was auch in der Entscheidung *Dear v Reeves* bestätigt wurde.[262] Insgesamt zeigen sich hier Parallelen zu einem dinglichen Vorkaufsrecht (§ 463, §§ 1094 ff. BGB) nach dem deutschen System.

---

[257] Zudem kann eine *option* auch durch *will* eingeräumt werden, *Megarry/Wade*, 15-012.; vgl. auch *Wood/Chynoweth/Adshead/Mason*, S. 58; vgl. aus deutscher Perspektive, *Kopp/Waldner*, Länderbericht England, Rn. 138 f.

[258] Dazu genauer im folgenden Punkt, C. IV.

[259] *Spiro v Glencrown Properties Ltd* [1991] Ch. 237.

[260] *Armstrong Holmes Ltd v Holmes* [1993] 1 W.L.R. 1482 at 1488 per Judge Baker; *Thompson*, S. 91; Bei registrierten Grundstücken erfolgt die Eintragung im *Land Charges Register*, bei unregistrierten Grundstücken im *Local Land Charges Register*.

[261] *Megarry/Wade*, 15-013.

[262] [2001] EWCA Civ 273; vgl. *Sparkes*, Real Property Law and Procedure in the European Union – Report from England and Wales, S. 20.

IV. Formanforderungen und Abschlussvoraussetzungen

Die Anforderungen an das Zustandekommen von Bauträgerverträgen in England und Wales einerseits sowie in Deutschland andererseits weisen im Hinblick auf die Form deutliche Unterschiede auf. Parallelen lassen sich im Gegensatz dazu bei den Konsequenzen von Formverstößen feststellen.

1. England und Wales

Für den Abschluss eines Bauträgervertrages in England und Wales gibt es wie für Verträge allgemein drei Grundvoraussetzungen: Die Parteien müssen eine Vereinbarung treffen (*agreement*), es muss eine Gegenleistung festgelegt werden (*consideration*) und der Wille der Parteien, sich rechtlich zu binden, muss vorhanden sein (*intetnion to create legal relations*).[263]

Darüber hinaus sind bei Verträgen, die eine Übertragung von Rechten an Grundstücken vorsehen, weitere Anforderungen zu erfüllen. Die gesetzlichen Vorschriften im Hinblick auf die Form finden sich im *Law of Property (Miscellaneous Provisions) Act 1989*. Dieses Regelwerk gilt seit dem 31.7.1990 und ersetzt die bis dahin geltende *s.40 Law of Property Act 1925*. Bereits im 19. Jahrhundert wurde in der Entscheidung *Rossiter v Miller* klargestellt, dass bei einem Grundstückskaufvertrag die Nennung der Parteien, des Grundstückes und der Gegenleistung ausdrücklich und schriftlich erfolgen muss.[264]

Mittlerweile stellt *s.2 LP(MP)A 1989* (*Contracts for sale etc. of land to be made by signed writing*) die wichtigste Formvorschrift dar und beinhaltet im ersten Absatz folgende Regelung:

s.2(1) LPA 1989

A contract for the sale or other disposition of an interest in land can only be made in writing and only by incorporating all the terms which the parties have expressly agreed in one document or, where contracts are exchanged, in each.

---

[263] *Chitty on Contracts*, Vol. I, 2-001.
[264] *Rossiter v Miller* (1878) 3 App Cass 1124 at 1143.

Demnach ist die Schriftform unter Einbeziehung aller Vertragsklauseln, auf die sich die Parteien ausdrücklich geeinigt haben, erforderlich. Eine Einbeziehung durch Verweis auf andere Schriftstücke ist gem. *s.2(2) LPA 1989* ebenfalls möglich. Beide Parteien müssen das alle Klauseln einbeziehende Dokument unterschreiben, *s.2(3) LP(MP)A 1989*. Ein in der Praxis sehr wichtiges Beispiel für die Einbeziehung von Klauseln ist die Inkorporierung von Standardbedingungen, vor allem der *Standard Conditions of Sale*, die bei praktisch jedem Vertrag, der die Disposition von Grundstücken zum Gegenstand hat, erfolgt. Inkorporiert werden können auch die vor dem Vertragsschluss zwischen den Parteien schriftlich ausgehandelten Bedingungen (*agreement subject to contract*).[265] So kann verhindert werden, dass bereits vor Vertragsschluss im Detail ausgehandelte Punkte durch ein lückenhaftes Vertragsdokument am Ende aus dem Anwendungsbereich des Vertrages fallen und es zu Rechtsunsicherheiten kommt.

Die Reichweite des *s.2 LPA 1989* umfasst alle Vereinbarungen, die die Übertragung von *freehold* oder der Einräumung einer *lease* für mehr als drei Jahre zum Gegenstand haben.[266] *S.2 LP(MP)A 1989* erstreckt sich dagegen nicht auf die bei einem Grundstücksgeschäft in einem zweiten Schritt erfolgende tatsächliche Einräumung bzw. Übertragung des Eigentumsrechts.[267]

Die Schriftform erscheint in England und Wales umso wichtiger vor dem Hintergrund, dass hier eine notarielle Beurkundung nicht erforderlich ist. Grundstückskaufverträge können im Gegensatz zu Deutschland theoretisch sogar ganz ohne die Beteiligung eines Notars oder überhaupt eines Juristen geschlossen werden.[268] Dies betrifft allerdings nur die Fälle, in denen kein dingliches Sicherungsmittel (meist in Form einer *mortgage*) an der Immobilie besteht oder der Käufer nicht auf eine Kreditfinanzierung angewiesen ist.[269] Auch in England und Wales sind daher an praktisch jedem Grundstücksgeschäft *solicitors* (in einigen Fällen auch *licensed conveynacers*), beteiligt; sie übernehmen eine beratende Funktion und

---

[265] *Jones v Forest Fencing Ltd* [2001] EWCA Civ. 1700 para 7.

[266] Ebenso wie die eben erwähnte *option* unterliegen auch Grenzabsprachen (*boundary agreements*), die die Lage und das Ausmaß von Grundstücken festlegen den Formanforderungen, *Thompson*, S. 191.

[267] *Helden v Strathmore Ltd* [2011] EWCA Civ 542, para 27.

[268] *Kopp/Waldner*, Länderbericht England, Rn. 143.

[269] *Kopp/Waldner*, Länderbericht England, Rn. 144.

begleiten das Grundstücksgeschäft bereits in der vorvertraglichen Phase intensiv, um die Parteien bereits bei der Vertragsgestaltung vor Unwägbarkeiten und Risiken zu schützen.[270]

Damit der Vertrag Wirkung entfalten kann, muss schließlich der *exchange of contracts* arrangiert werden.[271] Dieser Austausch der Vertragsdokumente repräsentiert den Bindungswillen der Parteien[272], der den Vertrag von einem bloßen *agreement subject to contract* unterscheidet, auch wenn die übrigen Formvoraussetzungen bereits erfüllt sind.[273]

Der *exchange of contracts* kann, gemäß den *SCOS* auf mehrere Arten erfolgen. In *condition 2.1 SCOS* ist vorgesehen, dass der Austausch der Dokumente physisch, per Post oder telefonisch erfolgen kann. Für den Vertragsschluss ist es gemäß *condition 2.1.1 SCOS* ausreichend, dass beide Dokumente in Richtung auf den Empfänger abgeschickt (*posted*) oder hinterlegt (*deposited*) werden.

Mittlerweile ist die telefonische Abwicklung gängige Methode bei Grundstücksgeschäften.[274] Unausweichlich ist diese Art des Vertragsschlusses, wenn Kettengeschäfte synchronisiert werden müssen, was häufig der Fall ist.[275] Hierzu müssen die Anwälte im Besitz der unterschriebenen Vertragsdokumente ihrer Mandanten sein; dann kann die telefonische Bestätigung zwischen beiden Seiten erfolgen.[276] Um Unsicherheiten in diesem Bereich und im Hinblick auf den Inhalt des Telefonates zu vermeiden, greifen die beteiligten Anwälte auf von der *Law Society* für

---

[270] *Kopp/Waldner*, Länderbericht England, Rn. 144.

[271] *Commission for the New Towns v Cooper (Great Britain) Ltd* [1995] Ch 259 at 289 f per Stuart-Smith LJ.

[272] *Eccles v Bryant and Pollock* [1948] Ch 93 at 99 per Lord Greene MR; vgl. auch *Smith v Mansi* [1962] 3 All E.R. 857, wonach ein physischer Austausch keine vertragsrechtliche Notwendigkeit ist; möglich ist ebenfalls, dass beide Parteien im Beisein nur eines Anwalts dasselbe Dokument unterzeichnen und der Vertrag mit der zweiten Unterschrift wirksam wird.

[273] *Chitty on Contracts*, Vol. I, 2-119.

[274] Vgl. *Domb v Isoz* [1980] Ch 548.

[275] *Megarry/Wade*, 15-036; *Gray/Gray*, S. 1052;

[276] *Domb v Isoz* [1980] Ch 548 at 564 per Templeman LJ; *Duckworth/Rodell*, S. 228.

den telefonischen Austausch entwickelte Verfahrensweisen zurück, die in unterschiedlichen Standardformularen[277] festgelegt sind.[278]

Die unter die Rubrik „*exchange of contracts*" fallenden Fragen werden in Deutschland größtenteils im Rahmen des Zugangs von Willenserklärungen (§ 130 Abs. 1 S. 1 BGB) bzw. der allgemeinen Regeln über das Zustandekommen von Verträgen (§§ 145 ff. BGB) behandelt. Abgesehen von den Bestimmungen der VOB/A im Fall der öffentlichen Ausschreibung von Bauprojekten gibt es keine Besonderheiten, die berücksichtigt werden müssten. Der Beteiligung von Anwälten am *exchange of contracts* in England und Wales steht in Deutschland die Mitwirkung des Notars gegenüber, dazu sogleich.

2. Deutschland

Der Bauträgervertrag bedarf in Deutschland neben den allgemeinen Voraussetzungen wie alle Absprachen, die eine Grundstücksübertragung zum Gegenstand haben, der notariellen Beurkundung gemäß § 311b Abs. 1 S.1 BGB. Dabei bezieht sich die Beurkundungspflicht auf sämtliche Abreden, die dem Vertrag zu Grunde liegen; dies gilt insbesondere auch für die Bauleistung und ebenfalls für Nebenabreden.[279] Auch die Baubeschreibung, die Anlagen zur Baubeschreibung sowie die Baupläne sind zu beurkunden, da sie einen wichtigen Teil des Inhalts der Bauleistung verkörpern.[280] Der Grund für die umfassende Beurkundungs-

---

[277] Mit den Formularen A, B und C gibt es drei verschiedene Formulare, die unterschiedliche Vorgehensweisen beinhalten: Das wenig benutzte *Formula A* kommt zur Anwendung, wenn der Käufer die von ihm zu unterschreibenden Dokumente bereits an den Verkäufer verschickt hat. Im meistgenutzten *Formula B* sichern die Anwälte den vereinbarten Inhalt der Verträge zu und bestätigen die Unterschrift ihrer Mandanten. Im Anschluss daran erklären sie, dass sie den ihnen vorliegenden Teil der Dokumente für die jeweils andere Partei in Besitz genommen haben. Dann werden die Vertragsexemplare an die andere Seite verschickt. Der Vertragsschluss kommt bereits während des Telefonates zu Stande. Das Formular C ist zwar für Kettengeschäfte konzipiert, gilt aber als komplex und hat daher gegenüber *Formula B* ebenfalls geringe Bedeutung, vgl. *Duckworth/Rodell*, S. 228 f.

[278] *Duckworth/Rodell*, S. 228.

[279] BGH 16.12.1993 – VII ZR 25/93 – NJW 1994, S. 721 (722); MüKo/*Kanzleiter*, § 311 b, Rn. 56; *Basty*, Rn. 101; *Schoofs/Hafkesbrink*, Rn. 1148.

[280] *Basty*, Rn. 107.

pflicht beruht auf der rechtlichen Einheit des Bauträgervertrages, dessen Bestandteile derart voneinander abhängen, dass sie miteinander stehen und fallen.[281] Für
die notarielle Beurkundung der VOB/B ist ein Verweis im beurkundeten Vertrag
ausreichend.[282]

Auch für Regelungen, die nach dem beurkundeten Vertrag getroffen werden, gilt
der Beurkundungszwang.[283] Wenn die Auflassung bereits im Vertrag erklärt wird,
sind Änderungen dagegen nicht mehr formbedürftig, weil die Übereignungs- und
Erwerbspflicht mit der Auflassung erlischt.[284] Diese Methode ist nicht unüblich,
da so spätere Sonderwunschvereinbarungen ohne notarielle Beurkundung form-
wirksam sein können.[285]

Die für die notarielle Beurkundung maßgeblichen Regelungen befinden sich im
BeurkG und dort insbes. in den §§ 6 ff. BeurkG (Beurkundung von Willenserklärungen). Der Notar liest den Vertragstext im Beisein der Parteien vor, lässt ihn
durch diese genehmigen (§ 13 Abs. 1 BeurkG) und unterschreibt eigenhändig,
§ 13 Abs. 3 BeurkG. Ihn trifft zudem die Belehrungspflicht des § 17 BeurkG.
Schließt ein Verbraucher einen Bauträgervertrag ab, ist ihm gemäß § 17 Abs. 2a
S. 2 BeurkG der zu beurkundende Vertragstext im Regelfall zwei Wochen vor der
Beurkundung zukommen zu lassen, damit er sich hiermit ausreichend beschäftigen kann.

3. Folgen von Verstößen gegen die Form

Verstöße gegen die Formvorschriften haben in England und Deutschland ähnliche
Konsequenzen. In England und Wales stellt eine Einigung, die gegen *s.2
LP(MP)A 1989* verstößt, keinen Vertrag dar und bleibt wirkungslos (*void*).[286] In
der Folge können die Parteien *restitution*, also die Rückerstattung von im Vertrauen auf eine gültige Einigung gemachten Leistungen nach den Grundsätzen der

---

[281] BGH NJW 2004, S. 3330 (3331); BGH 16.12.1993 – VII ZR 25/93 – NJW 1994, 721 (722);
vgl. auch *Basty*, Rn. 102.
[282] MüKo/*Kanzleiter*, § 311b, Rn. 62.
[283] *Schoofs/Hafkesbrink*, Rn. 1153.
[284] MüKo/*Kanzleiter*, § 311b, Rn. 59.
[285] *Schoofs/Hafkesbrink*, Rn. 1153.
[286] *Ravenocean Ltd. v. Gardner* [2001] NPC 44: Hier konnte der Kläger sich nicht auf den
Vollzug eines nur mündlichen Übereinkommen bzgl. eines Grundstückskaufs berufen;
Land Law Materials, S. 275; *Megarry/Wade*, 15-042.

ungerechtfertigten Bereicherung, verlangen.[287] Gegenstand einer Rückforderung kann neben dem bereits gezahlten Kaufpreis und dem Besitz am Grundstück auch der Ersatz für Verbesserungen der Immobilie sein, wenn der Begünstigte diese akzeptiert.[288]

Eine Berufung auf die Formnichtigkeit kommt nicht in Frage, wenn der Vertrag bereits vollzogen und die Rechte am Grundstück bereits auf den Erwerber übergegangen sind.[289] *S.2 LOP(MP)A 1989* bezieht sich insoweit nur auf Verträge, die noch nicht durchgeführt worden sind. Ein Mangel der Form des Kaufvertrages wäre in diesem Fall unbeachtlich.

Wenn im schriftlichen Vertragsdokument Klauseln, auf die sich die Parteien bereits verständigt haben, fehlen, oder falsch wiedergegeben werden, kann dies (wenn sich die beteiligten Parteien nicht selbst auf eine Berichtigung einigen können) auf dem Weg der *rectification* gerichtlich korrigiert werden.[290] Voraussetzung ist, dass sich die Parteien in dem fraglichen Punkt bereits tatsächlich einig geworden sind. Hier liegt der Unterschied zur Situation eines *collateral contracts* (dazu sogleich), bei dem im Hauptvertrag gerade keine Einigung in dieser Hinsicht erzielt wurde. Der Vertrag ist dann ab einem gerichtlich festgelegten Zeitpunkt, *s.2(4) LP(MP)A 1989* mit dem dem Parteiwillen entsprechenden Inhalt wirksam.[291]

Einzelne Bestimmungen von Grundstückskaufverträgen können auch in einem Ergänzungsvertrag (*collateral contract*) festgehalten werden, der nicht zwingend den Formanforderungen an Grundstücksverträge entsprechen muss.

In *Record v Bell*[292] wurde kurz vor dem Austausch der Vertragsdokumente (*exchange of contracts*) mündlich vereinbart, dass der Verkäufer Kopien des Registereintrages, die das Eigentum des Verkäufers am Grundstück dokumentieren,

---

287 *Megarry/Wade*, 15-045.
288 *Yaxley v Gotts* [2000] Ch. 162 at 172; *Megarry/Wade*, 15-045.
289 *Tootal Clothing Ltd v Guinea Property Management Ltd* (1992) 64 P. & C.R. 452.
290 *Thompson*, S. 196; *McFarlane/Hopkins/Nield*, S. 68.
291 Wenn der Fehler von einer Partei herbeigeführt wurde, greifen die Grundsätze der *rectification* nur, wenn deren Verhalten nicht treuwidrig (*unconscionable*) war. Unanwendbar ist *rectification*, wenn die Parteien bewusst einen Teil nicht schriftlich regeln, dieser später aber dennoch in den Vertrag einbezogen werden soll; hier fehlt es am erforderlichen gemeinsamen Willen hinsichtlich der Geltung der Klausel. Auch hier muss eine ausufernde Handhabung dieses Rechtsbehelfes verhindert werden, um die Formvorschriften nicht zu unterlaufen; vgl. dazu *McFarlane/Hopkins/Nield*, S. 280.
292 [1991] 1 W.L.R. 853.

vorlegen müsse. Später verweigerte der Käufer die Erfüllung mit dem Argument, dass kein Vertrag existiere, da die Anforderungen von *s.2 LP(MP)A 1989* nicht erfüllt worden seien. Schließlich sei die Abrede bezüglich der Vorlage der Kopien des Registereintrages nicht schriftlich getroffen worden. Das Gericht entschied, dass die nur mündliche Abrede nicht Teil des Vertrages geworden, letzterer aber dennoch wirksam sei. In der mündlichen Abrede sei ein Ergänzungsvertrag in Form eines Garantievertrages zu sehen, der für sich genommen nicht den Anforderungen von *s.2 LP(MP)A 1989* genügen müsse. Ebenso wurde in *Tootal Clothing Ltd. v Guinea Properties Ltd.*[293] in einem *obiter* entschieden, dass eine mündliche Absprache bzgl. Renovierungsarbeiten, die Teil eines Grundstückkaufvertrages war, dennoch wirksam sei, weil sie als unabhängige Vereinbarung den Hauptvertrag ergänze und keinen besonderen Formanforderungen unterliege.

Diese Vorgehensweise der Loslösung einzelner Teile eines Grundstücksgeschäftes wurde allerdings durch den *Court of Appeal* in *Grossman v Hooper*[294] kritisiert, da die Anforderungen von *s.2 LP(MP)A 1989* auf diese Weise zu leicht auszuhebeln seien. Entscheidend für die Wirksamkeit des Hauptvertrages sei insbesondere, ob die Parteien auch ohne die in Frage stehende losgelöste Absprache den Vertrag geschlossen hätten. Bemerkenswert ist, dass im Urteil kein Bezug zu der konträren Entscheidung *Record v Bell* genommen wurde. Es bleibt abzuwarten, wie die Gerichte in Zukunft mit vergleichbaren Fällen umgehen werden.

In Deutschland führt ein Verstoß gegen die Form zur Nichtigkeit, § 125 S. 1 BGB. Der Mangel der Form kann aber gemäß § 311b Abs. 1, S. 2 BGB durch die Auflassung im Grundbuch geheilt werden.[295] Im Falle der Nichtigkeit können rechtsgrundlos erbrachte Leistungen nach den Grundätzen des Bereicherungsrechts zurückverlangt werden, insofern sind deutliche Parallelen zum im *common law* verankerten Gebiet der *restitution* erkennbar. In das Bereicherungsverhältnis kann auch ein Dritter, wie z.B. eine den Bauträger finanzierende Bank einbezogen werden.[296]

---

[293] (1992) 64 P. & C.R. 452.
[294] [2001] EWCA Civ 615, para 35 ff.
[295] Vgl. dazu auch BGH 22.3.2007 – VII ZR 268/05 – NJW 2007, S. 1947 (1947).
[296] *Hansen/Nitschke/Brock*, S. 62.

a) *Proprietary estoppel*

Estoppel ist ein Rechtsbehelf der *equity*, durch den eine Partei daran gehindert (*estopped*) werden kann, sich auf eine Rechtsposition zu berufen, die ihr bei strikter Anwendung des *common law* eigentlich zustünde.[297] Er ist demnach mit dem im deutschen Recht in § 242 BGB verankerten Einwand der unzulässigen Rechtsausübung vergleichbar. *Estoppel* betrifft auch Fälle, in denen Formvorschriften durch eine Partei arglistig ausgenutzt werden, um ihr einen Vorteil zu verschaffen.[298] Im Zusammenhang mit einem Grundstückskaufvertrag bedeutet das konkret, dass eine Partei sich in bestimmten Konstellationen nicht auf die Formnichtigkeit des Vertrages berufen kann, wenn sich ihr Vertragspartner auf *proprietary estoppel* beruft; auf diese Weise ist die Überwindung von Formfehlern möglich.[299] Voraussetzung ist, dass die Partei, gegenüber der *proprietary estoppel* geltend gemacht wird, ihrem Vertragspartner durch ihr Verhalten Anlass zur Annahme gegeben hat, dass der Vertrag erfüllt wird.[300]

Die Funktion des *proprietary estoppel* geht über die eines bloßen Abwehrrechts hinaus, da mit der Übertragung bzw. Einräumung von Rechten an Grundstücken auch eine Handlungspflicht gerichtlich angeordnet werden kann; insofern ist der Begriff *estoppel* etwas missverständlich.[301] *Proprietary estoppel* kann damit zu einer Änderung oder Neuschaffung dinglicher Rechte führen, ohne dass hierzu ein formgültiger Vertrag nötig wäre. Das macht ihn zu etwas Besonderem, da der Begünstigte nicht auf Restitutionsansprüche beschränkt ist. Die Schaffung oder der Übergang von (Grundstücks)Rechten ist aber nur eine und nicht die zwangsläufige Rechtsfolge, die auf Grund von *proprietary estoppel* erreicht werden kann. Es gibt darüber hinaus auch die Möglichkeit der Gewährung einer finanziellen

---

[297] *Hughes v Metropolitan Railway Co* (1877) 2 App Cas 439 at 448; vgl. dazu auch *Megarry/Wade*, 16-001 ff.

[298] *Yaxley v Gotts* [2000] Ch. 162 at 176.

[299] *Yaxley v Gotts* [2000] Ch. 162.

[300] *Yaxley v Gotts* [2000] Ch. 162; LawCom. No.164, paras 5.4 - 5.5; detailliert dazu *Thompson*, S. 204 ff., insbesondere S. 216.

[301] *Crabb v Arun DC* [1976] Ch. 179 at 187: "[*proprietary estoppel*] *does give rise to a cause of action*".

Entschädigung.[302] Je nach den Umständen gibt es demnach auf der Rechtsfolgen-seite flexible[303] Wege zum Schutz von Parteien, die in enttäuschtem Vertrauen auf den Erwerb von Rechten an Grundstücken Aufwendungen getätigt haben.

Proprietary estoppel setzt voraus, dass eine Partei in berechtigtem Vertrauen auf die Gültigkeit oder das Zustandekommen eines Geschäftes bereits derart vertraut hat, dass es bei Berücksichtigung aller Umstände treuwidrig (*inequitable*) wäre, die Erwartungen dieser Partei in das Geschäft nicht zu erfüllen und letzterer nur Rückgewähr der getätigten Aufwendungen zuzusprechen.[304] Die Bestimmung der Voraussetzungen und vor allem der Grenzen dieses unbestimmten Rechtbegriffes sind nicht klar umrissen, so dass sich die Anwendung in der Praxis nicht einheit-lich darstellt.[305]

Die Geltendmachung von *proprietary estoppel* stand mit dem Erlass des *LP(MP)A 1989* allerdings grundsätzlich zur Disposition, da sich aus *s.2(1) LP(MP)A 1989* klar ergibt, dass ein Vertrag bei Formverstößen nicht entstehen kann und an keiner Stelle auf das Institut des *proprietary estoppel* eingegangen wird. In *s.2(5)* wird lediglich klargestellt, dass die Regelungen hinsichtlich des *constructive trust* (s.u.) nicht berührt werden und somit anwendbar bleiben. Es liegt nahe, den fehlenden Bezug zu *proprietary estoppel* als Redaktionsfehler ein-zustufen.[306]

In *Yaxley v Gotts* entschied das *House of Lords*, dass die Anwendung von *proprietary estoppel* durch *s.2 LP(MP)A 1989* nicht grundsätzlich ausgeschlossen

---

[302] *Dodsworth v Dodsworth* [1973] E.G.D. 233.

[303] *Roebuck v Mungovin* [1994] 2 A.C. 224 at 235; *Pascoe v Turner* [1979] 1 W.L.R. 438. vgl. *Chitty on Contracts*, Vol. I, 3-154.

[304] *Yaxley v Gotts* [2000] Ch. 162 at 180; vgl. dazu auch *Megarry/Wade*, 15-043.

[305] *Crabb v Arun DC* [1976] Ch 179 at 188. In diesem Fall wurde eine mündliche Absprache bezüglich der Einräumung eines Wegerechts getroffen, an die sich die Beklagte später nicht mehr gebunden fühlte. Zwischenzeitlich hatte die Beklagte aber erkennen lassen, dass sie der Abmachung nachkommen würde und sich auch dementsprechend verhalten. Der *Court of Appeal* entschied, dass *Crabb* sich auf Grund des Versprechens und des spä-teren Verhaltens des *District Council* auf die Absprache verlassen durfte. Das *District Council* wurde daran gehindert (*estopped*), sich auf die Formnichtigkeit zu berufen, was sittenwidrig gewesen wäre und musste das Wegerecht einräumen. Letztlich wurde also ohne das Vorliegen eines Vertrages, mit Hilfe von *proprietary estoppel* ein dingliches Recht, in diesem Fall ein Wegerecht, kreiert.

[306] *Thompson*, S. 211.

sei.[307] Die einem *constructive trust* zu Grunde liegenden Prinzipien seien die gleichen, die auch für *proprietary estoppel* gelten. *Beldam L.J.* urteilte, dass auch die *Law Commission*, deren Mitglied er war, von der Anwendbarkeit des *proprietary estoppel* in Fällen verletzter Formvorschriften bei Vorliegen eines grundsätzlichen Übereinkommens ausging. Er sah trotz der Nichterwähnung in *s.2 LP(MP)A 1989* keinen Grund, diese Prinzipien und den flexiblen Rechtsbehelf des *proprietary estoppel* nicht anzuwenden.[308]

Indes wurde in der viel beachteten Entscheidung *Yeoman's Row v Cobbe* durch das *House of Lords* entschieden, dass dingliche Rechte durch *proprietary estoppel* gerade nicht entstehen können, und damit vorangegangenen Entscheidungen widersprochen.[309] Im Fall ging es um die mündliche Absprache von *Cobbe* mit *Yeoman's Row Management Ltd* (im Folgenden: *YRML*) bezüglich des Verkaufs eines *YRML* gehörenden Grundstückes, wobei ein Vertrag noch nicht geschlossen werden sollte. *Cobbe* investierte im Vertrauen auf ein lukratives Geschäft (er wollte das Grundstück bebauen und gewinnbringend weiterveräußern) ca. 200.000 Pfund, um die Baugenehmigung zu erhalten. Als diese schließlich positiv beschieden wurde, war *YRML* nicht mehr bereit, zu den zuvor ausgehandelten Bedingungen zu verkaufen. *Cobbe* berief sich u.a. auf *proprietary estoppel*, um auf diese Weise eine Übertragung des *freehold* zu erreichen. Während die Ausgangsinstanz sowie der *Court of Appeal* dem Begehren stattgaben, scheiterte die Klage schließlich vor dem *House of Lords*.

Lord Walker führte aus, dass das verletzte Vertrauen auf eine nur mündliche Zusicherung bzgl. eines Grundstücksgeschäftes, die übereinstimmend noch keine Bindungswirkung entfalten sollte, für *proprietary estoppel* nicht ausreichend sei,

---

[307] *Yaxley v Gotts* [2000] Ch. 162; die einem *constructive trust* zu Grunde liegenden Prinzipien seien die gleichen, die auch für *proprietary estoppel* gelten. *Beldam L.J.* (at 182 ff.) erläuterte, dass auch die *Law Commission*, dessen Mitglied er war, von der Anwendbarkeit des *proprietary estoppel* in Fällen verletzter Formvorschriften bei Vorliegen eines grundsätzlichen Übereinkommens ausging. Er sah trotz der Nichterwähnung in *s.2 LP(MP)A 19898* keinen Grund, diese Prinzipien und den flexiblen Rechtsbehelf des *proprietary estoppel* nicht anzuwenden. Dies gelte insbesondere dann, wenn die Voraussetzungen eines *constructive trust* (s.u.) vorlägen, auf den in *s.2(5) LP(MP)A 1989* ausdrücklich Bezug genommen werde.

[308] Der Beklagte wurde trotz einer gegen die Formerfordernisse verstoßenden Absprache verurteilt, dem Kläger eine *long lease* einzuräumen, allerdings auf Grundlage eines *constructive trust*. Während *Robert Walker L.J.* dies für den einzig richtigen Rechtsbehelf hielt, sprachen sich *Beldam* und *Clarke L.JJ.* für die Anwedung von *proprietary estoppel* auch in solchen Konstellationen aus.

[309] *Yeoman's Row Management Ltd v Cobbe* [2008] 1 W.L.R. 1752.

zumal *Cobbe* als erfahrener *developer* wusste, ohne einen schriftlichen Vertrag keinen Rechtsanspruch zu haben. Die Aufwendungen, die die Partei im Vertrauen dennoch tätigt, geschehen dann auf eigenes Risiko, selbst wenn sich die Beklagte treuwidrig verhält. *Lord Scott* führte darüber hinaus aus, dass p*roprietary estoppel* ein bloßes Abwehrrecht sei, das nicht herangezogen werden dürfe, um formnichtigen Absprachen, die gegen *s.2 LP(MP)A 1989* verstoßen, zur Geltung zu verhelfen:

> „[...]*proprietary estoppel cannot be prayed in aid to render enforceable an agreement that statute has declared to be void. The proposition that an owner of land can be estopped from asserting that an agreement is void for want of compliance with the requirements of section 2 is, in my opinion, unacceptable.* " *Lord Scott* [29]

Diese Qualifizierung ist auf viel Kritik gestoßen, und wurde nicht zu Unrecht als „dramatische Neuinterpretation" dargestellt.[310] Bis zu diesem Urteil hatten Gerichte *proprietary estoppel* über Jahre in ähnlichen Konstellationen angewandt, um die Partei, die in irrigem Vertrauen auf einen Vertrag Erfüllungshandlungen vorgenommen hat, zu schützen.[311] Es ist nachvollziehbar, dass eine ausufernde Anwendung von *proprietary estoppel* bei Fällen der Formnichtigkeit verhindert werden muss, um ein Unterlaufen der Formvorschriften zu verhindern.[312] Auf der anderen Seite muss den Grundsätzen der *equity* folgend jedoch verhindert werden, dass Gesetze missbräuchlich angewandt werden.[313] Die Entscheidung in *YRML v Cobbe* ist anhand der konkreten Sachlage und wegen der Geschäftserfahrenheit der beteiligten Parteien vertretbar; eine endgültig negative Entscheidung über die Anwendung von *proprietary estoppel* in Fällen formnichtiger oder nicht zustande gekommener Verträge sollte hierin aber nicht gesehen werden.[314] In späteren Entscheidungen, beispielhaft genannt seien hier *Anderson Antiques v Anderson*

---

[310] *McFarlane,* Promises, Promises… Proprietary Estoppel after *Yeoman's Row Management Ltd v Cobbe,* para 4.1.

[311] Siehe z.B. *Crabb v Arun DC* [1976] Ch. 179; *Yaxley v Gotts* [2000] Ch. 162.

[312]*Yeoman's Row Management Ltd v Cobbe* [2008] 1 W.L.R. 1752 at 1753.

[313] *Thompson,* S. 209.

[314] *McFarlane*, Promises, Promises… 7.2; *Dixon*, Confining and defining proprietary estoppel: The role of unconscionability, Legal Studies, Vol. 30 No. 3, September 2010, S. 408 (420).

Wharf[315] und *Thorner v Majors*[316], wurde *proprietary estoppel* in ähnlichen Konstellationen wieder angewandt. In Zukunft ist der Gebrauch dieses Rechtsbehelfs in Fällen der Verletzung von *s.2 LP(MP)A 1989* also möglich, ungeachtet dessen Nichterwähnung in der Vorschrift. Es wird weiterhin von Fall zu Fall zu prüfen sein, ob ein Fall der Sittenwidrigkeit *(unconscionability)*, die den Kern der Doktrin ausmacht, vorliegt, so dass der Rechtsprechung ein flexibles Instrument zur Verfügung steht.[317] *Unconscionability* ist unter Berücksichtigung der erwähnten Entscheidungen jedenfalls dann gegeben, wenn der Rechtsinhaber zunächst ein ausreichend sicheres Recht am Grundstück zur Disposition stellt und zum anderen dem potentiellen Erwerber die Einräumung dieses Rechts auch für den Fall zusichert, dass Formvoraussetzungen der Absprache nicht erfüllt werden.[318] Nur dann ist das Vertrauen des Erwerbers schutzbedürftig. Berücksichtigt werden müssen dabei auch immer die Art des Geschäftes und die Expertise der Parteien: Erfahrene Unternehmer auf dem Bausektor sind im Zweifel weniger schutzbedürftig als unerfahrene Verbraucher.

Letztendlich bleibt also die Möglichkeit, mit Hilfe des Instruments des *proprietary estoppel*, auch vor dem Hintergrund der Formvorschriften des *LP(MP)A 1989*, einen Rechtserwerb trotz unvollkommener Absprachen bei Grundstücksgeschäften zu realisieren.

b) *Constructive trust*

Neben dem Instrument des *proprietary estoppel* kann auch der im englischen Recht in unterschiedlichen Zusammenhängen angewandte *constructive trust* zwischen den Parteien eines formungültigen Grundstückskaufvertrages etabliert werden, um die hieraus resultierenden Ungerechtigkeiten zu überwinden.[319] Daraus folgt, dass der Verkäufer als *trustee* das Recht am Grundstück für den Käufer, der als *beneficiary* auftritt und *owner in equity* wird, ausübt.[320]

In *s.2(5) LP(MP)A 1989* wird ausdrücklich erwähnt, dass die Regeln des *constructive trust* durch die Anwendung des *LPA 1989* unberührt bleiben. Hier ergibt sich

---

[315] [2007] EWHC 2086 (Ch).
[316] [2009] 1 W.L.R. 776.
[317] *Dixon*, Legal Studies Vol. 30 No. 3, S. 408 (410).
[318] *Thorner v Majors* [2009] 1 W.L.R. 776; *Dixon*, Legal Studies Vol. 30 No. 3, S. 408 (417).
[319] *Yaxley v Gotts* [2000] Ch. 162 at 176; *Thompson*, S. 203 ff.; *Megarry/Wade*, 15-044.
[320] *Thompson*, S. 206.

im Gegensatz zum *proprietary estoppel* bereits aus dem Gesetz Klarheit im Hinblick auf die Anwendbarkeit dieses Rechtsinstituts.

Einem *constructive trust* liegt derselbe Grundgedanke zu Grunde wie bei dem eben erwähnten Instrument des *proprietary estoppel*: In Härtefällen kann ein Rechtserwerb trotz formmangelhafter Absprache ermöglicht werden. Hier kann erneut auf die Entscheidung *Yaxley v Gotts* verwiesen werden, in der Robert Walker L.J. die Anwendung der Grundsätze des *construcive trust* befürwortete, um dem formfehlerhaften Grundstückskaufvertrag zur Geltung zu verhelfen.[321] Das Verhältnis von *constructive trust* und *proprietary estoppel* ist jedoch komplex und nicht unumstritten.[322]

c) Formnichtigkeit und ihre Überwindung im deutschen Recht

Verstöße gegen die Formvorschriften führen im deutschen Recht grundsätzlich zur Nichtigkeit des gesamten Vertrages gemäß § 125 S.1 BGB. Eine Teilnichtigkeit bzw. teilweise Wirksamkeit einzelner Bestimmungen der Absprache zwischen den Parteien ist nur dann möglich, wenn der Vertrag in abtrennbare Teile aufgespalten werden kann.[323] Formverstöße können gemäß § 311 b Abs. 1, S. 2 BGB durch die Auflassung im Grundbuch geheilt werden. Der Vertrag gilt dann *ex nunc* als gültig, was bedeutsam für die Frage ist, ab wann der Bauträger mit der Erfüllung einer Pflicht aus dem Vertrag in Verzug gerät: Mit Pflichten, die erst mit der Heilung wirksam werden, kann der Bauträger zuvor nicht in Verzug geraten sein.[324]

In wenigen Ausnahmefällen kann das Berufen auf die Formnichtigkeit nach den Grundsätzen von Treu und Glauben gemäß § 242 BGB ausgeschlossen sein.[325] Hier zeigen sich Parallelen zu den Grundsätzen, die im englischen Recht im Zusammenhang mit *proprietary estoppel* und der Etablierung eines *constructive trust* gelten. Die Rechtsprechung sieht in ganz besonders gelagerten Fällen unter Anwendung strenger Voraussetzungen eine Ausnahme vor, wenn eine Partei ihre Treuepflicht besonders schwer verletzt hat oder die Nichtigkeit des Vertrages die

---

[321] *Yaxley v Gotts* [2000] Ch. 162 at 181, 193; vgl. auch *Megarry/Wade*, 15-044.

[322] Im Einzelnen dazu *Thompson*, S. 205 ff., 582.

[323] Jauernig-BGB/*Jauernig*, § 139, Rn. 4.

[324] *Hansen/Nitschke/Brock*, S. 63.

[325] MüKo/ *Kanzleiter*, § 311b, Rn. 72; *Schafes/Hofkesbrink*, Rn. 1155; *Armbrüster*, Treuwidrigkeit der Berufung auf Formmängel, NJW 2007, S. 3317 ff.

Existenz einer Partei gefährden würde, wobei ein schwerer Nachteil für die Partei nicht ausreichend ist.[326] Auch wenn ein Vertrag von beiden Parteien für eine längere Zeit als wirksam betrachtet wird, obwohl eine Verletzung gesetzlicher Formvorschriften vorliegt, verstößt die Berufung auf den Formmangel nicht bereits deshalb gegen § 242 BGB, weil die Voraussetzungen der Verwirkung vorliegen.[327]

d) Zwischenergebnis

Auch wenn Bauträgerverträge in der Regel unter Einhaltung der Formvorschriften abgeschlossen werden, zeigen die erwähnten Fälle, dass es Ausnahmen selbst auf dem professionellen Bausektor gibt, unabhängig davon, ob wie in England die Schriftform ausreichend oder wie in Deutschland eine notarielle Beurkundung erforderlich ist. Die Lösung derartiger Fälle ist dann oft komplex, wie die Entscheidung *Yaxley v Gotts*[328] und Folgeentscheidungen belegen. Für die Rechtssicherheit ist es vor allem im englischen Recht daher ungemein wichtig, nicht nur möglichst alle rechtlich relevanten Fragen und Risiken bereits vertraglich zu regeln (um sie dem Anwendungsbereich des im Immobilienrecht komplizierten *common law* zu entziehen), sondern diese auch schriftlich festzuhalten. Sollte das nicht gelingen, bleibt es den Gerichten überlassen, eine Lösung zu finden, die sich dann nach den Grundsätzen der *equity* richtet. Hierbei stehen den Richtern die gezeigten Instrumente des *proprietary estoppel* und *constructive trust* zur Verfügung, deren Voraussetzungen nicht einfach zu bestimmen sind. Dies erschwert eine einheitliche Rechtsprechung nachhaltig. In Deutschland sind die Voraussetzungen für die Einrede der unzulässigen Rechtsausübung gemäß § 242 BGB, die eine Berufung auf die Formnichtigkeit verhindern, dagegen strenger und deutlich präziser umrissen. Im Kern verbergen sich hinter der englischen *unconscionability* und dem deutschen Konzept des Verstoßes gegen die Grundsätze von Treu und Glauben verwandte Prinzipien sowie das gemeinsame Ziel, die Parteien vor unzumutbaren Härten zu schützen, welche auf der strikten Einhaltung von Formvorschriften beruhen können.

---

[326] BGH NJW 1970, S. 2210 (2211 f.); 1973, S. 1455 (1456), auch wenn hier die Formnichtigkeit des Grundstückkaufvertrages im Ergebnis bestätigt wurde; MüKo/ *Kanzleiter*, § 311b, Rn. 72 m.w.N.

[327] BGH 16.7.2004 – V ZR 222/03, DnotZ 2005, 120.

[328] Siehe oben, C. IV. 3. a).

V. Wirkungen des Vertragsschlusses

Der Abschluss des Bauträgervertrages bringt in England und Deutschland erheblich unterschiedliche Konsequenzen mit sich. In England vollzieht sich neben dem Entstehen der schuldrechtlichen Pflichten zu diesem Zeitpunkt auch bereits der Gefahrübergang.[329] Vor allem aber, und dies ist aus deutscher Perspektive höchst bemerkenswert, entfaltet der Vertragsschluss in England darüber hinaus bereits dingliche Wirkungen. Der Zeitraum zwischen Vertragsschluss und Übergabe des fertiggestellten Objekts stellt hier eine Phase dar, die durch eine komplexe, rechtliche Beziehung zwischen den Parteien geprägt wird, in deren Rahmen neben dinglichen auch treuhänderische Rechte und Pflichten entstehen.

Zwar bleibt der *legal title*, also das Eigentumsrecht, das dem Erwerber nach den Grundsätzen des *common law* i.e.S. zusteht, auch nach Abschluss des Bauträgervertrages zunächst beim Verkäufer; der Übergang findet erst später im Rahmen der *completion* statt.[330] Im Hinblick auf das Eigentumsrecht *at law* liegt demnach, wie nach deutschem Recht, ein zweiaktiges Geschäft vor. Allerdings erhält der Erwerber in England bei Vertragsschluss bereits ein Eigentumsrecht *in equity*, das sogenannte *beneficial ownership* sowie eine *lien*, die funktional einem Pfandrecht nach deutschem Verständnis entspricht.[331] Damit existiert anders als im deutschen Recht keine klare Grenze zwischen Verpflichtungs- und Verfügungsgeschäft. Die Grenze zwischen Rechten aus *contract* und *property* verläuft in England insoweit fließend.[332] Auf diese aus deutscher Perspektive erstaunliche Situation zwischen Vertragsschluss und Erfüllung sind die Grundsätze eines *trust* anwendbar, auch wenn hier einige Besonderheiten gelten.[333] Zusammenfassend wird diese Phase nach Abschluss eines Grundstückkaufvertrages von *Jessel M.R.* in *Lysaght v Edwards* wie folgt beschrieben:[334]

---

[329] Siehe unten, C. V. 3.
[330] Siehe unten, D. I.
[331] Dazu sogleich unter E. V. 1.
[332] *Gray*, Property in thin Air [1991] C.L.J., S. 252 (302); *Gray/Gray* S. 1054; vgl. auch *Linden Gardens Trust Ltd v Lenesta Sludge Disposals Ltd* [1994] 1 A.C. 85 at 106 per Lord Browne Wilkinson, der vertragliche Rechte als eine "*species of property*" bezeichnete.
[333] Siehe dazu unten C. V. 2.
[334] (1876) 2 Ch. D. 499 at 507.

„It appears to me that the effect of a contract for sale has been settled for more than two centuries; [...] It is that the moment you have a valid contract for sale the vendor becomes in equity a trustee for the purchaser of the estate sold, and the beneficial ownership passes to the purchaser, the vendor having a right to the purchase-money, a [...] lien on the estate for the security of that purchase-money, and a right to retain possession of the estate until the purchase-money is paid, in the absence of express contract as to the time of delivering possession."

1. *Beneficial ownership* und *lien* als dingliche Rechte *in equity*

Die dingliche Rechtsposition, die der Käufer bereits nach Vertragsschluss erhält, wird durch das *beneficial ownership* und eine *lien* verkörpert. Voraussetzung für deren Entstehen ist, dass der Käufer den Rechtsbehelf der *specific performance*[335] nach den Grundsätzen der *equity* unter dem Vertrag geltend machen kann.[336] Auf Grundlage dieses Rechtsbehelfs kann er die Erfüllung und damit den Übergang der vollständigen Rechtposition am Grundstück (*legal interest*) sicher herbeiführen. Die Anwendung von *specific performance* stellt im englischen System der Rechtsbehelfe eine Ausnahme dar; bei strenger Anwendung des *common law* i.e.S. ist der Käufer im Falle einer Nichterfüllung in den meisten Fällen auf Schadensersatzansprüche beschränkt. Durch einen Ersatzanspruch allein würde man dem besonderen Charakter von Grundstücksgeschäften im Fall der Nichterfüllung aber nicht gerecht: Grundstücke sind rechtlich und physisch einzigartig, bloße Schadensersatzansprüche stellen daher oft keine ausreichende Kompensation anstelle einer zu erwartenden Grundstücksdisposition dar, so dass nur mittels *specific performance* ein angemessene Lösung erzielt werden kann.[337] Nach den Prinzipien der *equity* wird der Käufer ab dem Zeitpunkt des Vertragsschlusses und in

---

[335] Detailliert zu diesem Rechtsbehelf unten, G. I. 3 sowie G. III. 2.
[336] *Harrow LBC v Qazi* [2004] 1 A.C. 983 at 136 per Lord Scott of Foscote; *Gray/Gray*, S. 1055; *Megarry/Wade*, 15-052, 15-115.
[337] *Hall v Warren* (1804) 32 E.R. 738 at 739 per Sir William Grant MR; *Attorney General v Blake* [2001] 1 A.C. 268 at 282, 285 per Lord Nicholls of Birkenhead; *Pawlowski/Brown*, Contracts for the Sale of Land and Personal Property: The Equitable Interests of the Purchaser, Nottingham L.J. 2011, S. 38 (38).

seiner Eigenschaft als Berechtigter der *specific performance* daher bereits als *owner* angesehen, auch wenn es zum Vollzug des Verfügungsgeschäftes noch gar nicht gekommen ist oder *specific performance* nicht geltend gemacht wurde.[338] Der Grundsatz *„equity looks on that as done which ought to be done"*[339] beinhaltet eine Antizipation der Rechtslage des vollendeten Grundstücksgeschäfts bereits vor dessen eigentlichem Vollzug; hieraus wird die Existenz eines Rechtes am Grundstück *in equity* abgeleitet. Sollte allerdings ein Rückgriff auf *specific performance* ausgeschlossen sein,[340] können im Umkehrschluss auch kein *beneficial ownership* oder eine *lien* entstehen, da der Rechtserwerb dann nicht sicher realisierbar wäre.

Der Käufer kann das *beneficial ownership* und die *lien* Dritten entgegenhalten und sich vor eventuellen Zwischenverfügungen des Verkäufers vor der *completion* schützen indem er diese Rechtspositionen eintragen lässt.[341] Hierdurch wird der Käufer auch im Fall der Insolvenz des Verkäufers bzw. *developer* vor Verfügungen des *trustee in bancruptcy* (entspricht in seiner Funktion der des Insolvenzverwalters nach deutschem Recht) geschützt, gegenüber dem nach wie vor Erfüllung verlangt werden kann.[342] Bei registrierten Grundstücken kommt die Eintragung einer *notice* ins Grundbuch in Betracht, vgl. *ss.32(1)-(2), 33 LRA 2002*. Bei nicht registrierten Grundstücken kann eine *local land charge* im *land charges register* eingetragen werden. Sinnvoll erscheinen derartige Vorsichtsmaßnahmen vor allem dann, wenn zwischen Vertragsabschluss und dinglicher Übereignung ein längerer Zeitraum besteht.[343]

---

[338] *Swiss Bank Corpn v Lloyds Bank Ltd* [1979] Ch. 548 at 565 per Browne-Wilkinson J „[the buyer is] *treated in equity as the owner of the property whether or not an order for specific performance has been made."*

[339] *Walsh v Lonsdale* (1882) 21 Ch. D. 9; vgl. dazu auch *Gray/Gray*, S. 1057.

[340] Die Voraussetzungen der *specific performance* sind ein formgültiger Vertrag bzw. *consideration* zwischen den Parteien, die Redlichkeit des Berechtigten und der Ausschluss einer Benachteiligung Dritter und grober Unzumutbarkeiten, im Detail dazu *Gray* S. 1055f. m.w.N.

[341] *Megarry/Wade*, 15-052.

[342] Siehe hierzu auch unten, E. II.

[343] *Kopp/Waldner*, Länderbericht England Rn. 198.

Das *beneficial ownership* geht bei Vertragsschluss zunächst nur teilweise und nur im Zusammenhang mit der Anzahlung auf den Käufer über, der restliche Teil verbleibt beim Verkäufer.[344] Es stellt somit keine feste, untrennbare Position dar, sondern ist zwischen den Parteien aufgeteilt („*in a sense split between the seller and the buyer*").[345] Mit jeder (Teil-)Zahlung (z.B. auf dem Wege der Anzahlung oder im Fall der Zahlung einer Rate) nimmt der Anteil des Käufers am *beneficial ownership* zu und der des Verkäufers entsprechend ab. Erst bei vollständiger Zahlung geht das *beneficial ownership* gänzlich auf den Käufer über.[346] Dort geht es nach der *completion* im dann auf den Erwerber übertragenen *legal interest* auf (*is absorbed in the legal interest*).[347]

Die *lien*, die der Erwerber erhält, entspricht in ihrer Funktion einem eintragungsfähigen Pfandrecht nach deutschem Recht. Die *lien* entsteht nach den Grundsätzen der *equity* am *legal estate*, also dem Eigentumsrecht des Verkäufers *at law*;[348] ihr Umfang richtet sich nach der Höhe des an den Verkäufer gezahlten Betrages, wodurch eine eventuelle Rückerstattung der geleisteten Beträge für den Fall eines Scheiterns des Vertrages abgesichert wird.[349] Folglich erlangt der englische Erwerber bereits bei Abschluss eines Grundstückkaufvertrages bzw. eines Bauträgervertrages eine über seinen schuldrechtlichen Erfüllungsanspruch hinausgehende Rechtsposition, die ihn gegenüber dem *developer* und Dritten privilegiert,

---

[344] Vor Vertragsschluss hält der Verkäufer nur das *legal estate* mit allen verbundenen Rechten und Privilegien, aber kein *equitable estate* in Form des *beneficial ownership*. Das Konzept umfassender Herrschaftsrechte über ein Grundstück („whole right of property") setzt nicht voraus, dass ein *legal interest* und ein *equitable interest* nebeneinander existieren. Allein das *legal estate* berechtigt zur umfassenden Gewalt; das *beneficial interest* (entsteht erst bei Abschluss eines Kaufvertrages und) hält den *legal owner* nur dazu an, das *legal interest* so zu nutzen, dass die Interessen des Käufers unter dem Kaufvertrag gewahrt bleiben (entsprechend entsteht ein *trust*, der diese treuhänderischen Pflichten beinhaltet); vgl. *Gray/Gray*, S. 1060 m.w.N.

[345] *Jerome v Kelly (Inspector of Taxes)* [2004] 1 W.L.R. 1409 at 1419 per Lord Walker of Gestingthorpe; vgl. dazu auch *Gray/Gray*, S. 1060 f.

[346] *Lloyds Bank plc v Carrick* [1996] 4 All E.R. 630 at 637 per Morritt L.J.

[347] So ausdrücklich nur in der australischen Entscheidung *DKLR Holding Co (No 2) Pty Ltd v Commissioner of Stamp Duties (NSW)* (1982) 149 C.L.R. 431 at 442 per Gibbs CJ; *Gray/Gray*, S. 1064.

[348] *Brown*, „UK Real Estate – Conveyancing" in: Rechtsfragen der Immobilienfinanzierung, S. 24 (26).

[349] *Sookraj v Samaroo* [1984] C.L.J. 134 at 136 ff.; *Megarry/Wade*. 15-055.

ohne dass dazu weitere Maßnahmen, individualvertragliche Abreden oder Schutz-mechanismen erforderlich wären. In Deutschland müsste der Erwerber zur Erlangung eines vergleichbaren Schutzes und zur dinglichen Sicherung der Übertragung des vertragsgegenständlichen Grundstücksrechtes zwischen Vertragsschluss und Übergabe des fertiggestellten Objekts eine Vormerkung am Grundstück bestellen und diese im Grundbuch eintragen lassen. Die Unterschiede zwischen den Systemen könnten an dieser Stelle demnach deutlicher kaum sein, auch wenn sie in tatsächlicher Hinsicht auf Grund der weiteren Schutzmechanismen zu Gunsten des Erwerbers[350] wohl keine entscheidende Rolle spielen.

Darüber hinaus, und wiederum überraschend aus deutscher Sicht, erhält auch der Verkäufer bei Vertragsschluss eine *lien*, die am *beneficial ownership* des Erwerbers entsteht,[351] also an dessen Eigentumsrecht *in equity*, deren Umfang sich anhand der noch nicht geleisteten Zahlungen des Käufers bemisst.[352] Wie das *beneficial ownership* verändert sich der Umfang der jeweiligen *lien* fortlaufend mit den Zahlungen des Erwerbers zu dessen Vorteil. Der Umfang der *lien* des Erwerbers am *legal interest* des Verkäufers wächst, während korrespondierend dazu der Umfang der *lien* des Verkäufers am *beneficial ownership* des Erwerbers schrumpft. Sollte der Erwerber bei *completion* noch nicht vollständig gezahlt haben, setzt sich die *lien* des Verkäufers am dann auf Seiten des Erwerbers entstehenden *legal title* fort und sichert so den Anspruch auf die Kaufpreiszahlung ab.

Das *legal interest* des Verkäufers, also dessen Eigentumsrecht *at law*, bleibt dagegen während der gesamten Phase zwischen Vertragsschluss und Erfüllung unberührt und wird durch den Übergang des *beneficial ownership* auf den Käufer nicht ausgehöhlt.[353] Der Verkäufer bleibt damit formal Eigentümer, ihm steht weiterhin die volle Rechtsposition *at law* mit allen sich daraus ergebenden Vorteilen und Lasten zu; der Unterschied zu der Stellung eines Eigentümers, der sein

---

[350] Siehe dazu E. I. und II.
[351] *Brown*, S. 26.
[352] *Pawlowski/Brown*, Nottingham L.J. 2011, S. 38 (40).
[353] *Re Transphere Pty Ltd* (1986) 5 NSWLR 309 at 311 E-F per McLelland J; *Gray/Gray*, S. 1064.

Grundstück (noch) nicht verkauft hat, liegt in der Tatsache, dass er dem Käufer hinsichtlich des Grundstückes durch einen *trust* treuhänderisch verpflichtet ist.

Zusammengefasst kann die Phase zwischen Vertragsschluss und *completion* als komplexer und vor allem dynamischer Prozess beschrieben werden, der eine schrittweise Verschiebung der Rechtsposition *in equity* vom Verkäufer auf den Käufer beinhaltet:

> *"The transactional history of the sale is all about the gradual accreation of equitable property in the purchaser."*[354]

Eine vergleichbare Situation und vor allem der damit verbundene „automatische" dingliche Schutz des Erwerbers, ist in Deutschland nicht gegeben.

2. Entstehung eines *trust*

Korrespondierend zu den vorbezeichneten dinglichen Rechten entsteht mit Vertragsschluss – ebenfalls als Folge der Anwendbarkeit der *specific performance*[355] – ein *trust* oder zumindest ein *trust*-ähnliches Verhältnis zwischen den Parteien.[356] Dessen Entstehung beruht nicht auf dem Willen der Parteien, sondern wird durch das Recht impliziert (*constructive trust*).[357] Da der Übergang des Rechtes am Grundstück, wie soeben dargestellt, nach den Grundsätzen der *equtiy* bereits vor der *completion* fingiert wird, besitzt der Verkäufer das Grundstück bis zur Übergabe für den Käufer, und muss den Pflichten eines *trustee* nachkommen.

Diese Pflichten des Verkäufers als *trustee* umfassen den Schutz des Grundstückes in rechtlicher und tatsächlicher Hinsicht: Der Verkäufer haftet beispielsweise für

---

[354] *Jerome v Kelly (Inspector of Taxes)* [2004] 1 W.L.R. 1409 at 32 per Lord Walker of Gestingthorpe; *Gray/Gray*, S. 1059.

[355] Die Möglichkeit der *specific performance* ist eine „*sine qua non*" ohne die der *trust* nicht entstehen kann, *M P Thompson*, Must a Purchaser Buy a Charred Ruin? (1984) Conv. 43 at 44; vgl. *Pawlowski/Brown*, Nottingham L.J. 2011, S. 38 (40).

[356] *Lysaght v Edwards* (1876) 2 Ch. D. 499 at 510 per Jessel MR: "*It must, therefore, be considered to be established that thevendor is a constructive trusteefor the purchaser of the estate from the moment the contract is entered into.*"; *Clarke v Ramuz* [1891] 2 Q.B. 456.

[357] *Pawlowski/Brown*, Nottingham L.J. 2011, S. 38 (39).

die vertragswidrige Veräußerung oder für Beschädigungen, die durch Dritte, äußere Einflüsse oder ihn selbst auftreten.[358] Voraussetzung ist jeweils, dass ihm *negligence* vorgeworfen werden kann.[359]

Das *trust*-Verhältnis zwischen dem Verkäufer und Käufer eines Grundstückes unterliegt aber einer Besonderheit, da der Verkäufer neben den erwähnten treuhänderischen Pflichten auch eigene wirtschaftliche Interessen am Grundstück hat, die schutzbedürftig sind. Er wird daher auch als „*trustee sub modo*"[360] oder „*quasi-trustee*"[361] bezeichnet.

> „*There cannot be the slightest doubt of the relation subsisting in the eye of the court of equity between the vendor and the purchaser. The vendor was a trustee of the property for the purchaser; the purchaser was the real beneficial owner in the eye of a court of equity of the property, subject only to this observation, that the vendor, whom I call the trustee, was not a mere dormant trustee, he was a trustee having a personal and substantial interest in the property, a right to protect that property and an active right to assert that interest if anything should be done in derogation of it.*"[362]

Das Zusammentreffen der treuhänderischen Pflichten eines *trustee* und der wirtschaftlichen Interessen eines Eigentümers in der Person des Grundstückverkäufers wird in der Literatur auch als „*strange blend*"[363] oder „*[trusteeship] of a peculiar kind*"[364] beschrieben.

Die Rechte des Verkäufers bestehen in der bereits erwähnten *lien* in Höhe der offenen Kaufpreisforderung, dem Recht zum Besitz und zur Nutzung des Grund-

---

[358] *Englewood Properties Ltd v Patel* [2005] 1 W.L.R. 1961 para 43 per Lawrence Collins J.
[359] Im Einzelnen zu den *trustee*-Pflichten des Grundstücksveräußerers siehe unten, F. IV.
[360] *Berkley v Poulett* [1977] 1 E.G.L.R. 86 at 93 per Stamp LJ.
[361] *Cumberland Consolidated Holdings Ltd v Ireland* [1946] K.B. 264 at 269 per Lord Greene MR.
[362] *Shaw v Foster* (1872) L.R. 5 H.L. 321 at 338 per Lord Cairns.
[363] *Gray/Gray*, S. 1061.
[364] *Lloyds Bank plc v Carrick* [1996] 4 All E.R. 630 at 637 per Morritt L.J.

stückes. Es ist ihm dadurch sogar möglich, dem Käufer den Zutritt zum Grundstück zu verwehren[365] oder letzteres mit einer *mortgage* zu belasten, soweit diese bis zur *completion* wieder abgelöst wird.[366] Relevant ist dies jedoch eher für den Verkauf bereits bestehender Immobilien; während der Bauphase im Rahmen eines Bauträgergeschäftes bietet das Baugrundstück weniger Raum für eine wirtschaftliche Nutzung.

Mit der vollständigen Zahlung des Kaufpreises durch den Käufer wird das *trust*-Verhältnis modifiziert: Der Verkäufer verliert seine Rechtsposition *in equity* vollständig, so dass aus dem *qualified trustee* mit eigenen Interessen am Grundstück ein „reiner" *trustee* (*bare trustee*) wird, der nur noch treuhänderische Pflichten wahrnimmt; das Verhältnis zwischen Verkäufer und Käufer entspricht dann erst dem eines „normalen" *trust*.[367]

Neben den sich ändernden Anteilen am *beneficial onwership* und der *lien* (s.o.), entwickelt sich demnach auch das *trust*-Verhältnis mit den Zahlungen des Käufers weiter. Entgegen der Darstellung früherer Entscheidungen[368] entsteht der *trust* „in seiner reinen Gestalt" nicht bereits im Zeitpunkt des Vertragsschlusses, sondern entwickelt sich erst im Laufe der Zeit dorthin:

„The vendor is not a mere trustee; he is in progress towards it."[369]

In Deutschland werden durch den Abschluss des Bauträgervertrages lediglich schuldrechtliche Pflichten begründet. Eine Änderung der dinglichen Rechtslage erfolgt nicht; für den Übergang des Eigentumsrechtes sind gemäß § 873 Abs. 1 BGB neben der Auflassung gemäß § 925 BGB auch die Eintragung ins Grundbuch erforderlich.[370]

Zwar ist in England und Wales, wie soeben gezeigt, für den Übergang des *legal title* ebenso eine gesonderte Verfügung erforderlich; nach den Grundsätzen der

---

[365] *Kern Corporation Ltd v Walter Reid Trading Pty Ltd* (1987) 163 C.L.R. 164 at 192 per Deane J.
[366] *Gray/Gray*, S. 1062 mit Hinweis auf die kanadische Entscheidung *Martin Commercial Fueling, Inc v Virtanen* (1997) 144 D.L.R. (4th) 290 at 295.
[367] *Lloyds Bank plc v Carrick* [1996] 4 All E.R. 630.
[368] *White v Nutts* (1702) 1 PW 61 (62); *Green v Smith* (1738) 1 ATK 572 (573).
[369] *Wall v Bright* [1820] 37 E.R. 456 at 459.
[370] Siehe unten, D. II.

equity entsteht auf Seiten des Erwerbers aber bereits bei Abschluss des Bauträgervertrages eine eintragungsfähige Rechtsposition, die gegen Dritte geltend gemacht werden[371] und damit nach den Maßstäben des deutschen Rechts eine dingliche Wirkung entfalten kann. Hier zeigt sich ein signifikanter Unterschied zum
deutschen Recht, wo die Trennung zwischen schuldrechtlicher und dinglicher
Ebene streng ausgeprägt ist. Um den Schutz des Erwerbers gegen unberechtigte
Verfügungen des Grundstücksveräußerers im Zeitraum zwischen Vertragsabschluss und Erfüllung des Vertrages zu gewährleisten, sind in Deutschland daher
weitere Schritte erforderlich. Erst durch Stellung eines Antrages auf Eigen-
tumsumschreibung gemäß § 878 BGB, § 17 GBO[372] oder die Eintragung einer
Auflassungsvormerkung[373] zu Gunsten des Erwerbers wird eine Situation geschaffen, in welcher der Grundstücksveräußerer bzw. Bauträger die Rechtsposition des Erwerbers nicht mehr einseitig beeinträchtigen kann.

Ein mit dem *trust* vergleichbares Verhältnis, aus dem sich besondere Treuepflich-
ten für die Parteien ergeben, entsteht in Deutschland mit dem Abschluss des Bauträgervertrages nicht; wohl aber existieren entsprechende treuhänderische Pflichten, die sich allerdings bereits aus dem Vertrag selbst ergeben.

3. Gefahrübergang

Die Voraussetzungen und der Zeitpunkt des Gefahrübergangs sind in der Praxis
für beide Parteien eines Bauträgervertrages wichtig und von finanzieller Bedeutung, da hiermit die Frage nach einer Versicherung des Risikos der Verschlechterung oder des Untergangs des Grundstücks verbunden ist. Im Hinblick auf den
Zeitpunkt und die Begleitumstände des Gefahrübergangs gibt es in England und
Wales auf der einen und in Deutschland auf der anderen Seite klare Unterschiede.

Nach englischem Recht geht das Risiko der zufälligen Verschlechterung oder des
Untergangs des Grundstückes im Rahmen eines Grundstückkaufvertrages bereits
im Moment des Vertragsschlusses auf den Käufer über.[374] Begründet wird dies

---

[371] Siehe dazu oben, C. V. 1.; vgl. auch *Megarry/Wade*, 15-052 f.
[372] MüKo/*Kanzleiter*, § 925, Rn. 36.
[373] MüKo/*Kolher*, § 883 Rn. 49; *Basty*, Rn. 267 f., 277.
[374] *Paine v Meller* (1801) 6 Ves. 349; *Megarry/Wade*, 15-057; *Duckworth/Rodell*, S. 219.

damit, dass der Käufer nach den Grundsätzen der *equity* bereits zu diesem Zeitpunkt als *owner* angesehen wird.[375] Die sich aus dem oben beschriebenen *trust* ergebene Haftung des Verkäufers für durch ihn fahrlässig herbeigeführte Schäden bleibt aber bestehen.[376]

Im Jahr 1990 schlug die *Law Commission* vor, die Gefahrtragungsregelung zu ändern, da sie *"fundamentally unsatisfactory and unfair"*[377] gegenüber dem Käufer sei und um eine Doppelversicherung des Grundstückes durch Verkäufer und Käufer zu vermeiden.[378] Hiernach sollte allein der Verkäufer das Risiko bis zur *completion* tragen. Anstatt einer Gesetzesänderung wurde dieser Gedanke dann zwischenzeitlich in *condition 5.1.1 SCOS* übernommen. Seit der nunmehr aktuellen 5. Auflage der *SCOS*, wurde die Gefahrtragung in *condition 5.1.1 SCOS* jedoch wieder der Situation *at law* von vor der Reform angepasst, so dass allein der Käufer das Risiko trägt.[379]

Condition 5.1.1 SCOS
The property is at the risk of the buyer from the date of the contract.

Ohnehin wurde die Klausel in der Mehrzahl der Fälle individualvertraglich angepasst, so dass trotz der Reformbemühungen in der Praxis ganz überwiegend der Käufer die Gefahr trug.[380] Deshalb ist es nach wie vor essentiell und wird auch von den Kreditgebern gefordert, dass der Grundstückskäufer bereits ab Vertragsschluss eine Versicherung für das Kaufobjekt abschließt, um sich selbst und mittelbar die kreditgebende Bank, die Sicherheiten am Grundstück bestellt, vor einem Wertverlust des Grundstückes auf Grund von Mängeln oder des Untergangs abzusichern.[381] Im Schadensfall nämlich bliebe der Käufer an das Geschäft

---

[375] Siehe oben, C.V.1. sowie *Lysaght v Edwards* (1876) 2 Ch.D. 499 at 507; kritisch dazu *Thompson*, S. 223.

[376] *Clarke v Ramuz* [1981] 2 Q.B. 456; siehe dazu ausführlich unten, E. IV. 1.

[377] Law Com. No. 191 (1990), para 2.9.

[378] (1988) Law Com. W.P. No. 109, paras 3.12-3.14. Bis zur Übertragung hat der Veräußerer des Grundstückes in der Regel eine eigene Versicherung über das Grundstück abgeschlossen.

[379] Auch die *SCPC* führen keine Änderung der Gefahrtragungsregeln des *common law* herbei. Gemäß *condition 7.1.4(a) SCPC* ist der Verkäufer auch nicht verpflichtet, eine Versicherung für das Grundstück zu stellen, wenn das nicht explizit durch eine *lease* oder den Vertrag vorgegeben ist.

[380] *Gray/Gray*, S. 1065.

[381] *Kopp/Waldner*, Länderbericht England, Rn. 176.

und die Zahlungspflicht gegenüber dem Verkäufer gebunden, ohne einen entsprechenden Gegenwert in Form des mangelfreien Grundstücks zu erhalten.[382] Die Grundsätze der *frustration*[383] greifen nicht ein, wenn eine Verschlechterung zwischen Vertragsschluss und Verfügung eintritt.[384]

Bei einem Bauträgervertrag wird die Gefahrtragung in der Regel individualvertraglich dahingehend angepasst, dass der Verkäufer bzw. Bauträger das Risiko bis zur Fertigstellung der Bauarbeiten und der *completion* übernimmt.[385] Dies erscheint interessengerecht, da der Erwerber während der Bauphase kaum eine Möglichkeit hat, auf das Grundstück einzuwirken. Der Zeitraum zwischen Vertragsschluss und Vollendung bzw. Übergabe ist zudem viel größer als bei Kaufverträgen über bestehende Immobilien; es wäre daher trotz der Tatsache, dass der Erwerber bereits ein Recht am Grundstück aus *equity* innehat, schon aus ökonomischer Sicht nur schwer einzusehen, dass der Erwerber das Risiko in dieser Situation tragen soll, zumal er wirtschaftlich noch gar nicht davon profitieren kann.

Nach deutschem Recht vollzieht sich der Gefahrübergang nicht bereits bei Abschluss des Bauträgervertrages, sondern erst nach der Bauphase mit der Abnahme durch den Erwerber gemäß § 640 Abs. 1 S. 1 BGB. Die Abnahme beinhaltet die körperliche Hinnahme im Rahmen der Besitzübertragung unter Billigung des Werkes als im Wesentlichen vertragsgemäß.[386] Gleichzeitig gehen Nutzen, Lasten und Verkehrssicherungspflichten auf den Erwerber über.[387] Damit trifft den Erwerber in der Bauphase zwischen Vertragsschluss und Vollendung kein Risiko hinsichtlich der zufälligen Verschlechterung oder des zufälligen Untergangs und

---

[382] *Rayner v Preston* (1881) 18 Ch D 1; *Megarry/Wade*, 15-057.

[383] *Taylor v Caldwell* (1863) 122 E.R. 309; Die Grundsätze der *doctrine of frustration* betreffen die Beendigung eines Vertrages auf Grund von Ereignissen, die die Parteien im Vertrag nicht vorhergesehen haben und die die Ausführung der vertraglichen Pflichten unmöglich machen oder die Pflichten radikal ändern, *Chitty on Contracts*, Vol. I, 23-001 ff.

[384] *Megarry/Wade*, 15-057 mit dem Hinweis auf *Amalgamated Investment Property Co Ltd v John Walker Sons Ltd* [1977] 1 W.L.R. 164, wo ein bereits verkauftes Grundstück nachträglich unter Denkmalschutz gestellt wurde, so dass es nicht bebaut bzw. umgebaut werden konnte. Die Berufung des Käufers auf *frustration* wurde abgelehnt.

[385] *Duckworth/Rodell*, S. 219; *Abbey/Richards*, S. 375.

[386] BGHZ 61, 42 (45); MüKo/*Busche*, § 640, Rn. 2.

[387] *Basty*, Rn. 519, mit Hinweis auf BGH 3.10.1989 – VI ZR 310/88 – DnotZ 1991, 590 mit Anm. *Jerschke*, Gegenstand war die mit dem Eigentum verbundene Streupflicht.

er muss folglich auch keine entsprechende Versicherung abschließen. Die Situation für Erwerber ist damit entschieden komfortabler als nach englischem Recht. Dort bringt, wie soeben beschrieben, erst die individuelle Anpassung der Verträge vergleichbare und interessengerechte Ergebnisse.

VI. Vertragsstruktur

Die Struktur von Bauträgerverträgen in England und Wales ähnelt der Struktur von Grundstückskaufverträgen und beruht auf einem weitgehend einheitlichen Grundgerüst, das sich aus den *particulars of sale*, den *conditions of sale* und den *special conditions* zusammensetzt.[388]
Zudem werden neben dem Vertrag selbst immer Versicherungen abgeschlossen, die den Erwerber vor den typischen Risiken eines Kaufs vom Bauträger, insbesondere also vor der Insolvenz des Bauträgers und vor Baumängeln, schützen sollen.[389]

In den *particulars of sale* werden die Eckpfeiler des Kaufvertrages festgelegt. Dies betrifft neben der Erfassung der Parteien zunächst den Kaufgegenstand und den Preis, also die *essentialia negotii*. Entscheidend für die ordnungsmäßige Bezeichnung der Parteien ist, dass aus dem schriftlichen Dokument hervorgeht, wer Käufer und Verkäufer sind, auch wenn die ausdrückliche Nennung der Namen nicht unbedingt erforderlich ist.[390] Die ordnungsgemäße Bezeichnung bereiten heute auf Grund der Verwendung von Standardvordrucken jedoch keine nennenswerten Probleme.
Weiter wird das Grundstück physisch hinsichtlich der Form, Größe und des Grenzverlaufes beschrieben. Früher genügten recht vage Beschreibungen wie beispielsweise *„the house in Newport"*, um einen Kaufgegenstand angemessen zu charakterisieren.[391] Mittlerweile werden die Adresse und bei registrierten Grundstücken die Titelnummer erfasst.[392]

---

[388] *Duckworth/Rodell*, S. 176; *Abbey/Richards*, S. 90 f.
[389] Hierzu ausführlich unter E. und G. III. 1. c).
[390] Ausreichend ist, dass die Identifikation auf Grund der Umstände möglich ist, *F. Goldsmith (Sicklesmere) Ltd. v Baxter* [1970] 1 Ch. 85.
[391] *Owen v Thomas* (1834) 40 E.R. 134.
[392] *Duckworth/Rodell*, S. 177.

Bei vielen Bauträgergeschäften ist die zu errichtende Immobilie Teil eines größeren Projekts, in dessen Zusammenhang mehrere Gebäude auf einem großflächigen Grundstück errichtet oder mehrere Wohnungen gebaut werden. Später werden dann die einzelnen Teile des Grundstückes bzw. die einzelnen Wohnungen separat veräußert (*sale of part*). Dem Vertrag muss dann ein detaillierter Plan beigefügt werden, um die genaue Lage und das Ausmaß des Vertragsgegenstandes im Gesamtprojekt festzuhalten.[393] Die Anforderungen an das Erscheinungsbild derartiger Pläne sind im *Land Registry Practice Guide 40* festgelegt.[394] Darüber hinaus wird in den *particulars of sale* auch die Art des zu übertragenden Rechtes am Grundstück bezeichnet. Bei der Veräußerung einer *lease* sind deren Laufzeit und das Datum ihres Beginns anzugeben.[395] Auch mit dem Recht am Grundstück verbundene dingliche Zusicherungen (*covenants*) werden in den *particulars of sale* geführt.[396] Hier werden auch, soweit vorhanden, die inhaltlichen Belastungen des entsprechenden Rechts aufgelistet.

Der Umfang dessen, was nach Anwendung des *common law* übertragen wird, wird in *s. 62 LOPA 1925* beschrieben, wonach zum Grundstück (*land*) unter anderem sich alle dort befindlichen Gebäude, Gegenstände, Wege, Grenzanlagen, Gewässer aber auch weitere mit dem Titel verbundene Rechte und Privilegien gehören, ohne dass dies explizit im Vertrag erwähnt werden müsste.

Die *conditions of sale* setzen sich in der Regel aus den *SCOS* bzw. *SCPC* zusammen und werden im Rahmen der *special conditions* in die Absprache einbezogen. Zudem können in den *special conditions* Abweichungen von eben diesen Standardbedingungen vereinbart werden, um den Vertrag an das konkrete Geschäft anzupassen. Wichtiges Beispiel hierfür war lange Zeit die Streichung der *condition 3.2.1 SCOS* bei Bauträgerverträgen, die folgenden Wortlaut hatte: *The buyer accepts the property in the physical state it is in at the date of the contract.* Bei einem Kaufvertrag über eine noch zu errichtende Immobilie macht die Hinnahme

---

[393] *Duckworth/Rodell*, S. 177.
[394] Der *Land Registry Practice Guide 40* beinhaltet Informationen über die von Grundbuchamt (*Land Registry*) geführten Karten und richtet sich an die eine Grundstückstransaktion begleitenden Fachkräfte wie Anwälte und Gutachter, www.landregistry.gov.uk; vgl. auch *Duckworth/Rodell*, S. 177.
[395] *Harvey v Pratt* [1965] 2 All E.R. 786.
[396] Ausführlich zu den *covenants* siehe unten, F. I. 4.

des physischen Zustandes, in dem sich die Immobilie bei Vertragsabschluss befindet, keinen Sinn, da sich das Gebäude zu diesem Zeitpunkt (wenn überhaupt) erst in der Bauphase befindet. In der aktuellen fünften Auflage der *SCOS* wurde dieser Umstand berücksichtigt und der Klausel der Halbsatz *„unless the seller is building or converting it"* angefügt. Weitere Umstände, die oft individualvertraglich angepasst werden, sind die Zeit der Erfüllung, die Höhe der Anzahlung (welche in *condition 2.2.1 SCOS* mit 10 Prozent des Kaufpreises veranschlagt ist), oder, wie bereits dargelegt wurde, die Haftung für die zufällige Verschlechterung des Grundstückes.[397]

In Deutschland existieren neben Standardbedingungen für den Kauf eines Grundstücks und verschiedenen Bauverträgen auch Muster für Bauträgerverträge.[398] Diese umfassen neben dem Pflichtenprogramm der Parteien unter anderem auch eine genaue rechtliche Beschreibung des Grundstücks anhand der im Grundbuch eingetragenen Informationen. Die Baubeschreibung und die Baupläne werden durch Verweise einbezogen, im Rahmen der Zahlungsbestimmungen wird auf die maßgeblichen Bestimmungen der MaBV verwiesen.[399] Abschließend finden sich Hinweise des Notars auf das Beurkundungsverfahren, den Zeitpunkt des Eigentumsübergangs und darauf, dass der Käufer trotz des Ratenzahlungsregimes der MaBV das Fertigstellungsrisiko trägt.[400] In der Praxis jedoch werden jeweils auf das Projekt zugeschnittene Bauträgerverträge angefertigt bzw. modifiziert. Ein einheitliches Standardmuster existiert insoweit nicht.[401]

---

[397] Siehe oben, C. V. 4.

[398] Siehe z.B. *Zöpfl* in: Beck'sches Formularbuch Zivil-, Wirtschafts- und Unternehmensrecht, C. 2.

[399] Siehe dazu oben, B. V. 1.

[400] *Zöpfl* in: Beck'sches Formularbuch, C. 2., Anm. 45, C. 1., Anm. 32.

[401] Dies ergab eine Diskussion mit RA Dr. Claus Schmitz aus München im Rahmen eines Baurechtsseminars am 13. Februar 2014 an der Universität Bayreuth.

.

D. Übergang und Einräumung des Eigentumsrechts am Grundstück

Durch den Abschluss des Bauträgervertrages allein erlangt der Erwerber, wie bereits erwähnt, weder in England und Wales noch in Deutschland die vollständige, auf Grundlage der Vereinbarung geschuldete Rechtsposition am Grundstück. Der *legal title* verbleibt, wie das Grundeigentum nach deutschem Recht, zunächst beim *developer*. Um den Rechtserwerb zu vollenden, ist in beiden Systemen eine vom Bauträgervertrag abstrakte Verfügung erforderlich; dies gilt in England und Wales jedenfalls für den *legal title*, also das Eigentumsrecht *at law*. Dingliche Rechte *in equity* entstehen dagegen bereits im Zeitpunkt des Vertragsschlusses.

I. Übertragung der Rechte am Grundstück in England

Für den vollständigen Erwerb der Rechte am Grundstück muss das *legal estate* (*freehold* bzw. *leasehold*) vom Verkäufer auf den Erwerber übergehen, was im Rahmen der *completion* und damit nach Fertigstellung und Übergabe des Gebäudes geschieht.

Wie bereits dargestellt[402], entstehen im Moment des Vertragsschlusses bzw. mit der Leistung der Anzahlung (beides fällt zeitlich praktisch zusammen) ein *equitable interest*, also ein Recht *in equity*, in Form von *beneficial ownership* und eine *lien*. Im Rahmen eines dynamischen Prozesses geht das *beneficial ownership* bis zur vollständigen Zahlung des Kaufpreises auf den Erwerber über: „*The vendor-purchaser relationship, as it moves steadily through its various phases, involves the progressive transfer of beneficial property to the purchaser until the point when the purchaser finally becomes the full beneficial owner [...]*"[403].

Entsprechend richtet sich auch der Umfang der *lien* des Erwerbers nach den von ihm bereits an den Verkäufer geleisteten Zahlungen.[404] Demnach vollzieht sich in

---

[402] Siehe oben, C. V. 1.; im englischen Recht können Eigentumsrechte am Grundstück sowohl in *equity* als auch *at law* bestehen, vgl. auch C. V. 1.

[403] *Gray/Gray*, S. 1059.

[404] *Rose v Watson* (1864) 11 ER 1187 at 1192 per Lord Cranworth.

England jedenfalls *in equity* ein schrittweiser Übergang dinglicher, eintragungsfähiger Rechte allein durch Abschluss des Vertrages bzw. der Leistung der Anzahlung oder etwaiger weiterer Teilzahlungen, ohne dass es eines weiteren Publizitätsaktes oder Erklärungen der Parteien bedarf. Wie bereits erwähnt, schützen diese dinglichen Rechte den Erwerber grundsätzlich auch bereits vor Zwischenverfügungen des *developer* oder bei dessen Insolvenz vor Verfügungen des Insolvenzverwalters.[405] Der Erwerber in England ist folglich im Gegensatz zu seinem Pendant in Deutschland privilegiert bzw. besser (dinglich) geschützt.

Für den endgültigen Rechtserwerb ist der Übergang dinglicher Rechte *in equity* allein jedoch nicht ausreichend, da hierfür das *legal interest* auf den Erwerber übertragen werden muss. Zu diesem Zweck sind jedoch die Übergabe einer *deed* im Rahmen der Erfüllung (*completion*) sowie die Registrierung im Grundbuch erforderlich.[406] Erst dann wird der Erwerber auch im wirtschaftlichen Sinne Eigentümer und kann Grundstück und Gebäude nutzen. Vor der *completion* besteht für den Käufer erneut die Möglichkeit, den im Vertrag beschriebenen Titel auf inhaltliche Belastungen zu überprüfen und sich der Dispositionsbefugnis des Verkäufers zu versichern.[407] Mit Ausnahme von Auktionskäufen wird dies aber in der Regel bereits vor Abschluss des schuldrechtlichen Vertrages durchgeführt. Der Zeitpunkt der *completion* wird bei Bauträgerkaufverträgen im Gegensatz zu klassischen Grundstückskaufverträgen nicht auf ein bestimmtes Datum festgelegt, da das Ende der Bauarbeiten bei Vertragsschluss nie mit letzter Bestimmtheit vorhergesagt werden kann.[408] Demzufolge wird der Termin in der Regel auf einen Zeitpunkt gelegt, der eine gewisse Zeit (üblicherweise zwei Wochen) nach Abschluss der Bauarbeiten eintritt.[409] Nichtsdestotrotz kann ein *long-stop completion date*, also ein langfristiger Erfüllungstermin vereinbart werden, der nicht auf den Tag genau bestimmt sein muss.[410]

---

[405] Dazu unten, E. I. und II; vgl. auch Vgl. dazu *Odersky* in NOMOS Kommentar, Länderbericht Großbritannien, Rn. 52.

[406] Dazu sogleich unter D. I. 1.; *Gray/Gray*, S. 1073 ff.

[407] *Gray/Gray*, S. 1073; dazu fordert er im Falle eines registrierten Grundstücks eine Überprüfung des Titels gemäß *r.147(1) LRR 2003* beim Grundbuchamt an; bzw. im Falle unregistrierter Grundstücke beim Grundstücksbelastungsregister.

[408] *Silverman*, I 1.2.4.

[409] *Abbey/Richards*, S. 288.

[410] *Abbey/Richards*, S. 377.

1. Purchase deed

Die Schaffung oder Übertragung eines *legal estate* ist gemäß *s.52 (1) LOPA 1925* an die Form einer *deed* gebunden. Diese Urkunde wird, anders als das Vertragsdokument, vom Käufer vorbereitet und dem Verkäufer zugesandt.[411] Entsprechende Formulare für registrierte Grundstücke finden sich in den *Land Registration Rules* 2003 (vgl. *rr 58, 206 LRR 2003* bzw. *Schedule 1 LRR 2003*). Der Verkäufer fertigt das Dokument dann in der Regel als *escrow* aus, was bedeutet, dass die Wirksamkeit der *deed* von dem Eintritt einer Bedingung (zumeist die Zahlung des Kaufpreises am Tag der *completion*) abhängig ist.[412]

Die Form einer *deed* ist in *s.1 LP(MP)A 1989* näher bestimmt. Durch diese Vorschrift werden ehemals bestehende Beschränkungen hinsichtlich des Materials, auf dem eine *deed* verkörpert werden kann, sowie das Erfordernis eines Siegels abgeschafft. Nichtsdestotrotz werden *deeds* auch heute noch aus formellen Gründen besiegelt;[413] dies allein ist jedoch nicht mehr ausreichend, um die Wirksamkeit sicherzustellen. In *s.1(2) LP(MP)A 1989* ist verankert, dass aus dem Schriftstück hervorgehen muss, dass es sich um eine *deed* handelt. Nicht erforderlich ist, dass das Wort „*deed*" benutzt wird;[414] üblich ist dennoch, dass sie als solche bezeichnet wird. Weiter wird vorausgesetzt, dass sie ordnungsgemäß ausgefertigt wird, was in *s.1(3) LP(MP)A 1989* näher bestimmt wird. Hiernach muss das Schriftstück unterschrieben und an den Berechtigten ausgehändigt werden. Anders als bei Abschluss des Grundstückskaufvertrages müssen jedoch nicht beide Parteien, sondern nur der Aussteller die Unterschrift leisten.[415]

Anstelle einer Siegelung muss, wenn der Verpflichtete selbst unterschreibt, die Unterschrift von einer Person bezeugt werden, *s.1(3)(a)(i) LP(MP)A 1989*; lässt er einen Dritten für sich unterschreiben, sind gemäß *s.1(3)(a)(ii) LP(MP)A 1989* sogar zwei Zeugen erforderlich.[416]

---

[411] *Gray/Gray*, S. 1073.
Sparkes, Real Property Law and Procedure in the European Union – Report from England and Wales, S. 31; *Gray/Gray*, S. 1073.
[413] *Gray/Gray*, S. 1076.
[414] *HSBC Trust Co (UK) Ltd. v Quinn* [2007] EWHC 1543 (Ch.) para 50 f. per Mr Christopher Nugee Q.C.; *Thompson*, S. 226.
[415] *Thompson*, S. 227.
[416] Vgl. dazu auch *Thompson*, S. 227.

Die Aushändigung erfordert keine physische Übergabe, ausreichend ist die Erklärung des Verpflichteten, an die *deed* gebunden zu sein;[417] diese wird bereits in der Unterschrift des Ausstellenden gesehen.[418] Verweist die *deed* auf einen beigefügten Grundstücksplan, so muss im Falle von registrierten Grundstücken auch dieser unterschrieben werden.[419] Dies ist vor allem bei einem Kauf vom Bauträger relevant, da die zum Verkauf stehende Immobilie häufig Teil eines größeren zum Verkauf stehenden Grundstückes ist (*sale of part*), bei dessen Veräußerung zur Identifizierung der genauen Lage der in Frage stehenden Fläche häufig Pläne beigefügt werden.[420]

Anders als bei klassischen Grundstückskaufverträgen fertigt bei Bauträgerverträgen nicht der Käufer, sondern der Verkäufer bzw. der Bauträger die *deed* an und schickt sie dem Käufer zu; dies geschieht meist schon zusammen mit der Zusendung des Kaufvertrages.[421] Bei Bauträgergeschäften enthält die *purchase deed* neben der präzisen Beschreibung der Immobilie auch bereits alle sich aus dem Vertrag ergebenden *covenants*,[422] die dem Grundstück anhaften.

Die traditionelle *deed* verliert jedoch seit dem Inkrafttreten des *LRA 2002*, mit dem der Rahmen für die Einführung des elektronischen Grundstücksverkehrs (*electronic conveyancing*)[423] geschaffen wurde, an Bedeutung. Das neue System bietet die Möglichkeit, Grundstückstransaktionen auf elektronischem Wege durchzuführen, was den gesamten Prozess stark vereinfacht und beschleunigt. Gemäß *s.91(4) LRA 2002* genügen die hierbei verwendeten elektronischen Dokumente der Schriftform und gelten als unterschrieben, wenn die entsprechende elektronische Signatur der Parteien vorliegt. Sind diese Voraussetzungen gegeben, werden die Dokumente gemäß *s.91(5) LRA 2002* als *deed* angesehen. Damit wird z.B. die Beglaubigung der Unterschrift durch einen oder mehrere Zeugen hinfällig.[424]

---

[417] *Alan Estates Ltd. v W.G. Stores Ltd* [1982] Ch. 511 at 526 per Sir Denys Buckley; vgl. im Detail auch *Gray/Gray*, S. 1075.

[418] *Hall v Bainbridge* (1848) 12 Q.B.D. 699.

[419] Dazu nur *Kopp/Waldner*, Länderbericht England, Rn. 146.

[420] *Silverman*, E 1.8.3.

[421] *Abbey/Richards*, S. 378; *Neil/Duckworth*, S. 411; *Kopp/Waldner*, Länderbericht England, Rn. 182.

[422] Vgl. zu den *covenants* bereits B. IV.1.; C. I. 1. a) sowie vor allem F. I. 4.

[423] Näher zum *electronic conveyancing*: *Megarry/Wade*, 7-157 ff.; *Gray/Gray*, S. 1078.

[424] *S.91(8) LRA 2002*; Law Com. No. 271 (2001), para 13.31.

2. Registration

Mit der Zahlung des Kaufpreises und der Übergabe aller erforderlichen Dokumente ist die *completion* abgeschlossen. Bei unregistrierten Grundstücken geht in diesem Moment auch das Eigentumsrecht auf den Erwerber über, allerdings muss gemäß *ss.6(4), 7(1),(2) LRA 2002* innerhalb von zwei Monaten ein Antrag auf (erstmalige) Registrierung des bis dahin noch unregistrierten Grundstückes gestellt werden; andernfalls wird die Übertragung unwirksam. Hierdurch soll der Prozess der Erfassung aller Grundstücke im Grundstücksregister in England und Wales weiter vorangetrieben werden.

Bei bereits registrierten Grundstücken dagegen ist die *completion* allein nicht ausreichend, um den Titel zu übertragen. Zusätzlich müssen die Voraussetzungen von *s.27(2)(a) LRA 2002* i.V.m. *Schedule 2, para 2(1) LRA 2002* erfüllt werden, wonach der Erwerber ins Register eingetragen werden muss.[425] Dieser Vorgang kann einige Wochen in Anspruch nehmen, wodurch eine zeitlichen „Lücke" (*registration gap*) zwischen der *completion* und der Registrierung entstehen kann.[426]

3. Doctrine of merger

Mit dem Übergang des *legal title* im Rahmen der *completion* endet die Wirkung des schuldrechtlichen Grundstückkaufvertrages; letzterer geht auf Grund der *doctrine of merger* in der *deed* auf.

> "*It is well settled that, where parties enter into an executory agreement which is to be carried out by a deed afterwards to be executed, the real completed contract is to be found in the deed. The contract is merged in the deed. [...] The most common instance, perhaps, of this merger is a contract for the sale of land followed by a conveyance on completion.*"[427]

Mit dem schuldrechtlichen Vertrag enden auch die sich hieraus ergebenden Pflichten und Garantien, es sei denn ihr Inhalt wurde in die *deed* übertragen, was

---

[425] Vgl. dazu auch *Gray/Gray*, S. 1079, 1087.
[426] *Gray/Gray*, S. 1077; zu den möglichen Schwierigkeiten dieser Konstellation *Gray/Gray*, S. 1087 f.
[427] *Knight Sugar Co Ltd v Alberta Ry & Irrigation Co.* [1938] 1 All E.R. 266 at 269.

aus deutscher Perspektive überraschend ist. Unabhängig von Abweichungen zwischen dem Inhalt des Kaufvertrages und dem Inhalt der *deed* gelten nur die Bestimmungen der *deed* fort.[428] Hintergrund dieser Regelung ist, dass das schwächere vertragliche Recht am Grundstück dem stärkeren Recht aus der Übertragungsurkunde (*deed of conveaynce*) weichen soll.[429] Die *doctrine of merger* betrifft aber nicht notwendigerweise alle Teile eines Grundstückskaufvertrages: Sind beispielsweise mehrere Parzellen eines Grundstückes Inhalt eines Kaufvertrages geworden, werden aber nur einige davon in die *deed* aufgenommen, endet der Kaufvertrag nur hinsichtlich der von der *deed* erfassten Parzellen und die Bestimmungen hinsichtlich der nicht in die *deed* aufgenommenen Grundstückteile wirken fort.[430] Die Rechtsfolge des Untergangs der schuldrechtlichen Absprache muss zudem nicht zwangsläufig eintreten und kann durch entsprechende Klauseln abbedungen werden.[431] Auf diese Weise können einzelne Bestimmungen oder Teile des Vertrages auch nach Übergabe der *deed* wirksam bleiben.

Die *doctrine of merger* gilt in der soeben beschrieben Weise auch für den *sale of new property*, allerdings nur für die den Grundstückskauf betreffenden Bestimmungen. Der Teil des Bauträgervertrages, der die Errichtung des Gebäudes regelt, ist hiervon nicht betroffen.[432] Die entsprechenden Bestimmungen bleiben auch nach der *completion* wirksam und können so zur Grundlage vertraglicher Regressansprüche werden. Auch im Rahmen der den Grundstückskauf betreffenden Absprachen bleiben allerdings Ansprüche wegen Verzuges[433], wegen Verletzung einer Pflicht des Verkäufers als *trustee*[434] sowie auf Grund einer Verletzung der Pflicht zur Verschaffung des vollständigen Besitzes im Zeitpunkt der Erfüllung[435] unberührt von der *doctrine of merger*.[436] Dies gilt auch für die Haftung für falsche und unterlassene Angaben im Rahmen der *particulars of sale* (s.o.).[437] Auf das

---

[428] *Tito v Waddell (No. 2)* [1977] Ch. 107 at 284 f.
[429] *Schmidt-Kessel*, Standards vertraglicher Haftung nach englischem Recht, S. 276.
[430] *Tito v Waddell (No. 2)* [1977] Ch. 107 at 284 f.
[431] *Megarry/Wade*, 15-100.
[432] *Lawrence v Cassel* [1930] 2 K.B. 83 at 88 f. per Scrutton L.J; dazu ausf. unten, F. II. 8.
[433] *Phillips v Lamdin* [1949] 2 K.B. 33 at 42; *Rainieri v Miles* [1981] A.C. 1050 at 1084.
[434] *Clarke v Ramuz* [1891] 2 Q.B. 456 at 461 f.
[435] *Hissett v Reading Roofing Co Ltd* [1969] 1 W.L.R. 1757 at 1763 f.
[436] Vgl. insgesamt dazu auch *Megarry/Wade*, 15-100.
[437] *Palmer v Johnson* (1884) 13 Q.B.D. 351.

Pflichtenprogramm und die Konsequenzen von Pflichtverletzungen wird in der Folge umfassend eingegangen.[438]

Einen der *doctrine of merger* entsprechenden Grundsatz oder eine entsprechende Wirkung der Auflassung gibt es nach deutschem Recht nicht; das mit der Verfügung eintretende Ende der Vertragswirkung ist eine Eigenart des *common law*. In Deutschland können die Parteien auch nach der Verfügung weiterhin Ansprüche aus dem Verpflichtungsgeschäft geltend machen.

II. Übertragung des Eigentums am Grundstück nach deutschem Recht

Für die Übertragung des Rechtes am Eigentum[439] an Grundstücken ist in Deutschland gemäß § 873 Abs. 1 BGB neben der dinglichen Einigung der Parteien (Auflassung, § 925 BGB) auch die Eintragung ins Grundbuch erforderlich. Hierfür wiederum ist gemäß § 22 Abs. 1 GrEStG eine grunderwerbssteuerliche Unbedenklichkeitsbescheinigung vonnöten. Darüber hinaus müssen eventuell erforderliche Genehmigungen und im Falle von Grundstücken gemäß § 28 Abs. 1 S. 2 BauGB die Erklärung der Gemeinde über das Nichtbestehen oder die Nichtausübung von Vorkaufsrechten, beim Grundbuchamt vorgelegt werden.

Die Auflassung bedarf der Beteiligung eines Notars, der den dinglichen Vertrag beurkunden muss, ansonsten kann gemäß § 29 GBO keine Eintragung des neuen Eigentümers durchgeführt werden.

Die im notariell beurkundeten Vertrag verkörperte Auflassung entspricht in ihrer Funktion der englischen *deed* und dokumentiert den Übergang des Rechtes am Grundstück in einem Schriftstück. Die *deed* hat jedoch im Gegensatz zur Auflassungsurkunde eine größere Bedeutung, da sie im Anschluss an die Verfügung den schuldrechtlichen Vertrag als Grundlage für Ansprüche ersetzt, worauf im vorigen Punkt bereits eingegangen wurde.

Durch die Registrierungspflicht hat in England und Wales eine Annäherung an das deutsche bzw. gesamte kontinentaleuropäische System stattgefunden. Die

---

[438] Siehe unten, Kapitel F. und G.
[439] Eingeschlossen sind hier das Teil- und Miteigentum sowie das Erbbaurecht (vgl. § 11 ErbbauRG), der Einfachheit halber wird aber in der Folge vom Begriff des Eigentums ausgegangen.

Ineffizienz des alten englischen Systems unregistrierter Grundstücke hat diesen Schritt dringend erforderlich gemacht.[440]

Trotz einer stärkeren Regulierung des Grundstücksverkehrs durch den Gesetzgeber in Deutschland, die nicht zuletzt durch die zwingende Beteiligung des Notars zum Ausdruck kommt, sind Grundstückstransaktionen im Vergleich zu England und Wales hier günstiger.[441] Darüber hinaus scheint das deutsche System nur wenige Sicherheitslücken aufzuweisen, wogegen das englische System anfällig für fehlerhafte Einträge ins Grundbuch ist.[442]

Das deutsche System der Grundstücksübertragung genießt im internationalen Vergleich nach wie vor einen guten Ruf, was auch in der Studie von *Murray* zum Vergleich von Grundstücksverfügungen in fünf verschiedenen EU-Staaten aus dem Jahr 2007 zum Ausdruck kommt:

> *"German conveyancing practices provide a high level of security and certainty [...]. German parties also have access to high quality independent advice concerning real estate transactions and their consequences, and professional implementation of all stages of the transaction."*[443]

Das englische System befindet sich aber auf dem Weg, die Lasten der Vergangenheit, die vor allem auf dem System nicht registrierter Grundstücke beruhen, hinter sich zu lassen und hat bereits zukunftsweisend die Grundlagen für die Übertragung von Rechten am Grundstück auf rein elektronischem Wege geschaffen.[444]

---

[440] Vgl. dazu unten, F. I. 3. a).

[441] *Franzmann*, MittBayNotZ 2009, Sicherer Immobilienerwerb durch Notar und Grundbuch, S. 346 (348), bei Immobilien mit einem Kaufpreis von unter 500.000 € ist das deutsche System kostengünstiger. Entscheidend für die Preise sind hiernach vor allem Maklergebühren und Steuern.

[442] *Murray*, Real Estate Conveyancing in 5 European Union Member States – A Comparative Study (2007), S. 65 (in der Folge „Murray-Studie"); vgl. auch dazu, *Franzmann*, MittBayNot 2009, S. 346 (348 f.), wonach ein Grund für die geringe Fehleranfälligkeit des deutschen Systems u.a. in den hohen Anforderungen an die Feststellung der Identität der Parteien durch den Notar liegen könnte.

[443] *Murray*-Studie, S. 114 f.

[444] *Murray*-Studie, S. 119.

E. Insolvenz des Bauträgers und Schutz des Erwerbers

Die Bewältigung des Insolvenzrisikos des Bauträgers ist ein zentrales Problem des Bauträgermodells. An diesem Punkt ist der Vergleich zwischen England und Deutschland jedoch schwer, da die Risikoverteilung auf Grund der jeweils unterschiedlichen tatsächlichen und rechtlichen Rahmenbedingungen der Bauträgermodelle in Deutschland und England grundverschieden ist. Dies gilt darüber hinaus auch für die Konzepte, die in beiden Systemen zur Bewältigung des jeweiligen Insolvenzrisikos herangezogen werden.

I. Ausgangslage und Risikoverteilung

Der Erwerber der Immobilie in England und Wales trägt das Risiko der Insolvenz des Bauträgers in einem deutlich geringeren Umfang als sein Pendant in Deutschland. Grund dafür ist zum einen das unterschiedlich ausgestaltete Geschäftsmodell im Hinblick auf die Zahlungsmodalitäten. Während in England, abgesehen von einer bei Vertragsschluss zu leistenden Anzahlung i.H.v. 10 Prozent der Vergütung, keine Vorauszahlungen an den *developer* erfolgen, ist es in Deutschland gerade Wesensmerkmal des Bauträgervertrages, dass der Erwerber den Bauträger nach Bauabschnitten bezahlt, also *bevor* er das Eigentum am Vertragsgegenstand nach Fertigstellung der Bauarbeiten erlangt. Auf Grund der fast vollumfänglichen Fremdfinanzierung ist die Insolvenzanfälligkeit bei Bauträgern in Deutschland im Ausgangspunkt auch höher als in anderen Wirtschaftsbereichen.[445] Während die Insolvenz des Bauträgers das Kernrisiko des Bauträgervertrages in Deutschland ist, hat diese Frage in England keine besondere bzw. eine deutlich geringere Relevanz.

Darüber hinaus erlangt der englische Erwerber bereits durch den bloßen Abschluss des Bauträgervertrages und die Leistung der Anzahlung dingliche Rechte am Grundstück, was aus deutscher Perspektive höchst bemerkenswert ist. Diese Rechte bestehen *in equity* und werden durch das *beneficial ownership* bzw. eine *lien* verkörpert.[446] Sie schützen den Erwerber im Fall der Insolvenz des *developer* vor einer Veräußerung des Grundstücks durch den *trustee in bancruptcy* (hat die

---

[445] *Ampferl*, Insolvenz des Bauträgers, ZWE 2006, S. 214 (218).
[446] Siehe dazu oben, C. V. 1.

Funktion eines Insolvenzverwalters nach deutschem Recht) und vor unbefugten Verfügungen im Allgemeinen.

Damit ist der Erwerber in England nicht nur auf Grund der Zahlungsmodalitäten des Bauträgermodells, sondern auch in rechtlicher Hinsicht gegenüber dem Erwerber in Deutschland erheblich privilegiert. Der deutsche Erwerber muss sich zur dinglichen Sicherung des Anspruches auf Übertragung des Grundstückes zwischen Vertragsschluss und Übergabe des fertiggestellten Objekts eine Vormerkung am Grundstück bestellen und im Grundbuch eintragen lassen.

Auf Grund der vorbezeichneten unterschiedlichen Ausprägungen des Insolvenzrisikos beim Bauträgermodell gibt es in England und in Deutschland jeweils ein entsprechend unterschiedlich ausgeprägtes Bedürfnis, diesem Problem (gesetzgeberisch) entgegenzuwirken. Nicht zuletzt deshalb könnten die Unterschiede der in der Folge dargestellten Lösungsansätze in England und Deutschland kaum größer sein.

II. Insolvenz- und Baumängelversicherung des *NHBC* in England

In England und Wales tritt der Erwerber, wie bereits ausgeführt, lediglich mit einer Anzahlung i.H.v. 10 Prozent der Vertragssumme bei Vertragsabschluss in Vorleistung. Zugunsten des Erwerbers erfolgt dann der Abschluss einer Versicherung, die ihn im Fall der Insolvenz des *developer* vor dem ersatzlosen Verlust seiner Anzahlung schützt. Die beim *NHBC* registrierten *developer* sind auf Grund der *NHBC Rules for Builders and Developers* auch verpflichtet, entsprechende Versicherungen mit den Erwerbern abzuschließen.[447] Diese *Rules for Builders and Devlopers* sind kein Gesetzesrecht, sondern berufsständische Regelungen, zu deren Einhaltung alle beim *NHBC* registrierten Baudienstleister verpflichtet sind. Letztlich handelt es sich also um ein Instrument berufsständischer Selbstkontrolle. Das Modell einer (versicherungs-)vertraglichen Absicherung des Erwerbers ist umso relevanter, weil Gesetz und Rechtsprechung im Gegensatz zur Situation in Deutschland[448] keine speziellen Schutzmechanismen für Erwerber noch zu errichtender Immobilien vorsehen.[449]

---

[447] *Rule 4.3 NHBC Rules for Builders and Developers.*
[448] Hier sind vor allem die Bestimmungen der MaBV relevant; vgl. dazu unten, E. IV.
[449] Vgl. dazu *Britton/Fairweather*, S. 16; siehe dazu auch oben, B. II. 5. sowie B. V. 1.

Weit überwiegend greifen Bauträger und Baudienstleister auf das eigens vom *NHBC* entwickelte Versicherungsmodell zurück, die *NHBC Buildmark Scheme*.[450] Die Versicherung betrifft neben der Sicherung der Anzahlung auch die Fortsetzung der Bauarbeiten bei Insolvenz des *developer* und bietet darüber hinaus auch allgemein Schutz vor den Folgen von Baumängeln.

Für den Fall der Insolvenz des *developer* und des Ausbleibens der Fertigstellung der Bauarbeiten sieht *section 1 NHBC Buildmark* vor, dass das *NHBC* dem Erwerber die Anzahlung oder maximal 100.000 Pfund erstattet, wenn der *developer* erst gar nicht mit den Bauarbeiten beginnt.[451] Somit ist zumindest ein in rein finanzieller Hinsicht risikoloses Abstandnehmen vom Vertrag bzw. die Sicherung der Anzahlung gewährleistet.

Dasselbe gilt, wenn der *developer* bereits mit den Bauarbeiten begonnen oder sie veranlasst hat, diese aber nicht zu Ende führt bzw. führen kann. In diesem Fall kann das *NHBC* dem Erwerber nach eigenem Ermessen die an den *developer* geleistete Anzahlung erstatten oder die Mehrkosten für die Fertigstellung des Baus durch einen anderen Anbieter übernehmen oder die Bauarbeiten in Eigenregie (innerhalb eines angemessenen Zeitraums) fortführen.[452] Für die Mehrkosten existiert eine Haftungsobergrenze, die bei 10 Prozent des Kaufpreises (Wert der Anzahlung) bzw. maximal 100.000 Pfund liegt, je nachdem welcher Betrag geringer ist.[453]

Sollte das *NHBC* die Fortführung der Bauarbeiten in Eigenregie anstreben, behielte es auch die alleinige Kontrolle über die Kosten, die auf diese Weise ggf. geringer als die Kosten gehalten werden könnten, die für die Beauftragung von Drittunternehmern anfallen würden. Zudem ist kein zeitlicher Rahmen vorgegeben, innerhalb dessen die ausstehenden Arbeiten durch das *NHBC* abzuschließen sind. Ohne einen verbindlichen (Nach-)Erfüllungszeitpunkt gibt es auch keine klare Grundlage, auf der das *NHBC* für eine etwaig schleppende Fertigstellung des Objekts haftbar gemacht werden könnte.

---

[450] *Britton/Fairweather*, S. 32.
[451] *NHBC Buildmark Section 1 – Financial Limits*.
[452] *NHBC Buildmark Cover section 1*.
[453] *NHBC Buildmark Cover section 1*.

Es ist allerdings zweifelhaft, ob die Fortsetzung der Bauarbeiten aus Sicht des *NHBC* überhaupt erstrebenswert ist, sei es durch die Zahlung der hierfür erforderlichen Mehrkosten oder die Baudurchführung in Eigenregie, da die Möglichkeit der Rückerstattung der Anzahlung in vielen Fällen die attraktivste Möglichkeit darstellen dürfte. Die Kosten hierfür sind klar umrissen und weitere Baumaßnahmen mit unvorhersehbarem finanziellem Aufwand können vermieden werden. Wie sich das *NHBC* entscheidet, bleibt ihm nach den Bestimmungen der *Buildmark Scheme* selbst überlassen, ohne dass der Erwerber hierauf Einfluss nehmen könnte.[454]

Folglich hat der Erwerber auf Grundlage der Versicherung weder die Gewissheit, ob bzw. wann die Bauarbeiten abgeschlossen werden, noch ein effektives Druckmittel, das er dem *developer* im Falle weiterer Verzögerungen entgegenhalten kann. Trotz einer Regelung zur Fortsetzung der Bauarbeiten im Rahmen der Versicherung, gibt es keinen Anspruch des Erwerbers auf Fertigstellung des Bauwerks, so dass das Fertigstellungsrisiko letztlich bestehen bleibt. Rechtsprechung ist auf diesem Gebiet (noch) nicht vorhanden, was auch mit dem autonomen Streitbeilegungsregime des *NHBC* in Zusammenhang stehen könnte.

Auch ein Anspruch des Erwerbers auf Vertragserfüllung nach den Grundsätzen des *common law* mittels *specific performance* kommt nicht Betracht bzw. ist nicht erfolgsversprechend. Es ist bereits äußerst fraglich, ob der Rechtsbehelf der *specific performance* im Hinblick auf die Bauleistung überhaupt anwendbar ist;[455] selbst in diesem Fall wäre der Erfüllungsanspruch jedenfalls dann wertlos, wenn der insolvente Bauträger zur Fortsetzung der Bauarbeiten gar nicht in der Lage ist.

Mithin schützt die *NHBC*-Versicherung den Erwerber in England und Wales bei Insolvenz des *developer* zwar vor dem Risiko des ersatzlosen Verlustes geleisteter Anzahlungen, das Fertigstellungsrisiko wird dem Erwerber letztlich aber nicht abgenommen. Im Zweifel muss er für die Mehrkosten, die mit der zeitnahen

---

[454] *NHBC Buildmark Cover section 1.*
[455] Siehe hierzu ausführlich unten, G. I. 3.

(Neu-)Vergabe der Arbeiten an Dritte und deren Durchführung entstehen, selbst aufkommen. In Betracht kommt allenfalls eine Beteiligung des *NHBC* an den Mehrkosten, die jedoch auf 10 Prozent der Vertragssumme begrenzt ist.

Wie noch im Einzelnen zu zeigen sein wird, trägt auch der Erwerber in Deutschland bei einem „steckengebliebenen Bau" das Fertigstellungsrisiko; hiervor schützen ihn auch die Bestimmungen der MaBV nicht. Hierauf wird der Erwerber bei Abschluss des Vertrages aber zumindest vom Notar hingewiesen.[456]

Auf die Bestimmungen der *NHBC*-Versicherung, die sich mit den Sachmängeln auseinandersetzen, wird im Zusammenhang mit der Haftung des Bauträgers für Pflichtverletzungen eingegangen.[457] An dieser Stelle ist jedoch bereits zu erwähnen, dass sich der Schutz gegen die Folgen von Baumängeln in zwei Phasen unterteilt: In den ersten beiden Jahren nach Fertigstellung des Objekts wird zunächst der Bauträger bzw. Baudienstleister verpflichtet, auftretende Mängel zu beseitigen; erfolgt dies nicht, greift das *NHBC* ein und ersetzt die Reparaturkosten oder bessert selbst aus. Ab dem dritten und bis zum zehnten Jahr nach der Übergabe kann sich der geschädigte Erwerber dann direkt an das *NHBC* wenden.[458] Die Versicherung beinhaltet zudem eine Bestimmung (*subrogation clause*), die dem *NHBC* im Versicherungsfall das Recht gibt, Ansprüche des geschädigten Erwerbers gegen den Bauträger geltend zu machen.[459]

Profiteure der *NHBC*-Versicherung sind nicht nur die Erwerber selbst, sondern auch die Baukreditgeber, da der Wert des Gebäudes hierdurch besser geschützt wird. Ein Wertverlust wäre auch für die Banken nachteilig, da dies gleichbedeutend mit einer Entwertung der an der Immobilie bestehenden *mortgages* (entsprechen in ihrer Funktion den deutschen Hypotheken) wäre, welche in England und Wales traditionell zur Sicherung eines Baudarlehens bestellt werden. Daher bestehen Banken in aller Regel auf eine *NHBC*-Versicherung oder eine vergleich-

---

[456] So z.B. auch in § 15 des Muster-Bauträgervertrages von *Zöpfl* in: Beck'sches Formularbuch, C. 2.

[457] Siehe dazu unten, G. III. 1. c); G. III. 2. sowie G. III. 3.

[458] Hierzu genauer unten, G. III. 1. c).

[459] *NHBC Buildmark – General Conditions*; vgl. dazu auch *Britton/Fairweather*, S. 32 mit dem Hinweis auf *National House Building Council v Relicpride Ltd & Ors* [2009] EWHC 1260 (TCC).

bare Garantie anderer Anbieter (z.B. *Zurich, Premier Guarantee*), bevor die Darlehenssumme an die Erwerber ausgezahlt wird.[460] Alternativ lassen sich Kreditgeber die Qualität des Gebäudes von einem Sachverständigen zertifizieren (*Professional Consultant Certificate*), um Gewissheit im Hinblick auf den Wert des Sicherungsmittels zu haben.[461] Demnach führt für Erwerber noch zu errichtender Immobilien praktisch kein Weg am Abschluss einer derartigen Versicherung vorbei, auch wenn in rechtlicher Hinsicht kein Zwang besteht.

Die *NHBC*-Versicherung gilt zudem nicht nur für Ersterwerber, sondern bietet auch Rechtsnachfolgern Schutz, soweit die 10-Jahres-Frist seit der Fertigstellung noch nicht abgelaufen ist.[462] Das macht entsprechend besicherte Gebäude attraktiver für eine Weiterveräußerung.

III. Insolvenz des *developer* nach den Grundsätzen des *common law*

Unabhängig vom Abschluss einer Insolvenz- und Mängelversicherung zum Schutz des Erwerbers geht in England und Wales das Recht am Grundstück (*legal estate*) im Fall der Insolvenz des Bauträgers gemäß *s. 306 Insolvency Act 1986 at law* auf den *trustee in bancrupty* (funktionsäquivalent zum deutschen Konkursverwalter) über;[463] von diesem Zeitpunkt an sind Verfügungen des Erwerbers ohne entsprechende Genehmigung unwirksam, *s. 284 Insolvency Act*.[464] Der *trustee in bancruptcy* wird damit praktisch Eigentümer des Grundstücks.

Der Erwerber hat jedoch auf Grund des abgeschlossenen Bauträgervertrages und der bei Vertragsschluss geleisteten Anzahlung eine Rechtsposition *in equity* inne, die ihn im Fall der Insolvenz des *developer* schützt; hierzu zählt neben dem *beneficial ownership* auch eine *lien*.[465] Hieraus folgt ein Anspruch gegen den *trustee in bancruptcy* auf Übertragung des *legal interest* gegen vollständige Zahlung des

---

[460] *Silverman*, 1 1.5.1.

[461] Näher dazu: *Abbey/Richards*, S. 383; *Britton/Fairweather*, S.8.

[462] *NHBC Buildmark – Conditions of Cover*; *Wood/Chynoweth/Adshead/Mason*, S. 106.

[463] vgl. auch *Re Pooley, ex parte Rabbidge* (1878) 8 Ch. D. 367 at 370; vgl. auch Halsbury's Laws of England, Vol. 42: Sale of Land [*Battersby*] para 212.

[464] Vgl. dazu näher *Abbey/Richards*, S. 225.

[465] Siehe oben, C. V. 1.; *Lysaght v Edwards* (1876) 2 Ch. D. 499 at 506; *Sookraj v Samaroo* [2004] U.K.P.C. 50 para [15] per Lord Scott.

Kaufpreises, allerdings ohne dass der Erwerber bereits an den insolventen Verkäufer gezahlte Beträge zu seinen Gunsten geltend machen könnte.[466] Der *trustee in bancruptcy* ist demnach durch das Recht des Erwerbers *in equity* gebunden.[467] Letzterer kann allerdings auch gemäß *s. 315 Insolvency Act 1986* entscheiden, dass der Vertrag mit dem Erwerber nicht erfüllt wird.[468] Dies geschieht in der Praxis aber nur selten, zumal der Vertrag nicht mit dem Argument aufgehoben werden kann, dass die Fortführung mit einer dritten Partei profitabler ist.[469]

Sollte der Kaufpreis vor Eintritt der Insolvenz bereits vollständig gezahlt worden sein, steht der Käufer sogar besser da, als wenn er keine Zahlungen geleistet hätte: Dann nämlich hat er das vollumfängliche *beneficial ownership* und eine *lien* am Grundstück erworben, ohne dass dem zahlungsunfähigen Verkäufer ein Recht in *equity* bleibt. Von dem Moment an ist der Verkäufer nur noch reiner *trustee* für den Käufer und das Grundstück wird in diesem Fall gemäß *s. 38 (1) Bankruptcy Act 1914* nicht Teil der Insolvenzmasse.[470] Da die vollständige Zahlung in England und Wales erst nach Abschluss der Bauarbeiten erfolgt, ist diese Konstellation aber ohnehin weniger problematisch für den Erwerber; das Risiko einer (vollständigen) Zahlung bei gleichzeitiger Nichtvollendung des Baus besteht auf Grund der Struktur des Geschäftsmodells folglich von vorneherein nicht.

IV. Insolvenz des Bauträgers und Erwerberschutz in Deutschland

Der Erwerber trägt, wie schon dargelegt, im Rahmen des Bauträgermodells in Deutschland jedenfalls im Ausgangspunkt das Risiko, dass er die bei der Insolvenz des Bauträgers bereits erbrachten Zahlungen nicht zurückerhält, ohne dafür Eigentum an den fertiggestellten Gebäudeteilen erlangt zu haben. Die verbauten Gewerke gehen nicht automatisch mit der Errichtung in das Eigentum des Erwerbers über, da der Bauträger auf eigenem Grund baut und daher zunächst Eigentümer bleibt. Da der deutsche Erwerber in einem erheblich größeren Umfang in Vorleistung tritt als sein englisches Pendant, trägt er zusätzlich ein entsprechend

---

[466] *Re Pooley, ex parte Rabbidge* (1878) 8 Ch. D. 367 at 370.

[467] Vgl. dazu *Odersky* in NOMOS Kommentar, Länderbericht Großbritannien, Rn. 52.

[468] *Abbey/Richards*, S. 225.

[469] *Re Bastable, ex parte Trustee* [1901] 2 K.B. 518 at 526 f.

[470] Vgl. auch *Halsbury's Laws of England*, Vol. 42, para 212.

größeres Risiko. Um diesen für den Erwerber im Vergleich erheblichen Nachteil auszugleichen, legt die MaBV in Deutschland Sicherungspflichten für den Bauträger fest, deren Erfüllung Voraussetzung für die Entgegennahme von Zahlungen vom Erwerber ist.

1. Sicherungspflichten des Bauträgers gemäß § 3 MaBV

Der Bauträger muss die in § 3 MaBV verankerten Voraussetzungen erfüllen oder gemäß § 7 MaBV eine vergleichbare Sicherheit zum Schutz des Erwerbers leisten[471], wenn er vom Erwerber Abschlagszahlungen gemäß § 650v BGB[472] entgegennehmen will. Hierbei handelt es sich um gewerberechtliche, also öffentlich-rechtliche Anforderungen, bzw. um ein öffentlich-rechtliches Entgegennahmeverbot für den Fall, dass der Bauträger die Anforderungen nicht erfüllt.[473]

Neben diesen die Abschlagszahlungen des Erwerbers absichernden Mechanismen sind in der MaBV weitere gewerberechtliche Pflichten des Bauträgers verankert, z.B. Grundsätze zum Umgang mit den entgegengenommenen Vermögenswerten (§ 4 MaBV) sowie Buchführungs-, Sammlungs- und Aufbewahrungspflichten (§ 10 MaBV bzw. §§ 13, 14 MaBV).

Gemäß § 3 Abs. 1 MaBV müssen vor der Entgegennahme von Vermögenswerten des Erwerbers durch den Gewerbetreibenden (Bauträger) die Wirksamkeit des (Bauträger)Vertrages samt erforderlicher Genehmigungen für den Vollzug und ohne vertragliches Rücktrittsrecht des Gewerbetreibenden (Nr. 1), die Eintragung einer Auflassungsvormerkung zu Gunsten des Erwerbers (Nr. 2), die Freistellung des Grundstücks von allen Grundpfandrechten, die der Vormerkung im Rang vorgehen oder gleichstehen und nicht übernommen werden sollen (Nr. 3), sowie das

---

[471] Siehe dazu sogleich unter E. IV.2.
[472] Die Vorschrift trat i.R. der Reform des Bauvertragsrechts zum 1.1.2018 in Kraft und entspricht inhaltlich § 632a Abs. 2 BGB a.F.
[473] *Monreal*, Die Sicherheit gemäß § 632a BGB a.F. in der notariellen Praxis, DNotZ 2015, S. 173 (173).

Vorliegen der Baugenehmigung (Nr. 4) gegeben sein.[474] Hierdurch wird sichergestellt, dass die für die Vertragsdurchführung erforderlichen Voraussetzungen gegeben sind und vor allem auch, dass der Erwerber das lastenfreie Eigentum am vertragsgegenständlichen Grundstück erhalten kann.

Erst wenn alle Voraussetzungen des § 3 Abs. 1 MaBV erfüllt sind, kann der Bauträger vom Erwerber Zahlungen gemäß dem in § 3 Abs. 2 MaBV niedergelegten Zahlungsplan entgegennehmen; hiernach hat der Erwerber Abschlagszahlungen nach Baufortschritt zu erbringen.[475] Nimmt der Bauträger Zahlungen entgegen, ohne dass die vorbezeichneten Voraussetzungen erfüllt sind, begeht er gemäß § 18 Nr. 3 MaBV eine Ordnungswidrigkeit im Sinne des § 144 Abs. 2 Nr. 6 GewO und muss gemäß § 144 Abs. 4 GewO mit einem Bußgeld von bis zu 5.000 Euro rechnen. Der Erwerber kann darüber hinaus grundsätzlich Ansprüche gemäß § 823 Abs. 2 BGB i.V.m. §§ 3, 4 MaBV sowie § 6 MaBV geltend machen; die Vorschriften stellen insofern Schutzgesetze i.S.d. § 823 Abs. 2 BGB dar. Bei bewusster Entgegennahme von Zahlungen ohne das Bestehen der entsprechenden Voraussetzungen liegen unter Umständen die Voraussetzungen eines Betruges gemäß § 263 StGB vor, was eine zivilrechtliche Haftung gemäß § 823 Abs. 2 BGB i.V.m. § 263 StGB zur Folge hätte.[476]

Der nach § 3 Abs. 1 MaBV durch Vormerkung gesicherte Übereignungsanspruch ist bei Insolvenz des Bauträgers gemäß § 106 Abs. 1 InsO zwingend aus der Insolvenzmasse zu erfüllen; der Insolvenzverwalter hat insofern keine Möglichkeit, anderweitig über das Grundstück zu verfügen.[477]

In England ist der *trustee in bancruptcy* ebenfalls an das Erfüllungsverlangen des Erwerbers gebunden, wenn eine *notice* im Grundbuch eingetragen wurde, welche

---

[474] *Gottwald/Steer*, Teilweise Rückerstattung der Grunderwerbsteuer bei Insolvenz des Bauträgers?, MittBayNot 2005, S. 278 (280 f.); alternativ kann der Bauträger auch eine Bürgschaft gemäß § 7 MaBV bereitstellen, die Sicherheit für alle etwaigen Ansprüche auf Rückgewähr oder Auszahlung der Vermögenswerte des Erwerbers bieten; vgl. dazu oben, C. I. 2.

[475] Siehe unten zu den Einzelheiten des Zahlungsplans, H. I. 2.

[476] *Basty*, Rn. 58.

[477] *Pape/Uhlenbrock/Voigt-Salus*, Insolvenzrecht, Kapitel 31, II. 3., Rn. 8; *Braun*, Insolvenzordnung, § 106, Rn. 6; RVGL-Studie, S. 183 f.; zur Insolvenzfestigkeit der Vormerkung: BGH NJW 2012, S. 2313 (2314).

die in *equity* erworbene Rechtsposition des Erwerbers für den Fall der Insolvenz des *developer* absichert.[478]

Die lastenfreie Übertragung des Grundeigentums (nicht aber die Fertigstellung der Bauarbeiten) ist folglich auch bei einem insolvenzbedingten „Steckenbleiben" des Baus gesichert.

In der Praxis wird im Grundbuch im Rang vor der gemäß § 3 Abs. 1 S. 1 Nr. 2 MaBV zu Gunsten des Erwerbers einzutragenden Vormerkung häufig eine (Global)Grundschuld zu Gunsten einer Bank eingetragen, die den Bauträger finanziert oder für ihn eine Bürgschaft gemäß § 7 MaBV[479] übernimmt.[480] Zur Sicherung der Lastenfreistellung gemäß § 3 Abs. 1 S. 1 Nr. 3 MaBV ist es ausreichend, dass die Bank sich gegenüber dem Erwerber verpflichtet, die Grundschuld zu löschen, sobald der Erwerber die Vertragssumme vollständig gezahlt hat.[481] Diese Freistellungsverpflichtung kann sowohl direkt zwischen dem Erwerber und der den Bauträger finanzierenden Bank als auch als im Rahmen eines Vertrags zugunsten Dritter (des Erwerbes) zwischen der Bank und dem Bauträger vereinbart werden.[482]

Gemäß § 3 Abs. 1 S. 3 MaBV kann diese Freistellungs- oder Freigabeverpflichtung für den Fall der Insolvenz des Bauträgers unter dem Vorbehalt abgegeben werden (was in der Regel auch so geschieht), dass die Bank nach eigener Wahl alternativ zur Freistellung des Grundstücks dem Erwerber alle von ihm bis dahin geleisteten Zahlungen zurückerstattet. Auf diese Weise kann die Bank selbst über das Grundstück verfügen und den Bau auf eigene Rechnung fortsetzen oder das Grundstück samt teilweise errichteter Gebäude weiterveräußern. Ob die Rückerstattung der vom Erwerber geleisteten Beträge für diesen in jedem Fall die wirtschaftlich attraktivere Variante darstellt, ist fraglich. Die Fortsetzung der teilweise fertiggestellten Bauarbeiten mit Drittunternehmern ist allerdings oft mit einem nur schwer einschätzbaren zeitlichen und finanziellen Mehraufwand verbunden. Im Ergebnis steht in dieser Konstellation die Übertragung des Eigentums am

---

[478] Siehe oben, E. I.
[479] Siehe dazu sogleich unter E. IV. 2. a) und b).
[480] v. *Heymann/Merz* in: Schimansky/Bunte/Lwowski, Bankrechts-Handbuch, Bd. I, 5. Auflage 2017, § 86, Rn. 49 f.
[481] v. *Heymann/Merz* in: Schimansky/Bunte/Lwowski, Bankrechts-Handbuch, § 86, Rn. 49 f.
[482] v. *Heymann/Merz* in: Schimansky/Bunte/Lwowski, Bankrechts-Handbuch, § 86, Rn. 50.

Grundstück samt etwaig bereits errichteter Gebäudeteile jedenfalls nicht mehr zur Disposition des Erwerbers. Das rechtliche Risiko, den Eigentumserwerb nicht herbeiführen zu können, bleibt für den Erwerber damit bestehen. Etwas anderes gilt nur in der zuvor geschilderten Konstellation, in welcher der Erwerber durch eine erstrangig eingetragene Vormerkung gesichert ist, vgl. § 106 InsO.

Im Hinblick auf die Durchführung der Bauarbeiten gilt jedoch etwas grundlegend anderes, so dass in insolvenzrechtlicher Hinsicht streng zwischen kauf- und werkvertraglicher Komponente des Bauträgervertrages differenziert werden muss.[483] Einen Anspruch auf Fertigstellung der Bauarbeiten hat der Erwerber im Insolvenzfall des Bauträgers gerade nicht.[484] Der Erfüllungsanspruch ist nicht insolvenzfest; der Insolvenzverwalter hat gemäß § 103 InsO[485] die Wahl, ob der baurechtliche Teil des Vertrages erfüllt wird.[486] Bei dieser Entscheidung ist naturgemäß nicht das Interesse des Erwerbers, sondern das Gläubigerinteresse maßgeblich.

Auch bieten die Entgegennahmevoraussetzungen des § 3 Abs. 1 MaBV dem Erwerber keine Vorteile im Hinblick auf die Durchsetzung von Mängelansprüchen bezüglich der bis zum Zeitpunkt der Insolvenz erbrachten Bauleistungen oder für Ersatzansprüche wegen Bauverzögerung oder die Beauftragung eines Dritten zur Fortführung der Arbeiten.[487] In dieser Hinsicht steht dem Erwerber bzgl. der nach § 3 Abs. 2 MaBV zu erbringenden Abschlagzahlungen, die nach jeder Bauphase zu leisten sind, ein Zurückbehaltungsrecht gemäß § 320 BGB zu, auf das er sich berufen kann bzw. hätte berufen können.[488]

---

[483] BGHZ 96, 275, 281; *Braun*, Insolvenzordnung, § 106, Rn. 6; *Ampferl*, Insolvenz des Bauträgers, ZWE 2006, S. 214 (218); ausführlich dazu *Gottwald/Steer*, MittBayNot 2005, S. 278 ff.

[484] Vgl. BGHZ 150, 353; *v. Heymann/Merz* in: Schimansky/Bunte/Lwowski, Bankrechts-Handbuch, Bd. I, 5. Auflage 2017, § 86, Rn. 48.

[485] Der Bauträgervertrag unterfällt den §§ 103 ff. InsO, die abschließend das Schicksal bislang noch nicht erfüllter vertraglicher Regelungen bestimmen. Das allgemeine Leistungsstörungsrecht des BGB wird von den Vorschriften der InsO in diesem Zusammenhang überlagert.

[486] Näher dazu *Ampferl*, Insolvenz des Bauträgers, ZWE 2006, S. 214 (218); vgl. auch *Kesseler*, Die Insolvenz des Bauträgers, RNotZ 2004, S. 177 ff. sowie *Piegsa*, Der Grundstückskaufvertrag in der Insolvenz des Verkäufers, RNotZ 2010, S. 433 (436 ff.).

[487] *Huber*, Länderbericht Deutschland in: Rechtsvergleichende Studie zu Kernfragen des privaten Baurechts, S. 184; *Ullmann*, NJW 2002, S. 1073 (1074); *Basty*, Rn. 41.

[488] Vgl. auch *Joussen*, Sicherungsumfang einer MaBV-Bürgschaft, NZBau 2011, S. 275 (276).

2. Sicherung durch eine Bürgschaft gemäß § 7 MaBV

Alternativ zur Erfüllung der in § 3 MaBV geregelten Voraussetzungen der Entgegennahme kann der Bauträger gemäß § 7 MaBV auch andere Sicherheiten bereitstellen. In der Praxis handelt es sich dabei in aller Regel um die selbstschuldnerische Bürgschaft einer inländischen Bank, vgl. § 2 Abs. 2 MaBV. Die Parteien können auch vereinbaren, dass anstelle der Bereitstellung einer Bürgschaft durch den Bauträger der Erwerber zunächst einen Teil der fälligen Vergütung als Sicherheit einbehält.[489]

Die Bürgschaft gemäß § 7 Abs. 1 MaBV muss alle etwaigen Ansprüche des Erwerbers auf Rückgewähr oder Auszahlung seiner Vermögenswerte umfassen und den Erwerber vor solchen Risiken schützen, die durch seine Vorleistungen und dem damit verbundenen Verlust des Zurückbehaltungsrechts entstehen.[490] Der konkrete Umfang der Bürgschaft ist nach der Rechtsprechung des BGH durch Auslegung der jeweiligen Bürgschaftserklärung und vor allem anhand des Schutzzweckes zu ermitteln.[491] Letzterer richtet sich wiederum maßgeblich nach dem von den Parteien im Bauträgervertrag vereinbarten Zahlungsmodell. Hier ist zu unterscheiden zwischen dem Grundmodell, das *Abschlags*zahlungen gemäß § 650v BGB i.V.m. § 3 Abs. 2 MaBV vorsieht und der Vereinbarung von *Voraus*zahlungen, die vom Erwerber noch vor Erbringung einer Gegenleistung (v.a. auch Bauleistung) durch den Bauträger erbracht werden müssen.

a) Bürgschaft bei Abschlagszahlungen gemäß § 3 Abs. 2 MaBV

Beim Abschlagszahlungsmodell dient eine nach § 7 MaBV zu stellende Bürgschaft dazu, die in § 3 Abs. 1 MaBV vorgesehenen Sicherungsanforderungen des Erwerbers zu ersetzen, da diese beim geplanten Beginn der Bauarbeiten noch nicht (vollständig) vorliegen, weil z.B. noch keine Vormerkung im Grundbuch eingetragen werden konnte oder die Baugenehmigung noch nicht erteilt wurde. Nach Stellung der Bürgschaft durch die Bank darf der Bauträger dann trotz des Fehlens dieser Voraussetzungen Abschlagszahlungen gemäß § 3 Abs. 2 MaBV

---

[489] *Ampferl*, Insolvenz des Bauträgers, ZWE 2006, S. 327 (328).
[490] Beck-OK BGB/*Voit*, § 632a BGB, Rn. 26.
[491] BGH, Urt. v. 09.12.2010 – VII ZR 206/09 – NJW 2011, S. 1347 (1348).

entgegennehmen. Die Bürgschaft schützt den Erwerber (lediglich) vor dem Risiko, das durch die Entgegennahmevoraussetzungen des § 3 Abs. 1 MaBV aufgefangen werden soll.[492]

Dies betrifft den Erwerb des unbelasteten Eigentums am Grundstück und die Beschaffung der für die Vertragsdurchführung erforderlichen (Bau-)Genehmigungen. Falls die Durchführung des Vertrages auf Grund des Fehlens einer *dieser* Voraussetzungen scheitert oder falls erhebliche Mängel am Bauwerk auftreten, sichert die Bürgschaft die Rückzahlungsansprüche ab, die aus einem Rücktritt oder der Geltendmachung des Schadensersatzes statt der ganzen Leistung ("großer Schadensersatz") resultieren.[493] Ebenfalls vom Sicherungszweck der Bürgschaft umfasst ist der Rückzahlungsanspruch bei Formnichtigkeit des Bauträgervertrages[494] oder bei Beendigung des Bauträgervertrages durch einen Aufhebungsvertrag.[495]

Weitere Ansprüche des Erwerbers müssen durch die Bürgschaft nicht zwingend gesichert werden.[496] Ansprüche wegen mangelhafter Ausführung der Bauleistung sind (abgesehen vom vorbezeichneten Rückzahlungsanspruch nach einem mangelbedingten Rücktritt) nicht vom Schutzzweck der Abschlagszahlungsbürgschaft umfasst; es besteht auch kein Bedarf, den Sicherungsumfang in dieser Hinsicht auszudehnen: Dem Schutz gegen die mangelhafte Bauausführung wird bereits dadurch ausreichend Rechnung getragen, dass der Erwerber die Leistung der Abschlagszahlungen auf Grund des ihm zustehenden Zurückbehaltungsrechts gemäß § 320 BGB verweigern und mit etwaigen Schadensersatzansprüchen aufrechnen kann.[497] Dem Erwerber entstehen durch die Stellung der Bürgschaft anstelle des Vorliegens der Voraussetzungen des § 3 Abs. 1 MaBV im Hinblick auf eventuelle Mängelansprüche keine Nachteile.[498]

Schließlich ist auch der Anspruch auf Fertigstellung des Bauwerks und das positive Interesse des Erwerbers nicht vom Schutz der Bürgschaft umfasst, da es sich

---

[492] *Reithmann*, Erwerber, Bauträger, Bank – Interessenausgleich im Bauträgervertrag, NJW 1997, S. 1816 (1817); vgl. auch die Ausführungen im vorigen Punkt, E. IV. 1.

[493] BGH, Urt. v. 09.12.2010 – VII ZR 206/09 - NJW 2011, 1347 (1350); im Hinblick auf einen Rücktritt bei Mängeln BGH NJW-RR 2006, S. 890 (891 f.).

[494] BGHZ 162, 378 (383).

[495] BGHZ 160, 277.

[496] *Basty*, Rn. 617 f.

[497] BGH, Urt. v. 09.12.2010 – VII ZR 206/09 - NJW 2011, 1347 (1348).

[498] Vgl. Auch *Basty*, Rn. 610.

hierbei gerade nicht um eine Vertragserfüllungsbürgschaft handelt.[499] Die Fertigstellung würde schließlich auch nicht entsprechend durch das Vorliegen der Voraussetzungen des § 3 Abs. 1 MaBV gesichert, an deren Stelle die Bürgschaft bestellt wird.

b) Bürgschaft bei Vorauszahlung des Erwerbers

Alternativ zum Abschlagszahlungsmodell können die Parteien auch vereinbaren, dass der Erwerber bereits im Voraus und vor der Erbringung von Bauleistungen durch den Bauträger Zahlungen in großem Umfang erbringt. Dies kann auch für den Erwerber, z.B. aus steuerlichen oder bilanziellen Gründen, von Interesse sein. Im Gegenzug und zur Sicherung der Vorauszahlung erhält der Erwerber dann eine Bankbürgschaft.

Noch nicht endgültig höchstrichterlich geklärt ist, ob dieses Vorauszahlungsmodell wirksam in Formular- bzw. Verbraucherverträgen vereinbart werden kann.[500] Insofern hat der BGH bezweifelt, dass eine Bürgschaft den Verlust des Leistungsverweigerungsrechts, der mit der Vereinbarung einer Vorauszahlung verbundenen ist, angemessen kompensiert.[501] Bislang allerdings wird ein Notar nicht für eine Amtspflichtverletzung haftbar gemacht, wenn der von ihm zu beurkundende Bauträgervertrag entsprechende Vorauszahlungen gegen die Stellung einer Bürgschaft vorsieht, da auch diese Vorauszahlung des Erwerbers jedenfalls nicht ungesichert erfolgt.[502]

Im Fall der Vereinbarung einer Vorauszahlung stellt sich die Risikolage des Erwerbers grundsätzlich anders dar, als beim Grundmodell des Bauträgervertrages mit Abschlagszahlungen gemäß § 3 Abs. 2 MaBV (s.o.). Entsprechend unter-

---

[499] *Basty*, Rn. 618.
[500] BGH ZfIR 2005, 300 (300); vgl. auch die Anmerkung zu diesem Hinweisbeschluss des BGH in NZBau 2005, 488; *von Rintelen* in: IBR-Online-Kommentar Bauvertragsrecht, § 632a BGB a.F., Rn. 126. Der BGH hatte zuvor die Frage, ob das Vorauszahlungsmodell gegen die Klauselrichtlinie 93/13/EWG verstößt, dem EuGH vorgelegt, der im Urt. v. 1.4.2014 – Rs C – 237/02 = NJW 2004, 1647 ausgeführt hat, dass dies vom nationalen Gericht zu entscheiden sei.
[501] BGH ZfIR 2005, S. 300 (300); vgl. auch *Kniffka/Koeble*, 11. Teil, Rn. 524.
[502] BGH, Urt. v. 10.03.2005 – IX ZR 73/01 – NJW-RR 2005, S. 1292 (1293).

scheidet sich die Vorauszahlungsbürgschaft im Hinblick auf den Sicherungszweck und Umfang erheblich von einer Abschlagszahlungsbürgschaft. Der Sicherungszweck ist weiter gefasst und umfasst neben den unter voriger Ziffer 1. dargestellten Rückzahlungsansprüchen des Erwerbers auch weitergehende Gewährleistungsansprüche wegen Baumängeln.[503] Auf Grund der Vorleistung des Erwerbers steht ihm, anders als beim üblichen Zahlungsmodell des Bauträgervertrages, bei einer Vertragsstörung kein Leistungsverweigerungsrecht zu; dieser Nachteil muss ausgeglichen werden. Folglich hat der BGH in diesen Konstellationen die Einbeziehung der Mängelrechte in den Schutzbereich der Bürgschaft gemäß § 7 MaBV mehrfach bejaht.[504] Hiernach sind „alle Geldansprüche der Erwerber, die sich aus mangelhafter oder unterlassener Erfüllung des Vertrages ergeben können", gesichert.[505] Hierzu zählen auch Schadensersatzansprüche, insbesondere Ansprüche auf Aufwendungsersatz[506] und auf Zahlung eines Vorschusses für Mangelbeseitigungskosten.[507] Laut der Entscheidung des BGH vom 18.06.2002[508] kann der Erwerber außerdem jedenfalls grundsätzlich die Kosten für die endgültige Fertigstellung des Bauwerks als Schadensersatz geltend machen, wenn die Bauarbeiten vom Bauträger nicht fortgeführt werden (können). Schäden wegen entgangener Nutzung des Vertragsobjekts oder steuerlicher Nachteile sind gemäß der Entscheidung dagegen nicht geschützt, da die Bürgschaft nach § 7 MaBV nicht der Absicherung von Vorteilen, sondern dem Schutz der Rückzahlung von im Voraus geleisteter Beträge bei Leistungsstörungen dient.

Überzeugend wird bei grundsätzlicher Zustimmung zum vorgenannten Urteil des BGH von *Probst*[509] gefordert, dass die Höhe der Ersatzansprüche auf die vom Erwerber geleisteten Vorauszahlungen begrenzt sein muss, da es sich bei dieser Bürgschaft nicht um eine generelle Erfüllungs- oder Gewährleistungsbürgschaft handelt; hierzu hat sich der BGH in seiner Entscheidung allerdings leider nicht geäußert.

---

[503] BGH, Urt. v. 29.01.2008 – XI. ZR 160/07 - NJW 2008, S. 1729 (1730).

[504] BGH, Urt. v. 29.01.2008 – XI. ZR 160/07 - NJW 2008, S. 1729; BGH, Urt. v. 22.10.2002 – XI. ZR 393/01; BGH Urt. v. 18.06.2002 – XI ZR 359/01.

[505] BGH 2.5.2002 – VII ZR 178/01 – DNotZ 2002, S 652 (652 ff.).

[506] BGHZ 172, 63 – NJW 2007, S. 1957 (1959).

[507] BGH 18.09.2007 – XI ZR 211/06 – NZM 2008, S. 49 (51); BGH 18.06.2002 – XI ZR 359/01 – DNotZ 2002, S. 871 ff.

[508] BGH 18.06.2002 – XI ZR 359/01 – DNotZ 2002, S. 871 ff.

[509] *Probst*, Anmerkungen zum Urt. des BGH v. 18.6.2002 – XI ZR 359/01, JR 2003, S. 63 (65 f.).

3. Erfüllungssicherheit gemäß § 650m Abs. 2 BGB

Zusätzlich zu den vorbezeichneten Bürgschaften ist Erwerbern, die Verbraucher sind, gemäß § 650m Abs. 2 S. 1 BGB eine Vertragserfüllungs- sowie Mängelsicherheit in Höhe von fünf Prozent der vereinbarten Gesamtvergütung bei der ersten Abschlagszahlung zu leisten, wenn Abschlagszahlungen gemäß § 650v BGB (entspricht inhaltlich § 632a Abs. 2 BGB a.F.) vereinbart wurden. § 650m BGB und § 650v BGB wurden mit Wirkung zum 1. Januar 2018 durch die Reform des Bauvertragsrechts ins BGB aufgenommen. Die Regelungen in § 650m Abs. 2 und 3 BGB ersetzen die Regelungen in § 632a Abs. 3 und 4 BGB a.F.. Auf Verlangen des Bauträgers kann die Sicherheit gemäß § 650m Abs. 2 S. 3 BGB auch durch Einbehaltung eines entsprechenden Teils der Vergütung im Rahmen der ersten Abschlagszahlung geleistet werden.[510] Alternativ kann gemäß § 650m Abs. 3 BGB eine Garantie oder ein sonstiges Zahlungsversprechen eines im Geltungsbereich des BGB tätigen Kreditinstitutes eingeholt werden. Hierbei handelt es sich in der Regel um eine Bürgschaft;[511] diese ist jedoch streng von der Abschlagszahlungsbürgschaft[512] gemäß § 7 MaBV zu unterscheiden, welche dazu dient, die in § 3 Abs. 1 MaBV geregelten Voraussetzungen der Entgegennahme von Abschlagszahlungen durch den Bauträger zu ersetzen.[513] Die Bürgschaft gemäß § 650m Abs. 2, und 3 BGB, bzw. die auf dieser Regelung beruhenden Sicherheitsleistungen allgemein, sollen den Verbraucher-Erwerber im Gegensatz dazu zusätzlich zu den bereits bestehenden Sicherheiten vor den Risiken der verspäteten Erbringung und der mangelhaften Ausführung der Bauleistung durch den Bauträger schützen.[514] Dies gilt insbesondere auch im Fall der Insolvenz des Bauträgers.[515]

---

[510] Vgl. dazu auch BT-Drucks. 16/511, S. 15 zur Vorgängervorschrift in § 632a Abs. 3 BGB a.F.

[511] *Monreal*, DNotZ 2015, S. 173 (174) im Hinblick auf die Vorgängervorschrift in § 632a Abs. 3 BGB a.F.

[512] Siehe oben, E. IV. 2. a).

[513] Ausführlich dazu, *Monreal*, DNotZ, S. 173 (175 ff.) und oben. E. IV. 2. a).

[514] MüKo/*Busche*, § 650m, Rn. 4; zur Vorgängerregelung des § 632a BGB a.F.: *Basty*, Forderungssicherungsgesetz und Bauträgervertrag, DNotZ 2008, S. 891 (897).

[515] Begr. RegE zum FoSiG, BT-Drs. 16/511, 11, 15; vgl. auch MüKo/*Busche*, § 650m, Rn. 4.

V. Zwischenfazit

Nach näherer Betrachtung der Instrumente, die in England und Deutschland zur Absicherung der jeweiligen Insolvenzrisiken herangezogen werden, bestätigt sich, dass sich die angewandten Methoden grundlegend unterscheiden. Ein Gesetzesakt, der wie die MaBV prägende, gewerberechtliche Vorschriften zum Erwerberschutz beinhaltet, ist in England nicht vorhanden. Dies ist aus deutscher Perspektive und bei Berücksichtigung der hiesigen Risikolage auf den ersten Blick bemerkenswert. Es ist kaum vorstellbar, dass ein wirtschaftlich hochrelevantes Thema, wie der Schutz des Erwerbers bei Insolvenz des Bauträgers, dem Markt oder Berufsverbänden überlassen wird, wie dies letztlich in England der Fall ist. Dort erfolgt der Schutz auf dem Wege berufsständischer Selbstkontrolle durch die oben dargestellten und vom *NHBC* vorgeschriebenen Insolvenz- und Mängelversicherungen.[516] Ein spezielles staatliches bzw. gesetzliches Regulierungssystem ist in England und Wales aber auch nicht, bzw. nicht in dem Maße wie in Deutschland, erforderlich, da das Insolvenzrisiko für den Erwerber einerseits auf Grund der Zahlungsmodalitäten und andererseits wegen der frühen dinglichen Sicherung des Erwerbers (Entstehung einer *lien* zu Gunsten des Erwerbers, die diesen dinglich sichert bereits bei Abschluss des Vertrages), erheblich geringer ist.[517] Das englische System, das die Standards auf dem Wege der berufsständischen Selbstkontrolle und mittels des *NHBC*-Versicherungssystems sichern soll, hat sich zudem seit Jahrzehnten bewährt.

Im Ergebnis sind die Erwerber in England und in Deutschland jedenfalls im Hinblick auf ihre geleisteten Zahlungen abgesichert, unabhängig davon, ob es sich dabei um Voraus- oder Abschlagszahlungen handelt. Der Schutz wird jedoch auf völlig unterschiedliche Art und Weise hergestellt: In England vor allem durch die private *NHBC*-Versicherung und in Deutschland durch die Schutzvorschriften der MaBV.

Dagegen tragen die Erwerber in beiden Ländern letztlich gleichermaßen das Risiko, dass der Bau in der Insolvenz des Bauträgers nicht fertiggestellt werden kann. Zwar ist in England auf Grundlage der *NHBC*-Versicherung die Möglich-

---

[516] Siehe oben, E. II. und auch B. V. 1.
[517] Siehe oben, C. V. 1.

keit vorgesehen, dass die Kosten der Baufortsetzung durch einen Drittunternehmer übernommen werden. Die Kostenübernahme ist aber auf 10 Prozent der Vertragssumme begrenzt. Zudem steht es zur Disposition des Versicherers, statt der Kostenübernahme die Bauarbeiten in Eigenregie weiterzuführen oder aber, was sehr viel wahrscheinlicher ist, dem Erwerber die Anzahlung zurückzuerstatten, ohne dass dieser das Grundstück noch erhält. In Deutschland hat der Erwerber bei Insolvenz des Bauträgers ebenfalls keinen sicheren Anspruch auf Fertigstellung der Bauarbeiten. Im Hinblick auf die Übertragung des Eigentums am Grundstück inklusive des nur teilweise errichteten Gebäudes ist zu unterschieden: Sofern das Grundstück neben der gemäß § 3 Abs. 1 Nr. 1 MaBV im Grundbuch zu Gunsten des Erwerbers einzutragenden Vormerkung im Übrigen lastenfrei ist, kann der Erwerber den lastenfreien Eigentumsübergang sicher herbeiführen. Sollte das Grundstück dagegen noch mit einer Grundschuld zu Gunsten einer den Bauträger finanzierenden Bank belastet sein, was häufig der Fall sein dürfte, kann die Bank gemäß § 3 Abs. 1 S. 3 MaBV anstelle der Freistellung des Grundstücks dem Erwerber auch dessen bis dahin geleisteten Zahlungen bis zum Wert des aktuellen Bautenstandes erstatten. Auch die zuvor beschriebenen Bürgschaften (Abschlagszahlungsbürgschaft, Vorauszahlungsbürgschaft, (Verbraucher-)Erfüllungsbürgschaft) bieten keinen Schutz gegen das Fertigstellungsrisiko.

Ob die Rückerstattung der bislang geleisteten Zahlungen an den Erwerber für diesen in jedem Fall die wirtschaftlich sinnvollere Variante gegenüber der Fortsetzung der Bauarbeiten darstellt, dürfte auch von der Art des Bauprojekts abhängen. Sowohl in England als auch in Deutschland haben es die Erwerber aber letztlich nicht in der Hand, ob die Bauarbeiten im Insolvenzfall fortgesetzt oder stattdessen die geleisteten Zahlungen zurückerstattet werden.

Der Vergleich bringt an dieser Stelle die Erkenntnis, dass die Voraussetzungen, unter denen dieses in wirtschaftlicher Hinsicht gleiche Ergebnis zustande kommt, in beiden Ländern grundverschieden sind. Insofern steht dem kaum staatlich regulierten englischen System, das die Folgen der Insolvenz weitgehend durch private Versicherungen zu lösen versucht, der deutsche Ansatz gegenüber, der den Risiken durch zwingendes Gesetzesrecht begegnet. Es muss aber erneut betont werden, dass auf Grund der verschiedenen Zahlungsmodalitäten bereits die wirtschaftlichen Rahmenbedingungen grundlegend verscheiden sind.

F. Pflichten des Bauträgers

Den Bauträger bzw. *developer* trifft ein breites Spektrum unterschiedlicher Pflichten, die sich in erster Linie aus dem Vertrag, aber darüber hinaus auch aus verschiedenen anderen Grundlagen ergeben. Gerade im Hinblick auf die Haftung für die physischen Eigenschaften des Grundstückes ergeben sich zumindest in technischer Hinsicht große Unterschiede zwischen dem englischen und deutschen System. Die Ursachen hierfür liegen unter anderem im *caveat emptor*-Prinzip[518], wodurch im englischen Recht eine Sachmängelhaftung nach deutschem Prinzip für Grundstücke ausgeschlossen wird.

Die über Jahrhunderte gewachsenen, eigenwilligen Strukturen des englischen Grundstücksrechts und des Registerwesens bringen weitere Besonderheiten wie die Pflicht des Verkäufers zum Nachweis des bestehenden Rechtes am Grundstück mit sich, die so in Deutschland nicht existiert; deren Bedeutung hat sich allerdings in den letzten Jahren relativiert. Ein Alleinstellungsmerkmal des englischen Rechts bildet darüber hinaus die Etablierung eines *trust* bzw. *trust*-ähnlichen Verhältnisses zwischen Vertragsabschluss und Vollendung, aus dem sich für den Bauträger treuhänderische Pflichten ergeben.

Deutlich vergleichbarer verläuft dagegen die Haftung des *developer* bzw. des deutschen Bauträgers für die Qualität des Bauwerkes. Auf deutscher Seite sind im Zuge der Baudurchführung die sich aus der MaBV ergebenden besonderen Schutzpflichten des Bauträgers zu berücksichtigen, denen in England und Wales kein Äquivalent gegenübersteht, was auf den bereits erwähnten unterschiedlichen Zahlungsmodalitäten des jeweiligen Bauträgermodells beruht. Im Hinblick auf die Darstellung der besonderen Sicherungspflichten des Bauträgers gemäß der MaBV wird auf die obigen Ausführungen zur Bewältigung des Insolvenzrisikos unter Gliederungspunkt E. IV. verwiesen.

Auf das Pflichtenprogramm des Bauträgers in England und Wales finden mangels spezieller gesetzlicher Fixierung oder Kategorisierung des Bauträgervertrages die

---

[518] Siehe dazu auch F. I. 2.

allgemeinen Regeln des *common law* Anwendung. Insbesondere zu berücksichtigen sind dabei die Grundsätze, die für den Kauf von Rechten an Grundstücken und für die Planung und Errichtung von Gebäuden gelten. Das individuelle Pflichtenprogramm geht nahezu immer auf Formularverträge oder Standardbedingungen zurück, die stark auf das jeweilige Projekt zugeschnitten sind. Die bereits erwähnten *Standard Conditions of Sale* (*SCOS*) sind fester Bestandteil der Praxis. Auf alle Einzelheiten der Verträge kann auf Grund der Natur dieser Arbeit nicht eingegangen werden, so dass sich die Darstellung der Pflichten insbesondere hinsichtlich der Errichtung auf die wesentlichen Punkte bzw. die übergeordneten Pflichten beschränkt.

I. Übertragung der Rechtsposition am Grundstück

Die Darstellung der Pflichten, die mit der Übertragung der am Grundstück bestehenden Rechte verbunden sind, ist komplex. Auf Grund der eigenwilligen Struktur[519] des englischen Grundstücksrechtes lassen sich die unterschiedlichen Verpflichtungen keiner einheitlichen Grundlage zuordnen; sie beruhen auf dem Kauf- bzw. Bauträgervertrag, auf *covenants for title* sowie einem *trust* bzw. einem *trust*-ähnliches Verhältnis. Prägend auf das Pflichtenprogramm wirkt sich insbesondere das *caveat emptor*-Prinzip aus: Hiernach haftet der Grundstücksverkäufer nicht für die physische Qualität des Grundstückes, weswegen der Käufer immer zu einer genauen Überprüfung des Vertragsgegenstandes angehalten ist.[520] Allerdings kann der *developer* im Rahmen eines Bauträgervertrages letztlich auf anderem Wege für die Qualität des Grundstückes und Gebäudes zur Verantwortung gezogen werden und zwar mittels der Haftung für die Qualität des zu errichtenden Bauwerkes. Wenn letzteres in Folge von Grundstücksmängeln selbst fehlerhaft ist bzw. nicht den vertraglich vorhergesehenen Zweck erfüllt, liegt eine Verletzung der Pflicht zur vertragsgemäßen Errichtung vor.[521] Demnach ist der *developer* nur auf den ersten Blick von einer Haftung für die Qualität des Grundstückes befreit; tatsächlich kann sie sich auf die Haftung für die Errichtung des Gebäudes verlagern.

---

[519] Siehe oben, B. IV. 1.

[520] *Jenson v Faux* [2011] 1 W.L.R. 3038; vgl. auch *Sykes v Taylor-Rose* [2004] 2 P. & C.R. 30.

[521] *Hancock v BW Brazier (Anerley) Ltd* [1966] 1 W.L.R. 1317; *Young & Marten Ltd. v McManus Childs* [1969] 1 A.C. 454; siehe ausführlich zum Verhältnis des *caveat emptor*-Prinzips und der Pflicht des *developer* zur Errichtung des Gebäudes unten, E. II. 7.

Im Kern zu betrachten sind vorliegend die Pflichten des *developer* zur Übertragung des vertraglich vereinbarten Rechtes am Grundstück, zur Offenbarung versteckter Rechtsmängel, zum Nachweis der Inhaberschaft bzgl. des Rechtes sowie die sich aus den *covenants* ergebenen Verpflichtungen.

1. Verschaffung des vertraglich beschriebenen Eigentumsrechts in England

Der *developer* muss dem Erwerber das vertraglich vereinbarte Recht am Grundstück übertragen bzw. einräumen. Diese grundlegende Pflicht der Übertragung des Eigentums am Kaufgegenstand wird individualvertraglich zwischen den Parteien vereinbart, eine ausdrückliche Verankerung in den *SCOS* oder in den *covenants for title*[522] existiert, anders als im Rahmen des § 433 Abs. 1 S. 1 BGB, nicht.

In den *SCOS* und den *covenants for title* werden jedoch jeweils genauere Umstände der Übertragung des Eigentumsrechtes festgelegt,[523] so dass sich auch hieraus zumindest indirekt die Pflicht zur Übertragung des Eigentumsrechtes am Grundstück ableiten lässt.

Eingeschlossen von der Übertragungspflicht ist die Pflicht, das Grundstück und das Eigentumsrecht umfassend zu beschreiben.[524] Dies geschieht in den *particulars of sale* des Vertrages, wo zunächst die Art des einzuräumenden oder zu übertragenden Rechtes am Grundstück benannt wird.[525] Zudem müssen versteckte inhaltliche Belastungen offengelegt werden.[526] Diese Offenbarungspflicht bedarf jedoch einer gesonderten Erörterung im folgenden Gliederungspunkt. Werden keine näheren Angaben zur Art und Inhalt des Herrschaftsrechtes gemacht, ist davon auszugehen, dass unbelastetes *freehold* Gegenstand des Vertrages ist.[527]

Konkret vorgesehen ist in *condition 3.1.1 SCOS*, dass der Verkäufer das Eigentumsrecht rechtsmangelfrei (*free from incumbrances*) übertragen muss. Dieser

---

[522] Dazu sogleich, E. I. 4.

[523] Z.B. sind in *condition 3.1.2 SCOS* die Eigenschaften des zu übertragenden Eigentumsrechts festgelegt; Ähnliche wird durch den *covenant for freedom of charges and incumbrances* (dazu E. I. 4. a) cc)) geregelt.

[524] *Swaisland v Dearsley* (1861) 29 Beav. 430 at 436; vgl. auch *Megarry/Wade*, 15-066.

[525] *Abbey/Richards*, S. 9: Hier wird dargelegt, ob es sich um *freehold* oder *leasehold* handelt oder, im Falle einer *lease*, um eine *head lease* oder *sub lease*.

[526] *Megarry/Wade*, 15-070.

[527] *Timmins v Moreland Street Properties Ltd* [1958] Ch 110 at 118.

Grundsatz wird durch einen Verweis auf *condition 3.1.2 SCOS* wiederum eingeschränkt, die in den Ziffern *(a)-(f)* Regelungen zur Begrenzung der Haftung des
Verkäufers bereithält. Hiernach sind Mängel nicht als Rechtsmängel einzustufen,
wenn sie Gegenstand des Vertrages sind *(a)*, der Käufer sie bei einer Inspektion
hätte erkennen können *(b)*, der Verkäufer sie weder kannte noch kennen musste
(c), der Käufer von ihnen wusste, es sei denn, es handelte sich um eine *mortgage*
(d), sie in einem öffentlichen Register eingetragen waren *(e)* oder sie öffentlich-
rechtliche Anforderungen darstellen *(f)*.

Neben den rechtlichen Eigenschaften müssen auch die physischen Merkmale des
Grundstückes, wie dessen Größe und der Grenzverlauf, dargelegt werden; im Fall
von registrierten Grundstücken wird die im Register eingetragene Beschreibung
übernommen.[528] In den *SCOS* wird diese Pflicht allerdings eingeschränkt: Gemäß
condition 4.4 (a),(b) SCOS muss der Verkäufer weder den exakten Grenzverlauf
darlegen, noch offenlegen, wer die Rechte an eventuell vorhandenen Grenzanal-
gen innehat. Darüber hinaus muss er auch keine Informationen über Teile des
Grundstückes, an denen Eigentumsrechte Dritter bestehen, darlegen, sofern er von
diesen Informationen nicht bereits Kenntnis hat, *condition 4.4 (c) SCOS*.

Bei Bauträgerverträgen muss zusätzlich das zu errichtende Gebäude in physischer
Hinsicht beschrieben werden. Hierzu werden die Baubeschreibung und die Baupläne in den Vertrag mit einbezogen,[529] was in den *particulars of sale* geschieht.
Darüber hinaus werden neben der Immobilie häufig auch bewegliche Sachen
(Einrichtungsgegenstände etc.) veräußert. Diese *chattels* müssen ebenfalls in den
particulars of sale aufgeführt werden. Davon abzugrenzen sind mit dem Grundstück fest verbundene Gegenstände (*fixtures*); eine Differenzierung ist nicht immer unproblematisch[530] und kann Auswirkungen auf die Höhe des Kaufpreises
haben, da auf die vom Grundstück getrennt einzustufenden *chattels* keine Grunderwerbssteuer (*Stamp Duty Land Tax*) anfällt.[531] Zudem dürfen *fixtures* nach der
Übereignung des Grundstückes nicht mehr vom Verkäufer entfernt werden[532] und

---

[528] *Megarry/Wade*, 15-066.
[529] *Abbey/Richards*, S. 377.
[530] Vgl. hierzu *Botham v T.S. B. Bank plc.* (1997) 73 P. & C.R.D.1, in der eine Vielzahl unterschiedlicher Gegenstände als *chattels* oder *fixtures* kategorisiert werden.
[531] Siehe oben, B. IV. 1.
[532] *Phillips v Lamdin* [1949] 2 K.B. 33.

können im Gegensatz zu einem *chattel* Gegenstand von dinglichen Sicherungs-rechten (*mortgage*) sein.[533]

2. Offenbarung versteckter Rechtsmängel – *Duty of disclosure*

Wie bereits erwähnt, gibt es auf Grund des *caveat emptor*-Prinzips in England und Wales im technischen Sinne keine Haftung für physische und erkennbare rechtliche Mängel am Grundstück. Von der Haftung des *developer* umfasst sind dagegen versteckte rechtliche Belastungen, die im Rahmen einer Offenbarungs-pflicht (*duty of disclosure*) bereits vor Vertragsschluss vom Verkäufer bzw. Bau-träger offengelegt werden müssen.[534] Eine Haftungsentlastung auf Grund von Un-kenntnis kommt in dieser Konstellation nicht in Betracht, es handelt sich um eine absolute Pflicht.[535] Als versteckte Rechtsmängel kommen z.B. *restrictive covenants*[536] (entsprechen in ihrer Funktion in etwa einer deutschen Unterlassungsdienstbarkeit) in Frage, die in keinem Register verzeichnet sind; hierauf wird in Kürze noch genauer einzugehen sein.

In den vielgenutzten Formularbedingungen der *SCOS* wird die *duty of disclosure* dagegen in genau diesem Punkt eingeschränkt: Der Verkäufer muss gemäß *condition 3.1.2(c) SCOS* für Mängel, die er weder kannte noch kennen musste, keine Haftung übernehmen. Sollte der Verkäufer nach Vertragsschluss jedoch Kenntnis von Neuerungen im Hinblick auf Belastungen oder öffentlich-rechtliche Anfor-derungen erlangen, hat er den Käufer hiervon unverzüglich und schriftlich zu un-terrichten, *condition 3.1.3 SCOS*.

Die *duty of disclosure* spiegelt sich in der Verpflichtung des Verkäufers wider, das Recht am Grundstück frei von versteckten Mängeln (*free from latent incumbrances*) zu übertragen.[537] Von einer Nichtoffenlegung versteckter Mängel

---

[533] *Botham v T.S. B. Bank plc.* (1997) 73 P.&C.R.D.1; *Thompson*, S. 15.

[534] *Reeve v Berridge* (1880) 20 Q.B.D. 523 at 528; *Re White and Smith's Contract* [1896] 1 Ch. 637 at 641; Halsbury's Laws of England 42: Sale of Land [*Battersby*] para 61; *Megarry/Wade*, 15-069.

[535] Halsbury's Laws of England 42: Sale of Land [*Battersby*] para 62 mit dem Hinweis auf *Re Brewer and Hankin's Contract* (1899) 80 LT 127; *Megarry/Wade*, 15-070.

[536] *Re Stone and Saville's Contract* [1963] 1 W.L.R. 163.

[537] Diese Pflicht ergibt sich aus der Absprache zwischen den Parteien sowie aus dem unter F. I. 4. cc) beschriebenen *covenant for freedom of charges and incumbrances*.

durch den *developer* sind daher beide Pflichten betroffen. Auch wenn es an dieser Stelle zu Überschneidungen kommt, so bringt die zusätzliche Existenz der Offenbarungspflicht im vorvertraglichen Bereich einen wichtigen Vorteil für den Käufer: Falls zwischen Vertragsschluss und Vollendung ein bis dahin unbekannter Mangel auftritt, kann der Käufer sogleich Rechtsbehelfe geltend machen und Abstand vom Vertrag nehmen (*rescission*[538]) oder Schadensersatz verlangen.[539] Ohne die Existenz der *duty of disclosure* müsste er hiermit bis zur Erfüllung des Geschäftes (*completion*) warten, denn bis zu diesem Zeitpunkt hätte der Verkäufer Zeit und Gelegenheit, etwaige Mängel zu beseitigen und das Eigentumsrecht abredegemäß zu übertragen.[540]

Die Rechtsnatur der Offenbarungspflicht war immer wieder Gegenstand von Diskussionen; in *Carlish v Salt* wurde die Nichtoffenlegung wichtiger Eigenschaften eines Grundstückes als eine dem *fraud* ähnliche Handlung gesehen.[541] Die Konsequenz daraus wäre eine Einstufung der *duty of disclosure* als deliktische Pflicht im vorvertraglichen Bereich. Dennoch gewährte das Gericht dem Kläger im zu Grunde liegenden Fall die bei einem Vertragsbruch anwendbaren Rechtsbehelfe der *termination*, der Rückzahlung der Anzahlung und des Schadensersatzes, was *Harpum* in seinem Beitrag nachvollziehbar als „*illogical*" bezeichnete.[542]

Die Anwendung vertraglicher Rechtsbehelfe spricht letztlich für die Qualifikation der *duty of disclosure* als *implied term* des Vertrages, welche heute weitgehend anerkannt ist; schon die Absprache zwischen den Parteien soll gewährleisten, dass der Käufer sich auf Grund des überlegenen Wissens des Verkäufers auf diesen

---

[538] Vgl. zur *rescission* auch G. I. 4.

[539] *Harpum*, Selling without title: a vendor's duty of disclosure? L.Q.R. 1992 108 (Apr) 280, 281.

[540] *Harpum*, L.Q.R. 1992 108 (Apr) 280, 281.

[541] *Carlish v Salt* [1906] 1 Ch. 335; in der Entscheidung wurde die Pflicht als *Facet of the law of fraud* bezeichnet; zugesprochen wurde der verletzten Partei später jedoch Schadensersatz auf Grund eines *breach of contract*; *Harpum*, S. 332.

[542] *Harpum*, Selling without title: a vendor's duty of disclosure? L.Q.R. 1992 108 (Apr) 280, 327.

verlassen kann.[543] Das Hauptziel der *duty of disclosure* liegt im Vertrauensschutz zwischen den Parteien, darüber hinaus soll Missbrauch vorgebeugt werden.[544]

Das Konzept einer Pflicht zur Offenbarung versteckter Mängel vor Vertragsschluss fußt letztlich auf dem *uberrima fides*-Grundsatz, der bei Verträgen eingreift, bei denen die Kenntnis der genauen Umstände des Vertragsgegenstandes stark überwiegend oder allein bei einer Partei liegt.[545] Diese ist dann zu besonderer Rücksichtnahme und zur Aufklärung über die Einzelheiten des Vertragsinhaltes verpflichtet. In erster Linie spielt das bei Versicherungsverträgen eine Rolle, Grundstückskaufverträge sind grundsätzlich keine Verträge *uberrimae fidei*, hier gilt schließlich das *caveat emptor*-Prinzip.[546] Aber im Hinblick auf versteckte rechtliche Mängel gilt dagegen mit der Offenbarungspflicht etwas anderes. Der Ursprung dafür liegt wiederum im naturrechtlichen Prinzip der Chancengleichheit bei Verträgen und stärkt die Position des Käufers, der im Gegensatz zum Verkäufer bei Vertragsschluss weder weiß, noch eigenständig ermitteln kann, ob und wenn ja, welche versteckten rechtlichen Mängel am Grundstück bestehen.[547]

Grundsätzlich sind erkennbare rechtliche Belastungen sowie physische Mängel vom *caveat emptor* Prinzip erfasst und müssen daher vom Verkäufer nicht offenbart werden.[548] Dies gilt allerdings nur insoweit, als diese Mängel bei einer sorgfältigen Inspektion bzw. Durchsicht des Registers für den Käufer auch zu erkennen sind.[549] Ist dies nicht der Fall, kann sich der Verkäufer nicht auf das *caveat emptor*-Prinzip berufen, selbst wenn etwaige Beeinträchtigungen zum Gegenstand des Vertrages gemacht wurden:

In *Faruqi v English Real Estates Ld* aus dem Jahr 1922 legte ein Grundstücksverkäufer keine Informationen bzgl. einer ihm bekannten, das Grundstück belastenden *deed* offen, bot dem Käufer aber die Möglichkeit an, diesbezüglich selbst

---

[543] *Harpum*, Selling without title: a vendor's duty of disclosure? L.Q.R. 1992 108 (Apr) 280, 332.
[544] *Harpum*, Selling without title: a vendor's duty of disclosure? L.Q.R. 1992 108 (Apr) 280, 332.
[545] *Chitty on Contracts*, Vol. I, 6-142, 6-156.
[546] *Chitty on Contracts*, Vol. I, 6-156; *Anson's Law of Contract*, S. 358 f.
[547] *Harpum*, Selling without title: a vendor's duty of disclosure? L.Q.R. 1992 108 (Apr) 280, 314 f.
[548] *Chitty on Contracts*, Vol. I, 6-142, 6-156.
[549] *Reeve v Berridge* [1888] L.R. 10 Q.B.D. 523.

Nachforschungen durchzuführen. In diesem Zusammenhang erhob der Käufer Nachfragen zum Inhalt der seit 1883 bestehenden *deed*, die sich, wie sich sodann herausstellte, nicht (mehr) ermitteln ließ. Hierzu äußerte sich der Verkäufer jedoch nicht weiter, sondern forderte später die Erfüllung des Vertrages. Er berief sich dabei auf die Absprache, die den Käufer verpflichtete, das Grundstück mitsamt allen Beeinträchtigungen zu erwerben. Bei strenger Anwendung der Grundsätze des *common law* war ihm in diesem Punkt recht zu geben. In *equity* jedoch konnte er sich hierauf nicht berufen, da der Käufer bei Vertragsschluss nicht wissen konnte, dass der Inhalt der *deed* trotz der vom Verkäufer zugestandenen Möglichkeit der Nachforschung nicht zu ermitteln war. Dieses Risiko kannte nur der Verkäufer und hätte hierauf hinweisen müssen:

> "*It has for a long time been the view of equity that if there is a defect in the title and the vendor knows that there is a defect (...) then it is the duty of the vendor to disclose the same fully and frankly in the particulars or in the conditions, or at rate in some place where the purchaser's attention will be drawn to it.*"[550]

Demnach ist der Verkäufer ebenfalls nach den Prinzipien der *equity* verpflichtet, den Käufer über ihm bekannte Mängel vollumfänglich und offen (*„fully and frankly"*) zu informieren. Ausreichend für eine angemessene Warnung wäre ein Hinweis auf einen möglicherweise belastenden Inhalt der *deed* gewesen.

Für die Frage einer Verletzung der *duty of disclosure* ist entscheidend, wie die Mängel hinsichtlich ihrer Erkennbarkeit qualifiziert werden. Eine klare Zuordnung ist allerdings nicht immer einfach, häufig kommt es auf den Einzelfall an. Sogar physische Beeinträchtigungen können unter die Offenbarungspflicht des Verkäufers fallen, wenn sie gleichzeitig einen versteckten Rechtsmangel darstellen.[551] Die Klassifizierung als versteckter Mangel wird grundsätzlich für *restrictive covenants*[552] und *rentcharges*[553] bejaht.

---

[550] *Faruqi v. English Real Estates Ltd* [1979] 1 W.L.R. 963 at 967.
[551] *Kessel*, Erwerb und Besitz einer Immobilie in England und Wales, in: Haus- und Grundbesitz im Ausland, Gruppe 4 / L, S. 48 f.
[552] *Re Stone and Saville's Contract* [1963] 1 W.L.R. 163.
[553] *Rignall Developments Ltd v Halil* [1988] Ch. 190.

Auch wenn es im Übrigen häufig auf den Einzelfall ankommt, wurden in der Entscheidung *Yandle & Sons v Sutton*[554] Rahmenbedingungen für die Anforderungen an einen offenkundigen Mangel (*patent defect*) geschaffen. Ein *patent defect* ist demnach ein solcher, "[...] *which arises to the eye, or by necessary implication from something which is visible to the eye*".[555] Der Mangel muss hiernach erkennbar sein oder sich aus erkennbaren Umständen ergeben. Konkret ging es im Fall um ein Wegerecht, das an einem zu verkaufenden Grundstück bestand und welches weder aus dem Register noch durch eine Inaugenscheinnahme des Grundstückes ersichtlich war. Zwar war ein unbefestigter Schotterweg vorhanden, diese Tatsache allein ließ nach Ansicht des Gerichtes aber noch nicht den zwingenden Schluss auf ein bestehendes Wegerecht zu. Folglich lag kein *patent defect*, sondern ein *latent defect* (versteckter Mangel) vor, den der Verkäufer hätte offenlegen müssen.

In der Entscheidung *Rignall Developments Ltd v Halil*[556] vereinbarten die Parteien, dass der Käufer das Grundstück inklusive etwaiger im *Local Land Charges Register* eingetragener Belastungen erwirbt, unabhängig davon, ob er das Register zuvor einsieht. Die Anwälte des Verkäufers besaßen die Kopie einer *charge*, welche das Grundstück belastete, so dass dem Verkäufer Kenntnis von dem Mangel zuzurechnen war. Eine Offenlegung unterblieb jedoch, obwohl der Verkäufer zuvor versichert hatte, bei der noch sattfindenden Auktion auf eventuelle Mängel hinzuweisen.[557] Der Käufer verließ sich in der Folge darauf, dass keine belastenden Eintragungen bestanden und stellte keine weiteren Nachforschungen an. Der Verkäufer konnte sich später nicht auf Erfüllung des Vertrages berufen, da er gegen die Pflicht aus *equity* zur vollumfänglichen Offenlegung verstoßen hatte. Die Tatsache, dass es sich im Fall um einen Mangel handelte, den der Käufer hätte erkennen können, half dem Verkäufer in dieser Konstellation nicht weiter.

Zusammengefasst besteht also nicht nur *at law*, sondern auch in *equity* eine Pflicht zur Offenlegung von Mängeln. Im ersten Fall wird sie, vorbehaltlich einer abweichenden Parteiabsprache, durch einen *implied term* Gegenstand des Vertrages.

---

[554] [1922] 2 Ch. 199.
[555] *Yandle & Sons v Sutton* [1922] 2 Ch. 199 at 210 per Sargant J.
[556] [1987] 3 W.L.R. 394.
[557] Vgl. dazu auch *Harpum*, L.Q.R. 1992 108 (Apr) 280, 282.

In equity folgt aus der Offenbarungspflicht (*duty to make full and frank disclosure of defects in title*), dass sich der Verkäufer nicht darauf berufen kann, dass der Käufer bestehende Mängel hätte kennen müssen, wenn er selbst Kenntnis hatte bzw. hätte haben müssen und das Vertrauen des Käufers in die Mangelfreiheit bestand. Um einem Haftungsrisiko von vorneherein zu entgehen, muss der Verkäufer daher alle Beeinträchtigungen offenlegen, auch wenn dies eigene Nachforschungen erfordert.

Auch in Deutschland kann der Grundstücksverkäufer vor dem Vertragsschluss zur Offenbarung versteckter Mängel verpflichtet sein. Wenn diese nicht vom Erwerber erkannt werden können, trifft den Veräußerer eine vom BGH entwickelte Pflicht zur unaufgeforderten Offenlegung,[558] welche aber nicht zu streng interpretiert werden darf.[559] Eine allgemeine Untersuchungspflicht des Verkäufers im Hinblick auf den Verkaufsgegenstand ist hiervon nicht umfasst, um die Haftung des Verkäufers nicht uferlos auszudehnen; wenn der Verkäufer dagegen besondere Sachkunde hat oder es sich um Mängel handelt, die der Käufer nicht ohne weiteres selbst erkennen kann, besteht eine Pflicht zur Offenbarung.[560]

Bei arglistig verschwiegenen Mängeln kommt auch nach Gefahrübergang (ausnahmsweise) eine Haftung aus §§ 280 Abs. 1, 311 Abs. 2 i.V.m. § 241 Abs. 2 BGB (*culpa in contrahendo*) in Betracht; ansonsten sind die kaufrechtlichen Gewährleistungs- und Verjährungsregeln anzuwenden.[561] Im Übrigen folgt hieraus unter Umständen die Anfechtbarkeit des Rechtsgeschäftes wegen arglistiger Täuschung gemäß § 123 BGB, wobei das Verhältnis der Anfechtung und einem Anspruch auf Vertragsaufhebung auf dem Weg der Naturalrestitution nach den Grundsätzen der c.i.c. umstritten ist; die Rechtsprechung hat eine parallele Anwendung der Institute aber mehrfach ausdrücklich bejaht.[562] Ebenfalls in Betracht

---

[558] BGHZ 132, 30 (34); BGH NJW 2001, S. 64 (64 f.); Staudinger/*Matusche-Beckmann*, § 438, Rn. 112; etwas anderes gilt nur, wenn der Käufer bei eigener Sorgfalt selbst hätte wahrnehmen können; vgl. dazu auch MüKo/*Westermann*, § 434, Rn. 55.

[559] MüKo/*Westermann*, § 434, Rn. 55; Staudinger/*Matusche-Beckmann*, § 438, Rn. 102.

[560] *Gröschler*, Die Pflicht des Verkäufers zur Aufklärung über Mängel nach neuem Kaufrecht, NJW 2005, S. 1601 (1601 f.); Staudinger/*Matusche-Beckmann*, § 438, Rn. 106.

[561] BGH NJW 2009, S. 2120 (2122 f.); Staudinger/*Beckmann*, § 433, Rn. 137.

[562] Das Verhältnis zwischen der Anfechtung und einem Anspruch auf Vertragsaufhebung auf dem Weg der Naturalrestitution nach den Grundsätzen der c.i.c. ist umstritten; die Rspr. hat eine parallele Anwendung der Institute aber mehrfach ausdrücklich bejaht, BGH NJW 1962, S. 1196 (1198); BGH NJW 2006, S. 1955 (1957).

zu ziehen ist eine deliktische Haftung gemäß § 823 II BGB i.V.m. § 263 StGB und § 826 BGB.[563]

Vor dem Vertragsabschluss muss der Bauträger in Deutschland den Erwerber über alle Umstände in Kenntnis setzen, die für die Entscheidung, das Geschäft einzugehen, von Bedeutung sein können.[564] Exemplarisch sind geplante Baumaß- nahmen im Umfeld des vertragsgegenständlichen Grundstückes und hiermit even- tuell verbundene Emissionen[565] oder korrekte Angaben im Hinblick auf Steuer- vorteile[566] sowie die Vermietbarkeit bzw. die zu erwartende Höhe der Mietzinsen, die durch die Immobilie generiert werden können[567]. Werden von Seiten des Er- werbers während der Vertragsverhandlungen Änderungs- oder Sonderwünsche geäußert, muss der Bauträger auf gegebenenfalls weitere erforderliche Baugeneh- migungen hinweisen.[568] Während der Bauphase ist der Bauträger ebenfalls ver- pflichtet, den Erwerber bzgl. der Wartung einzelner Bauteile oder Anlagen in Kenntnis zu setzen.[569]

Hier zeigen sich Parallelen zu der im englischen Recht verankerten *duty of disclo- sure*, auch wenn letztere einen anderen Anwendungsbereich hat, da sie nur bei versteckten rechtlichen Mängeln eingreift (s.o.).[570] Beide Rechtsinstitute beziehen sich jedoch auf den Zeitraum vor Vertragsschluss bzw. den Moment des Vertrags- abschlusses und verfolgen den gleichen Zweck: Der Käufer soll vor für ihn nicht erkennbaren Unwägbarkeiten des Geschäftes bereits im Vorfeld geschützt wer- den. Die vom BGH entwickelte Pflicht zur Offenbarung verlagert die Haftung „nur" in das für den Käufer vorteilhaftere allgemeine Schuldrecht; demgegenüber hat die *duty of disclosure* einen deutlich höheren Stellenwert im englischen Sys- tem: Als Ausnahme vom tiefgreifenden *caveat emptor*-Prinzip wird erst durch sie ermöglicht, dass der Erwerber bereits vor *completion* im Falle von rechtlichen Mängeln Rechtsbehelfe geltend machen kann.

---

[563] Zu den Einzelheiten und dem Verhältnis der unterschiedlichen Regime vgl. MüKo/*Armbrüs- ter*, § 123, Rn. 90 f.

[564] *Basty*, Rn. 1073; vgl. auch die angeführten Beispiele in MüKo/*Armbrüster*, § 123, Rn. 39; Staudinger/*Matusche-Beckmann*, § 438, Rn112.

[565] *Basty*, Rn. 1073.

[566] BGH 26.4.1991 – V ZR 165/89.

[567] BGH 26.11.1997 – V ZR 29/96 – DNotZ 1998, 349 (349 f.).

[568] BGH 11.7.2002 – VII ZR 437/01.

[569] *Basty*, Rn. 1074.

[570] Physische Mängel gleich welcher Art müssen gerade nicht offengelegt werden, hier greift das *caveat emptor* Prinzip.

3. Nachweis der Inhaberschaft des Rechtes am Grundstück (*Proof of title*)

Bei Immobiliengeschäften bedarf es in England und Wales eines Nachweises des zu übertragenden Rechts am Grundstück (*proof of title*), was dem finanziellen Risiko und der besonderen Eigenart derartiger Verträge geschuldet ist. Der Käufer soll genau über den Inhalt des zu übertragenden Eigentumsrechtes informiert werden, die bloße Zusage eines Verkäufers bzgl. der Übertragung eines Rechtes am Grundstück bietet keine angemessene Sicherheit für den Käufer: „[...] *no person in his senses would take an offer of a purchase from a man, merely because he stood upon the ground.*"[571] Im Zeitpunkt der Vollendung des Grundstückgeschäftes muss der Verkäufer daher nicht nur Inhaber des Rechtes sein, sondern diese Tatsache auch beweisen;[572] dies ist auch in *condition 4.1.1 SCOS* vorgesehen.

Condition 4.1.1 SCOS

Without cost to the buyer, the seller is to provide the buyer with proof of the title to the property and of his ability to transfer it, or to procure its transfer.

Die mit dieser Pflicht verbundene Aushändigung der entsprechenden Dokumente zum Nachweis an den Käufer ist in *condition 6.5.1 SCOS* verankert. Die Anforderungen an die Erbringung des Nachweises des Eigentumsrechtes bzw. an die Übergabe der Dokumente unterscheiden sich bei registrierten und nicht registrierten Grundstücken erheblich, worauf noch einzugehen sein wird.

Auch wenn der Verkäufer den Nachweis erst bei Erfüllung erbringen muss, ist es gängige Praxis, dass er dem potentiellen Käufer bereits vor Vertragsschluss zusammen mit dem Vertragsentwurf alle mit dem Eigentumsrecht zusammenhän-

---

[571] *Hiern v Mill* (1806) 33 E.R. 237 at 240.
[572] *Harpum*, Selling without title: a vendor's duty of disclosure? L.Q.R. 1992 108 (Apr) 280, 331.

genden Informationen zukommen lässt; so sieht es auch das *National Conveyancing Protocol*[573] im dritten Abschnitt vor. Ohnehin würde in England und Wales kein umsichtiger Käufer einem Vertragsschluss ohne Einsicht der Titeldokumente zustimmen. Bei Kettengeschäften ist eine sorgfältige Synchronisation erforderlich, um zu gewährleisten, dass eine Partei nicht ohne Grundstück und Gegenleistung zurückbleibt. Es ist daher wichtig, bei Vertragsschluss möglichst Klarheit im Hinblick auf den Erfolg der Transaktion zu haben, zumal vom Erwerber auch eine Anzahlung geleistet werden muss, die in der Regel zehn Prozent des Kaufpreises beträgt.

In Deutschland ist eine mit der nach *common law* existierenden Pflicht des Verkäufers zum Nachweis der Inhaberschaft der Rechtsposition (*proof of title*)[574] nicht vorhanden, allerdings auch nicht erforderlich. Zum einen gibt es hier keine unregistrierten Grundstücke, deren Eigentumsverhältnisse durch entsprechende Urkunden geklärt werden müssten, und zum anderen überprüft der bei Grundstücksgeschäften zwingend zu beteiligende Notar durch einen Blick ins Grundbuch, ob die materiellen Voraussetzungen für den Übergang des Rechtes am Grundstück gegeben sind.[575] Der Unterschied zwischen dem historisch geprägten englischen Grundstücksrecht und dem deutschen System, welches besonders durch die Zusammenarbeit von Notar und Grundbuchamt geprägt ist,[576] wird an dieser Stelle sehr deutlich. Allerdings ist in England und Wales die Erbringung dieses Nachweises durch das mittlerweile etablierte System registrierter Grundstücke deutlich einfacher geworden. Damit hat sich das englische System dem deutschen System und anderen kontinentaleuropäischen Systemen zumindest in dieser Hinsicht angenähert.

---

[573] Das *National Conveyancing Protocol for Domestic Freehold and Leasehold Property* oder kurz *National Protocol* ist ein von der *Law Society* herausgegebener Leitfaden zur Abwicklung von Grundstücksgeschäften, der sich an die Rechtsanwälte beider Parteien richtet. Die große Mehrzahl der an Grundstückstranskationen beteiligten Personen legt dieses Protokoll freiwillig zu Grunde. Beispielsweise impliziert die Nutzung des *National Protocol* die Zugrundelegung der *Standard Conditions of Sale* (mittlerweile in 5. Auflage erschienen) sowie den *Law Society's Code for Completion by Post* und ist damit eine wichtige Erkenntnisquelle für das Verständnis der Praxis im Grundstücksverkehr.
[574] Diese Pflicht ist zudem in *condition 4.1.1 SCOS* verankert.
[575] *Franzmann*, MittBayNot 2009, S. 346 (348).
[576] *Franzmann*, MittBayNot 2009, S. 346 (348).

a) Nachweis bei unregistrierten Grundstücken

Trotz ihrer stetig abnehmenden Zahl gibt es in England und Wales immer noch unregistrierte Grundstücke, die Gegenstand von Transaktionen sein können. Um die Inhaberschaft bzgl. eines nicht registrierten Grundstückes nachzuweisen, ist ein aufwendiges Verfahren erforderlich: Der Verkäufer muss dem Käufer die Urkunde, die seinen Erwerb des Eigentumsrechts nachweist (*title deed*) und alle weiteren Eigentumsurkunden seiner Rechtsvorgänger der letzten 15 Jahre vorlegen.[577] Diese Kette von Urkunden darf nicht unterbrochen sein, um den Beweis für das unbestrittene Eigentum (*good root of title*) erbringen zu können.[578] Mittlerweile wird dem Erwerber ein Verzeichnis der Dokumente zur Verfügung gestellt, dem Kopien der Urkunden in chronologischer Reihenfolge beiliegen (*epitome of title*).[579] Einzufügen sind hier Urkunden aller Ereignisse, die einen Übergang des Herrschaftsrechtes nach sich ziehen, z.B. der Verkauf eines Grundstückes, der Tod eines Inhabers, aber auch die Bestellung einer *mortgage*.[580] Diese Pflicht ist ebenfalls in *condition 4.1.3 SCOS* manifestiert.

Nicht hinweisen muss der Verkäufer dagegen auf im *Land Charges Register*[581] geführte Belastungen sowie *overriding interests*[582], was auf das *caveat emptor* Prinzip zurückzuführen ist, wonach erkennbare Belastungen nicht offengelegt werden müssen. Der Käufer kann die erforderlichen Auskünfte auf eigene Rechnung beim Grundstückbelastungsregister einholen,[583] im Falle der *overriding interests*, muss er sich mit einer Anfrage an die lokalen Behörden wenden (*enquiry of local authority*). Oft wird der Verkäufer jedoch selbst entsprechende Anfragen durchgeführt haben.

---

[577] *S.23 LPA 1969.*

[578] *Gray/Gray*, S. 1036 f.; *Kopp/Waldner*, Länderbericht England, Rn. 149.

[579] *Abbey/Richards*, S. 160 f.

[580] *Abbey/Richards*, S. 162.

[581] Zum Aufbau und System des Grundstücksregisters in England und Wales siehe oben, B. III.

[582] Vgl. dazu oben, B. III.

[583] Auf das von der Behörde ausgestellte *search certificate* kann der Erwerber 15 Arbeitstage vertrauen, danach muss er – soweit das Geschäft bis dahin noch nicht vollzogen sein sollte – erneut eine Anfrage durchführen, wenn er die Gefahr einer zwischenzeitlichen Verschlechterung der Rechtslage ausschließen möchte, vgl. *Kopp/Waldner*, Länderbericht England, Rn. 169 ff.

b) Nachweis bei registrierten Grundstücken

Die Erbringung des Nachweises des Eigentumsrechtes bei registrierten Grundstücken ist wesentlich einfacher, kostengünstiger und sicherer als bei nicht registrierten Grundstücken. Erforderlich ist die Übergabe eines Auszuges aus dem Register (*office copy*) nebst einer Kopie des beim Grundstückregister verwahrten Lageplans des Grundstückes, *s.110(1) LRA 1925.*[584] Hierin sind alle nötigen Informationen inklusive der Belastungen, die das Grundstücksregister enthält, zusammengefasst. Die Dokumente können gegen ein geringes Entgelt online oder auf dem Postweg beschafft werden.[585] *Condition 4.1.2 SCOS* stellt klar, dass beim Nachweis eines registrierten Titels die in *s.134(1)(a),(b) LRR 2003* sowie *s.135(1)(a) LRR 2003* erwähnten Dokumente, welche Auskunft über die Registereinträge geben, zur Verfügung zu stellen sind. Nicht enthalten sind dagegen die im Grundstücksregister nicht erscheinenden *overriding interests*.

Sowohl bei registrierten als auch bei unregistrierten Grundstücken sollte der Verkäufer bzw. dessen Anwalt die mit dem am Grundstück bestehenden Recht zusammenhängenden Dokumente trotz des *caveat emptor*-Prinzips nicht nur zur Verfügung stellen, sondern diese auch im eigenen Interesse auf Mängel überprüfen: Zum einen können so Mängel ans Licht kommen, die der Offenbarungspflicht des Verkäufers unterliegen. Zum anderen ist der Verkäufer verpflichtet, auf Nachfragen des Käufers bzgl. der Rechtslage am Grundstück, die ihm nach Abschluss des Vertrages zukommen, zu antworten;[586] geschieht dies nicht wahrheitsgemäß, droht eine Haftung wegen *misrepresentation, deceit* oder *negligence.*[587] Demnach beschaffen sich die Anwälte des Verkäufers in der Praxis schon vor Vertragsschluss alle relevanten Informationen aus dem *charges register*, bzw. dem *local charges register* (bzgl. eventueller *overriding interests*). Auch dies ist im *National Conveyancing Protocol* (Punkt 2.5 und 2.11) vorgesehen.

Durch den im Jahr 2001 etablierten *National Land Information Service* (*NLIS*) steht mittlerweile ein System bereit, mittels dessen die entsprechenden Informationen auch elektronisch schnell beschafft werden können.[588] Jede der 410 Lokalbehörden in England und Wales nutzt das neue System, mit dem bis zu 290.000

---

[584] *Gray/Gray*, S. 1036.
[585] *Megarry/Wade*, 15-086.
[586] Vgl. auch *National Conveyancing Protocol* Punkt 2.7.
[587] *Gray/Gray*, S. 1039; dazu auch näher unten, G. II.
[588] www.nlis.org.uk.

Anfragen monatlich durchgeführt werden[589] und ein effektiverer und schnellerer Grundstücksverkehr begünstigt wird.

4. *Covenants for title*

Neben vertraglichen Verpflichtungen ergeben sich für den *developer* in England und Wales Pflichten im Zusammenhang mit der Übertragung eines Rechtes am Grundstück aus dinglichen Zusicherungen, den *covenants for title*. *Covenants* stellen allgemein in einer *deed* verkörperte Versprechen dar,[590] die durch Aufnahme in die Erfüllungsurkunde (*purchase deed*) entstehen.[591] Sie garantieren unter anderem die Dispositionsbefugnis des Veräußerers und die im Vertrag ausgewiesenen Eigenschaften des Eigentumsrechtes, worauf in der Folge noch genauer einzugehen sein wird.[592]

Die Bedeutung der *covenants* erklärt sich zum einen durch die Existenz der *doctrine of merger*, auf Grund derer die Wirkung des Grundstückskauf- bzw. Bauträgervertrages mit der Erfüllung (*completion*) endet.[593] Um dem hiermit verbundenen Erlöschen der Pflichten des *developer* aus diesem Schuldverhältnis entgegenzutreten, werden sie durch Aufnahme in die *purchase deed* als *covenants for title* „verdinglicht" und überdauern auf diese Weise die *completion*. Zum anderen lässt sich die Funktion der *title covenants* historisch mit dem feudalen System des englischen Grundstücksrechtes erklären: Die fehlende Absolutheit der Herrschaftsrechte an Grundstücken (sieht man einmal von den universellen Eigentumsrechten der Krone an Grundstücken ab) birgt Unsicherheiten und Risiken für den Erwerber.[594] Dies war besonders in der Vergangenheit und ist auch heute noch bei unregistrierten Grundstücken relevant, da hier der Nachweis des bestehenden Eigentumsrechtes durch eine komplizierte Kette von *title deeds* erfolgen muss.[595]

---

[589] *Abbey/Richards*, S. 137.
[590] *Scamell*, Land Covenants, S. 1; *Kessel*, Erwerb und Besitz einer Immobilie in England und Wales, in: Haus- und Grundbesitz im Ausland, Gruppe 4 / L, S. 55.
[591] *Abbey/Richards*, S. 374.
[592] Hierzu mehr unter E. I. 4. aa).
[593] Siehe oben, D. I.
[594] *Partington*, Implied covenants for title in registered freehold land, Conv. 1989, Jan/Feb, S. 18 (19).
[595] Siehe oben, E. I. 3. a).

Covenants for title wirken diesen Schwierigkeiten entgegen und geben dem Erwerber Sicherheiten im Hinblick auf die Eigenschaften des Rechtes am Grundstück und die Verfügungsgewalt des Veräußerers.[596]
Durch die immer weiter fortschreitende Registrierung der Grundstücke haben *covenants* bzw. *title guarantees* jedoch in der Praxis etwas an Bedeutung verloren; Kaufinteressenten bzw. deren Anwälte können nun bereits im Vorfeld des Vertragsschlusses schnell Klarheit im Hinblick auf die Eigenschaften des Rechtes am Grundstück (Titel, Inhaber, eingetragene Belastungen) erlangen, indem sie einen Blick ins öffentliche Register werfen. Die *title covenants* geben demnach nur das wieder, was die mit der Transaktion beschäftigten Anwälte des Käufers ohnehin bereits aus der Einsichtnahme des Registers an Informationen gewonnen haben.[597]
Letztere machen sich unter Umständen haftbar, wenn sie entsprechende Nachforschungen unterlassen und dem Erwerber dadurch später ein Schaden entsteht.[598]
Dennoch kommt den *title guarantees* weiterhin eine wichtige Rolle zu, wie zum Beispiel beim Auktionskauf, bei dem der Erwerber weniger oder gar keine Zeit hat, den Eigentumstitel im Vorfeld umfassend zu prüfen; die *title guarantees* bieten dann Sicherheit vor Mängeln, die nicht aus dem Register ersichtlich sind.

Es gibt neben *title covenants* weitere *covenants*, die das gesamte Spektrum des Pflichtenprogrammes des Verkäufers betreffen können und ein komplexes Thema auf dem Gebiet des englischen Grundstücksrechtes einnehmen.[599] Man unterscheidet *positive, negative* bzw. *restrictive covenants*. Ein *positive covenant* beinhaltet eine Handlungspflicht und hat eine mit der deutschen Reallast vergleichbare Funktion; die Unterhaltung von Grenzanlagen oder Gemeinschaftseinrichtungen an Grundstücken wird häufig mittels dieses Instrumentes geregelt.[600] *Restrictive covenants* bekleiden die Funktion von Unterlassungsdienstbarkeiten und verkörpern zudem ein *equitable interest*.[601] Hierdurch werden Nutzungsbeschrän-

---

[596] *Partington*, Conv 1989, Jan/Feb, S. 18 (19).
[597] *Partington*, Conv 1989, Jan/Feb, S. 18 (19).
[598] *Pilkington v Wood* [1953] Ch. 770; *Perry v Sidney Phillips & Son* [1982] 1 W.L.R. 1297 at 1302.
[599] Vgl. dazu *Gray/Gray*, S. 237 ff.; *Thompson*, S. 574 ff.
[600] *Gray/Gray*, S. 238; *Kopp/Waldner*, Länderbericht England, Rn. 81.
[601] *Gray/Gray*, S. 255 f.

kungen des Grundstückes zwischen den Parteien manifestiert, indem zum Beispiel eine bestimmte Art der Bebauung untersagt wird. Sie bilden damit auch ein Instrument privatrechtlicher Baukontrolle.

Die an dieser Stelle im Fokus stehenden *title covenants* bilden eine eigene Kategorie innerhalb dieses Systems und dienen dem Schutz des Käufers über den Vertrag hinaus. Bei einem Verstoß kann der Käufer Rechtsbehelfe aus einem *breach of covenant* dem Verkäufer gegenüber geltend machen.[602] Im Laufe der Jahrhunderte haben sich die *title covenants* in der Rechtsprechung stetig entwickelt und sind immer wieder in zeitgenössische Gesetze übertragen worden (*s. 7 Conveyancing Act 1881, s. 76 Law of Property Act 1925, ss. 2, 3 Law of Property (Miscellaneous Provisions) Act 1994*).

Die verschiedenen *title covenants* werden in sogenannten *title guarantees* zusammengefasst; man unterscheidet zwischen *full title guarantee* oder *limited title guarantee*. Theoretisch möglich ist zwar auch, dass der Verkäufer durch ausdrückliche Bestimmung eine von diesen Konstruktionen abweichende oder auch überhaupt keine Garantie im Hinblick auf das Eigentumsrecht gewährt; in der Praxis wird aber ausschließlich eine der soeben genannten Varianten vereinbart. Gesetzlich geregelt werden beide Konstruktionen samt der mit ihnen verbundenen *covenants* im *Law of Property (Miscellaneous Provisions) Act 1994*.[603]

Der *LP(MP)A 1994* gilt gemäß *s. 1(1) LP(MP)A 1994* seit dem 1. Juli 1995 für alle Grundstücksverfügungen, unabhängig davon, ob das entsprechende Grundstück registriert ist oder nicht. Er geht auf eine Empfehlung der *Law Commission* zur Reform des Grundstücksrechtes zurück, wodurch die Rechtslage an die Einführung der Registrierungspflicht für Grundstücke seit dem *LP(MP)A 1989* angepasst wurde.[604] Zudem konnten dadurch auch Schwierigkeiten bezüglich der komplizierten Sprache des *s. 76 LPA 1925* a.F. („*patently ancient and complicated*"), der die *covenants* bis dahin regelte, behoben werden.[605]

---

[602] Siehe dazu unten, G. II. 3.
[603] In der Folge: *LP(MP)A 1994*.
[604] (1991) Law Com. No. 199, para 3.23.
[605] (1991) Law Com. No. 199, para 3.23.

In der Folge werden die einzelnen, in den *title guarantees* vereinten gesetzlichen *covenants* dargestellt.

a) *Full title guarantee*

Die *full title guarantee* ist der Regelfall bei Grundstücksveräußerungen[606] und zieht gemäß *s. 2 LP(MP)A 1994* im Wesentlichen drei *covenants* nach sich, die die Dispositionsbefugnis des Verkäufers, „weitere Zusicherungen" im Hinblick auf die Transaktion, sowie die rechtlichen Eigenschaften des Eigentumsrechtes betreffen. Ihr Anwendungsbereich ist unabhängig von der Art des zu übertragenen Rechts. Im Falle der Veräußerungen einer *lease* greifen allerdings weitere *covenants* ein, die in *s. 4 LP(MP)A 1994* geregelt sind.[607] Auch in den *SCOS* sowie den *SCPC* wird Bezug auf die *title guarantees* genommen und die *full title guarantee* in *condition 4.6.2 SCOS* bzw. *condition 6.6.2 SCPC* als Standardfall eingeordnet.

aa) *Covenant for right of disposition*

Zunächst garantiert der Verfügende gemäß *s. 2 (1) (a) LP(MP)A 1994*, dass er über das Eigentumsrecht wie im Vertrag beschrieben verfügen darf:

> „*that the person making the disposition has the right* [...] *to dispose of the property as he purports to.*"

Der Nachweis der Befugnis muss je nach Art des Grundstückes auf unterschiedliche Weise erbracht werden: Bei registrierten Grundstücken mittels einer Kopie des Registereintrages, bei unregistrierten Grundstücken durch eine Kette von *title-deeds*.[608] Einer etwas genaueren Analyse bedarf die Dispositionsbefugnis, wenn ein Sicherungsnehmer (*mortagee*), ein Erbe des kürzlich verstorbenen Rechtsinhabers (*personal representative*) oder mehrere Miteigentümer (*co-owner*) über

---

[606] *Slessenger*, Precedents editor's notes (September/October), Conv. 2009, 371 (373).
[607] *Scamell*, S. 619.
[608] Siehe oben, E. I. 3. a).

das Recht am Grundstück verfügen wollen. Hier müssen zusätzliche Nachweise bzw. Vollmachten vorgelegt werden.[609]

Umfasst von diesem *covenant* ist ebenfalls die Garantie, genau den Titel zu übertragen, über den der Verkäufer vorgibt, verfügungsberechtigt zu sein.[610] Die Übertragung eines abweichenden Titels, wie beispielsweise einer *long lease* statt eines vereinbarten *freehold*, stellt einen Verstoß dar. Ein Verstoß liegt auch dann vor, wenn ein mangelbehafteter Titel veräußert wird, obwohl Mangelfreiheit vereinbart war.[611] Hier wird eine Überschneidung mit dem sich auf die Mangelfreiheit des Eigentumsrechtes beziehenden *covenant* deutlich.

bb) *Covenant for further assurance*

Ferner wird der Verfügende gemäß *s.2(1)b LP(MP)A 1994* gebunden, auf eigene Kosten alles, was er für das Gelingen der Übertragung beitragen muss und was von ihm in dieser Hinsicht erwartet werden kann, durchzuführen „[...]*that person will at his own costs do all that he reasonably can to give the person to whom he dispose of the property the tile he purports to give*".[612] Hierunter ist die im Titel der Vorschrift erwähnte weitere Zusicherung (*further assurance*) zu verstehen. Maßgeblich für den Umfang der Verpflichtung ist das in der Vorschrift nicht näher bestimmte Kriterium der *reasonableness*, wohinter sich Erwägungen der Angemessenheit und Zumutbarkeit verbergen.[613] Hier werden nicht nur finanzielle[614], sondern auch ganz praktische Aspekte berücksichtigt. Gemäß *s.2(2) LP(MP)A 1994* ist vorgesehen, dass der Verkäufer alle für die Übertragung des Grundstückes erforderlichen Maßnahmen, die in seinem Verantwortungsbereich liegen, durchführen muss. Es muss zum Beispiel sichergestellt werden, dass der Erwerber alle für die Transaktion bzw. Registrierung erforderlichen Dokumente erhält.[615] Je nachdem, ob es sich bei dem späteren Gegenstand der Disposition um

---

[609]*Abbey/Richards*, S. 172 ff.

[610] *Scamell*, S. 620.

[611] *Scamell*, S. 621.

[612] Die parallele Verpflichtung auf vertraglicher Ebene wird durch *condition 6.5.1 SCOS* festgelegt: *"As soon as the buyer has complied with all his obligations under this contract on completion the seller must hand over the documents of title."*

[613] Im Detail siehe *Scamell*, S. 630 f.

[614] *Jordan v Norfolk County Council* [1994] 1 W.L.R.1353 at 1357.

[615] *Silverman*, M. 9.2.6; Eine parallele Regelung findet sich in *condition 4.1.1 SCOS*.

ein registriertes oder unregistriertes Grundstück handelt, können Kosten und Aufwand für diese Maßnahmen stark divergieren.

cc) *Covenant for freedom of charges and incumbrances*

Besonders relevant und immer wieder Gegenstand der Rechtsprechung ist der sich aus *s. 3(1)(a), (b) LP(MP)A 1994* ergebende *covenant for freedom of charges and incumbrances*: Hiernach garantiert der Grundstücksverkäufer die Übertragung des Eigentumsrechtes frei von Belastungen (*charges and incumbrances*[616]) und Rechten Dritter (*other rights exercisable by third parties*). Klarzustellen ist, dass es sich hierbei lediglich um rechtliche Belange im Hinblick auf den Titel handelt und nicht um physische Mängel am Grundstück oder Gebäude.[617]

Die durch den Wortlaut von *s. 3(1)(a) LP(MP)A 1994* vorgenommene Unterteilung der Belastungen in *charges* und *incumbrances* ist historisch bedingt und lässt einige Fragen offen: Beispielsweise wird das sehr relevante Sicherungsmittel der *mortgage*, das ein Funktionsäquivalent zur deutschen Hypothek und Grundschuld darstellt, sowohl als *charge* als auch als *incumbrance* eingeordnet.[618] Andere dingliche Rechte wie *leases, easements* oder *restrictive covenants* sind den *incumbrances* zuzuordnen.[619] Die genaue Inhaltsbestimmung der Begriffe konnte selbst durch die *Law Society*, die den Gesetzesentwurf vorgelegt hat, nicht endgültig geklärt werden.[620] Eine dogmatische Einordnung unter diese Begriffe hätte jedoch keine entscheidende Relevanz. Ausschlaggebend ist, dass das Eigentumsrecht frei von dinglichen Belastungen sein muss, unabhängig von ihrer Einordnung. Nur in diesem Fall stellt der Verfügungsgegenstand einen *good title* dar. Die in der Vorschrift verankerten anderen Rechte Dritter sind solche, die weder *charges* noch *incumbrances* sind und das Grundstück dennoch als dingliche Rechte einer nicht am Vertrag beteiligten Person belasten.[621] Hierzu zählen die in

---

[616] Die Schreibweise ist nicht einheitlich: Verwendet wird sowohl der Begriff *incumbrances* als auch *encumbrances*.

[617] Die *SCOS* sehen in *condition 3.1.1* ebenfalls vor, dass der Verkäufer den Titel "*free from incumbrances other than those mentioned in condition 3.1.2*" übertragen muss. Der Grundsatz der Rechtsmangelfreiheit wird aber auch durch einen Verweis auf *condition 3.1.2 SCOS*, deren Bestimmungen in der Folge dargestellt werden, wieder eingeschränkt.

[618] *Scamell*, S. 638 f.

[619] *Megarry/Wade*, 15-070 m.w.N.

[620] *Scamell*, S. 639, Fußnote 5.

[621] *Scamell*, S. 639 f.

s.1(2) LOPA 1925 genannten *legal interests* und die in *s.4(1) LOPA 1925* genannten *equitable interests*.

In *s.3(1)(b) LP(MP)A 1994* findet sich eine wichtige Einschränkung von der in der *full title guarantee* umfassten Zusicherung der Mangelfreiheit: hiernach fallen solche Belastungen nicht in den Schutzbereich der Garantie, die der Verkäufer bei Vertragsschluss nicht kannte und auch nicht kennen musste.[622]

Ebenfalls nicht umfasst sind gemäß *s.3(2) LP(MP)A 1994* potentielle Belastungen sowie Verpflichtungen, die generell mit einem Eigentumsrecht zusammenhängen. Eine nur potentielle Belastung stellt zum Beispiel eine bei Vertragsschluss noch nicht bestehende *charge* dar, mit der ein Grundstück erst später, aber noch vor der dinglichen Erfüllung, belastet wird.[623] In der zu Grunde liegenden Entscheidung veranlasste die lokale Baubehörde bereits vor Vertragsschluss Straßenbauarbeiten und belastete auf Grundlage von *s.257 Public Health Act 1875* bei Fertigstellung der Arbeiten das angrenzende Grundstück mit der besagten *charge*. Der Käufer des Grundstückes konnte die Erfüllung in diesem Fall nicht mit dem Einwand der Mangelhaftigkeit des am Grundstück bestehenden Rechtes verweigern.

Dies gilt auch für eine kurz vor Erfüllung als *charge* registrierte *restitution* der Baubehörde, die die Erstellung eines neuen Bebauungsplans vorsieht, von der weder Käufer noch Verkäufer Kenntnis bei Vertragsschluss hatten.[624] Eine generell mit dem Recht am Grundstück zusammenhängende Belastung, die ebenfalls nicht von der Titelgarantie umfasst ist, stellt zum Beispiel die Pflicht zur Entrichtung von Abwassergebühren dar.[625]

Weitere Einschränkungen vom Grundsatz der Mangelfreiheit finden sich im nächsten Abschnitt des *LP(MP)A 1994* („*effect of covenants*"). Gemäß s.6(1) *LP(MP)A 1994* besteht für den Veräußerer weder eine Haftung für Mängel in der

---

[622] Vgl. hierzu die korrespondierende Vorschrift in *condition 3.1.2(c) SCOS*.

[623] *Re Allen and Driscoll's Contract* (1904) 2 Ch. 226.

[624] *Re Forsey and Hollebone's Contract* [1927] 2 Ch. 379 at 386.

[625] *Barraud v Archer* (1831) 9 L.J.Ch. (o.S.) 173; Auch in *condition 3.1.2(f) SCOS* ist festgelegt, dass öffentlich-rechtliche Anforderungen (*public requirements*) keine Belastung darstellen. *Public requirements* werden in *condition 1.1.1(j) SCOS* definiert als „*any notice, order or proposal given or made (whether before or after the date of the contract) by a body acting on statutory authority*".

Dispositionsbefugnis, noch für Belastungen des Eigentumsrechtes, wenn die mangelbegründenden Tatsachen zum Gegenstand des Vertrages geworden sind.[626] Im Hinblick auf registrierte Grundstücke gelten alle Belastungen gemäß *r. 77A(2)(a) Land Registration Rules 1925 (LRR 1925)* als in den Vertrag einbezogen, die im Register eingetragen sind, unabhängig von einer ausdrücklichen Erwähnung durch die Parteien. Dies gilt gem. *r. 77A(s)(b) LRR 1925* auch für nicht registrierte Interessen Dritter (*overriding interests*), falls der Käufer hiervon Kenntnis hat.[627] Daraus ergibt sich, dass die Pflicht des Verkäufers, Belastungen ausdrücklich im Vertrag zu erwähnen, nur solche Belastungen umfasst, die in keinem öffentlichen Register einsehbar sind. Hierzu gehören neben den soeben erwähnten *overriding interests* auch solche, die noch nicht bei Vertragsschluss, sondern erst bei Registrierung der Verfügung auftreten.[628] Bei unregistrierten Grundstücken muss der Verkäufer dagegen auf alle in Frage kommenden Mängel Bezug nehmen; schließlich werden diese Belastungen in keinem Register geführt, in dem der Käufer die Möglichkeit zur Einsichtnahme hätte. In praktisch jedem Grundstückskaufvertrag wird jedoch Bezug genommen auf Belastungen, die dem Eigentumsrecht anhaften; im Standardformular für Grundstückskaufverträge gibt es hierfür einen eigenen Abschnitt (*particulars of sale*), der die dem Vertragsgegenstand anhaftenden Belastungen (*specified incumbrances*) aufführt.

Gemäß *s. 6(2) LPA 1994* umfasst die *full title guarantee* weder Mängel, von denen der Käufer Kenntnis hatte („*actual knowledge*"), noch solche Mängel, die notwendige Konsequenz („*necessary consequence*") eines dem Käufer bekannten Umstandes sind.[629] Ein Beispiel für Belastungen, die sich aus einer dem Käufer bekannten Tatsache ergeben und für die der Verkäufer nicht einstehen muss, liefert die Entscheidung *Pilkington v Wood*[630]: Hier hatte ein Rechtsanwalt eines Grundstückskäufers Kenntnis davon, dass der Veräußerer, anders als er vorgab, nicht zur Übereignung berechtigt war. Die zwangsläufige Folge war, dass das vertraglich vereinbarte Eigentumsrecht nicht wie vereinbart übertragen werden konnte. Der Mangel wurde erst offenbar, als der Erwerber das Grundstück seinerseits weiterveräußern wollte. Auf Grund der Kenntnis des Rechtsanwaltes des

---

[626] Vgl. die korrespondierende Regelung in *condition 3.1.2 (a) SCOS*.
[627] Vgl. die korrespondierende Regelung in *condition 3.1.2 (e) SCOS*.
[628] *Scamell*, S. 625 f.
[629] Vgl. die korrespondierende Regelung in *condition 3.1.2(d) SCOS*.
[630] [1953] Ch 770.

Käufers lag kein Verstoß gegen den *covenant* zur rechtsmangelfreien Übertragung vor. Die Entscheidung erging zwar bevor der *LP(MP)A 1994* erlassen wurde, bezieht sich jedoch auf die Vorgängervorschrift der *s.76 LOPA 1925*, die in *s.6 LP(MP)A 1994* aufgegangen ist.

Der für die Kenntnis entscheidende Zeitpunkt ist die *disposition*. Dies ist, auch wenn der Wortlaut Raum für eine andere Interpretation lässt, nicht erst der Zeitpunkt der Übereignung, sondern der Moment, in dem der schuldrechtliche Vertrag geschlossen wird.[631] Ansonsten wäre der Erwerber nicht vor Mängeln geschützt, die er bei Vertragsschluss nicht kannte, die sich aber noch vor der Übereignung und nachdem er bereits an das Geschäft gebunden ist, offenbaren. Eine Kenntniserlangung zwischen Vertragsschluss und Übereignung kann dem Erwerber auf diese Weise nicht mehr schaden. Um Unsicherheiten auszuschließen, sollten die Parteien dennoch eine entsprechende Klausel vereinbaren, die den Zeitpunkt für die Kenntniserlangung eindeutig auf den Vertragsschluss festlegt.

Insgesamt beinhaltet, auch wenn der Name etwas anderes vermuten lässt, die *full title guarantee* keine Garantie der vollständigen Freiheit des Titels von rechtlichen Mängeln. Auf Grund des missverständlichen Ausdruckes gab es in der Vergangenheit daher teilweise Vorbehalte gegen die Inkorporierung dieser Zusicherung. Deren Wirkung wird jedenfalls durch die verschiedenen Modifikationen, die im *LP(MP)A 1994* angelegt sind, spürbar eingeschränkt. Deutlich wird, dass die Inhalte der jeweiligen *covenants* in großen Teilen dem entsprechen, was bereits auf schuldrechtlicher Ebene durch *implied terms* bzw. die Inkorporierung der *SCOS* hinsichtlich der Pflichten des Grundstücksverkäufers und *developer* vereinbart wird. Da die schuldrechtlichen Pflichten aber zusammen mit dem Kaufertrag im Zeitpunkt der *completion* auf Grund der *doctrine of merger*[632] erlöschen, sind die in der *full title guiarantee* verkörperten *covenants* erforderlich, um die Wirksamkeit dieser Pflichten über die *completion* hinaus zu sichern.

---

[631] *Scamell*, S. 627.
[632] Siehe oben, D. I.

140

b) *Limited title guarantee*

Weiter kommt auch eine *limited title guarantee* im Hinblick auf das Eigentumsrecht in Betracht, die ebenfalls im *LP(MP)A 1994* geregelt ist. Die *limited title
guarantee* muss ausdrücklich in den Vertrag aufgenommen werden; im Zweifels-
fall nämlich und bei Geltung der *SCOS* wird gem. *condition 4.6.2 SCOS* von der
Vereinbarung einer *full title guarantee* ausgegangen.[633] Die *limited title guarantee*
umfasst die gleichen Verpflichtungen bzw. *covenants*, die auch im Zusammenhang mit der *full title guarantee* gelten und soeben dargestellt wurden. Einziger,
aber bedeutender Unterschied ist die Reichweite der Zusage hinsichtlich der Freiheit des Eigentumsrechtes von Belastungen: Gemäß *s.3(3) LP(MP)A 1994* versichert der Veräußerer im Rahmen einer *limited title guarantee* lediglich, das vertragsgegenständliche Eigentumsrecht nicht selbst belastet oder einer Belastung
durch Dritte zugestimmt zu haben, sowie nichts von einer Belastung durch Dritte
zu wissen.

Eine *limited title guarantee* wird vorwiegend von Personen gewährt, denen weniger Informationen im Hinblick auf die Eigenschaften des zu veräußernden Eigentumsrechtes zur Verfügung stehen und daher auch weniger Garantien in diesem
Zusammenhang geben wollen bzw. können. Vor allem *trustees*, oder *mortgagees*
(Hypothekengläubiger bzw. Darlehensgeber) kommen als Geber einer *limited
title guarantee* in Frage.[634]

c) **Weitere** *covenants*

Es können auch *covenants* mit anderen Inhalten Gegenstand des Grundstücksgeschäftes werden. Zudem werden die durch den *LP(MP)A 1994* geregelten
covenants durch die Parteien häufig modifiziert. Soll das Eigentum beispielsweise, was allerdings selten der Fall ist, ohne jegliche Belastungen mit einer umfassenden Garantie zur Mangelfreiheit übertragen werden, muss der Wortlaut dies
explizit vorsehen. Die Rechtsprechung sah den Veräußerer in folgenden Konstellationen an ein derartig striktes Versprechen gebunden: In *Re Gloag and Miller's*

---

[633] *Condition 4.6.2 SCOS* bzw. *condition 6.6.2 SCPC.*
[634] So nur auf http://www.practicalconveyancing.co.uk/content/view/9559/1242/ (letzter Abruf
Februar 2014).

Contract[635] versprach der Verkäufer, einen „*valid title*" und in *Cato v Thompson*[636] einen „*good marketable title*". Diese Begriffe übertreffen die von einer *full title guarantee* eingeräumten Zusicherungen hinsichtlich des Eigentumsrechtes, da sie die absolute Freiheit von jeglichen Belastungen und Rechten Dritter beinhalten. Der genaue Wortlaut spielt demnach eine erhebliche Rolle bei der Festlegung des Vertragsgegenstandes. Unüberschaubare Risiken und Rechtsunsicherheiten in diesem Bereich werden durch die flächendeckende Verwendung der Standardbedingungen und entsprechend standardisierten Vordrucke für die Übertragungsdokumente jedoch vermieden.

Erwähnenswert sind auch die sogenannten *indemnity covenants*, die im Gegensatz zu den bisher dargestellten *covenants* den Verkäufer des Rechts am Grundstück schützen. Dieser wird hierdurch vor Verstößen des Käufers gegen offengelegte *covenants* geschützt, die am übertragenen Recht weiterhin bestehen und ansonsten auch zukünftig gegen den Verkäufer geltend gemacht werden könnten.[637] Diese Versicherung ist auch in *condition 4.6.4 (a) SCOS* festgeschrieben:

"If after completion the seller will remain bound by any obligation affecting the property [...] the buyer is to covenant in the transfer to indemnify the seller against liability for any future breach of the obligation and to perform it from then on [...]."

5. Die Übertragung der Rechte am Grundstück in Deutschland

Für den Bauträger ergibt sich in Deutschland die Pflicht zur Übertragung des Eigentums und Besitzes am Grundstück aus dem Kaufrecht gemäß § 433 Abs. 1 BGB.[638] Je nach Vertragsinhalt kann auch Wohnungs- oder Teileigentum sowie die Übertragung eines Erbbaurechtes geschuldet sein.

Gemäß § 433 Abs. 1 S. 2 BGB muss das Grundstück frei von Sach- und Rechtsmängeln übertragen werden. Im Rahmen des typengemischten Bauträgervertrages

---

[635] (1883) 23 Ch D 320.
[636] (1882) 9 Q.B.D. 616.
[637] *Abbey/Richards*, Property Law HB, S. 48.
[638] Hierdurch verpflichtet sich der Bauträger wie jeder Grundstücksverkäufer zur Abgabe der Auflassungserklärung gemäß § 925 BGB. Zudem muss er eventuell bestehende Eintragungshindernisse beseitigen, vgl. MüKo/*Westermann*, § 433, Rn. 47; Staudinger/*Beckmann*, § 433, Rn. 118.

finden die kaufvertraglichen Regelungen Anwendung, wenn es um die vertragsgemäße Beschaffenheit von Grund und Boden geht.[639] Ist durch den Mangel allerdings auch die Nutzbarkeit des Gebäudes betroffen, was häufig der Fall sein kann, bleibt es in diesem Zusammenhang bei der werkvertraglichen Haftung;[640] hierauf wird in der Folge im Zusammenhang mit der Pflicht zur ordnungsgemäßen Errichtung noch näher eingegangen.

Als Sachmangel am Grundstück kommt vor allem eine Beeinträchtigung des Bodens durch Altlasten oder andere belastende Stoffe in Frage.[641] Ein Rechtsmangel liegt gemäß § 435 BGB vor, wenn Dritte im Hinblick auf den Kaufgegenstand Rechte gegenüber dem Erwerber geltend machen können, die dieser im Vertrag nicht übernommen hat. In Frage kommen beispielsweise im Grundbuch eingetragene Belastungen[642], bestehende Mietverhältnisse[643] oder öffentlich-rechtliche Verpflichtungen[644]. Um eine Haftung des Verkäufers zu vermeiden, können diese Punkte in den Vertrag aufgenommen werden. Korrespondierend dazu findet sich mit der bei englischen Verträgen einbezogenen *conditon 3.1.2 (a) SCOS* eine Bedingung, welche Belastungen die Rechtsmangeleigenschaft abspricht, wenn diese im Vertrag aufgeführt sind.

Die Unterscheidung zwischen Sach- und Rechtsmangel ist in Deutschland angesichts der Gleichstellung der Rechtsfolgen durch die Schuldrechtsreform im Gegensatz zu England und Wales obsolet geworden. Wichtiger ist dagegen, ob der Mangel am Grundstück oder am Bauwerk besteht. Im zuletzt genannten Fall nämlich gilt gemäß § 634a Abs. 1 Nr. 2 BGB eine fünfjährige Verjährungsfrist, die der zweijährigen Frist des Kaufrechts gemäß § 438 Abs.1 Nr. 3.[645] Die Verjährungsfrist beträgt gemäß § 438 Abs. 1 Nr.1 a) bzw. b) dagegen 30 Jahre, wenn der

---

[639] BGH vom 27.4.1984 – V ZR 137/83 – MittBayNot 1984, S. 175 (176); OLG Karlsruhe, NJW 1991, S. 1836 (1837).

[640] *Basty*, Rn. 1085 mit weiteren Beispielen aus der Rechtsprechung; Staudinger/*Beckmann*, § 433, Rn. 15 f.

[641] OLG Düsseldorf NJW 1996, S. 3284 (3284 f.); weitere Beispiele siehe MüKo/*Westermann*, § 434, Rn. 55 ff.

[642] Der Kreditgeber des Bauträgers verlangt häufig die Bestellung einer Grundschuld am Grundstück, die der Bauträger bis zur Erfüllung abgelöst haben muss, es sei denn der Vertrag sieht etwas anderes vor, *Basty*, Rn. 299 f., vgl. auch Rn. 1078.

[643] BGH DNotZ 1993, S. 670 (670).

[644] BGH NJW 1983, S. 275 (275); vgl. auch Staudinger/*Matusche*, § 433, Rn. 58.

[645] *Schoofs/Hafkesbrink*, Rn. 1292.

Mangel in einem dinglichen Recht eines Dritten bzw. in einem im Grundbuch eingetragenem Recht besteht.

Insgesamt stellt sich die Situation im Hinblick auf die Pflicht zur mangelfreien Übertragung der Rechte am Grundstück in Deutschland damit grundlegend anders dar als nach englischem Recht, wo das *caveat emptor*-Prinzip die Haftung des Verkäufers für physische Mängel ausschließt. Die Sachmängelhaftung ist im BGB ein selbstverständlicher und wesentlicher Bestandteil des Kaufrechts, sowohl für bewegliche als auch für unbewegliche Sachen.

Dagegen gilt mit dem *caveat emptor*-Prinzip in England eine Sonderregel für den Kauf von Grundstücken. Während es damit in England und Wales dem Erwerber zufällt, das Grundstück auf Belastungen zu untersuchen, muss dies in Deutschland im Rahmen der Bauplanung durch den Bauträger erfolgen.[646]

Ein mit der Haftung aus den englischen *title-covenants* verwandtes System ist im deutschen Recht, wie bereits angedeutet, nicht verortet und auf Grund der Systemunterschiede auch nicht vonnöten. *Covenants for title* dienen vor allem dazu, die Schwächen und Unsicherheiten, die sich aus der fehlenden Absolutheit der an Grundstücken bestehenden Rechte sowie dem System unregistrierter Grundstücke ergeben, auszugleichen. Hierfür besteht in Deutschland kein Bedarf; die Pflichten des Bauträgers ergeben sich bereits aus dem Vertrag selbst und behalten ihre Wirkung auch nach Vollendung des Rechtserwerbs, was im *common law* auf Grund der *doctrine of merger* nicht der Fall ist.[647] Die Gewährleistung eines sicheren Grundstücksverkehrs bedarf in Deutschland daher keines Rückgriffs auf andere Konstruktionen wie der Verdinglichung vertraglicher Pflichten. Auch müssen Grundstücksverkäufer und Bauträger keinen Nachweis über die bestehenden Eigentumsverhältnisse am Grundstück erbringen, was sich durch das grundlegend unterschiedlich ausgestaltete Grundstücksrecht bzw. Registerwesen und die Beteiligung eines Notars erklärt.

Letztlich ist die Pflicht zur Eigentumsverschaffung in Deutschland wesentlich übersichtlicher und unkomplizierter ausgestaltet als in England und Wales, wo sich ein komplexes Zusammenspiel aus vertraglichen Pflichten und solchen

---

[646] Vgl. BGHZ 168, 368; *Basty*, Rn. 1081.

[647] Hier erlöschen die vertraglichen Pflichten mit der *completion* auf Grund der *doctrine of merger*, es sei denn, sie werden in die *deed* übertragen, siehe oben, D. I. 3.

ergibt, die sich auf die mit dem Eigentum verbundenen *covenants* gründen. Die fortschreitende Registrierung der Grundstücke in England und Wales und die damit verbundene Relativierung der Bedeutung der *covenants* bringen jedoch eine Annäherung der Systeme mit sich.

II. Die Errichtung des Bauwerks

Die Errichtung des Bauwerkes bildet neben der Übertragung der Rechtsposition am Grundstück den zweiten wesentlichen Bestandteil des Pflichtenprogrammes des Bauträgers.

1. Die Pflicht zur Verschaffung des Bauwerks als Teil von Bauträgerverträgen

Die Pflicht zur Errichtung von Bauwerken wird in England und Wales nur selten im Zusammenhang mit einer Pflicht zur Übertragung von Rechtspositionen am Grundstück behandelt. Eine Auseinandersetzung findet in Lehre und Rechtsprechung vor allem im Zusammenhang mit (reinen) Bauverträgen und dort im Hinblick auf die Vielzahl existierender Musterbauverträge (*standard building contracts*) statt. Das Bauträgermodell existiert zwar auch in England und Wales, jedoch werden derartige Verträge keiner eigenen Kategorie zugeordnet bzw. nicht als Bauträgervertrag gesondert analysiert. Dies gründet sich letztlich auf das Fehlen eines umfassenden Systems fester Vertragskategorien.

In Deutschland finden auf die Bauleistung gemäß des zum 1. Januar 2018 neu geschaffenen § 650u Abs. 1 S. 2 BGB die „*Vorschriften des Untertitels 1 Anwendung*", die die Regelungen des allgemeinen Werkvertragsrechts sowie die neu geschaffenen Bestimmungen des Bauvertrages und des Verbraucherbauvertrages.

In England und Wales gab es hingegen Diskussionsbedarf, ob bei Verträgen, die den Kauf eines noch zu errichtenden Bauwerks betreffen, überhaupt eine die Errichtung betreffende Pflicht existiert oder ob lediglich eine kaufrechtliche Haftung in Frage kommt. Im der jüngeren Entscheidung des *Court of Appeal* in *Robinson v PE Jones Ltd*[648] zu Grunde liegenden Rechtsstreit wurde seitens des beklagten *developer* argumentiert, dass bei Bauträgerverträgen keine implizite

---

[648] *Robinson v PE Jones* [2011] 3 W.L.R. 815.

Pflicht zur ordnungsgemäßen Errichtung bestehe, es sei denn, diese sei ausdrücklich in die Vereinbarung aufgenommen. Dies wurde durch das Gericht jedoch
letztlich abgelehnt und das Eingreifen einer Pflicht zur Errichtung angenommen,
da es sich bei der Absprache um mehr als einen reinen Immobilienkaufvertrag
handele.

Auch in *Harrison v Shepherd Homes Ltd*[649] wurde mit Hinweis auf *Hancock v
BW Brazier (Anerly) Ltd*[650] nunmehr ausdrücklich klargestellt, dass den *developer*
eine zweifache Verpflichtung trifft, nämlich die zur Übertragung des Eigentumsrechts und die zur sorgfältigen Errichtung des Gebäudes. Die soeben genannten
Entscheidungen werden im weiteren Verlauf der Untersuchung noch näher dargestellt.[651]

Der Bauvorgang wird im englischen System als *construction* bezeichnet und umfasst "[…] *any form of building or assembling, but is usually confined to the creation of, or the carrying out of work to or in connection with immovable property*".[652] Eingeschlossen sind demnach alle Bau- und Montagearbeiten, die mit
einer Immobilie in Verbindung stehen. In *s.104 HGCRA 1996* findet sich eine
noch weitergehende Definition des *construction contract*, die den Anwendungsbereich des Gesetzes festlegt:

> *s. 104 HGCRA 1996 - Construction contracts.*
> *(1) In this Part a "construction contract" means an agreement with a per-
> son for any of the following—*
> *(a) the carrying out of construction operations;*
> *(b) arranging for the carrying out of construction operations by others,
> whether under sub-contract to him or otherwise;*
> *(c) providing his own labour, or the labour of others, for the carrying out
> of construction operations.*
>
> *(2) References in this Part to a construction contract include an agree-
> ment—*

---

[649] (2011) 27 Const. L.J. 709.
[650] [1966] 1 W.L.R. 1317.
[651] Vgl. dazu im Verlauf dieses Gliederungspunktes sowie unten, G. III. 1. a).
[652] *Chitty on Contracts*, Vol. II, 37-001.

(a) to do architectural, design, or surveying work, or

(b) to provide advice on building, engineering, interior or exterior decoration or on the laying-out of landscape,

in relation to construction operations.

[...]

Hier wird deutlich, dass nicht nur die Bauarbeiten selbst unter die *construction* zu fassen sind, sondern auch deren Veranlassung bzw. Organisation sowie architektonische oder gestalterische Arbeiten im Vorfeld der Phase der physischen Verwirklichung des Projektes.

In Deutschland ist der Bauträger neben der Erbringung der reinen Bauleistung auch dazu verpflichtet, die hiermit verbundene Bauplanung zu übernehmen.[653] Eingeschlossen hiervon sind alle Architekten- und Ingenieurleistungen sowie weitere wirtschaftliche Leistungen, wenn diese zur Herstellung des vertraglich geschuldeten Werkes erforderlich sind.[654] Wenn für die Fertigstellung des Bauwerkes Arbeiten erforderlich sind, die nicht im Vertrag festgeschrieben wurden, müssen diese dennoch vom Bauträger ohne Aufpreis erbracht werden. Die in England und Wales im Rahmen von *turnkey contracts* oder *lump sum contracts* getroffenen Vereinbarungen sehen die gleichen Mechanismen vor: Der *developer* haftet für die Mehrkosten, die den im Vertrag fixierten Preis übersteigen.[655] Eine vorausschauende Vertragsgestaltung ist daher erforderlich, um das Haftungsrisiko für Bauträger von vornherein zu minimieren.

In der Praxis ist nicht immer ausdrücklich im Vertrag geregelt, ob beim Kauf einer noch zu errichtenden Wohnung auch die Gemeinschaftseinrichtungen des Hauses wie z.B. Treppenhäuser und gemeinsam genutzte Kellerräume von der Verpflichtung zur sorgfältigen Errichtung umfasst sind. Dieser Aspekt kann dann nur durch *implied terms* Eingang in die Vereinbarung finden. Die Frage war bislang noch nicht Gegenstand richterlicher Überprüfung, es ist allerdings zu vermuten, dass die Voraussetzungen für eine Einbeziehung auch einer derart umfangreichen

---

[653] *Basty*, Rn. 1072 ff.; vgl. auch BGH NJW 1983, S. 453 (454).
[654] BGH 16.7.1998 – VII ZR 350/96 = NJW 1999, S. 3707 (3708).
[655] *Williams v Fitzmaurice* (1858) 157 E.R. 709.

Pflicht bestehen, da dies nach den Umständen als selbstverständlich gelten kann und nicht gesondert erwähnt werden muss (*goes without saying*).[656]

In England und Wales können reine Bauverträge in *building contracts* und *engineering contracts* unterteilt werden. *Building contracts* umfassen Vorhaben, die die Errichtung von Wohnimmobilien zum Gegenstand haben, während *engineering contracts* die Errichtung von Bauwerken der öffentlichen Infrastruktur betreffen.[657] Diese Klassifizierungen ziehen jedoch keine direkten Rechtsfolgen nach sich, sondern haben lediglich eine beschreibende Funktion. In der Praxis finden die Standardbedingungen des *JCT* vermehrt bei *building contracts* und die Muster der *ICE* bei *engineering contracts* Anwendung. Die Pflicht zur Errichtung ist maßgeblich abhängig von den Inhalten dieser detaillierten Standardvertragswerke.[658]

Für alle Verträge übergreifend gelten die in diesem Bereich anwendbaren Grundsätze des *common law*, die als *implied terms* Eingang in den Vertrag finden. Dies gilt allerdings unter dem Vorbehalt, dass die hiervon betroffenen Fragen nicht bereits ausdrücklich Teil der Absprache zwischen den Parteien geworden sind.[659] Je ausführlicher der Vertrag zwischen den Parteien ausgestaltet ist, desto weniger Raum bleibt für *implied terms*.[660] Vor allem in der Rechtsprechung des 20. Jahrhunderts haben sich wichtige Prinzipien im Hinblick auf die Pflicht zur Errichtung auch für einen *sale of new property* herausgebildet.

In dem der Entscheidung *Lawrence v Cassel*[661] zu Grunde liegenden Sachverhalt war *Cassel* verpflichtet, ein Haus zu errichten und dies nach der Fertigstellung mitsamt dem Grundstück an *Lawrence* zu übereignen. Die Art und Weise der Bauausführung wurde dabei von den Parteien nicht im Detail beschrieben, jedoch implizierte das Gericht eine Verpflichtung in zweifacher Hinsicht: Diese sah die

---

[656] *Britton/Fairweather*, S. 44 f.
[657] Auch für *engineering contracts* gibt es Standardvertragswerke, siehe oben, C. II. 2.
[658] *Adriaanse*, Construction Contract Law: The Essentials, S. 105.
[659] *Uff*, S. 187.
[660] *Wilmot-Smith*, Construction Contracts – Law and Practice, S. 39.
[661] [1930] 2 K.B. 83.

Verwendung angemessenen Materials und die fachgerechte Durchführung der Bauarbeiten vor.[662]

Diesem Ansatz wurde in *Miller v Cannon Hill Estates Ltd*[663] ausdrücklich gefolgt; hier wurde jedoch nicht nur auf das Material und die Erbringung der Bauleistungen abgestellt, sondern darüber hinaus eine Haftung des *developer* für die Tauglichkeit des Gebäudes für den vertraglich vorhergesehenen Zweck verankert.[664]

> *"[...] an obligation to build properly, to build with proper materials, and in a proper manner, and to provide a house fit for the purpose [...]"*

In *Hancock v BW Brazier (Anerly) Ltd*[665] wurde wiederum auf diese Rechtsprechung explizit Bezug genommen; im zu Grunde liegenden Fall hatte ein *developer* im Rahmen eines Bauträgervertrages bei der Setzung des Gebäudefundamentes Material verwendet, dem ein versteckter Mangel anhaftete, so dass sich zwei Jahre später deutliche Risse zeigten. Zur Beschaffenheit der Baumaterialien wurde im Vertrag jedoch nichts Näheres bestimmt. Ein Verstoß gegen die ausdrücklichen Vertragsbestimmungen zur ordnungsgemäßen Errichtung lag ebenfalls nicht vor. Entschieden wurde, dass den *developer* eine implizierte Pflicht zur Verwendung angemessenen Materials traf. Unter Bezugnahme auf beide vorangegangenen Entscheidungen wurde dann folgende zusammenfassende Regel in Bezug auf den Verkauf noch zu errichtender Wohnimmobilien formuliert:

> *"When a purchaser buys a house from a builder who contracts to build it, there is a three-fold implication: that the builder will do his work in a good and workmanlike manner; that he will supply good and proper materials; and that it will be reasonably fit for human habitation."*[666]

Die Entwicklung der Rechtsprechung hat demnach für Bauträger im Hinblick auf die Errichtung schlussendlich eine Verpflichtung in dreifacher Hinsicht und zwar

---

[662] So auch die Interpretation der auf diese Entscheidung verweisende Entscheidung in *Miller v Cannonhill Estates Ltd* [1931] 2 K.B. 113 at 122.

[663] [1931] 2 K.B. 113 at 122.

[664] [1931] 2 K.B. 113 at 123.

[665] [1966] 1 W.L.R. 1217.

[666] *Hancock v BW Brazier (Anerly) Ltd* [1966] 1 W.L.R. 1317, 1332.

im Hinblick auf die Art und Weise der Bauausführung, der Beschaffenheit des verwendeten Materials sowie dem Zweck des Gebäudes, hervorgebracht.

Die zuletzt genannte Zweckhaftung bei einem *sale of new property* ist bei reinen Bauverträgen nicht generell üblich; über ihr Eingreifen muss von Fall zu Fall entschieden werden.[667] Maßgeblich ist die genaue Ausgestaltung der Parteiabsprachen bzw. die Wahl des (Standard-)Vertrages. Die Rechtsprechung hat bei Verträgen, die eine Erbringung von Planungs- und Bauleistungen aus einer Hand enthalten (*Design and Build Contracts*, *Turnkey Contracts* oder *Package Deals*) eine Haftung des *developer* für die vorgesehene Nutzbarkeit bzw. den vorgesehenen Zweck des Gebäudes regelmäßig bejaht,[668] auch wenn hierin keine generelle Aussage zur Zweckhaftung zu sehen ist.

Die drei Aspekte der Pflicht zur Errichtung, die in der fachgerechten Durchführung der Bauarbeiten, der Verwendung des angemessenen Materials und der Zwecktauglichkeit des fertigen Gebäudes zu sehen sind, unterliegen jeweils unterschiedlichen Haftungsmaßstäben. Sie müssen daher einzeln untersucht werden, auch wenn sie sich inhaltlich teilweise überschneiden. So kann z.B. nicht immer strikt zwischen der Haftung für die Ausführung der Arbeiten und der Haftung für die Zwecktauglichkeit des Gebäudes als Ganzem unterschieden werden. In Deutschland erfolgt in gesetzessystematischer Hinsicht keine ähnliche Unterteilung der Pflicht zur Erbringung der Bauleistung in die genannten drei Aspekte. Letztlich folgt aus dem anwendbaren Werkvertragsrecht aber eine Haftung für die Qualität der Arbeiten und des Materials sowie für die Zwecktauglichkeit des Gebäudes. In der Folge werden die einzelnen Aspekte der Pflicht zur Verschaffung des Bauwerkes gesondert dargestellt.

---

[667] *Fleming, Fitness for purpose: the implied design obligation in construction contracts*, Const. L.J. 1997, 13(4), S. 227 (233).

[668] *Hancock v BW Brazier (Anerly) Ltd* [1966] 1 W.L.R. 1317, 1332; *Greaves v Baynham Meikle* [1975] 1 W.L.R. 1095 at 1098; *IBA v EMI and BICC* [1980] P.N.L.R. 179; *Bole v Huntsbuild Ltd* [2009] EWCA Civ 1146; *Harrison v Shepherd Homes Ltd* (2011) 27 Const. L.J. 709; so grundsätzlich auch: *Lynch v Thorne* [1956] W.L.R. 303 at 306, 308; siehe auch unten, E. II. 4.

2. Qualität der Bauarbeiten

Die Ausführung der Bau- und Planungsarbeiten ist ein dynamischer Prozess, der fortwährend verschiedene Entscheidungen des Bauträgers erfordert; je nach Reichweite der Entschlussfreiheit, die dem Bauträger durch den Vertrag eingeräumt wird, kann er die Leistung nach seinen Vorstellungen beeinflussen.[669] Unabhängig von seinem Handlungsspielraum gibt es im Hinblick auf die Qualität aber Mindestanforderungen, die jeder Baudienstleister in England und Wales erfüllen muss.

Zunächst müssen die Arbeiten so durchgeführt werden, wie es der Vertrag vorsieht.[670] Die individuelle Absprache zwischen den Parteien ist wichtigster Anhaltspunkt bei der Ermittlung des Pflichtenprogrammes.

Darüber hinaus ist erforderlich, dass der *developer* sorgfältig und sachkundig arbeitet.[671] In der englischen Rechtsprechung haben sich verschiedene Termini herausgebildet, um diesen Aspekt zu beschreiben: Die Arbeit „*[the work] must be done with all proper skill and care*"[672] bzw. „*in a good and workmanlike manner*".[673] Die Formulierungen ähneln sich und werden auch in den gängigen Standardvertragswerken aufgegriffen. Damit sind neben subjektiven Kriterien, die sich aus der individuellen Parteivereinbarung ergeben, auch objektive Kriterien zu berücksichtigen, die auf Grundsätzen der Rechtsprechung beruhen und über *implied terms* in den Vertrag einbezogen werden. Zudem ist die Frage des Haftungsmaßstabes bei der Erbringung von *services*, zu denen auch die Planungs- und Bauarbeiten zählen, gesetzlich geregelt:

s.13 Supply of Goods and Services Act 1982
In a contract for the supply of a service where the supplier is acting in the course of a business, there is an implied term that the supplier will carry out the service with reasonable care and skill.

---

[669] Vgl. *Jansen*, S. 252.
[670] *Chitty on Contracts*, Vol. II 37-002, 37-063 ff.
[671] *Lawrence v Cassel* [1930] 2 K.B. 83, C.A.; *Miller v Cannon Hill Estates* [1931] 2 K.B. 113; *Hancock v BW Brazier (Anerley) Ltd* [1966] 1 W.L.R. 1317 at 1332.
[672] *Young & Marten Ltd. v McManus Childs* [1969] 1 A.C. 454 at 465 per Lord Reid.
[673] *Hancock v BW Brazier (Anerley) Ltd* [1966] 1 W.L.R. 1317 at 1332.

Hiernach muss der Erbringer einer *service*-Leistung mit angemessener Sorgfalt und Sachkunde (*reasonbale care and skill*) vorgehen. Für eine genauere Bestimmung, was unter diesem objektiven Sorgfaltsmaßstab zu verstehen ist, kann die Entscheidung *Bolam v Friern Hospital Managemnet Committee*[674] herangezogen werden. Letztere betrifft zwar das Arzthaftungsrecht und umschreibt aus deliktsrechtlicher Perspektive, was „*reasonable care and skill*" ausmacht; diese Entscheidung wurde aber auch bereits im Zusammenhang mit der Verletzung bauvertraglicher Pflichten zu Grunde gelegt und beeinflusst bis heute die Prinzipien der Haftung für Fachkräfte im Allgemeinen.[675] Hiernach muss eine Fachkraft entsprechend einer verantwortungsvollen Person der spezifischen Fachrichtung ihre Leistung erbringen. Dazu führte *McNair J* aus:[676]

> "*I myself would prefer to put it this way, that he is not guilty of negligence if he has acted in accordance with a practice accepted as proper by a responsible body of medical men skilled in that particular art. I do not think there is much difference in sense. It is just a different way of expressing the same thought. Putting it the other way round, a man is not negligent, if he is acting in accordance with such a practice, merely because there is a body of opinion who would take a contrary view.*"

Eine verschärfte Haftung auf Grund der Stellung als Experte ist dagegen nicht vorgesehen:

> "*The test is the standard of the ordinary skilled man exercising and professing to have that special skill. A man need not possess the highest expert skill; it is well established law that it is sufficient if he exercises the ordinary skill of an ordinary competent man exercising that particular art.*"[677]

---

[674] [1957] 1 W.L.R. 582.
[675] Der sog. *Bolam*-Test wurde auch zu Grunde gelegt in der Entscheidung *Greaves v Baynham Meikle* [1975] 1 W.L.R. 1095, bei der die Errichtung eines Warenlagers Gegenstand des Vertrages war.
[676] [1957] 1 W.L.R. 582 at 587.
[677] [1957] 1 W.L.R. 582 at 586.

Letztlich sind also die branchenspezifischen Standards der jeweiligen Fachrichtung zu berücksichtigen. Auf dem englischen Bausektor sind dies die dort herrschenden *trade standards*, die das Äquivalent zu den in Deutschland geltenden „anerkannten Regeln der Technik" bilden.[678] Sie greifen als Mindeststandards unabhängig vom Umfang der Entscheidungsfreiheit ein, die dem *developer* im Hinblick auf die Ausführung der Bau- oder Planungsarbeiten vertraglich eingeräumt wird.

Damit ergibt sich bei einer losgelösten Betrachtung der Pflicht zur Durchführung von Bau- und Planungsarbeiten in objektiver Hinsicht „nur" eine Haftung für sorgfältiges Handeln. Den Parteien steht es zudem grundsätzlich frei, in ihrem Vertrag von diesem Standard abzuweichen; berücksichtigt werden müssen dann jedoch die Anforderungen des *Unfair Contract Terms Act 1977* sowie die *Unfair Terms in Consumer Contracts Regulations 1999*. Das mögliche Eingreifen einer strengeren bzw. strikten Haftung des *developer* für die Zwecktauglichkeit der Arbeiten wird im Rahmen der Herstellung der Zwecktauglichkeit des Gebäudes insgesamt angesprochen.[679]

Sollten Teile des zum Verkauf stehenden Gebäudes schon errichtet sein, müssen die bis zum Zeitpunkt des Vertragsschlusses bereits durchgeführten Arbeiten auch dem eben beschriebenen Standard entsprechen.[680] Beim Vorliegen von Mängeln muss der *developer* diese bis zur *completion* beseitigen; schließlich entspricht es bei einem *sale of new property* vorbehaltlich ausdrücklich abweichender Absprachen nicht dem Parteiwillen, dass der *developer* ein mangelhaftes Haus übereignet:

> *"There is a good deal to be said for the view that a contract to complete a house is not performed by making a house full of defects some of which subsequently appear in consequence of work badly done before the contract and some of which are due to bad work done after the contract."*[681]

---

[678] *Jansen*, S. 252.
[679] Siehe unten, E. II. 4.
[680] *Harrison v Shepherd Homes Ltd* (2011) Const. L.J. 709 at 718; *Hancock v BW Brazier (Anerley) Ltd* [1966] 1 W.L.R. 1317 at 1324 f. per Diplock L.J.
[681] *Lawrence v Cassel* [1930] 2 K.B. 83 at 89 per Scrutton L.J.

Es macht demnach für die Haftung keinen Unterschied, ob Teile des Hauses bereits fertiggestellt sind bzw. ob die durchzuführenden Arbeiten schon vor Vertragsschluss begonnen haben.

Des Weiteren sehen die in England und Wales verwendeten Standardbedingungen[682] vor, dass die Arbeiten unter Berücksichtigung der gesetzlichen Vorgaben, die sich vor allem in den *Building Regulations* widerspiegeln,[683] durchgeführt werden. Ebenfalls in den Vertrag einbezogen werden in dem meisten Fällen die technischen Vorgaben des *NHBC*, die sich mit den gesetzlichen Vorgaben an vielen Stellen überschneiden oder hierauf Bezug nehmen.[684]

In Deutschland finden, wie bereits eingangs erwähnt, gemäß § 650u Abs. 1 S. 2 BGB die gesetzlichen Regelungen des Werkvertragsrechtes auf die Bauleistung Anwendung, zu denen mit Wirkung zum 1. Januar 2018 auch die Bestimmungen zum Bauvertrag und zum Verbraucherbauvertrag zählen. Demnach ist der Bauträger gemäß § 631 Abs. 1 BGB bzw. § 633 Abs. 1 BGB verpflichtet, das Bauwerk sach- und rechtsmangelfrei herzustellen. Der Umfang der Pflicht zur sachmangelfreien Verschaffung des Bauwerkes richtet sich maßgeblich nach der Beschaffenheitsvereinbarung der Parteien;[685] mit der Regelung des § 633 Abs. 2 S. 1 BGB hat der Gesetzgeber den subjektiven Fehlerbegriff in den Vordergrund gestellt.[686] Fehlt es in Deutschland an einer Beschaffenheitsvereinbarung durch die Parteien, muss das Bauwerk der vertraglich vorhergesehenen Verwendung gemäß § 633 Abs. 2 S. 2 Nr. 1 BGB bzw. der üblichen Verwendung gemäß § 633 Abs. 2 S. 2 Nr. 2 BGB genügen. Berücksichtigung bei der Frage nach dem Inhalt der Vereinbarung zwischen den Parteien finden vor allem die Bau- und Leistungsbeschreibung (die dort festgelegten Inhalte führen nach h.M. zu einer Beschaffenheitsvereinbarung gemäß § 633 Abs. 2 S. 1 BGB[687]) sowie die

---

[682] *Britton/Fairweather*, S. 42 wo exemplarisch der *JCT 05 Standard Building Contract* und der *ICE Engineering and Construction Contract (NEC3)* genannt werden.

[683] Siehe oben, B. V. 2.

[684] *Britton/Fairweather*, S. 43.

[685] *Kniffka/Koeble*, 6. Teil, Rn. 16; Staudinger/*Peters/Jacoby*, § 631, Rn. 8.

[686] MüKo/*Busche*, § 633, Rn. 7; Staudinger/*Peters/Jacoby*, § 633, Rn. 7, 168.

[687] MüKo/*Busche*, § 633, Rn. 16; Bamberger/*Roth*, § 633, Rn. 4; *Mundt* NZBau 2003, S. 73 (76); *Kniffka/Koeble*, 11. Teil, Rn. 253 ff.; a.A. *Basty*, Rn. 823 der ausführt, dass die im Leistungsverzeichnis gemachten Angaben von den Parteien nicht als derart verbindlich eingestuft werden, dass sie bei einer Abweichung sogleich eine Haftung des Bauträgers auslösen sollen. Durch eine entsprechende ausdrückliche Qualifizierung der Bau- und

vom Bauträger angefertigten Planungsunterlagen[688]. In Frage kommen ebenfalls Beschaffenheitsvereinbarungen durch öffentliche Äußerungen[689] oder Angaben in Prospekten des Bauträgers.[690]

Die verschiedenen Vertragsgrundlagen können zu Widersprüchen im Hinblick auf den Leistungsumfang führen; Klarheit schaffen eigene Absprachen der Parteien bzgl. der Hierarchie einzelner Bedingungen.[691] In § 1 Abs. 2 VOB/B ist eine Rangfolge festgelegt, nach der die Leistungsbeschreibung das wichtigste Kriterium bei der Ermittlung des Pflichtenprogramms darstellt. Ansonsten ist zu ermitteln, was ein vernünftiger Erwerber erwarten darf, wobei im Rahmen der Auslegung zu berücksichtigen ist, ob einzelne Leistungsposten tatsächlich notwendig für die funktionsgerechte Nutzung des Bauwerks sind oder überwiegend gestalterische Bedeutung haben.[692]

In den englischen Standardbauverträgen finden sich ebenfalls Klauseln zur Hierarchie einzelner Bedingungen.[693]

Darüber hinaus spielt für die Qualität der Bauarbeiten die Einhaltung bestimmter technischer Maßstäbe eine wichtige Rolle; in Deutschland sind vor allem die anerkannten Regeln der Technik zu berücksichtigen. Ein Verstoß ist im BGB zwar nicht als eigener Mangeltatbestand aufgeführt, die Einhaltung dieser Regeln stellt aber regelmäßig den Minimalkonsens zwischen den Parteien dar[694] und darf nach Treu und Glauben vom Erwerber erwartet werden.[695] Diese Grundsätze bezeichnen die für die Fertigung und Konstruktion von Bauwerken und Bauleistungen

---

Leistungsbeschreibung durch die Parteien können Auslegungsprobleme unabhängig von den unterschiedlichen Positionen von vornherein vermieden werden.

[688] BGH NJW 2001, S. 1642 (1643).

[689] MüKo/*Busche*, § 633, Rn. 24; *Basty*, Rn. 859; vgl. zur Prospekthaftung Staudinger/*Peters/Jacoby*, § 633, Rn. 173.

[690] Eine Prospekthaftung kommt insbesondere beim Vertrieb durch Bauträger-Modelle in Betracht, vgl. BGH BauR, S. 351 (351); vgl. auch BGH NJW 2001, S. 436 (436 f.); *Basty*, Rn. 1076; Staudinger/*Peters/Jacoby*, § 633, Rn. 173.

[691] *Kniffka/Koeble*, 11. Teil, Rn. 260; Staudinger/*Peters/Jacoby*, § 633, Rn. 8.

[692] *Kniffka/Koeble*, 11. Teil, Rn. 258, 260.

[693] *Chitty on Contracts*, Vol. II, 37-026.

[694] *Kniffka/Koeble*, 11. Teil, Rn. 225; Messerschmidt/Voit/*Drossart*, Privates Baurecht, II. Teil, § 633, Rn. 31; vgl. zu Zweifeln an der Einbeziehung der anerkannten Regeln der Technik MüKo/*Busche*, § 633, Rn. 18, v.a. Rn. 21 f; Staudinger/*Peters/Jacoby*, § 633, Rn. 177.

[695] BGH NZBau 2009, S. 648 (649); *Basty*, Rn. 875.

geltenden Regeln, die in der Wissenschaft als theoretisch richtig anerkannt sind und die sich in der Baupraxis durchgesetzt und bewährt haben.[696] Hierunter können z.b. auch DIN-Normen und die technischen Bestimmungen der VOB/C gehören.[697] Den Parteien steht es frei, einen anderen Haftungsrahmen zu vereinbaren; eine Abweichung unter das Niveau der anerkannten Regeln der Technik bedarf jedoch einer ausdrücklichen Klarstellung im Vertrag.[698] Bei Einbeziehung der VOB/B wird die Einhaltung der anerkannten Regeln der Technik gemäß § 13 Abs. 1 S. 2 VOB/B sogar ausdrücklich zu einer Voraussetzung für die Mangelfreiheit des Bauwerks.

Auch in Deutschland finden technische Normen damit wie in England und Wales hauptsächlich über die Parteiabsprachen Eingang in den Vertrag. Gesetzescharakter wird ihnen dabei nicht zuteil.[699] In England und Wales müssen sogar die gesetzlich fixierten und bauordnungsrechtlich zu qualifizierenden *Building Regulations*[700] durch eine Vereinbarung einbezogen werden, um Geltung zu beanspruchen;[701] dies ist in der Praxis aber ganz regelmäßig der Fall. Die Qualitätssicherung im Hinblick auf die Schaffung und Aktualisierung technischer Richtwerte wird in beiden Systemen in besonderem Maße durch private Einrichtungen übernommen. In Deutschland sind in diesem Zusammenhang die vom Deutschen Institut für Normung entwickelten Normen und in England und Wales die *British Standards*[702] oder die technischen Standards des *NHBC* besonders relevant. Die Parallelen in beiden Systemen sind deutlich: Die jeweilige Bauindustrie nimmt durch die Mitgestaltung der im Vertrag zu Grunde gelegten technischen Standards zumindest mittelbar Einfluss auf die Inhalte der Absprachen, die Bauleistungen zum Gegenstand haben.

---

[696] Messerschmidt/Voit/*Drossart*, Privates Baurecht, II. Teil, § 633, Rn. 30; Staudinger/*Peters/Jacoby*, § 633, Rn. 178.

[697] *Kniffka/Koeble*, 6. Teil, Rn. 32; Staudinger/*Peters/Jacoby*, § 633, Rn. 178 ff.

[698] BGHZ 139, 16; vgl. *Basty*, Rn. 877; Staudinger/*Peters/Jacoby*, § 633, Rn. 180.

[699] Die DIN-Normen sind private technische Regelungen mit Empfehlungscharakter, MüKo/*Busche*, § 633, Rn. 19; Staudinger/*Peters/Jacoby*, § 633, Rn. 179.

[700] Siehe dazu oben, B. V. 2.

[701] Vgl. *Townsend (Builders) v Cinema News* [1959] 1 W.L.R. 119.

[702] Die *British Standards* bilden das Pendant zu den DIN-Normen und werden von der *British Standard Institution* (*BSI*) entwickelt. Mehr Informationen unter http://www.bsigroup.com/en-GB/.

In Deutschland muss das Bauwerk darüber hinaus den Vorgaben der Baugenehmigung und ggf. weiteren öffentlich-rechtlichen Anforderungen[703] entsprechen, andernfalls gilt es selbst dann als mangelhaft, wenn die privatvertraglichen Vereinbarungen eingehalten werden.[704] Ohne Schaffung der baurechtlichen Voraussetzungen darf der Bauträger gemäß § 3 Abs. 1 S. 1 Nr. 4 MaBV auch keine Abschlagszahlungen entgegennehmen. Ebenfalls zum Pflichtenprogramm zählt die gesicherte Erschließung des Grundstückes, also der Anschluss an das öffentliche Strom-, Wasser- und Kanalnetz.[705] In England finden Bestimmungen mit ähnlichem Inhalt in der Regel über die Standardverträge Eingang in die Absprachen zwischen *developer* und Käufer.

Die Haftung des deutschen Bauträgers für die mangelfreie Errichtung des Bauwerkes bleibt gemäß § 13 Abs. 3 VOB/B grundsätzlich auch dann erhalten, wenn der Erwerber konkrete Anweisungen im Hinblick auf Material, Design oder die Art der Durchführung gibt. Der Baudienstleister kann sich aber gemäß § 4 Abs. 3 VOB/B entlasten, wenn er den Erwerber von eventuellen Bedenken bzgl. der Anweisungen schriftlich in Kenntnis setzt; diese Grundsätze gelten auch dann, wenn die VOB/B nicht gilt und der Vertrag nur nach den Grundsätzen des BGB zu behandeln ist.[706] Ein Schriftformerfordernis existiert hier zudem nicht. Diese Beratungspflicht besteht vor und während der Vertragsdurchführung für den Werkunternehmer.[707]
In England und Wales entfällt die Haftung des *developer*, wenn der Erwerber dessen Handlungsspielraum durch eigene Vorgaben im Hinblick auf den Bauprozess entscheidend einschränkt.[708] Ebenso wie in Deutschland existiert eine Hinweispflicht, um den Erwerber vor Nachteilen oder Schwierigkeiten zu warnen, die dessen Einflussnahme auf den Vertragsinhalt mit sich bringen können.[709]

---

[703] Exemplarisch sei hier die Garagenverordnung genannt, die z.B. Mindestanforderungen für Fahrgassen und Rangierflächen festlegt.

[704] OLG Hamm 21.1.1999 – 22 U 120/97.

[705] MüKo/*Westermann*, § 434, Rn. 56; *Basty*, Rn. 794.

[706] BGH NJW 1996, S. 2372 (2372 f.); Staudinger/*Peters/Jacoby*, § 633, Rn. 63.

[707] Staudinger/*Peters/Jacoby*, § 633, Rn. 75; Beck-OK BGB/*Voit*, § 631, Rn. 49 ff. mit zahlreichen Nachweisen aus der Rechtsprechung.

[708] *G.H. Myers & Co. v Brent Cross Service Co* [1934] 1 K.B. 46.

[709] *Jansen/Harrison*, Good Faith in Construction Law: The Inaugural King's College Construction Law Lecture, Const. L.J. 1999, S. 346 (353) mit Hinweis auf *Duncan v Blundell* (1820) 171 E.R. 749 at 749 sowie *Pearce v Tucker* (1862) 176 E.R. 61 at 62.

3. Qualität des Materials

Für die erfolgreiche Realisierung eines Bauvorhabens ist die Frage der verwendeten Materialien freilich ein wichtiger Faktor; der *developer* bzw. der Bauträger sieht sich daher gleich mehreren Pflichten im Hinblick auf die Eigenschaften der von ihm verwendeten Baustoffe ausgesetzt. Einfluss auf den Haftungsmaßstab hat zudem der Käufer, der im Falle eigener Vorgaben im Hinblick auf das Baumaterial das Pflichtenprogramm nachhaltig beeinflussen kann.

Ein spezieller gesetzlicher Hinweis auf die Verwendung mangelfreien und geeigneten Materials ist in Deutschland nicht vorhanden; jedoch ist diese Pflicht in der Pflicht zur Herstellung des mangelfreien Werkes enthalten. Insofern kann auf die obigen Ausführungen verweisen werden. Indessen ist der *developer* in England und Wales in *s.1(1) DPA 1972* ausdrücklich aufgefordert, *proper materials* zu verwenden. Darüber hinaus hat auch die Rechtsprechung mehrfach eine ausdrückliche, das Material betreffende Haftung für Baudienstleister angenommen:[710]

In der Entscheidung *G.H. Myers & Co. v Brent Cross Service Co.*[711] wurden allgemeine Regeln hinsichtlich der Beschaffenheit von Materialien aufgestellt, die bei Verträgen gelten, welche sowohl die Erbringung einer Dienstleistung (*service*) als auch die Übertragung von beweglichen Gegenständen (*supply of goods*) beinhalten; konkret ging es im Fall um eine Autoreparatur, bei der die neu eingebauten Teile einen Schaden verursachten. Demnach muss das bei der Erbringung der Dienstleistung verwendete Material zum einen eine gute Qualität aufweisen und zum anderen den Anforderungen an den vorgesehenen Zweck nachkommen.[712]

> *"[...] the true view is that a person contracting to do work and supply materials warrants that the materials which he uses will be of good quality and reasonably fit for the purpose for which he is using them, unless the circumstances of the contract are such as to exclude any such warranty."*

---

[710] Z.B. *Young & Marten Ltd. v McManus Childs* [1969] 1 A.C. 454 mit Hinweis auf *G.H. Myers & Co. v Brent Cross Service Co* [1934] 1 K.B. 46.

[711] [1934] 1 K.B. 46 at 55.

[712] *G.H. Myers & Co. v Brent Cross Service Co* [1934] 1 K.B. 46 at 55; dahingehend auch *Young & Marten Ltd. v McManus Childs* [1969] 1 AC 454 at 468.

„Gute Qualität" impliziert dabei die Freiheit von Mängeln oder Unzulänglichkeiten, die den Marktwert negativ beeinflussen.[713] Die Zwecktauglichkeit des Materials ist naturgemäß abhängig davon, welche Art der Nutzung des Gebäudes zum Inhalt der Absprache gemacht wurde, so dass zunächst der genaue Inhalt dessen, was vereinbart wurde, zu ermitteln ist. Der Haftungsmaßstab entspricht damit dem eines Vertrages über den Kauf beweglicher Sachen, der in den in *ss.3-5 SGSA 1982* und *ss.13-15 SGA 1979* niedergelegt ist.

Die Haftung für die Zwecktauglichkeit des Materials gilt laut *du Parcq J.* allerdings nur vorbehaltlich der Tatsache, dass sich aus den Umständen des Vertrages etwas anderes ergibt, z.B. wenn der Käufer die zu installierenden Teile z.B. selbstständig auswählt, anstatt dem Erbringer der *service*-Leistung die Entscheidung zu überlassen:[714]

> "There may be circumstances which would clearly exclude [the liability]. A man goes to a repairer and says: "Repair my car; get the parts from the makers of the car and fit them." In such a case it is made plain that the person ordering the repairs is not relying upon any warranty except that the parts used will be parts ordered and obtained from the makers. On the other hand, if he says: "Do this work, fit any necessary parts," then he is in no way limiting the person doing the repair work, and the person doing the repair work is, in my view, liable if there is any defect in the materials supplied, even if it was one which reasonable care could not have discovered."

In der Entscheidung *Young & Marten Ltd. v McManus Childs*[715] bestätigte das *House of Lords* prinzipiell die „general rule" aus der eben erwähnte Entscheidung *G.H. Myers & Co. v Brent Cross Service Co* und bejahte die Haftung für die Zweckmäßigkeit von Baumaterialien im Rahmen von Bauträgerverträgen.

In dem der Entscheidung zu Grunde liegenden Sachverhalt erwiesen sich die Ziegel eines Neubaus auf Grund eines versteckten Mangels, welcher die Ziegel bei Frost brüchig werden ließ, als fehlerhaft. Der beklagte *developer* lehnte eine Haftung mit dem Argument ab, dass der Käufer die Ziegel selbst ausgewählt habe. In

---

[713] *Jansen*, S. 247.
[714] *G.H. Myers & Co. v Brent Cross Service Co* [1934] 1 K.B. 46 at 55.
[715] [1969] 1 A.C. 454 (siehe oben bereits).

einem solchen Fall bestünde nur die Haftung für die ordnungsgemäße Durchführung der Arbeiten (an welcher vorliegend kein Zweifel bestand), nicht aber für die Qualität und Zwecktauglichkeit des Materials. Zudem handele es sich bei dem vorliegenden Vertrag in erster Linie um einen Dienstleistungsvertrag (*contract for work*) und nicht um einen Kaufvertrag, weshalb eine strikte Haftung für die Eigenschaften des Materials nicht greifen dürfe. *Lord Reid* folgte dem nicht und stellte klar, dass grundsätzlich eine zweifache Verpflichtung im Hinblick auf Qualität und Zwecktauglichkeit des Materials gegeben sei, die unabhängig voneinander bestünden.

> "[...] there are really two warranties, one as to quality and one as to reasonable fitness for the job; and the fact that the latter is excluded as it is in this case, does not affect the warranty of quality." [716]

Daran ändere auch die Tatsache nichts, dass die Ziegel nur bei einem Hersteller erworben werden konnten und es keine Alternative bei deren Beschaffung gab. Dem *developer* bliebe schließlich die Möglichkeit, seinerseits beim Hersteller Regress zu nehmen, so dass die Haftung letztlich an den Produzenten der Sache weitergegeben werden könne. [717]

> "If, however, the employer can sue the contractor in respect of the faulty materials, then the contractor can in turn recover from the manufacturer, with whom the ultimate blame lies. This would follow the normal chain of liability which attaches to sales and sub-sales of goods."

Die Etablierung dieser Rückgriffskette (*chain of liability*) bringt für Besteller von Baudienstleistungen und Käufer noch zu errichtender Immobilien einen besseren Schutz mit sich,[718] da sie sich mit Regressansprüchen im Hinblick auf das Material direkt an ihre Vertragspartner wenden können. Die Anwendung dieses aus dem Kaufrecht bekannten Prinzips ist auch insofern gerechtfertigt, als dass in der

---

[716] [1969] 1 A.C. 454 at 468.
[717] [1969] 1 A.C. 454 at 470.
[718] *Adriaanse*, S. 118.

vorliegenden Situation kein wirtschaftlicher Unterschied mehr besteht zwischen einem *sale of goods* und dem *supply of goods*.[719]

Deutliche Parallelen zu der Situation des eben beschriebenen Falles wies auch der Sachverhalt der Entscheidung *Samuel v Davis*[720] auf, auch wenn es hier nicht um die Errichtung eines Hauses, sondern um die passformgerechte Anfertigung einer Zahnprothese ging: Auch hier wurde die im Kaufrecht übliche strikte Haftung für die Zwecktauglichkeit der noch herzustellenden Prothese angewandt, obwohl die *service*-Leistung erkennbarer Schwerpunkt des Vertrages war.

Die bei einem Bau verwendeten Materialien müssen nach alldem grundsätzlich eine „gute Qualität" aufweisen und dem vertraglich vorausgesetzten Zweck genügen.
Abweichend von *G.H. Myers & Co. v Brent Cross Service Co.* kann in einer besonderen Konstellation allerdings durch die Materialauswahl des Käufers grundsätzlich nicht nur die Haftung des *developer* für die Zwecktauglichkeit, sondern auch für die Qualität (bzw. für versteckte Mängel) des Materials entfallen, nämlich dann, wenn der einzige Hersteller des Materials seinerseits die Haftung für die Qualität gegenüber dem *developer* ausgeschlossen hat und dieser Umstand auch dem Käufer bei Vertragsschluss bekannt war.[721] Dies müssen keine Einzelfälle sein: Für spezifische Ersatzteile (z.B. auf dem Kfz-Markt) gibt es häufig nur einen Hersteller (oft der Hersteller der zu reparierenden Sache selbst), der eine Haftung für versteckte Mängel zudem häufig ausschließt. In solchen Fällen wird man keinen *implied term* annehmen können, der eine strikte Haftung des *developer* für die Qualität des Materials vorsieht: Es wäre nicht angemessen (*reasonable*), letzteren haften zu lassen, da es mangels einer Möglichkeit zum Regress für den *developer* nicht den Vorstellungen der Parteien von der Ausgestaltung der Haftung entspräche.[722]

---

[719] *Young & Marten v McManus* [1969] 1 A.C. 454 at 470.
[720] *Samuel v Davis* [1943] K.B. 526; zu dieser Entscheidung siehe auch unten, F. II. 4.
[721] *Gloucestershire County Council v Richardson* [1969] 1 A.C. 480 HL.
[722] *Gloucestershire County Council v Richardson* [1969] 1 A.C. 480 HL.

Es wird deutlich, dass die Feststellung eines einheitlichen Haftungsmaßstabes für die Materialbeschaffenheit bei der Vielzahl der unterschiedlichen Vertragskonstellationen nicht immer einfach zu bestimmen ist. Auch die Rechtsprechung will und kann keinen generell verbindlichen Haftungsrahmen für die Vielzahl verschiedener Verträge etablieren.[723] Es bleibt eine Frage des Einzelfalles, ob der *developer, builder* oder *contractor* für die Qualität oder die Zwecktauglichkeit des Materials oder für beides haften muss, auch wenn in *Young & Marten v McManus* Rahmenbedingungen für die Annahme dieser Haftung aufgezeigt wurden. Zur Orientierung herangezogen werden können dabei die Beteiligung des Käufers an der Materialauswahl, sein Vertrauen in die Fähigkeiten des *developer* oder der Schwerpunkt des Vertragsgegenstandes (*service* bzw. *sale*). Im Hinblick auf den Großteil der Bauträgerverträge kann in aller Regel wohl von der Qualitäts- und Zweckhaftung des *developer* für Materialien ausgegangen werden; die große Bedeutung der Kaufkomponente (in England werden Bauträgerverträge sogar als „*sale* of a new property" bezeichnet) und die in der Regel große Möglichkeit des Bauträgers zur Einflussnahme auf den Bauprozess („Bauen aus einer Hand") stützen diese Einschätzung.

4. Zwecktauglichkeit des Gebäudes

Das nach den Vorgaben des Vertrages zu errichtende Gebäude ist Ergebnis der Verwendung geeigneter Materialien sowie fachgerechter Planungs- und Bauarbeiten. Die Pflicht des Bauträgers umfasst aber mehr als nur die Summe dieser Einzelteile und schließt die Tauglichkeit des Endproduktes für den im Vertrag vorgesehenen Zweck mit ein.[724]

---

[723] Vgl. dazu *Young & Marten v McManus* [1969] 1 A.C. 454, wo immer wieder die konkreten Umstände des Vertrages betont werden, die die Haftung in der vorliegenden Konstellation begründeten.

[724] *Hancock v BW Brazier* [1966] 1 W.L.R. 1217 at 1332 per Lord Denning M.R.; *Greaves v Baynham Meikle* [1975] 1 W.L.R. 1095 at 1098 per Lord Denning M.R.; vgl. *Lynch v Thorne* [1956] 1 W.L.R. 303 at 311 per Parker L.J., der einen *implied term* zu Herstellung der Bewohnbarkeit bei noch zu errichtenden Wohnhäusern grundsätzlich bejaht, im konkreten Fall aber ablehnt; *IBA v EMI and BICC* [1980] P.N.L.R. 179 at 205 per Lord Fraser of Tullybelton, der die Haftung des *developer* für die Zwecktauglichkeit eines Sendemastes bejaht.

Grundsätzlich bildet die Implementierung einer Zweckhaftung für Verträge, die Dienstleistungen (*services*) beinhalten, im englischen Recht eher die Ausnahme;[725] zudem existiert keine feste Kategorie von Bauverträgen, die zwingend eine strikte Haftung für die Zwecktauglichkeit des Gebäudes vorsieht. Wie im Hinblick auf die Materialqualität muss also auch hier von Fall zu Fall entschieden werden, ob die Umstände für die Implementierung einer strikten Haftung ausreichend Anlass bieten.

Um eine Implementierung der Zweckhaftung annehmen zu können, muss der Gläubiger, also bei einem Bauträgervertrag der Bauträger bzw. *developer*, den für das Gebäude vorgesehenen Zweck kennen und der Erwerber sich auf die Sachkunde und das Urteilsvermögen (*skill and judgement*) des Bauträgers verlassen haben.[726] Diese Voraussetzungen sind bei Verträgen, die die Merkmale eines *sale of new property* aufweisen, vorbehaltlich anderslautender expliziter Absprachen, gegeben, wie sich anhand einiger Entscheidungen belegen lässt.

Zunächst wurde die Zweckhaftung im Hinblick auf noch zu errichtende Wohnimmobilien in *Hancock v BW Brazier (Anerly) Ltd*[727] bejaht; konkret wurde dort der Zweck der Bewohnbarkeit (*fitness for habitation*) des Gebäudes vorausgesetzt. In *IBA v EMI and BICC*[728] wurde später entschieden, dass ein noch zu errichtender Sendemast dem vertraglich vorgesehenen Zweck genügen muss, soweit dem *developer* der Zweck auch bekannt war.

> "*The extent of the obligation is, of course, to be determined as a matter of construction of the contract. But, in the absence of a clear, contractual indication to the contrary, I see no reason why one who in the course of his business contracts to design, supply, and erect a television aerial mast is not under an obligation to ensure that it is reasonably fit for the purpose for which he knows it is intended to be used.*"[729]

---

[725] *Greaves v Baynham Meikle* [1975] 1 W.L.R. 1095 at 1100 per Lord Denning M.R.: Hier wird die Haftung für die Zwecktauglichkeit im konkreten Fall zwar bejaht, aber gleichzeitig ausdrücklich klargestellt, dass diese Annahme keine allgemeine Regel verkörpert, sondern den konkreten Umständen geschuldet ist; vgl. dazu ausführlich *Mückl*, S. 639, 670.

[726] *Greaves v Baynham Meikle* [1975] 1 W.L.R. 1095 at 1098 per Lord Denning M.R.

[727] [1966] 1 W.L.R. 1217.

[728] *IBA v EMI and BICC* [1980] P.N.L.R. 179.

[729] *IBA v EMI and BICC* [1980] P.N.L.R. 179 at 207 per Lord Scarman.

Folglich ist auch außerhalb des Wohnungsbausektors eine strikte Haftung für die Zwecktauglichkeit von Gebäuden anerkannt.

Die in *Young & Marten Ltd v McManus Childs Ltd*[730] entwickelten Grundsätze für eine Haftung des *developer* für die Zwecktauglichkeit von Baumaterialien wurden im Hinblick auf die Zwecktauglichkeit der Planungsarbeiten und des Gebäudes insgesamt auch in *IBA v EMI* angewandt. Der *developer* haftet demnach strikt gegenüber dem Erwerber für den Zweck, kann aber im Hinblick auf die Planungen seinerseits Rückgriff beim Architekten nehmen, der ursprünglich für die fehlerhafte Planung verantwortlich ist. So ist auch hier eine interessengerechte Lösung mittels eines Regresses entlang der Vertragskette zwischen allen Beteiligten zumindest möglich.[731]

> *"In the present case it is accepted by BIC that, if EMI are liable in damages to IBA for the design of the mast, then BIC will be liable in turn to EMI. Accordingly, the principle that was applied in Young & Marten Ltd in respect of materials, ought in my opinion to be applied here in respect of the complete structure, including its design. [...] I see nothing unreasonable in holding that EMI are responsible to IBA for the design seeing that they can in turn recover from BIC who did the actual designing."*[732]

Auch in *Lynch v Thorne*[733] wurde im Grundsatz klargestellt, dass ein von einem *developer* zu errichtendes Wohnhaus, anders als beim Verkauf eines bereits vollendeten Gebäudes, den Ansprüchen an den vertraglich vorgesehenen Zweck (im konkreten Fall die Bewohnbarkeit – *human habitation*) genügen muss, wenn der Vertrag nicht ausdrücklich etwas anderes vorsieht.[734] Hier allerdings wurde die Haftung abgelehnt, da die fehlerhafte Planung der Immobilie auf detaillierten Anweisungen des Käufers beruhte. Der *developer* hatte sich exakt an die Vorgaben des Käufers gehalten, die entsprechenden Materialien verwendet und fachgerecht gearbeitet; dennoch drang Feuchtigkeit ins Haus ein und führte zur Unbewohnbarkeit. Die genauen Vorgaben des Käufers hinsichtlich der zu verwendenden

---

[730] [1969] 1 AC 454. HL.
[731] Vgl. dazu oben, E. II. 3.
[732] *IBA v EMI and BICC* [1980] P.N.L.R. 179 at 206 per Lord Fraser of Tullybelton.
[733] [1956] 1 W.L.R. 303.
[734] [1956] 1 W.L.R. 303 at 305.

Materialien ließen dem *developer* keinen eigenen Entscheidungsspielraum, welcher ein schützenswertes Vertrauen des Käufers hätte rechtfertigen können; so bleibt kein Platz für einen *implied term*, der die Bewohnbarkeit des Gebäudes vorschreibt.[735]

Grundlage der strikten Haftung für die Zwecktauglichkeit des Gebäudes ist das große Maß an Entscheidungsfreiheit, welches dem Bauträger bei derart umfassenden Absprachen wie einem Bauträgervertrag durch den Käufer im Hinblick auf den gesamten Prozess der physischen Realisierung des Bauprojektes eingeräumt wird.[736] Alle erforderlichen Leistungen werden durch den Bauträger erbracht, der Erwerber macht keine grundlegenden Vorgaben in Form einer eigenständig durchgeführten Planung des Gebäudes, wie bei einem „klassischen" Bauvertrag. Hierdurch wird ein besonderes Vertrauen des Käufers in die Fähigkeiten des *developer* impliziert, welches den Umstand rechtfertigt, dass das zu errichtende und übereignende Gebäude „*fit for the purpose*" sein muss.[737] Je mehr Freiheit dem *developer* zusteht bzw. je mehr Vertrauen der Käufer dem *developer* entgegenbringt, desto mehr spricht für eine Einbeziehung der strikten Haftung für die Zwecktauglichkeit. Dies ist schließlich nicht zuletzt auch bei Bauvertragstypen, die dem *Design and Build* Schema folgen, regelmäßig der Fall.[738]

Unterschieden werden muss die Haftung des *developer* von der Expertenhaftung des Architekten (oder Ingenieurs), der lediglich mit der Planung einer Immobilie beauftragt ist:[739] Letzterer haftet nicht strikt für die Zwecktauglichkeit der Planungsarbeiten, nur in Ausnahmefällen ist der Maßstab (dann einbezogen mittels eines *term implied by fact*) strenger als der der üblichen Sorgfalt (*reasonable skill and care*).[740] Dasselbe gilt für Bauunternehmer, die ihre Leistungen im Rahmen

---

[735] [1956] 1 W.L.R. 303 at 311 per Lord Evershed: "*I can find no room for an implied warranty, the only effect of the operation of which would, so far as I can see, be to create an inconsistency with the express language of the bargain made.*"

[736] *Jansen*, S. 264.

[737] *Greaves v Baynham Meikle* [1975] 1 W.L.R. 1095 at 1098.

[738] *Fleming*, Const. L.J. 1997, 13(4), S. 227 (228).

[739] *IBA v EMI and BICC* [1980] P.N.L.R. 179 at 208 per Lord Scarman: "*I do not accept that the design obligation of the supplier of an article is to be equated with the obligation of a professional man in the practice of his profession.*"

[740] *Mückl*, S. 643 m.w.N.; bejaht wurde eine strikte Haftung *in fact* jedoch bei *Greaves v Baynham Meikle* [1975] 1 W.L.R. 1095.

eines traditionellen Bauvertrages erbringen, bei dem nach den Plänen des Auftraggebers gebaut wird und der Bauunternehmer darüber hinaus keine planerischen Leistungen übernimmt.[741] Die Leistungen beider Akteure erschöpfen sich in der Erbringung der jeweiligen Dienstleistung, ohne einen Erfolg herbeiführen zu müssen. Im Gegensatz dazu erbringt ein *developer* als Anbieter eines Gesamtpaketes die Leistungen beider Akteure aus einer Hand an; dies allein vermag zwar noch keinen anderen Haftungsstandard zu rechtfertigen,[742] wohl aber die Tatsache, dass darüber hinaus ein Gebäude übereignet werden soll, das einem bestimmten Zweck unterliegt. Damit findet ein kaufvertragliches Element Eingang in die Absprache, wodurch die Haftung angepasst werden muss.

Im Hinblick auf die Herstellung beweglicher Gegenstände wurde in der bereits erwähnten Entscheidung *Samuel v Davis*[743] die Situation bei Verträgen dargestellt, die sowohl Dienstleistungs- als auch Kaufelemente enthalten: Der Beklagte verweigerte die Zahlung für eine unbrauchbare Zahnprothese, die für seine Frau durch einen Zahnarzt angefertigt wurde. Der Mediziner konnte sich nicht darauf berufen, lediglich wie ein Dienstleister für die Erbringung der Leistung mit *reasonable care and skill* zu haften; er war nach Ansicht des Gerichts auch verpflichtet, eine Prothese zu fertigen und zu übereignen, die zwecktauglich (*fit for the purpose*) war.[744] Damit haftete er wie ein Verkäufer beweglicher Sachen und musste sich den Anforderungen des damals geltenden *s.14 Sale of Goods Act 1893* unterwerfen.

Diese Entscheidungen hatte spürbar Einfluss auch auf das Bauvertrags- und Architektenrecht: Die hier niedergelegten Grundsätze wurden durch die Rechtsprechung mehrfach und unter anderem bei Fragen der Planungshaftung aufgegriffen und angewandt.[745] Sobald es also um die Übertragung beweglicher Sachen (Baustoffe, Einrichtungsgegenstände, s.o.) oder eines Gebäudes als Ganzes geht, muss der Gläubiger sich tendenziell an strengeren Haftungsmaßstäben messen lassen.

---

[741] *Lynch v Thorne* [1956] 1. W.L.R. 303 at 311; *Chitty on Contracts*, Vol. II 37-079; vgl. *Jansen*, S. 255 ff.

[742] *Fleming*, Const. L.J. 1997, 13(4), S. 227 (241).

[743] [1943] K.B. 526.

[744] *Samuel v Davis* [1943] K.B. 526 at 528 per Scott L.J.f

[745] *IBA v EMI and BICC* [1980] P.N.L.R. 179 at 208 per Lord Scarman; *Young & Marten Ltd. v McManus Childs* [1969] 1 A.C. 454 at 478 f. per Lord Reid; *Greaves v Baynham Meikle* [1975] 1 W.L.R 1095 at 1100 f. per Lord Denning M.R.

Die Unterschiede in der Haftung von *developer* und Architekt für die Zwecktauglichkeit von Gebäuden werden auch anhand der Entscheidung *Greaves v Baynham Meikle*[746] deutlich. Hintergrund des Falles war die Errichtung einer Lagerhalle durch einen *developer*, die für den vorhergesehenen Zweck auf Grund eines Planungsfehlers untauglich war; bei Befahren des ersten Stockes des Gebäudes mit Gabelstaplern zeigten sich Risse im Boden, die durch die von den Fahrzeugen ausgelösten Vibrationen entstehen konnten. Der *developer* haftete unstreitig gegenüber dem Käufer für die fehlende Zwecktauglichkeit der Halle. Gegenstand der Entscheidung war jedoch die Klage des *developer* gegen den von ihm mit der Planung beauftragten Architekten. Er berief sich darauf, dass die Planungsarbeiten nicht zwecktauglich waren. Im Urteil wurde eine strikte Haftung des Architekten letztlich bejaht, allerdings auf Grund eines *term implied by fact*, also auf Grund der konkreten Umstände des Einzelfalles: Der Wille beider Parteien lag dahingehend vor, dass ein Warenhaus entworfen werden sollte, welches geeignet ist, einer Belastung durch das Befahren mit Gabelstaplern standzuhalten. Die Frage nach einer Grundsatzregel für die Haftung des Architekten im Hinblick auf die Zwecktauglichkeit seiner Planungen wurde dagegen nicht beantwortet; vielmehr wurde dieser Punkt an mehreren Stellen im Urteil ausdrücklich offengelassen.[747]

Es ist also keinesfalls ausgeschlossen und ebensowenig zwingend, dass auch Architekten, die lediglich Planungsarbeiten erbringen, einer strikten Haftung für die Zwecktauglichkeit ausgesetzt sind, wie auch anhand von *IBA v EMI* deutlich wird:[748]

> *"In the absence of any terms (express or to be implied) negativing the obligation, one who contracts to design an article for a purpose made known to him undertakes that the design is reasonably fit for the purpose. Such a design obligation is consistent with the statutory law regulating the sale of goods see Sale of Goods Act 1893, the original s.14, and its modern substitution enacted by s.3. Supply of Goods (Implied Terms) Act 1973."*

---

[746] [1975] 1 W.L.R. 1095; vgl. dazu auch *Fleming*, Const. L.J. 1997, 13(4), S. 227 (232).

[747] *Greaves v Baynham Meikle* [1975] 1 W.L.R 1095 at 1101 per Lord Denning M.R., at 1102 per Browney L.J., at 1103 per Geoffrey Lane L.J.

[748] *IBA v EMI and BICC* [1980] P.N.L.R. 179 at 208 per Lord Scarman.

Die Anwendung des *fitness for the purpose*-Standards ist ohne Frage von großem Vorteil für alle Käufer noch zu errichtender Immobilien. Die Bauindustrie bzw. das *JCT* haben allerdings auf diese Entwicklungen reagiert und in den von ihnen entwickelten Formularverträgen die Haftung des *builder* für die Planung (*design*) im Rahmen von *Design and Build*-Verträgen abgeschwächt: Laut der einschlägigen Vertragsbestimmungen ist die Haftung auf *reasonable care and skill* begrenzt;[749] damit haften Bauunternehmer genauso wie Architekten, die ausschließlich mit der Durchführung der Planungsarbeiten betraut worden sind. Die hiermit verbundene Benachteiligung des Auftraggebers, der dem Bauunternehmer einen fahrlässigen verursachten Planungsfehler an Stelle der Untauglichkeit des Bauwerks für den vertraglich vereinbarten Zweck nachweisen muss, mindert die Attraktivität dieser Vertragsmodelle auf den ersten Blick erheblich. In der Praxis ist jedoch kein Fall bekannt bzw. dokumentiert, in dem dieser Nachweis nicht gelungen wäre; die Zweckuntauglichkeit des Bauwerks führt demnach auch zu einer Annahme der Haftung für fehlerhafte Planung.[750] Die restriktiveren vertraglichen Haftungsregelungen wirken sich damit offenbar nicht negativ für Auftraggeber aus.

Für die Haftung des Bauträgers im Hinblick auf die Zwecktauglichkeit des Gebäudes muss in Deutschland gemäß § 633 Abs. 2 S. 2 Nr. 1 BGB zunächst auf die vertraglich vorgesehene Verwendung des Bauwerkes zurückgegriffen werden, welche sich aus den subjektiv geäußerten Absichten der Parteien ergibt; nicht ausreichend dabei sind lediglich gemeinsame Vorstellungen im Sinne einer Geschäftsgrundlage.[751] Um hilfsweise die gewöhnliche Verwendung gemäß § 633 Abs. 2 S.1 Nr. 2 BGB zu ermitteln, wird auf die Verkehrsanschauung unter Berücksichtigung der örtlichen Gegebenheiten und durchschnittlichen Lebensverhältnisse zurückgegriffen.[752] In diesem zweiten Schritt ist also ein objektiver Maßstab anzulegen. Der Bauträger muss das Werk darüber hinaus so herstellen, dass es die Beschaffenheit hat, die bei Werken gleicher Art üblich ist.[753] Wie bereits angedeutet, schuldet der Bauträger einen „funktionalen Werkerfolg", den er

---

[749] *Wilmot-Smith*, S. 73; *Fleming*, Const. L.J. 1997, 13(4), S. 227 (237).
[750] *Wilmot-Smith*, S. 73.
[751] MüKo/*Busche*, § 633, Rn. 28.
[752] Staudinger/*Peters/Jacoby*, § 633, Rn. 176; MüKo/*Busche*, § 633, Rn. 29.
[753] vgl. AG Hamburg NJW 2009, S. 782 (783 f.); MüKo/*Busche*, § 633, Rn. 30; Staudinger/*Peters/Jacoby*, § 633, Rn. 176.

auch dann herbeiführen muss, wenn die vereinbarte Ausführungsmethode den Erfolg nicht herbeiführen kann; entsprechende Mehrkosten hat er im Gegensatz zum Bauunternehmer eigenständig zu tragen, schließlich hat er die Bauplanung übernommen und zwischen den Parteien wurde in vielen Fällen eine Festpreisvereinbarung getroffen.[754] Die Feststellung des vertraglich vereinbarten Zwecks kann selbst bei Gebäuden, die einem eindeutigen Zweck dienen (z.B. als Lagerhalle oder als Café) zu teilweise erheblichen Schwierigkeiten führen, da es auch in dieser Hinsicht noch eine Bandbreite unterschiedlicher Gebäudeeigenschaften bzw. Nutzungsmöglichkeiten gibt.[755]

5. Zwischenfazit

Bei der Betrachtung der Haftung des englischen *developer* im Zusammenhang mit der Errichtung des Bauwerks zeigt sich ein unübersichtliches Bild: Ein einheitlicher Haftungsmaßstab ist nicht erkennbar, sodass eine genaue Analyse der Parteiabsprachen in jedem Einzelfall zum primären Gebot wird. Relevant ist vor allem die Frage nach dem Eingreifen einer strikten Haftung für die Zwecktauglichkeit. Vergleicht man den Bauträgervertrag mit anderen Absprachen aus dem Bau- und Immobilienbereich, zeigen sich unterschiedliche Tendenzen: Bei traditionellen Bauverträgen, die lediglich Bauleistungen umfassen, wird eine Haftung für den Gebäudezweck grundsätzlich nicht angenommen;[756] die Annahme einer vertraglichen Zweckhaftung im Rahmen von *service*-Verträgen ist in England im Allgemeinen eher unüblich und auch nicht gesetzlich vorgegeben.[757] Ebensowenig muss der Verkäufer eines bereits bestehenden Hauses auf Grund des *caveat emptor* Prinzips für einen bestimmten Zweck des Gebäudes einstehen.[758] Bei einem *sale of new property* dagegen zeigt sich nach Analyse der Rechtsprechung, dass die Einbeziehung des strikten Haftungsmaßstabes die Regel ist. Auf den ersten Blick ist verwunderlich, dass der *sale of new property* damit in haftungsrechtlicher Hinsicht eher einem Kaufvertrag über bewegliche Sachen gleicht als einem

---

[754] *Basty*, Rn. 817; zum funktionalen Mangelbegriff: Staudinger/*Peters/Jacoby*, § 633, Rn. 184a.
[755] Messerschmidt/Voit/*Dossart*, Privates Baurecht, II. Teil, § 633 Rn. 47.
[756] Etwas anderes kann hier bei *Design & Build Contracts* gelten.
[757] *Greaves v Baynham Meikle* [1975] 1 W.L.R. 1095 at 1100 per Lord Denning M.R.; vgl. hierzu ausführlich, *Mückl*, S. 670.
[758] Siehe dazu oben, A. sowie E. I. 2.

traditionellen Immobilienkaufvertrag, der ihm in ökonomischer Hinsicht viel näher steht. Die Unterschiede zwischen den Konstellationen liegen im Kern in den Kontrollmöglichkeiten des Käufers: Bei traditionellen Immobilienkaufverträgen hat der Käufer im Vorfeld die Gelegenheit zur Inspektion des Grundstückes und zur Klärung aller verbundenen rechtlichen Eigenschaften. Bei einem Kauf beweglicher Gegenstände (unabhängig davon, ob diese noch herzustellen oder bereits fertiggestellt sind) und bei einem *sale of new property* ist die Überwachung des physischen Materialisierungsprozesses im Gegensatz dazu nicht ohne Weiteres durchführbar; der Käufer ist mehr oder weniger gezwungen, dem Verkäufer bzw. *developer* zu vertrauen. Dieses Vertrauen sowie die weitreichende Entscheidungsfreiheit des *developer* während des Planungs- und Bauprozesses rechtfertigen die strikte Zweckhaftung. Eine Anwendung der für den Kauf beweglicher Sachen geltenden Haftungsgrundsätze ist daher folgerichtig.[759] In Deutschland dagegen ist die Zweckhaftung die Regel, und zwar sowohl beim Bau- als auch bei Bauträgervertrag; es gelten jeweils die Vorschriften des Werkvertragsrechts.

Nicht ganz eindeutig ist der genaue Anknüpfungspunkt für die Zweckhaftung im englischen System. Eine klare Trennung zwischen der Haftung im Hinblick auf die Zwecktauglichkeit der Dienstleistungen, der Materialauswahl und des Gebäudes insgesamt fällt mitunter schwer und wird auch nicht immer klar vollzogen;[760] die Bereiche überschneiden sich: So liegt z.B. bei einer zweckuntauglichen Planung in der Regel auch Zweckuntauglichkeit hinsichtlich des Gebäudes insgesamt vor.[761]

Die Wahrscheinlichkeit, dass die Rechtsprechung in Zukunft einheitliche Grundsätze für die Pflichten der Parteien in Bau(träger)verträgen entwickeln wird, ist gering, da die umfassend genutzten Formularverträge sehr detaillierte Klauseln aufweisen und so nur wenig Raum für eine Implementierung weiterer bzw. neuer Regeln besteht.[762] Klarheit und Rechtssicherheit werden weniger durch Vorgaben von Gesetz und Rechtsprechung, als vielmehr durch die Nutzung von Formularverträgen erreicht. Ähnliches ist nicht nur im Bauvertragsrecht, sondern auch im

---

[759] Vgl. dazu erneut *G.H. Myers & Co. v Brent Cross Service Co* [1934] 1 K.B. 46; *Samuel v Davis* [1943] K.B. 526.
[760] Vgl. *Jansen*, S. 253; Fleming, Const. L.J. 1997, 13(4), S. 227 (240, 242).
[761] *IBA v EMI and BICC* [1980] P.N.L.R. 179.
[762] *Fleming*, Const. L.J. 1997, 13(4), S. 227 (242).

Grundstückskaufvertragsrecht (dort durch die von der *Law Society* entwickelten *SCOS*) zu beobachten.

6. Warn- und Hinweispflicht – *Duty to warn*

Während der Bauträger im Rahmen der Übertragung der Rechte am Grundstück wie alle Grundstücksverkäufer eine Pflicht zur Offenlegung versteckter Mängel hat,[763] ist er im Rahmen der Verschaffung des Bauwerkes verpflichtet, den Erwerber zu warnen, falls die von diesem gewählten Materialien oder dessen Bauplanung für den vorhergesehenen Zweck des Gebäudes ungeeignet sind.[764] Zudem muss er eventuelle Unklarheiten bezüglich des Vertragsinhaltes ausräumen:

> "*It is a feature of good workmanship for a contractor to point out obvious errors, or, if there is doubt or uncertainty in the plans, specifications or other instructions to ask for clarification so that the uncertainty is removed.*"[765]

Auch wenn diese *duty to warn* in England und Wales als Teil der Pflicht zur sorgfältigen und sachgemäßen Errichtung gesehen werden kann, wird sie häufig gesondert erwähnt und behandelt. Die Bedeutung der Pflicht ist abhängig von der Einflussnahme des Käufers auf den Vertragsinhalt: Je mehr eigene Entscheidungen der Erwerber im Hinblick auf das Material oder die Planung trifft, desto größer ist das Gefahrenpotential, vor dem der *developer* den Erwerber gegebenenfalls warnen muss. Auf diese im deutschen Recht als Nebenpflicht ausgestaltete Kooperationspflicht wird in der Folge noch näher eingegangen.[766]

---

[763] *Duty of disclosure*, vgl. oben, E. I. 2.
[764] *Bowmer and Kirkland Ltd v Wilson Bowden Properties Ltd* (Q.B.) (1996) 80 B.L.R. 131; *Jansen/Harrison*, Good Faith in Construction Law: The Inaugural King's College Construction Law Lecture, Const. L.J. 1999, S. 346 (353).
[765] *Jansen*, S. 240 mit Hinweis auf *Bowmer and Kirkland Ltd v Wilson Bowden Properties Ltd* (Q.B.) (1996) 80 B.L.R. 131.
[766] Siehe unten, E. IV. 2.

7. *Caveat emptor* und die Haftung für Baumängel

Der *caveat emptor* Grundsatz, der bei Immobilienkaufverträgen eine Haftung des Verkäufers für am Grundstück oder Gebäude bestehende physische Mängel ausschließt, beschränkt die Haftung des *developer* für die Errichtung des Bauwerkes nicht. Da bei einem Bauträgervertrag das Gebäude im Zeitpunkt des Vertragsschlusses noch nicht fertiggestellt ist, kann es zu diesem Zeitpunkt naturgemäß nicht auf das Bestehen etwaiger Mängel hin untersucht werden. Die Anwendung des *caveat emptor*-Grundsatzes, daher den Käufer zu eben diesen Nachforschungen anhält und dessen Funktion maßgeblich von dieser Möglichkeit abhängt, macht dann keinen Sinn.[767] So stellt auch *Britton* fest:

"*Caveat emptor happily does not apply to contracts entered into off-plan, or before construction is complete*".[768]

Kein Käufer würde bei Berücksichtigung des wirtschaftlichen Volumens von Grundstücksgeschäften, ohne die Möglichkeit einer Inspektion, das Risiko etwaiger Mängel am Gebäude im Rahmen des *caveat emptor*-Prinzips übernehmen.

Demnach haftet der *developer* nach den oben beschriebenen Grundsätzen für eine fachgerechte Errichtung eines Gebäudes, auch wenn er dies bereits vor Fertigstellung verkauft hat.[769] Das ist selbst dann der Fall, wenn die Parteien ausdrücklich das *caveat emptor*-Prinzip zum Bestandteil ihres Vertrages gemacht haben, was anhand der bereits erörterten Entscheidung *Hancock v BW Brazier (Anerly) Ltd* deutlich wird. Hier inkorporierten die Parteien die mittlerweile durch die *SCOS* ersetzten *National Conditions of Sale* in ihren Vertrag. In *General Condition 12(3)* ist verankert, dass der Käufer die Immobilie mit allen Mängeln und im aktuellen Zustand akzeptiert,[770] was dem Inhalt des *caveat emptor* Grundsatzes entspricht. Diese Bestimmung stand in einem Spannungsverhältnis zu Klausel 9 der

---

[767] *Young & Marten Ltd. v McManus Childs* [1969] 1 AC 454 at 471 f. per Lord Upjohn; vgl. auch *Lynch v Thorne* [1956] W.L.R. 303 at 305 f.

[768] *Britton/Fairweather*, Consultants' certificates: liability to the homeowner?, Const. L.J. 2012, 28(6), S. 452 (467).

[769] *Miller v Cannon Hill Estates Ltd* [1931] 2 K.B. 113.

[770] "*The purchaser shall be deemed to buy with full notice in all respects of the actual state and condition of the property and shall take the property as it is*".

Absprache, die den *developer* verpflichtete, „*in a proper and wormanlike manner erect, build and complete [...] a dwelling-house in accordance with the plans and specifications*". Klausel *12(3) National Conditions* und damit auch vergleichbare Klauseln nachfolgender Standardvertragswerke beziehen sich aber lediglich auf die Pflicht zur Übertragung von Grundstücken; Absprachen im Hinblick auf die Errichtung von Gebäuden bleiben davon unberührt.[771] Darüber hinaus vereinbaren die Parteien regelmäßig, dass die *SCOS* nur insoweit einbezogen werden, als dass sie nicht zu den ausdrücklichen Absprachen des Vertrages in Widerspruch stehen. Eine *caveat emptor* Klausel, wie die oben beschriebene, stellt aber einen derartigen Gegensatz dar.

Erst nach ihrer letzten Aktualisierung wurden die *SCOS* für die Situation eines Bauträgermodells angepasst und sehen nunmehr im zweiten Halbsatz der *condition 3.2.1 SCOS* eine Abkehr vom *caveat emptor*-Prinzip für diesen Fall vor:

"*The buyer accepts the property in the physical state it is in at the date of the contract unless the seller is building or converting it.*"

Zuvor wurde die Klausel bei Inkorporierung der *SCOS* im Fall eines Bauträgervertrages oft individualvertraglich angepasst bzw. gänzlich gestrichen.

Einer derartigen Vereinbarung bedarf es in Deutschland nicht, da das *caveat emptor*-Prinzip im deutschen Recht nicht gilt und der Grundstücksverkäufer nach den gesetzlichen Vorschriften des Kaufrechtes für Sach- und Rechtsmängel einstehen muss.

8. Wirksamkeit der Pflicht zur Errichtung nach der Erfüllung

Wie bereits erläutert[772], geht auf Grund der *doctrine of merger* bei einem Grundstücksgeschäft der schuldrechtliche Vertrag mit der Erfüllung im Rahmen der *completion* in der *deed* auf und wird von den dort niedergelegten Bestimmungen abgelöst. Damit verlieren die im Vertrag ausgehandelten Inhalte inklusive der vom Verkäufer eingeräumten Zusagen im Hinblick auf Grundstück und Gebäude

---

[771] *Hancock v BW Brazier (Anerley) Ltd* [1966] 1 W.L.R. 1317 at 1333 per Lord Dennings.
[772] Siehe oben, D. I. 3.

ihre Wirksamkeit, solange sie nicht ebenfalls in die *deed* aufgenommen werden.[773] Bei einem Bauträgervertrag gilt dies nur eingeschränkt: Die vertraglichen Pflichten im Zusammenhang mit der Durchführung der Bauarbeiten erlöschen nicht auf Grund der *doctrine of merger*.

In *Lawrence v Cassel*[774] war zu entscheiden, welches Schicksal die in einem *sale of new property* verankerten Pflichten zur Errichtung der Immobilie haben, wenn die *deed* übertragen bzw. das Verfügungsgeschäft vollzogen wird. Im zu Grunde liegenden Sachverhalt zeigten sich nach dem Einzug des Erwerbers Mängel am Gebäude, woraufhin sich der *developer* auf die *doctrine of merger* berief, um sich gegen die Wirkung der Klauseln bzgl. der sachgemäßen Errichtung und der Verwendung geeigneter Materialien zu schützen, da diese, was zutraf, nur Teil der schuldrechtlichen Abmachung waren und nicht in die *deed* aufgenommen wurden. *Scrutton L.J.* stellte mit Hinweis auf die australische Entscheidung *Saunders v Cockrill*[775] dagegen klar, dass die *doctrine of merger* sich nur auf den kaufrechtlichen Teil zur Übertragung des am Grundstück bestehenden Rechtes beziehe und die Pflicht zur vertragsgemäßen Errichtung hierdurch nicht betroffen sei, solange in der *deed* nicht ausdrücklich etwas Gegenteiliges geregelt sei. So wurde auch in *Lawrence v Cassel* klargestellt, dass die Pflicht zur Errichtung und die Pflicht zur Übertragung des Grundstückes parallel (*collateral*) bestehen und voneinander unabhängige sind:

> „[...] *the contract contained a stipulation* [die Verpflichtung zur Errichtung] *which was collateral to the conveyance and was therefore not merged on the execution of the deed of conveyance [...].* "[776]

Dies bestätigte auch *Diplock L.J.* für eine ähnliche Konstellation in *Hancock v BW Brazier (Anerly)* unter ausdrücklicher Erwähnung der Entscheidung. Betont

---

[773] *Tito v Waddell* (No. 2) [1977] Ch. 107 at 284 f.
[774] [1930] 2 K.B. 83.
[775] (1902) 87 L.T. 30; hier wurde im Grundsatz festgestellt, dass bei einer Absprache bzgl. des Verkaufs eines noch zu errichtenden Hauses, der Vertrag zur Durchführung der Arbeiten parallel (*collateral*) zum Immobilienkaufvertrag gesehen werden muss und dessen Fortbestand nicht durch die *conveyance* betroffen ist.
[776] *Lawrence v Cassel* [1930] 2 K.B. 83 at 89 per Scrutton L.J.

wurde hier besonders, dass es keinen Willen der Parteien gebe, der einen Untergang der Pflichten des *developer* auf Grund der *conveyance* vorsieht. Zudem wird der Unterschied eines Grundstückkaufvertrages zu einem Bauträgervertrag in diesem Punkt deutlich gemacht:

> *"It is trite law that if you purchase a completed house there is no warranty by the vendor as to the quality of the house or as to the size or description of the land. It is also trite law that in such a case warranties of that kind given before the conveyance are merged in the conveyance. But when the contract is of a dual nature, as is the case with building contracts of this kind—and they are very common—namely, a contract to do two things, one to convey the land and the other to build a house, it is in my view quite clear that there can have been no intention on the part of the parties that the contract to build a house should disappear because the contract to convey the land is merged in the actual conveyance of it."[777]*

Damit bleiben auch bei einem *sale of new property* die Pflichten hinsichtlich der Errichtung des Gebäudes unabhängig von der *completion* bestehen. Dies ist deswegen wichtig, da so verhindert wird, dass der *developer* sich durch den Vollzug des Geschäftes möglichen vertraglichen Regressansprüchen auf Grund von Pflichtverletzungen bzgl. der Errichtung entziehen kann. Zuletzt wurde dies ebenfalls in *Harrison v Shepherd Homes Ltd* entsprechend entschieden.[778] Auch in den *SCOS* wird in einer *non-merger clause* klargestellt, dass vertragliche Pflichten nach *completion* weiterbestehen:

Condition 7.3 SCOS
Completion does not cancel liability to perform any outstanding obligation under this contract.

Derartige Diskussionen sind im deutschen Recht dagegen unbekannt. Grundstückskaufverträge bleiben auch nach ihrem Vollzug wirksam und können Grundlage von Regressansprüchen sein.

---

[777] *Hancock v BW Brazier (Anerley) Ltd* [1966] 1 W.L.R. 1317 at 1324.
[778] *Harrison v Shepherd Homes Ltd* (2011) 27 Const. L.J. 709 at 725 per Mr Justice Ramsey.

III. Einräumung des Besitzes am Grundstück und Bauwerk

Neben den bereits beschriebenen Pflichten zur Übertragung der Eigentumsrechte am Grundstück und der Errichtung trifft den Bauträger freilich auch die Pflicht zur Verschaffung des vollständigen Besitzes am Grundstück und Bauwerk. Aus deutscher Perspektive scheint dies auf den ersten Blick wenig diskussionsbedürftig; detaillierte Auseinandersetzungen in der Lehre sind rar. In England und Wales steht die entsprechende *duty to give vacant possession* dagegen mehr im Fokus von Literatur und Rechtsprechung.[779]

Hiernach muss der *developer* dem Käufer nach Abschluss der Bauarbeiten den uneingeschränkten Besitz an der Immobilie verschaffen (*vacant possession*).[780] Etwas anderes gilt bei Grundstückskaufverträgen nur dann, wenn dies ausdrücklich vereinbart wurde[781] oder ein unüberwindbares Hindernis besteht, das dem Käufer bekannt ist.[782] Handelt es sich um überwindbare Hindernisse, bleibt die Pflicht des Verkäufers zur uneingeschränkten Besitzverschaffung aber selbst dann bestehen, wenn der Käufer bei Vertragsschluss Kenntnis hiervon hatte.[783]

In der Regel wird zwischen den Parteien ausdrücklich vereinbart, dass der Übergang des uneingeschränkten Besitzes im Rahmen der *completion* erfolgen soll.[784] Eine derartige Vereinbarung ist auch bindend, wenn der freien Ausübung des Besitzes im Zeitpunkt der Abmachung noch Hindernisse entgegenstehen; zudem ist sie nicht von der *doctrine of merger* umfasst, so dass ihre Wirkung nicht durch Aushändigung der *purchase deed* endet.[785]

---

[779] Vgl. *Megarry/Wade*, 15-089 ff.
[780] *Cook v Taylor* [1942] 2 All E.R. 85 at 87; *Midland Bank Ltd v Farmpride Hatcheries Ltd* [1981] E.G.L.R. 147 at 151.
[781] *Midland Bank Ltd v Farmpride Hatcheries Ltd* [1981] E.G.L.R. 147 at 151.
[782] *Timmins v Moreland Street Property Co. Ltd.* [1958] Ch. 110 at 119.
[783] *Cumberland Consolidated Holdings Ltd v Ireland* [1946] K.B. 264 at 270.
[784] *Megarry/Wade*, 15-089.
[785] *Hissett v Reading Roofing Co Ltd* [1969] 1 W.L.R. 1757 at 1763 f.

Eine Verletzung der Pflicht ist gegeben, wenn der Käufer die im Vertrag bestimmte Art des Besitzes nicht uneingeschränkt ausüben kann.[786] Eingeschlossen sind neben tatsächlichen auch rechtliche Hindernisse. In Bezug auf den letzten Punkt ergeben sich Parallelen zu der sich aus *covenant* ergebenden Verpflichtung des Verkäufers, dem Käufer ein Recht frei von rechtlichen Belastungen zu übertragen (*covenant for freedom of charges and incumbrances*[787]).[788] Ebenso zeigt sich, dass sich die Pflicht zur Besitzverschaffung mit der *trustee*-Pflicht des Verkäufers, das Grundstück vor äußeren Einflüssen zu schützen, überschneidet.[789] Umstände, die eine Ausübung des Besitzes beeinträchtigen können, bilden zum Beispiel der Aufenthalt unberechtigter Personen[790] sowie die Ansammlung von Müll auf dem Grundstück,[791] oder auch die Belastung mit einer durch die Behörden auferlegten *notice* gemäß *s.19 Housing Act 1961* (öffentlich-rechtliche Nutzungsbeschränkung, welche die Zahl der maximal zugelassenen Bewohner eines Hauses festlegt).[792]

Während sich die Verpflichtung des Bauträgers zur Besitzübertragung am Grundstück nach deutschem Recht aus § 433 Abs. 1 S. 1 BGB ergibt, gründet die Verpflichtung, den Besitz am Bauwerk auf den Erwerber zu übertragen, auf der in § 633 BGB erwähnten Verschaffungspflicht.[793] Letztere ist unabhängig von der in § 631 BGB geregelten Pflicht zur Herstellung und kann gesondert eingeklagt

---

[786]*Cumberland Consolidated Holdings Ltd v Ireland* [1946] K.B. 264 at 270 per Lord Greene MR, wo eine Verletzung der Pflicht zur Besitzverschaffung neben einer Verletzung der *duty to maintain* angenommen wurde; vgl. dazu auch unten, E. IV. 1.

[787] Siehe oben, E. I. 4. a) cc).

[788] *Megarry/Wade*, 15-089.

[789] *Cumberland Consolidated Holdings Ltd v Ireland* [1946] K.B. 264 at 270 per Lord Greene MR; zu den *trustee*-Pflichten des *developer* siehe auch unten, E. IV. 1.

[790] Dies können z.B. Mieter (*Beard v Porter* [1948] 1 K.B. 321) oder Hausbesetzer (*Herkanaidu v Lambeth LBC* [1999] P.L.S.C.S. 291) sein.

[791] *Cumberland Consolidated Holdings Ltd v Ireland* [1946] K.B. 264 at 270 per Lord Greene MR.

[792] *Topfell Ltd v Galley Properties Ltd* [1979] 1 W.L.R. 446.

[793] Beck-OK BGB/*Voit*, § 631, Rn. 46; Messerschmidt/*Voit/von Rintelen*, Privates Baurecht, II. Teil § 631 A. Rn. 82; Staudinger/*Peters/Jacoby*, § 633, Rn. 151.

werden; sie steht im Synallagma zur Abnahme durch den Erwerber bzw. Besteller.[794] Der Besitzübergang erfolgt auch im Rahmen der Abnahme,[795] welche die
körperliche Hinnahme des Werkes durch den Erwerber einschließt.[796]

IV. Rücksichtnahme- und Kooperationspflichten

Neben den Pflichten zur Übertragung der Rechte am Grundstück und der Errichtung des Gebäudes haftet der Bauträger auch für die Rücksichtnahme auf seinen
Vertragspartner. In diesem Zusammenhang entstehen für den Bauträger vor und
nach Vertragsschluss bzw. während der Bauausführung bestimmte Hinweis- und
Schutzpflichten. Inhaltlich ähneln sich die jeweiligen Verpflichtungen in England
und Wales sowie Deutschland, beruhen aber mitunter auf verschiedenen Grundlagen.

1. *Duty of co-operation* und die Pflichten des *developer* als *trustee*

In England und Wales unterliegen die Parteien eines Vertrages, der Baudienstleistungen umfasst, einer *duty of co-operation*, die durch einen *implied term* in die
Absprache einbezogen wird.[797] Auf Grundlage dieser Kooperationspflicht ist der
developer zu einer intensiven Zusammenarbeit und Kommunikation mit seinem
Vertragspartner aufgefordert. Insbesondere bei Bauverträgen, die eine Vielzahl
von Unwägbarkeiten mit sich bringen und bei denen im Verlauf der Bauphase
häufig Fragen auftreten, ist die stetige Kommunikation zwischen den Vertrags-
parteien und gegebenenfalls auch den Subunternehmen wichtig, um den Interessen aller gerecht zu werden.[798]

[794] Messerschmidt/Voit/*von Rintelen*, Privates Baurecht, II. Teil. § 631, A. Rn. 10.

[795] *Basty*, Rn. 997; *Pause*, Rn. 578, 591; Staudinger/*Peters/Jacoby*, § 633, Rn. 150.

[796] BGH NJW 1970, S. 421 (BGH NJW 1996, S. 1749 (1749); MüKo/*Busche*, § 640, Rn. 2;
Staudinger/*Peters/Jacoby*, § 640, Rn. 3; *Basty*, Rn. 997.

[797] *Chitty on Contracts*, Vol. II, 37-075.

[798] Aus diesem Grund ist die *duty of co-operation* auf diesem Gebiet fest verankert (*well established*), *Chitty on Contracts*, Vol. II, 37-075 mit dem Hinweis auf *Mackay v Dick* (1881)
6 App.Cas. 251 at 163; *Luxor (Eastbourne) Ltd. v Cooper* [1941] 2 All E.R. 1014 at 1018.

Im englischen System entsteht durch den Abschluss des Kaufvertrages über ein Grundstück zudem ein *trust*-Verhältnis besonderer Art, mittels dessen der Verkäufer zu einem *qualified trustee* wird und das Grundstück bis zur Erfüllung treuhänderisch besitzt.[799] Die sich während dieser Phase ergebenden Pflichten werden zusammenfassend auch als *duty to maintain*[800] bezeichnet, wonach der Verkäufer sich wie ein Eigentümer um das Grundstück kümmern muss.

> „*The care of the estate must of necessity be left to the vendor; he becomes a trustee for the purchaser, and what hardship is there in expecting him to take the same care of it as he would if it were his own? He must take the measures that are adopted by every prudent landlord.*"[801]

Hierdurch soll der Käufer geschützt werden, der mit dem Vertragsschluss zwar ein Recht in *equity* am Grundstück erwirbt[802], aber bis zur *completion* keinen Besitz ausüben kann und dadurch keine Einflussmöglichkeiten auf den Kaufgegenstand hat.[803] Diese Schutzlücke wird durch die *duty to maintain* des Verkäufers zumindest teilweise geschlossen.[804]

> „*Equity imposes duties on the vendor to protect, pending completion, the interest which the purchaser acquired under the contract*"[805]

Entgegen der Auffassung, dass die *duty to maintain* auf einem *trust* beruhe[806], führt Stamp L.J. in *Berkely v Poulett*[807] aus, dass sie bereits aus dem Kaufvertrag

---

[799] Einzelheiten siehe oben, C. V. 2.

[800] *Dowling*, The Vendor's Duty of Care between Contract and Completion, The Cambrian Law Review 1990, S. 33 (33).

[801] *Wilson v Clapham* (1819) 1 Jac. & W. 36 at 38 per Sir Thomas Plumer M.R.

[802] Siehe oben, C. V. 1.

[803] *Dowling*, S. 39 mit dem Hinweis auf *Lyons v Thomas* [1986] I.R. 666.

[804] Im Übrigen schließt der Käufer in der Regel eine Versicherung ab, da er das Risiko einer zufälligen Verschlechterung ab dem Zeitpunkt des Vertragsschlusses tragen muss, siehe oben, C. V. 4.

[805] *Englewood Properties Ltd v Patel* [2005] 1 W.L.R. 1961 at 1977.

[806] *Wilson v Clapham* (1819) 1 Jac. & W. 36; *Newman v Maxwell* (1899) 80 L.T. 681; *Clarke v Ramuz* [1981] 2 Q.B. 456.

[807] (1977) 241 E.G. 911; vgl. dazu auch *Dowling*, S. 36 f.

selbst hervorgehe: Der Verkäufer verpflichte sich, das Grundstück, wie im Vertrag beschrieben, zu übertragen und damit dessen Zustand bis zur *completion* zu bewahren – erst auf Grund dessen würde der Verkäufer zu einem *trustee*. Die genaue Qualifizierung hat bislang für die Rechtsprechung keine große Rolle gespielt (*"no more than a point of pleading"*[808]); sie kann aber nichtsdestotrotz relevant sein, weil sich zwischen vertraglicher Haftung und der Haftung aus einem *trust* Unterschiede im Hinblick auf den Haftungsmaßstab sowie den Umfang eventueller Ersatzansprüche ergeben können.[809] Die Verletzung des *trust* erfordert eine *wilfull default*,[810] eine willentliche Verletzung der verwahrten Sache, wogegen der vertragsrechtliche Haftungsstandard strenger ist und bereits einen Verstoß gegen die angemessene Sorgfalt (*reasonable care*) ausreichen lässt.[811] *Murphy J.* führte in *Lyons v Thomas*[812] wiederum aus, dass ein *wilful default* im Kontext der *duty to maintain* letztlich das gleiche wie ein *"negligent act or ommission"* sei, so dass es auf eine Qualifikation der Pflicht nicht mehr ankomme, da ohnehin der strengere vertragsrechtliche Ansatz anzuwenden sei. Es deutet einiges auf die Richtigkeit dieser Ansicht hin, zumal in den meisten Entscheidungen der Maßstab der *negligence* zu Grunde gelegt wurde.[813]

Die *duty to maintain* beinhaltet die Pflicht zur Bewahrung des Zustandes, in dem sich das Grundstück bei Vertragsschluss befand, eine Aufwertung ist hingegen nicht umfasst.[814] Bei einem *sale of new property* ist jedoch schon vertraglich vorausgesetzt, dass sich durch die Errichtung eines oder mehrerer Gebäude entscheidende Veränderungen am Grundstück ergeben. Auch ist in *condition 3.2.1 SCOS* mittlerweile vorgesehen, dass der Zustand des Grundstückes bei Vertragsschluss

---

[808] *Cumberland Consolidated Holdings Ltd v Ireland* [1946] K.B. 264 at 270 per Lord Greene MR.

[809] *Dowling*, S. 40.

[810] *Crosse v The Duke of Beaufort* (1851) 5 De G & Sim 7.

[811] *Cedar Transport Group Ltd v Wyvern Property Trustees Ltd* (1980) 258 E.G. 1077; *Lysaght v Edwards* (1876) 2 Ch. D. 499 at 507 per Jessel MR: *"If he wilfully damages or injures it, he is liable to the purchaser; and more than that, he is liable if he does not take reasonable care of it."*

[812] [1986] I.R. 666.

[813] *Lysaght v Edwards* (1876) 2 Ch. D. 499 at 507 per Jessel MR; *Clarke v Ramuz* [1891] 2 Q.B. 456 at 460; *Cumberland Consolidated Holdings Ltd v Ireland* [1946] K.B. 264 at 270 per Lord Greene MR; *Abdullah v Shah* [1959] A.C. 124 at 132 – 3 (*grant of unfavourable tenancies*).

[814] *Dowling*, S. 43 mit Hinweis auf *Ware v Vanderber* (1978) 247 E.G. 1081.

nur dann Vertragsinhalt wird, wen es sich um den Verkauf bestehender Gebäude handelt; steht die Errichtung von Gebäuden noch aus, gilt dies nicht: Der physische Zustand darf und muss dann sogar verändert werden. Die *duty to maintain* kann insoweit jedenfalls nicht auf die Erhaltung des Urzustandes abzielen. Dennoch ergeben sich Möglichkeiten für eine Anwendung, beispielsweise bezüglich der Bewahrung von auf dem Grundstück vorhandenem Baumbestand[815] oder der Erhaltung der Bodenqualität; also Dingen, welche die Bodenfläche des Grundstückes und nicht das zu errichtende Gebäude betreffen.

Konkret sieht die *duty to maintain* vor, dass der *developer* das Grundstück nicht beschädigt bzw. Beschädigungen verhindert.[816] Dazu gehört gemäß der Entscheidung *Cumberland Consolidated Holdings Ltd v Ireland*[817] auch die Pflicht, keinen Müll zu hinterlassen. In dem der Entscheidung zu Grunde liegenden Sachverhalt deponierte der Verkäufer eines Hauses zwischen Vertragsschluss und *completion* im Keller des veräußernden Gebäudes eine große Anzahl Zementsäcke, welche im Laufe der Zeit verhärteten und verließ das Grundstück später, ohne die Säcke zu beseitigen. Er haftete für die unterlassene Beseitigung, da eine Nutzung der Räume durch den neuen Berechtigten unmöglich war. Bei einem *sale of new property* ist eine derartige Beseitigungspflicht vor allem im Hinblick auf Bauschutt und ähnliche Stoffe relevant, die während der Bauphase anfielen und das Grundstück belasten können. Die Pflicht zur Müllbeseitigung ergibt sich nicht allein aus dem *trust*; sie ist auch Teil der Pflicht zur Übertragung des unbelasteten Besitzes (*vacant possession*) auf den Erwerber.[818] Mittlerweile wird dieser Punkt häufig individualvertraglich zwischen den Parteien geregelt.

Weiter muss der Verkäufer Schutz vor den Einwirkungen unbefugter Dritter wie z.B. Hausbesetzern oder Landstreichern gewähren.[819] Eine Haftung gegenüber dem Käufer wurde zum Beispiel in einem Fall bejaht, in dem der Verkäufer des

---

[815] *Dowling*, S. 37 mit Hinweis auf *Magennis v Fallon* (1828) 2 Moll 561.

[816] *Lysaght v Edwards* (1876) 2 Ch D 499 at 507 per Jessel MR: *"If he wilfully damages or injures it, he is liable to the purchaser; and more than that, he is liable if he does not take reasonable care of it."*

[817] [1946] K.B. 264.

[818] Siehe oben, E. II.

[819] *Davron Estates Ltd v Turnshire Ltd* (1982) WL 967562; *Royal British Permanent Building Society v Bomash* (1885) 35 Ch. D. 390.

Grundstückes einen am Vertrag unbeteiligten Straßenbauer nicht daran hinderte, Teile des Erdbodens des Grundstückes abzutragen und für sich zu nutzen.[820]

Eine Schutzpflicht besteht nicht nur in tatsächlicher, sondern auch in rechtlicher Hinsicht;[821] auf Grundlage der Entscheidung *Sinclair-Hill v Sothcott*[822] macht sich ein Grundstücksverkäufer sogar haftbar, wenn er nach Abschluss des Kaufvertrages einen zuvor für das Grundstück gestellten Antrag auf Erteilung einer *planning permission* ohne Einwilligung des Käufers zurücknimmt. In dem der Entscheidung *Abdulla v Shah*[823] zu Grunde liegenden Sachverhalt gewährte ein Grundstücksverkäufer nach Abschluss des Kaufvertrages einem Dritten eine *lease* für ein Ladengeschäft auf dem Grundstück, das am selben Tag frei geworden war, zu den gleichen Konditionen wie zuvor, allerdings ohne den Käufer hierüber vorher zu informieren. Das *House of Lords* entschied, dass der Verkäufer auch hier seine Pflichten als *trustee* verletzt habe, da das Grundstück durch die Einräumung der *lease* an Wert verloren habe. Die *trust*-Pflicht beinhaltet, die auf Grund des Vertrages geschuldete Rechtsposition nicht anderweitig zu veräußern oder über den Zeitpunkt der *completion* hinaus zu belasten.[824]

Anders als ein gewöhnlicher *trustee*, der nicht für die Lasten eines Grundstückes aufkommen muss, bleibt der Grundstücksveräußerer bis zur Übergabe an die Pflicht zur Entrichtung von Steuern ebenso gebunden wie an die Übernahme von Kosten für die Energie- und Wasserversorgung.[825] Dies erklärt, warum er teilweise nur als „*quasi-trustee*" bezeichnet wird.[826]

Verschlechterungen, die nicht auf eine Verletzung der *duty to maintain* zurückführen sind, wie Feuer- oder Hochwasserschäden, fallen in die Risikosphäre des Käufers.[827] Der Übergang der Gefahr einer zufälligen Verschlechterung auf den Käufer im Zeitpunkt des Vertragsschlusses wird durch das *trust*-ähnliche Verhältnis insoweit nicht betroffen.

---

[820] *Clarke v Ramuz* [1891] 2 Q.B. 456 at 460 per Lord Coleridge C.J.
[821] Vgl. dazu *Dowling*, S. 44 f.
[822] *Sinclair-Hill v Sothcott* (1973) 26 P. & C.R. 490 at 496.
[823] *Abdulla v Shah* [1959] A.C. 124 at 132 f.
[824] *Dowling*, S. 46 f.
[825] *Re Watford Corporation and Ware's Contract* [1943] Ch. 82 at 85 per Simmonds. J.
[826] So die Bezeichnung in *Cumberland Consolidated Holdings Ltd v Ireland* [1946] K.B. 264 at 269 per Lord Greene M.R.
[827] Vgl. dazu C. V. 4.

Die Wirkung der *duty to maintain* endet mit der Übergabe des Besitzes an den Käufer.[828] Findet die Besitzübergabe ausnahmsweise schon vor *completion* statt, erlischt die Pflicht entsprechend früher.[829] Bei verzögertem Besitzübergang auf Grund einer verspäteten *completion* bleibt der Verkäufer an die *duty to maintain* gebunden, bis die tatsächliche Besitzübergabe durchgeführt wurde.[830] Hieran wird noch einmal deutlich, dass die Pflichten des Veräußerers als *quasi-trustee* davon abhängen, ob er tatsächlich in der Lage ist, auf das Grundstück einzuwirken.

2. Nebenpflichten des deutschen Bauträgers

Die sich für den englischen *developer* aus dem *trust* ergebenden Schutzpflichten, lassen sich in Deutschland bereits aus dem Vertrag in Verbindung mit § 241 Abs. 2 BGB herleiten. Ein mit dem komplexen *trust* vergleichbares Verhältnis ist dem deutschen Recht fremd; insofern kommt dieser Rechtsfigur ein Alleinstellungsmerkmal zu.

Den deutschen Bauträger treffen vor allem die bereits im Zusammenhang mit der Errichtung des Bauwerks erwähnten Warn- und Hinweispflichten, die sowohl vor Vertragsschluss als auch während der Bauphase eingreifen und aus seinem überlegenen Fachwissen resultieren.[831] Er muss den Erwerber warnen, wenn während der Bauausführung Schäden drohen oder sich Änderungen im Hinblick auf Umstände ergeben, die für letzteren von Bedeutung sein können.[832] Derartige vertragliche Nebenpflichten, die auch als Kooperationspflichten bezeichnet werden, nehmen gerade bei Verträgen, die Baudienstleistungen beinhalten, eine wichtige Funktion ein;[833] nur selten bleiben die Umstände bei einem Bauprozess von Anfang bis Ende unverändert, so dass der stetige Austausch zwischen den Parteien erforderlich ist.

---

[828] Ein genaues Datum wird bei noch zu errichtenden Immobilien nicht festgelegt, sondern vereinbart, dass die *completion* in einem angemessenen Zeitraum nach der Fertigstellung des Gebäudes (*within reasonable time after the finibuliding works*) stattfinden soll; vgl. dazu *Duckworth/Rodell*, S. 413.

[829] *Phillips v Silvester* (1872) 8 Ch.App. 173 at 177; *Dowling*, S. 44.

[830] *Clarke v Ramuz* [1891] 2 Q.B. 456 at 463 per Kay L.J.

[831] Beck-OK BGB/*Voit*, § 631, Rn. 49; Staudinger/*Peters/Jacoby*, § 631, Rn. 49, 51.

[832] *Kniffka/Koeble*, 6. Teil, Rn. 47 ff.

[833] Dazu näher *Fuchs*, Der Schürmannbau-Beschluss: Der Anfang vom Ende der Kooperationspflichten der Bauvertragsparteien? NZBau 2004, S. 65 (67).

Im Rahmen dieser Kooperationspflicht zeigen sich häufig Überschneidungen mit der Hauptleistungspflicht zur ordnungsgemäßen Errichtung, so dass bei Vorliegen eines Werkmangels in Folge einer unterbliebenen Beratung auf die Rechtsbehelfe des § 634 BGB zurückgegriffen werden kann.[834] Die Kooperationspflicht wird sogar als ein „die Haupt- und Nebenleistungspflichten umspannendes Prinzip" bezeichnet.[835]

Ein Werkunternehmer muss z.B. auf Risiken hinweisen, die sich für nachfolgende Leistungen, die auf seinem Werk aufbauen, ergeben können.[836] Im Rahmen reiner Bauverträge ist der Bauunternehmer zudem zur Rücksichtnahme auf das dem Auftraggeber gehörende Grundstück bzw. dessen Eigentum im Allgemeinen verpflichtet.[837] Beim Bauträgervertrag verbleibt das Grundeigentum jedoch bis zum Ende der Bauarbeiten beim Bauträger. Dennoch bestehen für den Erwerber bereits schützenswerte Interessen, einerseits in wirtschaftlicher Hinsicht auf Grund der geleisteten Anzahlungen und andererseits, im Falle der Eintragung einer Auflassungsvormerkung zu Gunsten des Erwerbers, auf Grund eines daraus resultierenden Anwartschaftsrechtes an der Immobilie.[838] Es ist daher folgerichtig, dass der Bauträger im Hinblick auf diese Rechtspositionen entsprechend dem Bauunternehmer in der oben geschilderten Situation rücksichtsvoll handeln muss. Bei der Entscheidung über das Eingreifen von Schutzpflichten müssen aber in jedem Einzelfall die Umstände der konkreten Situation und des Vertrages herangezogen werden.[839]

In § 4 Abs. 5 VOB/B sind ebenfalls Schutzpflichten geregelt: Diese lassen sich in originäre (Schutz vor Diebstahl und Beschädigung) und solchen Pflichten unter-

---

[834] Beck-OK BGB/*Voit*, § 631, Rn. 54; Staudinger/*Peters/Jacoby*, § 631, Rn. 57 f.

[835] Messerschmidt/Voit/*von Rintelen*, Privates Baurecht, II. Teil, § 631, Rn. 114; die Pflicht besteht sowohl vor Vertragsschluss, während der Vertragslaufzeit und kann sogar auch noch nach Verjährung der Gewährleistungsansprüche bestehen, Staudinger/*Peters/Jacoby*, § 631, Rn. 51.

[836] OLG Oldenburg NZBau 2007, S. 104 (105 f.).

[837] OLG Düsseldorf NJW-RR 1992, S. 1236 (1237); Messerschmidt/Voit/*von Rintelen*, Privates Baurecht, II. Teil, § 631, Rn. 111; Staudinger/*Peters/Jacoby*, § 631, Rn. 59.

[838] Siehe oben, C. V. 3.

[839] BGH, Urt. v. 16.09.1975, VI ZR 154/76; Messerschmidt/Voit/*von Rintelen*, Privates Baurecht, § 631, II. Teil, Rn. 112; Staudinger/*Peters/Jacoby*, Anh. IV zu § 638, Rn. 16f.

teilen, die der Unternehmer nur auf Verlangen und für eine entsprechende Gegenleistung erbringen muss (Schutz vor Winterschäden und Schäden durch Grundwasser).

Die sich aus der *duty of co-operation* und dem *trust*(-ähnlichen) Verhältnis ergebenen Pflichten des *developer* erfüllen damit den gleichen Zweck wie die vertraglichen Schutzpflichten des deutschen Bauträgers. Neben Informations- und Kommunikationspflichten muss das Grundstück in beiden Systemen vor Einflüssen Dritter geschützt werden. Es kommt zudem jeweils zu Überschneidungen der Schutzpflichten mit den Hauptleistungspflichten des Vertrages.

G. Konsequenzen der Pflichtverletzungen des Bauträgers

Im folgenden Kapitel werden die Konsequenzen von Pflichtverletzungen des Bauträgers behandelt. Nach einem Überblick über das System der Rechtsbehelfe in England und Wales sowie in Deutschland werden die Anknüpfungspunkte für eine Haftung dargestellt. Schließlich werden die Leistungsstörungen im Einzelnen aufgezeigt und die Konsequenzen in der jeweiligen Rechtsordnung erläutert. Insgesamt zeigen sich in dogmatischer Hinsicht große Unterschiede zwischen den Systemen; die Praxis dagegen kommt – wie so häufig – zu Lösungen, die enger beieinander liegen.

I. System der Rechtsbehelfe

Das in England und Wales herrschende System vertraglicher Rechtsbehelfe unterscheidet sich in vielerlei Hinsicht von seinem deutschen Pendant. Dies betrifft sowohl die Hierarchie als auch die jeweiligen Voraussetzungen der Rechtsbehelfe. Bevor in Deutschland beispielsweise Schadensersatz statt der Leistung geltend gemacht werden bzw. der Rücktritt vom Vertrag erklärt werden kann, muss grundsätzlich[840] eine Frist gesetzt werden, innerhalb derer der Schuldner die Möglichkeit zur Nacherfüllung erhält.[841] Etwas Derartiges ist im englischen System nicht vorgesehen; hier kommt dagegen dem Anspruch auf Schadensersatz eine ganz zentrale Bedeutung zu. Ein Anspruch auf (Nach-)Erfüllung ist nur in Ausnahmefällen anerkannt.[842]

Wie schon im Hinblick auf die Pflichten des *developer* muss in England und Wales auch im Zusammenhang mit den Rechtsbehelfen des Erwerbers zwischen den unterschiedlichen Komponenten des Bauträgervertrages differenziert werden; ein einheitlicher gesetzlicher Katalog für die in Frage kommenden Rechtsbehelfe existiert nicht. Darüber hinaus gibt es weder für die Verletzung einer Pflicht aus

---

[840] Vorbehaltlich der in § 281 Abs. 2 BGB und § 323 Abs. 2 BGB geregelten Fälle.
[841] BGH NJW-RR 2011, S. 462 (463); Staudinger/*Schwarze*, § 281, Rn. B 17; vgl. auch *Faust*, Schuldrecht: Schuldverhältnisse ohne Primärpflichten, JuS 2011, S. 457 (458).
[842] Siehe dazu ausführlich unten, G. I. 3.

der Kaufkomponente noch bei einer Pflichtverletzung im Hinblick auf die Errichtung ein speziell geregeltes Haftungsregime; anwendbar sind jeweils die für Grundstückskaufverträge und Bauverträge geltenden allgemeinen Regeln des *common law*.

In Deutschland finden, je nachdem welcher Aspekt des Vertrages betroffen ist, entweder die kauf- oder die werkvertraglichen Haftungsregelungen des BGB Anwendung.[843] Es existiert jedoch im Gegensatz zu England ein System gesetzlicher Haftungsregeln; durch Verweise im Kauf- und Werkvertragsrecht (§ 434 Nr. 2, 3 BGB bzw. § 634 Nr. 3, 4 BGB) finden die allgemeinen Regeln der §§ 280 ff. BGB Anwendung.

Neben vertraglichen Rechtsbehelfen sind in England und Wales Ansprüche wegen *misrepresentation* sowie aus dem *law of tort* und auf Grund verschiedener gesetzlicher Grundlagen zu berücksichtigen. Darüber hinaus kommen Verletzungen der *title covenants* (*breach of covenant*) und des *trust*-ähnlichen Verhältnisses in Betracht, welches zwischen Abschluss des schuldrechtlichen Vertrages und der Erfüllung besteht. Nicht jedem dieser Rechtsinstitute steht ein vergleichbares Instrument im deutschen System gegenüber; die Haftung aus einem *trust* bzw. aus den *covenants* stellen insoweit Alleinstellungsmerkmale des englischen Rechts dar. Auf der anderen Seite gibt es mit der Selbstvornahme und der Minderung als Gestaltungsrecht auf deutscher Seite ebenso Rechtsinstitute, die in England nur schwer einzuordnen sind.

Darüber hinaus sind besonders auch die in den Standardverträgen und -bedingungen vereinbarten Rechtsbehelfe zu berücksichtigen. Häufig werden bereits hier die Konsequenzen von Vertragsstörungen umfassend geregelt, um sie dem Anwendungsbereich des insbesondere auf dem Gebiet des Immobilienrechts häufig komplizierten *common law* zu entziehen.[844] Auf alle Einzelheiten in diesem Zusammenhang kann auf Grund der Vielzahl unterschiedlicher Standardverträge nicht eingegangen werden; die Haftung des *developer* auf Grundlage der *SCOS* wird in der Folge jedoch erläutert.[845]

---

[843] *Basty*, Rn. 1080 ff., 1085; Staudinger/*Peters/Jacoby*, Vorbem. zu §§ 631 ff, Rn. 152.

[844] Zur Vermeidung von sog. *open contracts*, vgl. oben, C. II. 1.

[845] Siehe unten G. III. 1. c).

Insgesamt sehen sich Käufer noch zu errichtender Immobilien in England und Wales einem komplexen System von Regelungen unterschiedlicher Natur gegenüber, wenn sie Rückgriff beim *developer* nehmen möchten. Das *Office of Fair Trading* hat in diesem Zusammenhang Bedenken hinsichtlich der Effektivität des Schutzes von Immobilienerwerbern geäußert:

> "*In summary, this is a particularly complex area of the law which is likely to be difficult to understand for the average homebuyer. The legal framework is comprised of various statutes, regulations and the common law, all of which have to be analysed to understand the full extent of the framework and the limits of protection afforded to homebuyers*"
>
> [...]
>
> "*For these reasons and because of the financial and psychological importance of the some to the homebuyer, we consider that the homebuyer's current access to redress via the court system is unlikely to provide many homebuyers with effective protection.*"[846]

Auch wenn das englische Recht ansonsten nicht zwischen verschiedenen Arten von Pflichtverletzungen differenziert, sondern von einem einheitlichen *breach of contract* ausgeht, werden die unterschiedlichen schadensbegründenden Handlungen im Zusammenhang mit Vertragsverletzungen in der Folge gesondert dargestellt.[847] Die Frage nach dem richtigen Rechtsbehelf und dem Umfang eines Ersatzanspruches ist häufig ein Problem der Umstände des konkreten Einzelfalles.[848] Zunächst aber wird ein Überblick über die Systematik des Vertragsbruchs im *common law* sowie eine Erläuterung der Rechtsbehelfe im Allgemeinen gegeben.

---

[846] OFT, Homebuilding in the UK, para 6.52, 6.54 (in der Folge „OFT report 2008") abrufbar unter www.oft.gov.uk bzw. http://www.oft.gov.uk/shared_oft/reports/comp_policy/oft1020.pdf (letzter Abruf Februar 2014).

[847] Siehe unten, G. III.

[848] Anwendung finden die allgemeinen Prinzipien des Vertrags- und Deliktsrechts, vgl. *Scamell*, S. 346 mit Fallhinweisen; vgl. auch *McGregor on Damages*, 26-002.

1. *Breach of contract* als zentraler Haftungsanknüpfungspunkt im *common law*

Das *common law* geht von einem einheitlichen Begriff des Vertragsbruches (*breach of contract*) aus, ohne zwischen den unterschiedlichen Arten der Vertragsverletzung zu unterscheiden.[849] Erst auf der Rechtsfolgenseite findet eine Differenzierung statt, um die passenden und einschlägigen Rechtsbehelfe (in erster Linie Schadensersatz) zu ermitteln.

Auch in Deutschland existiert mit der in § 280 Abs. 1 S. 1 BGB normierten Pflichtverletzung ein abstrakter Terminus, der unterschiedliche Störungstatbestände vereint.[850]

Im Hinblick auf die Intensität von Vertragsverletzungen kann in England zwischen einem *breach of contract* sowie dem *fundamental breach*[851], der eine wesentliche Vertragsverletzung beinhaltet, unterschieden werden. Ausschlaggebend für die Einstufung des Verstoßes als *fundamental* ist, dass die Pflichtverletzung den Kern des Vertrages betrifft (*root of the contract*).[852] Richtungsweisend hierfür ist wiederum die Natur der verletzten Parteiabsprache, die entweder als *warranty* oder *condition* ausgestaltet ist.[853] Eine *warranty* beschreibt eine Vertragsabsprache, bei deren Verletzung der Geschädigte zwar Schadensersatz verlangen, die aber nicht so bedeutend für den Vertragsinhalt ist, dass ein Verstoß auch eine Lösung vom Vertrag nach sich ziehen kann.[854] Eine *condition* stellt dagegen eine Kernvereinbarung dar, die substantiell für den Vertragsinhalt ist; ein Verstoß bedeutet einen *fundamental breach*, der neben einem Anspruch auf Schadensersatz

---

[849] *Anson's Law of Contract*, S. 533; vgl. auch *Adriaanse*, S. 315.

[850] MüKo/*Ernst*, § 280 Rn. 10; Beck-OK BGB/*Lorenz*, § 280, Rn. 1; Jauernig-BGB/*Stadler*, § 280, Rn. 1; Staudinger/*Schwarze*, § 280, Rn. A 10.

[851] Wird teilweise auch als *repudiatory breach* bezeichnet.

[852] *Woodar Investment Development Ltd v Wimpey Construction U.K. Ltd* (1980) 1 W.L.R. 277 at 298; *Anson's Law of Contract*, S. 536, 549; *Adriaanse*, S. 317 mit diversen Beispielen für die Annahme eines *fundamental breach* aus der Rechtsprechung.

[853] *Chitty on Contracts*, Vol. I, 12-019 ff., Vol. II, 24-038 ff.; *Adriaanse*, S. 317.

[854] *Hongkong Fir Shipping Co Ltd v Kawasaki Kisen Kaisha Ltd* [1962] 2 Q.B. 26 at 70 per Diplock L.J.; ausführlich dazu *Chitty*, Vol I, 12-019; Wenn bei mehrfachen Verstößen allerdings der Kern des Vertrages betroffen ist (*root of the contract*), ist auch in dieser Konstellation ein *fundamental breach* anzunehmen.

auch die Lösung vom Vertrag ermöglicht.[855] Es steht den Parteien frei, zu entscheiden, welche Bedeutung einzelnen Klauseln ihrer Absprache beizumessen ist bzw. ob letztere als *warranty* oder *condition* eingestuft werden sollen.[856] Daneben bleiben die soeben erwähnten Grundsätze des *common law*, die zur Annahme einer schweren Vertragsverletzung führen, ebenfalls anwendbar.

Im deutschen Recht gibt es ebenfalls eine Differenzierung der Pflichtverletzungen anhand ihrer Erheblichkeit; so sind die Geltendmachung eines Anspruches auf Schadensersatz statt der Leistung und der Rücktritt nur möglich, wenn die Pflichtverletzung nicht nur unerheblich war, § 281 Abs. 1 S. 3 BGB, bzw. § 323 Abs. 5 S. 2 BGB.

2. Schadensersatz

Im englischen System der Rechtsbehelfe nimmt der Anspruch auf Schadensersatz, wie bereits eingangs angedeutet, die bei weitem wichtigste Rolle ein. Wenn eine im Vertrag versprochene Leistung nicht oder nicht wie vereinbart erbracht wurde, ist grundsätzlich Schadensersatz der maßgebliche Rechtsbehelf.[857] Ein Verschulden wie im deutschen System ist nicht erforderlich, da der Vertrag wie ein Garantieversprechen ausgestaltet ist.[858] Der Inhaber eines vertraglichen Schadensersatzanspruches ist auf Grundlage des Kompensationsprinzips so zu stellen, wie er stünde, wäre der Vertrag ordnungsgemäß erfüllt worden:

> „[...]where a party sustains a loss by reason of a breach of contract he is, so far as money can do it, to be placed in the same situation with respect to damages as if the contract had been performed."[859]

---

[855] *Hongkong Fir Shipping Co Ltd v Kawasaki Kisen Kaisha Ltd* [1962] 2 Q.B. 26 at 69 f. per Diplock L.J.; *Union Eagle Ltd v Golden Achievement Ltd* [1997] A.C. 514; ausführlich dazu *Chitty*, Vol I, 12-019 f.; vgl. auch *Anson's Law of Contract*, S. 550.

[856] *Dawson Ltd v Bonnin* [1922] 2 A.C. 413 at 434 per Viscount Cave; *Hong Kong Fir Shipping Co Ltd v Kawasaki isen Kaisha Ltd* [1962] 2 Q.B. 26 at 63 per Upjohn L.J.

[857] Statt vieler: *Anson's Law of Contract*, S. 533, 562 ff.

[858] So seit der Grundsatzentscheidung *Paradine v Jane* (1647) 82 E.R. 897.

[859] *Robinson v Harman* (1848) 1 Exch. 850 at 855 *per* Parke B.; vgl. dazu auch *Ruxley Electronics Ltd v Forsyth* [1996] A.C. 344, wo dieses Grundprinzip unter Einschränkungen bestätigt wurde.

Grundvoraussetzung für die Ersatzfähigkeit ist auch im englischen Recht, dass zwischen Vertragsbruch und Schaden eine kausale Verbindung besteht.[860] Darüber hinaus wird die Ersatzpflicht auf solche Schäden begrenzt, die innerhalb dessen liegen, was die Parteien vernünftigerweise vorhersehen konnten;[861] dies geht aus der berühmten Grundsatzentscheidung *Hadley v Baxendale* hervor:

> "*Where two parties have made a contract which one of them has broken, the damages which the other party ought to receive in respect of such breach of contract should be such as may fairly and reasonably be considered either arising naturally, i.e., according to the usual course of things, from such breach of contract itself, or such as may reasonably be supposed to have been in the contemplation of both parties, at the time they made the contract, as the probable result of the breach of it.*"[862]

Fragen der Zurechnung werden in England teilweise auch unter dem Begriff der *remoteness* behandelt; sowohl die Kausalität als auch die Vorhersehbarkeit sind hiervon umfasst.[863] Den Anspruchsinhaber trifft darüber hinaus eine Pflicht zur Minderung des Schadens (*duty to mitigate the loss*), bei deren Verletzung der Umfang des zu gewährenden Ersatzes herabgesetzt werden kann.[864]

Schwierig und daher immer wieder Gegenstand von Entscheidungen ist die Berechnung der Ersatzfähigkeit von entgangenem Gewinn. Die ehemals geltende Regel aus *Bain v Fothergrill*[865], wonach der Erwerber bei Übertragung eines mangelhaften Titels keinen entgangenen Gewinn geltend machen kann, wenn der Verkäufer dabei ohne die Verwirklichung eines *fraud* gehandelt hat, gilt nicht mehr. Sie wurde durch die Entscheidung *Sharneyford Ltd v Edge* abgeschafft:[866]

---

[860] *Galoo Ltd v Bright Grahame Murray* [1994] 1 W.L.R. 1360 at 1373 f.

[861] *Hadley v Baxendale* (1854) 9 Ex. 341.

[862] *Hadley v Baxendale* (1854) 9 Ex. 341 at 354.

[863] Siehe zur Zurechenbarkeit allgemein *McGregor*, 4-001 ff. sowie zur Ersatzfähigkeit von Schäden bei Grundstückskaufverträgen, Ch. 22; *Anson's Law of Contract*, S. 575 ff.

[864] *Koufos v C Czarnikow Ltd (The Heron II)* [1969] 1 A.C. 350 at 422; *Anson's Law of Contract*, S. 587; *McGregor*, 7-003 f.

[865] (1874) LR 7 H.L. 158.

[866] [1987] 1 Ch. 305 at 318 per Balcombe LJ.

„But even limited [...] to defects in the vendor's title, the rule in Bain v. Fothergill is today impossible to justify. Its rationale depends, as has been seen, on the difficulties of making title to land under English law."

Auch *s. 3 LOP(MP)A 1989* sieht ausdrücklich die Abschaffung der Regel aus *Bain v Fothergrill* vor.

The rule of law known as the rule in Bain v. Fothergill is abolished in relation to contracts made after this section comes into force.

Anzuwenden sind stattdessen die allgemeinen Grundsätze der *remoteness* bzw. *foreseeability*,[867] wonach *special circumstances* erforderlich sind, um eine entsprechende Haftung für entgangenen Gewinn zu begründen.

"Special circumstances are necessary to justify imputing to a vendor of land a knowledge that the purchaser intends to use it in any particular manner."[868]

Das Bestehen von *special circumstances* hängt oft vom Einzelfall und vor allem davon ab, ob der Verkäufer Kenntnis von eventuellen Gewinnaussichten des Käufers hatte oder haben musste: Wird der Verkäufer beispielsweise darüber informiert, dass der Käufer das Grundstück bebauen oder renovieren möchte, um es danach weiter zu veräußern, haftet der Verkäufer im Falle der eigenen Nichtleistung auch für den aus einem Weiterverkauf resultierenden entgangenen Gewinn.[869]

---

[867] Vgl. dazu *Hadley v Baxendale* (1854) 9 Ex. 341.
[868] *Diamond v Campbell-Jones* [1961] Ch. 22 at 36 per Buckley J; vgl. dazu auch *McGregor*, 22-007.
[869] *Cottrill v Steyning & Littlehampton Building Society* [1966] 1 W.L.R. 753.

Wenn eine entsprechende Sorgfaltspflicht (*duty of care*) verletzt wurde und ein Schaden entstanden ist, kann ein Schadensersatzanspruch auf Grundlage eines *tort* geltend gemacht werden.[870] Der Anspruchsberechtigte ist nach den Grundsätzen des *law of tort* so zu stellen, als sei die Verletzung seiner Rechtsgüter nie eingetreten.[871] Damit wird eine andere Berechnungsmethode zu Grunde gelegt als bei einem *breach of contract*. Im Hinblick auf die *remoteness* (s.o.) gelten für das Vertragsrecht und Ansprüche aus *tort* mitunter ebenfalls unterschiedliche Regeln.[872]

Das Verhältnis zwischen den Ansprüchen aus *contract* und *tort*, bzw. die parallele Haftung (*concurrent liability*), waren immer wieder Gegenstand intensiver Diskussionen und vieler Entscheidungen. In *Henderson v Merrett Syndicates Ltd.* wurde im Jahr 1995 schließlich klargestellt, dass die Ansprüche aus beiden Rechtsgebieten grundsätzlich nebeneinander bestehen können, wenn nicht vertraglich etwas andres bestimmt ist.[873] Der Berechtigte kann jedoch nur eine der beiden Positionen geltend machen.[874] Es muss daher im Einzelfall geprüft werden, welche Anspruchsgrundlage vorteilhafter ist, wenn die schädigende Handlung sowohl eine *duty of care*, als auch den Vertrag verletzt. Hier können sich im Hinblick auf den Umfang des Ersatzes[875] sowie die Verjährung[876] Unterschiede ergeben. In der Praxis wird bei Bestehen der Voraussetzungen eines vertraglichen Schadensersatzanspruches selten ein deliktischer Anspruch geltend gemacht:[877] Hierfür muss nicht lediglich wie im Rahmen vertraglicher Regressansprüche das

---

[870] Zu weiteren Einzelheiten der *tort*-Haftung mit Bezug auf Bauverträge siehe *Wood/Chynoweth/Adshead/Mason*, S. 111 ff.; allgemein dazu vgl. *von Bernstorff*, Einführung in das englische Recht, S. 91 ff.

[871] *Livingstone v Rawyards Coal Co* (1880) 5 App. Cas. 25 at 39.

[872] Ausführlich dazu, *McGregor*, 4-001 ff.

[873] [1995] 2 A.C. 145; vgl. dazu auch *Robinson v PE Jones* [2011] 3 W.L.R. 815; *Janet O'Sullivan*, Building Contracts – Is there a concurrent liability in tort? Cambridge Law Journal 2011, S. 291; *David Johnson*, Defective premises law: time for remedial works?, Const. L.J. 2012, 28(2), S. 132 ff.

[874] *Henderson v Merrett Syndicates Ltd* [1995] 2 A.C. 145 at 184 ff.

[875] Ausführlich dazu, *McGregor*, 1-023; *Anson's Law of Contract*, S. 26 m.w.N.

[876] *Henderson v Merrett Syndicates Ltd* [1995] 2 A.C. 145 at 185; *Anson's Law of Contract*, S. 26; *Adriaanse*, S. 294; *Britton/Fairweather*, S. 75 f., insbesondere S. 77.

[877] *Austen-Baker* in: Rechtsvergleichende Untersuchung zu Kernfragen des privaten Bauvertragsrechts, S. 240.

Vorliegen eines Mangels, sondern ein Schaden an einer anderen, als der gelieferten Sache nachgewiesen werden.[878] Zwar reicht im Anwendungsbereich des *Defective Premises Act 1972* auch die Verletzung der dort normierten deliktischen Pflicht zur sorgfältigen Ausführung der Bauarbeiten; dieser Anwendungsbereich allerdings ist begrenzt und betrifft beispielsweise keine Neubauten, die Wohnzwecken dienen; hier greift gemäß des in *s.2 (1) (a) DPA 1972* verankerten Ausnahmetatbestandes das Haftungssystem der *NHBC-Buildmark Scheme*.[879] Einzelne ersatzfähige Schadenspositionen bei Bauträgerverträgen werden in der Folge unter G. III. 1. a) näher dargestellt.

Zuletzt trifft den Anspruchsberechtigten noch eine Schadensminderungspflicht, nach der er alle angemessenen Maßnahmen zur Eindämmung oder Verhinderung des Schadens treffen muss.[880]

In Deutschland existiert der Anspruch auf Schadensersatz in verschiedenen Variationen (Schadensersatz statt der Leistung, neben der Leistung, statt der ganzen Leistung), nimmt aber gegenüber den anderen Rechtsbehelfen nicht die ihm im englischen System zukommende herausragende Rolle ein. Die vertraglichen Schadensersatzansprüche ergeben sich aus §§ 280 ff. BGB (im vorvertraglichen Bereich in Verbindung mit § 311 Abs. 2 BGB) bzw. bei anfänglicher Unmöglichkeit aus § 311a Abs. 2 BGB; zur Anwendung gelangen sie entweder direkt oder über die Verweisungen in § 437 Nr. 2, 3 BGB bzw. § 634 Nr. 3, 4 BGB, je nachdem ob eine Schlechtleistung in Bezug auf das Grundstück oder die Werkleistung vorliegt.

Im Falle des Schadensersatzes statt der Leistung ist gem. § 281 Abs. 1 S. 1 BGB eine Frist zu setzen, die dem Schuldner zunächst ein Recht auf Nacherfüllung einräumt; ähnliche Beschränkungen der Geltendmachung von Schadensersatz gegenüber anderen Rechtsbehelfen gibt es im englischen System nicht. Zudem ist in Deutschland für das Vorliegen eines Schadensersatzanspruches anders als in England das Verschulden des Schädigers erforderlich, das im Rahmen der vertraglichen Schadensersatzansprüche allerdings vermutet wird, § 280 Abs. 1 S. 2 BGB. Deliktische Schadensersatzansprüche (insbesondere gemäß §§ 823 ff.

---

[878] *Murphy v Brentwood D.C.* [1991] 1 A.C. 398 at 442 ff.
[879] Vgl. dazu auch RVGL-Studie, S. 240.
[880] *Rainieri v Miles* [1981] A.C. 1050 at 1064.

BGB) können neben den vertraglichen geltend gemacht werden, haben aber höhere Anforderungen (Verletzung eines absoluten Rechtsguts, Nachweis des Verschuldens des Schädigers); daher gibt es außer im Fall der Verjährung vertraglicher Ansprüche nur wenig Bedarf für eine parallele Geltendmachung.

3. *Specific performance*

Als weiterer Rechtsbehelf kommt in England und Wales mit *specific performance* ein Rechtsinstitut der *equity* in Betracht. Hierdurch kann die Erfüllung der vertraglich geschuldeten Leistung erzwungen werden.[881] Die Anwendung dieses Rechtsbehelfs steht im Ermessen des Gerichtes und setzt voraus, dass der Kläger durch die Geltendmachung von Schadensersatz nach den Grundsätzen des *common law* i.e.S. nicht angemessen entschädigt werden kann.[882] Im Allgemeinen können Vertragsverletzungen jedoch in den meisten Fällen mit Hilfe eines Ersatzanspruches ausgeglichen werden; zudem ist ein Erfüllungsanspruch *at law* gar nicht vorgesehen. *Specific performance* stellt daher eine Ausnahme im System der Rechtsbehelfe dar.[883]

Die Durchführung des Vertrages kann nach deutschem Recht entweder auf dem Wege der Erfüllung oder durch den Rechtsbehelf der Nacherfüllung durchgesetzt werden. Beide Ansprüche haben verglichen mit *specific performance* keine ähnlich untergeordnete Stellung inne, im Gegenteil: Der Anspruch auf Nacherfüllung ist sogar vorrangig vor einem Anspruch auf Schadensersatz statt der Leistung gemäß § 281 Abs. 1 BGB bzw. der Geltendmachung des Rücktritts gemäß § 323 Abs. 1 BGB anzuwenden.

Für Verträge dagegen, die eine Disposition von Rechten an Grundstücken beinhalten, wird auch in England und Wales im Falle einer Pflichtverletzung regelmäßig auf *specific performance* zurückgegriffen, da hierin die einzige Möglichkeit zum Erreichen einer interessengerechten Lösung besteht.[884] Bleibt zum

---

[881] *Megarry/Wade*, 15-115 f.; *Anson's Law of Contract*, S. 608.

[882] *Ryan v Mutual Tontine Westminster Chambers Association* [1893] 1 Ch. 116 at 126; vgl. auch *Anson's Law of Contract*, S. 608 f., insbes. 611.

[883] Vgl. dazu im Hinblick auf die Bauleistung, *Adriaanse*, S. 320.

[884] *Sudbrook Trading Estate Ltd* [1983] 44 P. & C.R. 153 at 159; *Anson's Law of Contract*, S. 611; *Chitty on Contracts*, Vol. I, 27-007.

Beispiel die Übertragung des am Grundstück bestehenden Rechts aus, kann auf Grund der Einzigartigkeit jedes einzelnen Grundstückes, bzw. der daran bestehenden Rechte, naturgemäß kein ebenbürtiger Ersatz durch die Leistung von Schadensersatz geschaffen werden; kein Dritter kann das im Vertrag festgeschriebene Grundstück übereignen. Dies gilt im Grundsatz ebenso für einen Bauträgervertrag.

In dem der Entscheidung *Manchester and District Housing Association v Fearnley Construction Ltd (In Liquidation)*[885] zu Grunde liegenden Sachverhalt verlangte der klagende Erwerber gegenüber dem beklagten Bauträger die Erfüllung des Vertrages durch *specific performance*. Die Bauarbeiten konnten durch den Beklagten auf Grund dessen Zahlungsunfähigkeit aber nicht fortgeführt werden, so dass zumindest das Grundstück mitsamt dem nicht fertiggestellten Gebäude bei gleichzeitiger Herabsetzung des Kaufpreises übertragen werden sollte. Der Beklagte verweigerte dies mit dem Argument, dass die Pflicht zur Übertragung der Rechte abhängig von der Fertigstellung der Bauarbeiten sei, es sich bei dem Bauträgervertrag also um einen *conditional contract* handele. Da die Fertigstellung auf Grund der Zahlungsunfähigkeit nicht mehr erreicht werden könne, existiere auch keine Pflicht zur Übertragung der Rechte am Grundstück. Diese Argumentation ließ das Gericht jedoch nicht gelten, da der Beklagte aus der Verletzung eigener Vertragspflichten nicht auch noch Vorteile ziehen könne. Der Beklagte wurde daher zur Erfüllung im Rahmen der *specific performance* und darüber hinaus zur Leistung von Schadensersatz in Höhe der Kosten der Fertigstellung der Bauarbeiten verurteilt:

> "[...] it is difficult to see what is unfair about ordering Fearnley to comply with its obligation to convey. It is a perfectly straightforward thing to accomplish, and on the basis that the Association wishes to take a transfer of land in an unbuilt state, which it does, it is the remedy which will most nearly give the Association that which it contracted for. The damages will reflect Fearnley's failure to honour the building obligation."[886]

Die Anwendung der Grundsätze der *specific performance* in derartigen Konstellationen dürfte in der Praxis dennoch eher selten vorkommen, generell existiert

---

[885] (2001) 81 P. & C.R. DG 2.
[886] (2001) 81 P. & C.R. DG 2.

auch nur wenig Rechtsprechung auf diesem Gebiet. Die zwischen den Parteien häufig getroffenen Formularverträge sehen eigene Mechanismen für Fälle vor, in denen die Bauarbeiten nicht begonnen oder nicht zu Ende geführt werden, welche die Grundsätze des englischen Rechts einmal mehr überlagern. Beispielsweise kann das *NHBC* im Rahmen der von ihm angebotenen Versicherung die Mehrkosten für die Fertigstellung des Baus durch einen anderen Anbieter übernehmen oder die Bauarbeiten in Eigenregie fortführen.[887]

Im Rahmen reiner Bauverträge behält das Institut der *specific performance* auf Grund der Austauschbarkeit der Leistung seine oben angesprochene Ausnahmestellung im System der Rechtsbehelfe bei und ist in aller Regel nicht anwendbar.[888] In *Wolverhamton Corp. v Eammons*[889] dagegen konnte sich die Klägerin gegenüber einem Bauunternehmer auf *specific performance* berufen: Die klagende öffentliche Behörde übereignete dem beklagten Bauunternehmer ein Grundstück und verpflichtete diesen vertraglich zur Errichtung neuer Wohngebäude nach den detailliert beigefügten Plänen. Diesem kam der Bauunternehmer nicht nach und wurde im folgenden Prozess zur Erfüllung im Wege der *specific performance* verurteilt. Hier war, obschon es sich um einen reinen Bauvertrag handelte, ein Anspruch auf Schadensersatz nicht zielführend, da der Beklagte die Rechte am Grundstück selbst innehatte, wodurch die Ausführung der Bauarbeiten durch einen Dritten auf Veranlassung der Klägerin unmöglich war. Zudem waren die Arbeiten präzise im Vertrag spezifiziert, wodurch auch eine effektive richterliche Kontrolle des Vorganges sichergestellt werden konnte. So konnte bzw. musste einer Klage auf *specific performance* stattgegeben werden; letztlich ist dieses Urteil aber als Ausnahmeentscheidung einzustufen. Hier zeigen sich jedoch deutliche Parallelen zu einem Bauträgerkauf, wenn auch unter ganz unterschiedlichen Voraussetzungen: Auch der Käufer eines noch zu errichtenden Gebäudes

---

[887] *NHBC Buildmark Cover section 1*; dazu auch unten, G. III. 1. c).

[888] Letzteres begründet sich dadurch, dass die Möglichkeit besteht, einen Dritten mir der Durchführung der Arbeiten zu beauftragen und die hierdurch anfallenden Kosten durch die Leistung von Schadensersatz abzudecken. Hinzu kommt, dass ein hohes Maß an gerichtlicher Kontrolle nötig wäre, um die Durchsetzung von *specific performance* effektiv zu gewährleisten, *Wolverhampton Corp v Emmons* [1901] 1 Q.B. 515 at 515; *Chitty on Contracts*, Vol. I, 27-028; *Austen-Baker* in: Rechtsvergleichende Untersuchung zu Kernfragen des privaten Bauvertragsrechts, S. 242.

[889] [1901] 1 Q.B. 515.

kann keinen Dritten mit der Errichtung auf dem entsprechenden Grundstück beauftragen, da nur der *developer* die entsprechenden Rechte am Grundstück hat.
Folglich ist die Anwendung der *specific performance* im Rahmen von Bauträgerverträgen trotz ihrer restriktiven Handhabung im englischen Recht in diesem Fall
sinnvoll.

Neben einem Anspruch auf *specific performance* kann immer auch ein Anspruch
auf Schadensersatz geltend gemacht werden,[890] wie bereits anhand der eben geschilderten Entscheidung *Manchester and District Housing Association v Fearnley Construction Ltd (In Liquidation)*[891] deutlich wurde. Nicht zu verwechseln ist
ein paralleler Schadensersatzanspruch allerdings mit einem Ersatzanspruch anstelle der Geltendmachung von *specific performance* (*damages in lieu of specific
performance*): Es liegt im Ermessen des Gerichtes, bei Berücksichtigung der Umstände einem derartigen Ersatzanspruch den Vorzug vor der Erfüllung zu geben,
s.50 Surpreme Court Act 1981. Beispielsweise wurde in der Entscheidung *Johnson v Agnew*[892] die *specific performance* von der beklagten Partei nicht durchgeführt, so dass in einem weiteren Verfahren die Gewährung von Schadensersatz *in
lieu* geltend gemacht wurde. Die Berechnung des Schadensumfangs richtet sich
nach den Grundsätzen für vertragliche Schadensersatzansprüche.

In Deutschland ist zu beachten, dass im Falle der Geltendmachung des kaufrechtlichen Nacherfüllungsanspruches gemäß § 439 Abs. 1 BGB der Käufer die Wahl
zwischen Nachbesserung und Neulieferung hat,[893] wogegen im Werkvertragsrecht der Unternehmer entscheiden darf, ob es zu einer Nachbesserung oder der
Neuherstellung des Werkes kommt, § 635 Abs. 1 BGB.[894] Für den Fall, dass der
werkvertragliche Nacherfüllungsanspruch unverhältnismäßig hohe Kosten in Anspruch nimmt, kann der Anspruchsgegner sie gemäß § 635 Abs. 3 BGB verweigern.[895] Die korrekte Grundlage des Nacherfüllungsverlangens richtet sich nach

---

[890] Siehe dazu unten, G. III. 2.
[891] (2001) 81 P. & C.R. DG 2.
[892] [1980] A.C. 367; vgl. auch *Silverman*, M. 4.4.2.
[893] statt vieler: Staudinger/*Matsuche-Besckmann*, § 439, Rn. 8.
[894] Staudinger/*Peters/Jacoby*, § 635, Rn. 1; § 634, Rn. 29; Beck-OK BGB/*Voit*, § 635, Rn. 8.
[895] Staudinger/*Peters/Jacoby*, § 635, Rn. 8; MüKo/*Busche*, § 635, Rn. 29; Beck-OK BGB/*Voit*,
§ 635, Rn. 14.

der Komponente des Bauträgervertrages, die durch die Pflichtverletzung betroffen ist.

4. Lösung vom Vertrag

Die Lösung vom Vertrag in Folge einer Pflichtverletzung bildet im Vergleich zum Schadensersatz im englischen Recht ebenfalls eher die Ausnahme. Es gibt verschiedene Möglichkeiten der Parteien, Abstand vom Vertrag zu nehmen; im Hinblick auf die genaue Bezeichnung der einzelnen Institute existieren jedoch Unklarheiten.[896] In der soeben erwähnten *House of Lords* Entscheidung *Johnson v Agnew*[897] wurde im Hinblick auf die Begriffe *rescission* und *termination* Klarheit geschaffen: Beruft sich eine Partei erfolgreich auf *rescission*, wird der Vertrag als von Anfang an unwirksam betrachtet mit der Folge, dass empfangene Leistungen zurückzugewähren sind; die Parteien sind so zu stellen, als sei der Vertrag nie geschlossen worden. Voraussetzungen hierfür ist eine erhebliche Diskrepanz zwischen der vertraglich vereinbarten und der tatsächlich erbrachten Leistung.[898] Damit sind die Rechtsfolgen der *rescission* vergleichbar mit denen der Anfechtung nach deutschem Recht. Auch hinsichtlich des Anwendungsbereiches gibt es Parallelen: Beide Institute greifen vor allem ein, wenn der Empfänger einer falschen Erklärung sich vor der Erfüllung eines Vertrages, den er so nie eingehen wollte, lösen möchte. In England und Wales sind dies Fälle der *misrepresentation*[899], in Deutschland trifft diese Konstellation unter anderem auf die Anfechtung wegen einer arglistigen Täuschung (vgl. § 123 BGB) zu. Wie im Fall der *specific performance* kann das Gericht nach eigenem Ermessen auch auf Schadensersatz anstelle der *rescission* erkennen (*damages in lieu of rescission*), wenn eine dahingehende Entscheidung interessengerechter wäre.[900]

---

[896] *Megarry/Wade*, 15-106, wo die zeitweise aufkommende „Irrlehre" bzgl. des Inhalts der *rescission* bzw. *termination* aufgegriffen wird („*rescission hersey*"); Bei *Adriaanse*, S. 316 f. wird ebenfalls auf das unterschiedliche Verständnis der verschiedenen Institute, die eine Aufhebung des Vertrages bewirken, eingegangen.

[897] [1980] A.C. 367.

[898] *Flight v Booth* (1834) 1 Bing NC 370.

[899] Siehe dazu unten, G. II. 1.

[900] *S.2(2) Misrepresentation Act 1967*; *UCB Corporate Services Ltd v Thomason* [2005] EWCA Civ. 225; *Anson's Law of Contract*, S. 340.

Die *termination* gilt im Gegensatz zur *rescission* nicht rückwirkend, sondern beendet den Vertrag für die Zukunft und das auch nicht vollumfänglich: Zwar entfallen die primären Leistungspflichten der Parteien, das Schuldverhältnis bleibt aber als Grundlage für Schadensersatzansprüche weiterhin erhalten.[901] Damit wirkt sie wie die Kündigung nach deutschem Recht. Voraussetzung der *termination* ist ein *fundamental breach*[902] (erheblicher Vertragsbruch), der ein Festhalten am Vertrag zwecklos macht, oder als Vertragsaufsage (*repudiation*) der vertragsbrüchigen Partei eingestuft werden kann.[903] Dies richtet sich, wie bereits geschildert, nach der Bedeutung der Klausel, gegen die verstoßen wurde; bei Verletzung einer *condition*, die für den Vertrag von substantieller Bedeutung ist (*root of the contract*), liegt der erforderliche *fundamental breach* (wird auch als *repudiatory breach* bezeichnet) vor.[904]

Der Vertrag gilt in diesem Fall nicht automatisch als beendet, sondern muss durch die betroffene Partei darüber hinaus für beendet (*„discharged"*[905] bzw. *„at an end"*[906]) erklärt werden. Wie in Deutschland ist demnach die Abgabe einer Erklärung erforderlich, um den Vertrag zu beenden, (vgl. § 349 BGB). In der Folge kann der Käufer bereits geleistete Zahlungen zurückverlangen. Klarzustellen ist, dass weder *rescission* noch *termination* mit dem Rücktritt nach § 323 BGB i.V.m. §§ 346 ff. BGB gleichzusetzen sind.

In Deutschland können sich die Parteien auf dem Wege der Anfechtung (z.B. bei Täuschung über den Vertragsinhalt) und des Rücktrittes vom Vertrag lösen. In Folge einer Anfechtung wird der Vertrag gemäß § 142 BGB rückwirkend unwirksam, die Rückabwicklung der Leistungen erfolgt mit Hilfe des Bereicherungsrechts. Durch den Rücktritt (§§ 323 ff. BGB) wird der Vertrag in ein Rückgewährschuldverhältnis umgewandelt (vgl. §§ 346 ff. BGB), mittels dessen die

---

[901] *Heyman v Darwins* [1942] A.C. 356 at 379 per Lord Wright.

[902] Vgl. oben, G. I. 1.

[903] *Chitty on Contracts*, Vol. II, 37-216.

[904] *Hongkong Fir Shipping Co. Ltd. v Kawasaki Kisen Kaisha Ltd.* [1961] 2 Q.B. 26 at 63 per Upjohn L.J.

[905] So z.B. bei *Thompson v Corroon* (1993) 66 P. & C.R. 445 at 459; vgl. auch *Megarry/Wade*, 15-105.

[906] *Photo Productions Ltd v Securicor Transport Ltd* [1980] A.C. 827 at 844; *Chitty on Contracts*, Vol. II, 37-216.

empfangenen Leistungen zurückgeführt werden. Dies gilt auch für die Geltend-machung eines Anspruches auf Schadensersatz statt der ganzen Leistung gemäß § 281 Abs. 5 BGB. Während der BGH[907] in der Vergangenheit in einer viel kriti-sierten Entscheidung die Möglichkeit eine Kündigung jedenfalls aus wichtigem Grund für Bauträgerverträge grundsätzlich bejaht hatte, ist dies in Folge der Bau-vertragsreform seit dem 1. Januar 2018 nun nicht mehr möglich. Insofern werden gemäß des neu geschaffenen § 650u Abs. 2 BGB die Vorschriften des § 648 BGB n.F. und des § 648a BGB n.F., welche die freie Kündigung und die Kündigung aus wichtigem Grund betreffen, für auf Bauträgerverträge unanwendbar erklärt. Damit ist die Kündigung auch gemäß § 314 BGB ausgeschlossen.[908]

In diesem Zusammenhang besteht eine Parallele zum Erfordernis des *fundamental breach* im englischen Recht, der ebenfalls mehr als nur einen normalen Vertrags-bruch voraussetzt. Im Übrigen wirkt die Kündigung wie die *termination* im eng-lischen Recht; der Vertrag wird mit Wirkung für die Zukunft aufgehoben, die Geltendmachung von Schadensersatzansprüchen auf Grundlage des Vertrages bleibt möglich.

II. Haftungsregime des *common law*

Neben dem bereits oben erwähnten *breach of contract* gibt es weitere Anknüp-fungspunkte, die eine Haftung des *developer* in England und Wales begründen und die soeben beschriebenen Rechtsbehelfe nach sich ziehen können.

1. *Misrepresentation*

Gibt eine Partei im Vorfeld eines Vertragsschlusses eine falsche Erklärung ab und schließt die andere Partei im Vertrauen auf deren Richtigkeit daraufhin den Ver-trag ab, liegt ein Fall der *misrepresentation* vor.[909] Der Erklärungsempfänger hat dann, wie noch zu zeigen sein wird, die Möglichkeit, sich vom Vertrag zu lösen (*rescission*) und bzw. oder Schadensersatz (*damages*) vom Erklärenden zu ver-langen, was wiederum von der Art der *misrepresentation* abhängig ist.

---

[907] BGH 21.11.1985 – VII ZR 366/83; Staudinger/*Schwarze*, § 281, Rn. E 1, E 4.
[908] MüKo/*Busche*, § 650u, Rn. 22, 23.
[909] *Anson's Law of Contract*, S. 318; Law and the Built Environment, S. 75; *Hochberg*, Mis-representation in Property Transactions, S. 1.

Voraussetzung der *misrepresentation* ist eine falsche Erklärung (*false statement*), die im gesprochenen und geschriebenen Wort[910], in einem Foto[911] sowie auch in einem tatsächlichen Tun oder Unterlassen[912] bestehen kann. Bereits Halbwahrheiten[913] und Angaben „ins Blaue" reichen aus, um eine Erklärung als falsch zu qualifizieren.[914] Auf der anderen Seite stellt nicht jede unterbliebene Offenlegung automatisch eine *misrepresentation* dar.[915] Es muss sich um eine Erklärung über Tatsachen handeln; die bloße Äußerung einer Vermutung oder Meinung ist nicht ausreichend.[916]

Man unterscheidet zwischen *fraudulent misrepresentation* (arglistige Täuschung), *negligent misrepresentaion* (fahrlässige Falschangabe) und *innocent misrepresentation* (schuldlose Falschangabe); die Rechtsfolgen sind vor allem im *Misrepresentation Act 1967* geregelt. Das Regime der *misrepresentation* wird weder dem Vertragsrecht noch dem Recht der *torts* zugeordnet, sondern hat einen eigenständigen Charakter. Die Berechnung des Schadensersatzes erfolgt dagegen auf deliktischer Basis.[917]

a) *Fraudulent misrepresentation*

Eine *fraudulent misrepresentation* ist gegeben, wenn der Erklärende wissentlich falsche Angaben macht, nicht an ihre Richtigkeit glaubt oder keine Rücksicht auf deren Wahrheitsgehalt nimmt:

---

[910] *Walters v Morgan* (1861) 3 De GF & J 718 at 724 *"A single word, or [...] a nod or a wink, or a shake of the head, or a smile [...] would be sufficient ground"*; vgl. im Detail *Anson's Law of Contract*, S. 319 ff.; *Hochberg*, S. 8.

[911] *Atlantic Estates plc v Ezekiel* [1991] 2 E.G.L.R. 202.

[912] *Walters v Morgan* (1861) 3 De GF & J 718; *Gordon v Selico Ltd* (1986) 18 H.L.R. 219; vgl. auch *Taylor v Hamer* [2002] EWCA Civ. 1130; *Hochberg*, S. 8 mit Hinweis auf die australische Entscheidung *Ridge v Crawley* (1959) 173 E.G. 959, wonach das Auffüllen von Rissen im Gebäudefundament zum Zweck der Kaschierung einen Fall der *misrepresentation* darstellt.

[913] *McMeekin v Long* [2003] 2 E.G.L.R. 81 wonach das Verneinen von Nachbarstreitigkeiten auch dann eine falsche Erklärung verkörpert, wenn es noch nicht zu einem gerichtlichen Verfahren gekommen ist.

[914] *Anson's Law of Contract*, S. 321 f.; *Hochberg*, S. 8.

[915] *Atlantic Estates Plc v Ezekiel* [1991] 2 E.G.L.R. 202 at 203; *Megarry/Wade*, 15-073; *Anson's Law of Contract*, S. 321.

[916] *Edgington v Fitzmaurice* (1885) 29 Ch. 459; für weitere Beispiele vgl. *Anson's Law of Contract*, S. 323.

[917] Conv. HB, S. 818.

Fraud is proved when it is shown that a false representation has been made knowingly, or without belief in its truth, or recklessly, without caring whether it be true or false.[918]

Der Getäuschte kann in dem Fall die Aufhebung des Vertrages verlangen (*rescission*) oder Schadensersatz geltend machen oder beides.[919] Er muss die arglistige Täuschung allerdings beweisen können, was in vielen Fällen schwierig sein dürfte. Prinzipiell ist der Getäuschte nach der grundlegenden Entscheidung in *Doyle v Olby (Ironmongers) Ltd*[920] so zu stellen, als hätte er den Vertrag nicht geschlossen und nicht etwa so, wie er stünde, wenn die Behauptungen korrekt wären.[921] Eine vom Erklärungsempfänger verlangte Aufhebung des Vertrages gilt demnach *ab initio*, also mit Wirkung für die Vergangenheit.[922] Die empfangenen Leistungen sind nach den Grundsätzen der *restitution* zurückzugewähren.[923] Auf Grundlage von *s.2(2) Misrepresentation Act 1967* kann das Gericht nach eigenem Ermessen anstelle von *rescission* die Leistung von Schadensersatz anordnen.

In *Smith New Court Securities Ltd v Citibank NA*[924] wurde unter Bezugnahme auf *Doyle v Olby (Ironmongers) Ltd*[925] dargelegt, welche Posten der Erklärungsempfänger im Einzelnen im Rahmen eines Schadensersatzanspruches geltend machen kann. Ersatzfähig sind hiernach die sich direkt aus der Transaktion ergebenden Kosten, die Differenz zwischen dem Kaufpreis und dem tatsächlichen Wert der Immobilie für den Fall, dass der Käufer diese behalten möchte sowie dem Erwerber entstandene Folgeschäden und schließlich Ausgaben, die im Vertrauen auf den Vertragsinhalt getätigt wurden.[926] Zudem haftet der Erklärende deliktisch auf

---

[918] *Derry v Peek* (1889) 14 App.Cas. 337 at 337.
[919] *Archer v Brown* [1985] Q.B. 401.
[920] [1969] 2 Q.B 158.
[921] [1969] 2 Q.B 158.
[922] *Megarry/Wade*, 15-112; *Anson's Law of Contract*, S. 327.
[923] *Megarry/Wade*, 15-112; ausführlich zur *rescission* im Rahmen der *misrepresentation*, *Chitty on Contracts*, Vol. I, 6-103 ff.
[924] [1997] A.C. 254 at 267.
[925] [1969] 2 Q.B. 158.
[926] Vgl. dazu auch *Esso Petroleum Co Ltd v Mardon* [1976] Q.B. 801.

Grund des *tort of deceit*[927] und kann sich gegebenenfalls nach dem *Fraudulent Act 2006* wegen Betruges strafbar machen. Wenn er dabei unternehmerisch als Bauträger oder Makler tätig ist, kommt die Möglichkeit einer strafrechtlichen Haftung aus dem *Property Misdescription Act 1991* hinzu.

In Deutschland kann eine Person, die arglistig zum Vertragsabschluss bewegt wurde, den Vertrag gemäß § 123 BGB und § 119 Abs. 2 BGB anfechten und dadurch rückwirkend beseitigen, § 142 Abs. 1 BGB. Darüber hinaus kann nach h.M. ein auf Vertragsaufhebung gerichteter Schadensersatzanspruch gemäß §§ 280 Abs. 1, 311 Abs. 2 BGB i.V.m. § 241 Abs. 2 BGB (*culpa in contrahendo*) geltend gemacht werden;[928] auch deliktische Ansprüche gemäß § 823 Abs. 2 BGB i.V.m. § 263 StGB sowie gemäß § 826 BGB mit dem gleichen Inhalt kommen in Frage.[929] Auf Grund der unterschiedlichen Schutzrichtungen schließen sich Anfechtung und die erwähnten Schadensersatzansprüche nicht gegenseitig aus; die Regeln der Anfechtung schützen die Entschließungsfreiheit während die erwähnten Schadensersatzansprüche dem Schutz des Vermögens dienen.[930]

Ein strafrechtliches Sonderdelikt für die arglistige Abgabe falscher Erklärungen auf dem Bausektor ist im deutschen Recht anders als im englischen System nicht vorgesehen. In Betracht kommt bei einer Täuschung aber eine Strafbarkeit wegen Betruges gemäß § 263 StGB bzw. bei einer Drohung wegen Nötigung gemäß § 240 StGB oder Erpressung gemäß § 253 StGB.

b) *Negligent misrepresentation*

Wird eine falsche Erklärung fahrlässig abgegeben (*negligent misrepresentation*), ist für die Haftung des Erklärenden das Bestehen einer Sorgfaltspflicht (*duty of care*) in diesem Zusammenhang erforderlich.[931] Diese kann aber nicht auf einer

---

[927] *Ross River Ltd and another v Cambridge City Football Club Ltd* [2007] E.W.H.C. 2115.
[928] BGH NJW 2009, S. 1266 (1268); NJW 1998, S. 302 (304); *Jauernig*-BGB/*Mansel*, § 123, Rn. 19; Staudinger/*Schwarze*, § 280, Rn. C 61.
[929] BGH NJW 1998, S. 302 (303); *Jauernig*-BGB/*Mansel*, § 123, Rn. 19; *Kellermann*, JA 2004, S. 405 (408); MüKo/*Armbrüster*, § 123, Rn. 60 f.
[930] BGH NJW 1998, S. 302 (303); *Kellermann*, JA 2004, S. 405 (408).
[931] *Chitty on Contracts*, Vol. I, 6-067.

vertraglichen Grundlage bestehen, da im Zeitpunkt der *misrepresentation* noch kein Vertrag geschlossen wurde. In der maßgeblichen Entscheidung *Hedley Byrne & Co Ltd v Heller and Partners Ltd*[932] erläuterte *Lord Devlin* jedoch, dass sich eine Sorgfaltspflicht bezüglich der Abgabe von Erklärungen auch aus anderen Zusammenhängen (*„special relationships"*) ergeben kann:

> *"I think, therefore, that there is ample authority to justify [...] that the categories of special relationships which may give rise to a duty to take care in word as well as in deed are not limited to contractual relationships or to relationships of fiduciary duty, but include also relationships which [...] are "equivalent to contract," that is, where there is an assumption of responsibility in circumstances in which, but for the absence of consideration, there would be a contract."* [933]

Damit kann bereits im vorvertraglichen Bereich eine Pflicht für den Grundstücksverkäufer, Erklärungen im Hinblick auf den Vertragsinhalt sorgfältig abzugeben, entstehen.

Mit dem Erlass des *Misrepresentation Act 1967* wurde ein effektives gesetzliches System zum Schutz vor falschen Erklärungen etabliert, so dass ein Rückgriff auf die im Fallrecht entwickelten Grundsätze zum Bestehen einer Sorgfaltspflicht nicht mehr zwingend erforderlich ist.

Der Käufer kann bei Vorliegen einer falschen Erklärung gemäß *s.2(1) Misrepresentation Act 1967* Schadensersatz verlangen und bzw. oder den Vertrag als beendet betrachten. Anders als im oben geschilderten Fall einer Täuschung (*fraudulent misrepresentation*) steht es aber gemäß *s.2(2) Misrepresentation Act 1967* zur Disposition des Gerichtes, anstelle einer Vertragsaufhebung auf Schadensersatz zu erkennen.[934] Abhängig ist diese Entscheidung davon, inwieweit bei einer Vertragsaufhebung noch die Möglichkeit besteht, die Parteien so zu stellen, wie

---

[932] [1964] A.C. 465.
[933] [1964] A.C. 465 at 528.
[934] Vgl. dazu auch *F. & H. Entertainments Ltd v Leisure Enterprises Ltd* (1976) 120 S.J. 331 sowie *Anson's Law of Contract*, S. 331 f.

sie vor Vertragsschluss standen; je unwahrscheinlicher dies ist, desto unwahrscheinlicher ist auch die Vertragsaufhebung.[935] Grundsätzlich nicht von *s.2(1) Misrepresentation Act 1967* umfasst ist allerdings eine Haftung für das fahrlässige Unterlassen einer Erklärung im Hinblick auf vertragswesentliche Umstände (*duty to disclose material facts*).[936] Im Hinblick auf Grundstückskaufverträge gilt allerdings etwas anderes, da sie dem Verkäufer eine Offenbarungspflicht für versteckte rechtliche Mängel auferlegen.[937] Die Verletzung der *duty of disclosure* zieht in erster Linie eine vertragliche Haftung nach sich, da diese Pflicht mittlerweile als *implied term* des Vertrages qualifiziert wird.[938] Eine Haftung wegen *misrepresentation* kommt daneben aber ebenfalls in Betracht.

Bei der *negligent misrepresentation* gilt allerdings eine Beweislastumkehr: Hier muss der Erklärende darlegen können, dass er nicht fahrlässig gehandelt hat, um seiner Haftung zu entgehen, *s.2(1) Misrepresentation Act 1967*.

Im Fall einer Haftung richtet sich der Umfang des Ersatzes gem. *s.2(1) Misrepresentation Act 1967* nach den deliktsrechtlichen Grundsätzen, die auch im Zusammenhang mit der *fraudulent misrepresentation* angewandt werden und die bereits dargestellt wurden. Der Empfänger der falschen Erklärung kann demnach alle Einbußen ersetzt verlangen, die sich für ihn auf Grund des Eingehens des Vertrages ergeben haben;[939] umfasst hiervon sind zum Beispiel auch Investitionen in den Vertragsgegenstand.[940]

In Deutschland ist der Fall der fahrlässigen Veranlassung eines Irrtums, der den Erklärungsempfänger zum Vertragsschluss verleitet, anders als in England nicht explizit gesetzlich geregelt.[941] In Frage kommt wiederum eine Anfechtung des Vertrages auf Grund von § 119 Abs. 2 BGB. Nach der Rechtsprechung des BGH

---

[935] *Hochberg*, S. 13.

[936] *Chitty on Contracts*, Vol. I, 6-073.

[937] Für versteckte rechtliche Mängel gilt das *caveat emptor*-Prinzip gerade nicht, siehe oben, E. I. 2.

[938] *Chitty on Contracts*, Vol. I, 6-156, wo auf *Harpum*, L.Q.R. 1992 108 (Apr) 280 verwiesen wird; siehe dazu auch oben, E. I. 2.

[939] *Esso Petroleum Co Ltd v Mardon* [1976] Q.B. 801.

[940] *Doyle v Olby (Ironmongers) Ltd* [1969] 2 Q.B. 158; *Esso Petroleum Co Ltd v Mardon* [1976] Q.B. 801.

[941] MüKo/*Armbrüster*, § 119 Rn. 120; vgl. Staudinger/*Singer*, § 119, Rn. 56.

ist auch der auf Vertragsaufhebung gerichtete Schadensersatzanspruch auf der Grundlage der c.i.c in dieser Konstellation anwendbar.[942] Deren Geltendmachung ist aber umstritten, da sie in einem Spannungsverhältnis zum engen zeitlichen Rahmen („unverzüglich") steht, in dem die Anfechtung erklärt werden muss.[943] Nach Gefahrübergang gehen der Anfechtung gemäß § 119 Abs. 2 BGB nach h.M. die Gewährleistungsregime des Kauf- und Werkvertragsrechtes vor, um eine Aushöhlung der dort geregelten kürzeren Verjährungsfristen sowie der Gelegenheit zur Nacherfüllung zu verhindern.[944]

Die Behandlung fahrlässig getätigter Falschaussagen, die zu einem Vertragsschluss führen, ist in Deutschland damit insgesamt unübersichtlicher und fragmentarischer gelöst als im englischen System, wo der *Misrepresentation Act 1967* eine klare gesetzliche Lösung vorsieht. Die Rechtsfolgen gleichen sich aber letztlich.

c) *Innocent misrepresentation*

Ein Fall der *innocent misrepresentation* ist gegeben, wenn die falsche Erklärung weder arglistig noch fahrlässig abgegeben wurde.[945] Dann besteht für den Erklärungsempfänger grundsätzlich nur die Möglichkeit, den Vertrag aufzuheben, *s.2(2) Misrepresentation Act 1967*. Einen direkten Anspruch auf Schadensersatz gibt es nicht. Allerdings kann das Gericht hier, wie auch im Fall der *negligent misrepresentation*, ausnahmsweise auf einen Schadensersatzanspruch anstelle einer Vertragsaufhebung erkennen.

Hinsichtlich der Berechnung des Schadensersatzes wurde in *Royscott Trust Ltd v Rogerson*[946] ausdrücklich klargestellt, dass auch bei der *innocent misrepresenta-*

---

[942] BGH NJW 1962, S. 1196 (1198); NJW 1969, S. 1625 (1626).

[943] Müko/*Armbrüster*, § 119, Rn. 120 und § 123 Rn. 91, wonach vorgeschlagen wird, die Frist des § 121 BGB auf die c.i.c. anzuwenden. Der BGH hat das Problem mittlerweile erkannt und daraufhin die Gewährung streng an die schuldhafte Verursachung eines Vermögensschadens geknüpft, BGH NJW-RR 2002, S. 308 (310).

[944] So jdf. im Hinblick auf das Kaufrecht BGH NJW 2009, S. 2120 (2121 f.); *Medicus*, Bürgerliches Recht, Rn. 142; *Kellermann*, JA 2004, S. 405 (408).

[945] *Chitty on Contracts*, Vol. I, 6-094.

[946] [1991] 2 Q.B. 297 at 297.

tion die Grundsätze der Schadensberechnung, wie sie bei der *fraudulent misre-presentation* durchgeführt werden, angewandt werden; es wird jedoch immer auch die Natur der *misrepresentation* berücksichtigt. So kann letztlich in jedem Einzelfall dem unterschiedlichen Maß an Verschulden des Erklärenden bzw. der Tragweite der Falschdarstellung Rechnung getragen werden.

In Deutschland bleibt dem Erklärungsempfänger die Möglichkeit der Lösung vom Vertrag auf dem Wege der Anfechtung gemäß § 119 Abs. 2 BGB. Soweit der schuldlos Erklärende das gemäß § 280 Abs. 1 BGB implizierte Vertretenmüssen widerlegt hat, kann eine Vertragsaufhebung auf dem Wege des Schadensersatz-anspruches nach den Grundsätzen der c.i.c. nicht geltend gemacht werden. Die Konsequenzen bei einer schuldlos abgegebenen falschen Erklärung, die zum Ver-tragsschluss führt, sind in England und Deutschland damit weitgehend gleich aus-gestaltet.

2. *Misdescription*

Wenn eine falsche Erklärung im Sinne einer *misrepresentation* zum Bestandteil des Vertrages wird, spricht man von *misdescription*; in diesem Fall weicht das vertraglich Versprochene vom tatsächlich Geleisteten ab, so dass ebenfalls e foffe-nein *breach of contract* vorliegt.[947] Bei Grundstückskaufverträgen ist diese Situ-ation beispielsweise gegeben, wenn die Beschreibung des Eigentumsrechtes oder des physischen Ausmaßes des Grundstückes im Vertrag nicht dem entsprechen, was der Verkäufer tatsächlich übertragen hat oder kann.[948]

Bei einer wesentlichen *misdescription* kann der Erwerber die Aufhebung des Ver-trages und Schadensersatz verlangen; dies ist der Fall, wenn der Käufer den Vertrag ohne die falsche Erklärung nicht abgeschlossen hätte. [949]

---

[947] *Smith Kline French Laboratories Ltd v Long* [1989] 1 W.L.R. 1 at 6; *Megarry/Wade*, 15-104.

[948] *Jacobs v Revell* [1900] 2 Ch. 858; *Laurence v Lexcourt Holdings* [1978] 1 W.L.R. 1128 at 1136, wo eine *misrepresentation* bejaht und festgestellt wurde „*Misdescription may be a form of misrepresentation.*"; für weitere Beispiele siehe *Hochberg*, S. 2 f.

[949] *Flight v Booth* (1834) 1 Bing NC 370 at 377 per Tindal CJ; vergleiche dazu auch allgemein *Watson v Burton* [1957] 1 W.L.R. 19 at 31.

"[...] where the misdescription, although not proceeding from fraud, is in a material and substantial point, so far affecting the subject-matter of the contract that it may reasonably be supposed, that, but for such misdescription, the purchaser might never have entered into the contract at all, in such case the contract is avoided altogether [...]."[950]

Sind die Voraussetzungen der Wesentlichkeit nicht erfüllt, ist der Erwerber beim Vorliegen einer *misdescription* weiterhin verpflichtet, den Vertrag zu erfüllen; ihm bleibt jedoch die Möglichkeit, Kompensation durch eine Reduktion des Kaufpreises zu erlangen (*abatement*).[951] Hierin ist jedoch keine Minderung nach deutschem Verständnis, sondern eine Form des Schadensersatzes zu sehen; die noch ausstehenden Zahlungen werden mit der Ersatzforderung verrechnet. Der Umfang des Ersatzanspruches schließt das Erfüllungsinteresse mit ein, da es sich hierbei um einen vertraglichen Kompensationsanspruch handelt.[952] Im Gegensatz zu dem deliktsrechtlich einzuordnenden Schadensersatzanspruch bei einer *misrepresentation* wird die Partei im Fall einer *misdescription* damit so gestellt, wie sie stünde, wenn die falsche Erklärung der Wahrheit entsprochen hätte.

Auf Grund der *doctrine of merger*[953] besteht die Gefahr, dass die Geltendmachung vertraglicher Ansprüche im Fall einer *misdescription* nach der Erfüllung (*completion*) nicht mehr möglich ist. Die betroffene Partei muss ihre Rechtsbehelfe dann rechtzeitig vor der Erfüllung geltend machen (sofern das noch möglich ist) oder im Vertrag ausdrücklich klarstellen, dass die Rechtsbehelfe auch nach *completion* weiterexistieren sollen; eine weitere Alternative wäre die Übertragung der entsprechenden Klauseln in die zur Erfüllung erforderliche *deed*, wo sie ungehindert der Erfüllung weiter Bestand haben.[954]

---

[950] *Flight v Booth* (1834) 1 Bing NC 370 at 377 per Tindal C.J.; konkrete Beispiele siehe *Hochberg*, S. 2 f.
[951] *Silverman*, M. 2.5.3.
[952] *Smith Kline French Laboratories Ltd v Long* [1989] 1 W.L.R. 1 at 6; vgl. auch *Megarry/Wade*, 15-104.
[953] Siehe oben, D. I. 3.
[954] *Hochberg*, S. 18.

In Deutschland sind die in den Anwendungsbereich der *misdescription* fallenden Konstellationen des Auseinanderfallens von Vertragsinhalt und Leistung in erster Linie vom vertraglichen Gewährleistungsrecht des Bauträgervertrages umfasst.

3. *Breach of covenant*

Neben den erwähnten Rechtsbehelfen aus dem deliktischen und vertraglichen Bereich kommen in England und Wales auch Rechtsbehelfe für die Verletzung der *title covenants* in Betracht. Die Inhalte dieser mit dem am Grundstück bestehenden Recht verbundenen dinglichen Sicherheiten wurden bereits dargestellt.[955] Im Wesentlichen wird hierdurch auf dinglicher Ebene gewährleistet, dass der Veräußerer die Dispositionsbefugnis bzgl. des Rechtes am Grundstück innehat und es wie vereinbart überträgt. Die *covenants* schließen eine Schutzlücke für den Erwerber, die dadurch entsteht, dass der Vertrag mitsamt seinen Garantien durch die Erfüllung (*completion*) auf Grund der *doctrine of merger* seine Wirksamkeit verliert.[956] Dies gilt zumindest im Hinblick auf den Teil, der die Übertragung des am Grundstück bestehenden Rechtes auf den Käufer betrifft; die Absprachen hinsichtlich der Errichtung sind nicht von der *doctrine of merger* erfasst. Zudem können die Parteien auch sogenannte *non-merger*-Klauseln vereinbaren, die die Geltung des Vertrages oder von Teilen des Vertrages über den Zeitpunkt der Erfüllung hinaus sicherstellen.[957]

Der in der *full title guarantee* implizierte *covenant for right of dispostiton* sowie der *covenant for freedom of charges and incumbrances* stellen „Gewährleistungscovenants" dar.[958] Im *LP(MP)A 1994* sind zwar die Inhalte festgelegt, nicht aber die Konsequenzen bei Verstößen. Aus der Literatur ergibt sich jedoch, dass eine Verletzung der *covenants* einen Anspruch auf Schadensersatz nach sich zieht.[959]

Der Anwendungsbereich beider *covenants* ist ähnlich: In erster Linie soll gesichert werden, dass das im Vertrag beschriebene Recht am Grundstück mit allen vertraglich beschriebenen Eigenschaften übertragen wird. In *AJ Dunning & Sons*

---

[955] Siehe oben, E. I. 4.
[956] Vgl. *Schmidt-Kessel*, S. 276.
[957] Siehe zum Beispiel *condition 7.3 SCOS*.
[958] *Scamell*, S. 652.
[959] *Megarry/Wade*, 7-151; *Scamell*, S. 652; *McGregor*, 22-013.

(Shopfitters) Ltd v Sykes & Son (Poole) Ltd[960] war die beklagte Verkäuferin hinsichtlich einer auf dem Grundstücksplan markierten Fläche, die das zu übertragene Grundstück beschrieb, nur teilweise verfügungsberechtigt und konnte somit nicht das übertragen, was vereinbart worden war. Das Gericht stellte, ohne näher ins Detail zu gehen, eine Verletzung eines „*title covenant*" fest und verpflichtete die Beklagte zur Leistung von Schadensersatz, um den durch die Übertragung des mangelhaften Titels eingetretenen Schaden zu kompensieren.[961] Der Umfang des Ersatzanspruches beläuft sich auf den Unterschied zwischen dem Wert, der sich für das Grundstück bzw. den hiermit verbundenen Titel aus dem Vertrag ergab und dem tatsächlichen Wert:

"The difference between the value of the property as purported to be conveyed, and that which the vendor had the power to convey." [962]

Anders als bei den eben erwähnten *covenants* verursacht eine Verletzung des *covenant for further assurance* in aller Regel keinen Schaden.[963] Inhalt der hier umfassten Pflicht ist die Unterstützung des Käufers mit allen erforderlichen Maßnahmen, die für die Übertragung des am Grundstück bestehenden Rechtes erforderlich sind.[964] Der Käufer kann daher anstelle eines Schadensersatzanspruches theoretisch *specific performance*[965] geltend machen.[966] Dieser Bereich spielt aber in Praxis und Rechtsprechung keine Rolle.

Auf Grund der Abnahme der Relevanz der *title covenants* durch die fortgeschrittene Registrierung der Grundstücke und die damit einhergehenden besseren Kontrollmöglichkeiten für Kaufinteressenten, haben auch die Rechtsbehelfe im Falle eines *breach of covenant* in den letzten Jahren an Bedeutung verloren. Die soeben

---

[960] (1987) A.C. 287.
[961] (1987) A.C. 287 at 302 per Dillon L.J.
[962] *Turner v Moon* [1901] 2 Ch. 825 at 829 f. (per Joyce J); vgl. auch *Scamell*, S. 652 sowie *McGregor*, 22-027.
[963] *McGregor*, 22-017.
[964] Siehe oben, F. I. 4. a) cc).
[965] In diesem Zusammenhang kann wiederum theoretisch ein Schadensersatzanspruch *in lieu of specific performance* gewährt werden.
[966] *Scamell*, S. 653.

zitierte Entscheidung *Turner v Moon* ist die einzige Entscheidung, die sich mit dem Umfang eines Ersatzanspruches in derartigen Fällen näher befasst.[967] Vorrangig zu berücksichtigen sind bei einem Bauträgerkauf die vertraglichen Rechtsbehelfe und zwar insbesondere die Klauseln hinsichtlich der Errichtung; diese verlieren (wie bereits erwähnt) mit der Erfüllung des Vertrages nicht ihre Wirksamkeit. Zudem ist im Falle eines *breach of covenant* in der Regel auch ein *breach of contract* gegeben, sodass auf die Rechtsbehelfe in diesem Bereich zurückgegriffen werden kann.

In Deutschland gibt es wie bereits oben ausgeführt[968] kein dem System der *covenants* entsprechendes Konzept; die Haftung des deutschen Bauträger in diesen Fällen ist vom vertraglichen Gewährleistungsrecht umfasst.

4. *Breach of fidicuary duty*

Einen weiteren Anknüpfungspunkt für die Haftung des *developer* bildet dessen Stellung als quasi-*trustee* auf Grund des zwischen Vertragsabschluss und Vollendung bestehenden *trust*-ähnlichen Verhältnisses. Die sich hieraus ergebende treuhänderische Pflicht (*fiduciary duty*) zum Schutz des bereits ab Vertragsschluss in *equity* am Grundstück bestehenden Rechtes des Erwerbers wurde bereits oben näher erläutert.[969] Eine Verletzung zieht einen Schadensersatzanspruch nach sich.[970] Allerdings ist der Erwerber nicht berechtigt, Abstand vom Vertrag zu nehmen oder die Zahlung des Kaufpreises insgesamt zu verweigern.[971] Der Umfang des Ersatzanspruches bemisst sich dabei grundsätzlich nach der Höhe der Wiederherstellungskosten.[972] Zu berücksichtigen sind in diesem Zusammenhang jedoch auch die Grundsätze der Entscheidung des *House of Lords* in *Ruxley Electronics*

---

[967] *McGregor*, 22-027.
[968] Vgl. dazu F. I. 5.
[969] F. IV. 1.
[970] *Dowling*, S. 51.
[971] *Dowling*, S. 52.
[972] Z.B, *Royal Bristol Permanent Building Society v Bomash* (1885) 35 Ch. D. 495; *Lyons v Thomas* [1986] I.R. 666; vgl. auch *Dowling* S. 45.

& Construction Ltd and Another v Forsyth[973], nach der eine billige Entschädigung in Geld in Frage kommt; hierauf wird noch genauer einzugehen sein.[974]

Verletzungen in diesem Bereich fallen in Deutschland in den Anwendungsbereich vertraglicher Rücksichtnahmepflichten und können einen Schadensersatzanspruch gemäß §§ 280 Abs. 1, 241 Abs. 2 BGB auslösen. Anders als in England und Wales ist sogar die Lösung vom Vertrag durch einen Rücktritt gemäß § 324 BGB möglich, wenn das Festhalten des Geschädigten am Vertrag unzumutbar ist. Die Anforderungen in diesem Bereich sind jedoch hoch und nur bei besonders gravierenden Verletzungen zu bejahen, wodurch das Vertrauensverhältnis der Parteien schwerwiegend gestört wird.[975] Folglich ist bei Pflichtverletzungen in diesem Bereich sowohl in England und Wales als auch weit überwiegend in Deutschland ein Anspruch auf Schadensersatz der einschlägige Rechtsbehelf.

5. Haftung nach den Grundsätzen des *tort law* und des deutschen Deliktsrechts

Als funktionales Äquivalent zum deutschen Deliktsrecht begründet das *law of torts* oder *tort law* eine Haftung, die unabhängig von vertraglichen Beziehungen im Falle der Verletzung einer *tortious duty* (in etwa „deliktische Pflicht") entstehen kann.[976] Der Anwendungsbereich des *tort law* geht jedoch über den des deutschen Deliktsrechts hinaus und betrifft beispielsweise auch Rechtsbehelfe, die in im deutschen Recht als Herausgabe- Unterlassungs- oder Schadensersatzansprüche des Eigentümers bekannt sind.[977] Die verschiedenen Haftungstatbestände (*torts*), die in erster Linie einen Anspruch auf Schadensersatz nach sich ziehen, haben sich teilweise seit dem Mittelalter entwickelt und stehen unabhängig nebeneinander.[978] Relevant bei Bauträgerverträgen ist der *tort of negligence*, der eine Haftung bei fahrlässiger Verletzung fremder Rechtsgüter vorsieht; auf dieser Grundlage ist die Geltendmachung von Vermögensschäden jedoch in aller Regel

---

[973] [1996] A.C. 344.
[974] Siehe unten G. III. 1. a) bb) (1).
[975] MüKo/*Ernst*, § 324, Rn. 7, 11 mit weiteren Nachweisen aus der Rechtsprechung.
[976] Zu den Voraussetzungen einer *duty of care* vgl. *Caparo Industries plc v Dickman* [1990] 2 A.C. 605 at 619.
[977] von *Bernstorff*, S. 92.
[978] von *Bernstorff*, S. 92.

nicht möglich.[979] Bei bewusster Täuschung Dritter kommt darüber hinaus der *tort of deceit* in Betracht, hier wiederum sind Vermögensschäden ersatzfähig.[980] Die Schwierigkeit der Geltendmachung von Vermögensschäden schmälert die Bedeutung der *tort*-Haftung im Gegensatz zur vertraglichen Haftung aber deutlich.

Im Gegensatz zum *tort law* sieht das deutsche Deliktsrecht in den §§ 823 ff. BGB ein systematisches, gesetzliches Haftungssystem vor, ohne dabei allerdings auf eine „große Generalklausel" zurückzugreifen.[981] Vermögensschäden sind im Fall einer vorsätzlichen, sittenwidrigen Schädigung gemäß § 826 BGB und bei der Verletzung eines Schutzgesetzes im Zusammenhang mit § 823 Abs. 2 BGB, nicht jedoch unter den Voraussetzungen des § 823 Abs. 1 BGB ersatzfähig.

Deliktische Schadensersatzansprüche gegen den Bauträger haben in Deutschland (wie in England und Wales) im Vergleich zu den vertraglichen Rechtsbehelfen eine eher untergeordnete Bedeutung. Im Fall eines „weiterfressenden" Mangels aber, der gerade bei Bauwerken eine große Rolle spielen kann, kommt eine Haftung auf Grundlage des § 823 Abs. 1 BGB hinsichtlich weiterer Schäden am Eigentum in Frage.[982] Die §§ 3, 4 und 6 MaBV stellen Schutzgesetze im Sinne des § 823 Abs. 2 BGB dar, so dass bei einem Verstoß des Bauträgers gegen die hier verankerten Pflichten zur Sicherheitsleistung, zur zweckgemäßen Verwendung der vom Erwerber geleisteten Zahlungen sowie zur getrennten Vermögensverwaltung ein entsprechender Schadensersatzanspruch geltend gemacht werden kann.[983]

6. Strafrechtliche Haftung

Den Bauträger kann in England und Wales auch eine speziell auf ihn zugeschnittene strafrechtliche Haftung auf Grundlage des *Property Misdescriptions Act 1991* treffen. Gemäß *s.1(1)* stellt eine fehlerhafte oder irreführende Angabe des

---

[979] *Winfield/Jolowicz on Tort*, 5-35; vgl. auch *Murphy v Brentwood* D.C. [1991] 1 A.C. 398; *Britton/Fairweather*, S. 61 f.

[980] *Winfield/Jolowicz*, 5-35.

[981] *Medicus*, Schuldrecht II, S. 425 ff.

[982] *Köhler*, Zur Rechtsnatur der Mängelhaftung bei der Veräußerung neu errichteter Bauwerke, NJW 1984, S. 1321 (1323) mit Hinweis auf BGH NJW 1983, S. 810 (811 f.).

[983] Vgl. BGH MittBayNot 2005, S. 128 (129); BGH NJW 2001, S. 818 (820); *Basty*, Rn. 58.

developer im Hinblick auf die Beschreibung des Gegenstandes von Grundstückskaufverträgen eine strafbare Handlung dar.

S.1 Property Misdescription Act 1991 – Offence of property misdescription

(1) Where a false or misleading statement about a prescribed matter is made in the course of an estate agency business or a property development business, otherwise than in providing conveyancing services, the person by whom the business is carried on shall be guilty of an offence under this section.

Ausreichend für die Haftung kann bereits der Verweis auf ein falsches Foto gegenüber dem potentiellen Erwerber sein.[984] Größere praktische Bedeutung kommt diesem Strafgesetz aber nicht zu.

In Deutschland existiert kein strafrechtliches Sonderdelikt für von einem Bauträger arglistig abgegebene Erklärungen. Bei falschen Angaben gegenüber dem Vertragspartner im Hinblick auf den Vertragsgegenstand kommt der Tatbestand des Betruges gemäß § 263 StGB in Betracht, sofern von einem vorsätzlichen Handeln auszugehen ist.

Ein Verstoß gegen die in der MaBV geregelten Modalitäten zur Entgegennahme von Zahlungen des Erwerbers stellt allerdings eine Ordnungswidrigkeit gemäß § 18 MaBV i.V.m. § 144 Abs. 2 Nr. 6 GewO dar.

---

[984] *Lewin v Barratt Homes Ltd* (2000) 79 P. & C.R. D20; *Silverman,* M. 3.12.1.

III. Leistungsstörungen und Konsequenzen bei Bauträgerverträgen

Nach einem Überblick über das System der Rechtsbehelfe und mögliche Haftungsanknüpfungspunkte wird in der Folge dargestellt, welche Rechtsfolgen sich aus den konkreten Leistungsstörungen im Rahmen eines Bauträgervertrages ergeben. Im Einzelnen untersucht werden die Folgen der Mangelhaftigkeit der Leistung, des Verzugs und der Nichtvornahme der Leistung.

1. Mangelhaftigkeit der Leistung

Das Pflichtenprogramm des Bauträgers umfasst ein breites Spektrum. Eine Haftung wegen mangelhafter Leistung kommt daher in mehreren Konstellationen in Betracht. Anknüpfungspunkte bilden die Qualität des Grundstückes bzw. des Bodens, die Bauplanung sowie die Durchführung der Bauarbeiten. Im Hinblick auf die Qualität der Bauarbeiten haftet der Bauträger im Einzelnen für die fehlerhafte Errichtung als solche, die fehlerhafte Materialauswahl und die Untauglichkeit des fertiggestellten Gebäudes für den vorgesehenen Zweck.[985] Neben den für Bauträgerverträge maßgeblichen Haftungsgrundsätzen des *common law* müssen in England und Wales die Haftungsregime, die in den *Standard Conditions of Sale* (*SCOS*) und in der *NHBC*-Versicherung verankert sind, berücksichtigt werden. Die *SCOS* sind Bestandteil praktisch jeden Grundstücksgeschäftes und auch die *NHBC*-Versicherung schützt nach eigenen Angaben über 80 Prozent aller Erwerber noch zu errichtender Gebäude.

a) Haftung nach den Grundsätzen des *common law*

Ein einheitliches, auf Bauträgerverträge spezialisiertes Haftungsregime existiert im englischen Recht nicht. Je nach betroffener Komponente des Bauträgervertrages richtet sich die Haftung des Bauträgers für die Mangelhaftigkeit der Leistung nach den entsprechend anwendbaren Grundsätzen des *common law*.

Ist die Bodenfläche des Grundstücks mit physischen Mängeln oder offenkundigen Rechtsmängeln behaftet, löst allein dieser Umstand auf Grund des *caveat emptor*-Prinzips noch keine Haftung aus. Indes ist noch einmal klarzustellen, dass wegen

---

[985] Siehe dazu ausführlich oben, F. II.

des *caveat emptor*-Prinzips nicht die Haftung für die Mangelhaftigkeit des zu errichtenden Bauwerks ausgeschlossen wird; insofern besteht ein entscheidender Unterschied zu Verträgen über den Erwerb bereits bestehender Gebäude.[986] Die Rechtsbehelfe richten sich dann nach den bei einem *breach of contract* anwendbaren Grundsätzen, so dass in erster Linie ein Anspruch auf Schadensersatz in Betracht kommt.

Die relevanteren Probleme im Zusammenhang mit Bodenkontaminationen liegen aber vor allem im umweltrechtlichen Bereich und bei der Übernahme der Beseitigungskosten.[987]

aa) Haftung für versteckte Rechtsmängel

Wenn das Grundstück mit einem versteckten Rechtsmangel belastet ist,[988] kann sich der Erwerber sofort vom Vertrag lösen und Schadensersatz verlangen.[989] Mit der Geltendmachung seiner Rechte muss er dabei nicht bis zur Erfüllung warten und dem Verkäufer auf diese Weise auch nicht die Möglichkeit geben, die Mängel bis dahin noch zu beseitigen:[990]

> "*I would [...] hold that upon discovering that a vendor has no title or power to convey what he has contracted to convey, the purchaser may thereupon treat the contract as at an end, both at law and in equity. In saying that, I speak only of defects such as the absence of title in this case, and not of minor deficiencies, removable defects and so on.*"

Dieser Umstand ergibt sich aus der Offenbarungspflicht (*duty of disclosure*) des Grundstücksverkäufers, die letzteren verpflichtet, versteckte Mängel bereits vor Vertragsschluss anzuzeigen.[991]

---

[986] Siehe oben, F. II. 7.

[987] Vgl. für einen Überblick dazu *Cuckson*, The hazards of buying and selling contaminated land, I.C.C.L.R. 1992, 3(8), 278.

[988] Für offene Rechtsmängel haftet der *developer* nicht, vgl. dazu oben, F. I. 2.

[989] *Pinekerry Ltd v Needs (Kenneth) (Contractors) Ltd* (1992) 64 P.&C.R. 245 at 252; *Pips (Leisure Productions) Ltd v Walton* (1980) 43 P.&C.R. 415 at 424; *Bartlett v Tuchin* (1815) 6 Taunton 259 at 260 f.

[990] *Pips (Leisure Productions) Ltd v Walton* (1980) 43 P.&C.R. 415 at 424.

[991] *Harpum*, L.Q.R. 1992 108 (Apr) 280 (281); siehe oben, F. I. 2.

Diese Pflicht zur Offenbarung versteckter Mängel ist von der Pflicht zur lasten-freien Übertragung der Rechtspositionen am Grundstück zu unterscheiden;[992] letztere ist erst dann betroffen, wenn dem Grundstück im Zeitpunkt der Erfüllung (*completion*) noch versteckte Rechtsmängel anhaften; erst dann kann der Erwerber auch entsprechende Rechtsbehelfe geltend machen. Die Offenbarungspflicht gewährt dem Erwerber damit einen zeitlichen Vorteil, da sofort ab Bekanntwerden etwaiger rechtlicher Mängel und noch vor *completion* Rechtsbehelfe geltend gemacht werden können. Bei kleineren, behebbaren Mängeln ist jedoch keine Lösung vom Vertrag möglich.[993] Die Ausräumung des Mangels kann auf dem Wege der *specific performance* unter Herabsetzung des Kaufpreises erreicht werden.[994]

bb) Mangelhafte Bauleistung

(1) *Breach of contract*

Bei mangelhafter Erbringung der Bauleistung, wird im Hinblick auf die Rechtsbehelfe auf die entsprechend für Bauverträge geltenden Grundsätze zurückgegriffen; demzufolge ist einmal mehr der Anspruch auf Schadensersatz (auf Grundlage eines *breach of contract*) wichtigster Rechtsbehelf.[995] Qualitätsmängel können dabei sowohl die Durchführung der Bauarbeiten an sich als auch das verwendete Material betreffen. Zudem haftet der Bauträger für die Untauglichkeit des Bauwerks für den vertraglich vorgesehenen Zweck.

Der Umfang eines Ersatzanspruches erstreckt sich in erster Linie auf die Kosten für die Herstellung des vertragsgemäßen Zustandes, mithin die Reparaturkosten.[996] Alternativ kann der Minderwert des Bauwerks im Rahmen geltend gemacht

---

[992] *Megarry/Wade*, 15-069.
[993] Siehe Zitat oben, *Pips (Leisure Productions) Ltd v Walton* (1980) 43 P.&C.R. 415 at 424.
[994] *Duncan Rutherford v William Acton-Adams* [1915] A.C. 866 at 869 f.; *Hochberg*, S. 18.
[995] Ausführlich dazu *McGregor*, 26-011 ff; *Adriaanse*, S. 315.
[996] *East Ham Corp v Bernard Sunley* [1966] A.C. 406; *McGregor*, 26-011.

werden.[997] Dies ist vor allem für den Bauträger von Vorteil, da nicht jeder Schaden einen erheblichen Wertverlust der Immobilie mit sich bringt, eine Reparatur dagegen kostspielig sein kann.

Wie abhängig der Umfang des Schadens von der Berechnungsmethode ist, wird anhand der Entscheidung *Ruxley Electronics & Construction Ltd and Another v Forsyth*[998] deutlich. Im Sachverhalt der erwähnten Entscheidung wies ein neu angelegter Swimming-Pool nur eine Tiefe von sechs Fuß anstatt der vertraglich vereinbarten sieben Fuß auf, war aber dennoch ohne Einschränkungen nutzbar. Der Bauherr verklagte den Bauunternehmer auf die Kosten für die Herstellung des vertragsgemäßen Zustandes. Diese waren mit 21.000 Pfund gemessen am Preis für den Pool in Höhe von 70.000 Pfund sehr hoch. Das *House of Lords* entschied abweichend von der Vorinstanz, dass in einem solchen Fall der Ersatz der Nachbesserungskosten nur zugesprochen werden kann, wenn eine ernsthafte Absicht zur Durchführung der Nachbesserung erkennbar ist und die Kosten hierfür nicht unverhältnismäßig hoch liegen.

> *"[...] where the expenditure was out of all proportion to the benefit to be obtained the appropriate measure of damages was not the cost of reinstatement but the diminution in the value of the work"*[999]

Da der Kläger das Geld nach Überzeugung des Gerichts nicht für die Umbauarbeiten am Pool ausgeben würde und der Betrag im Vergleich zu den daraus resultierenden Vorteilen unverhältnismäßig hoch sei, entschied es, dem Kläger stattdessen eine billige Entschädigung in Geld i.H.v. 2500 Pfund zuzusprechen.

Ähnliches wurde in *Harrison v Shepherd Homes Ltd* entschieden, wo die Reparatur einer fehlerhaft durchgeführten Pfahlkonstruktion, auf der sich mehrere Häuser befanden, unverhältnismäßig hoch im Vergleich zu den daraus resultierenden geringen Mängeln bzw. Unannehmlichkeiten war.[1000]

Ein Ersatz für den mangelbedingten Wertverlust ist auch dann vorzugswürdig, wenn der Käufer die Immobilie weiterveräußern und nicht selbst bewohnen will:

---

[997] *Apllegate v Moss* [1971] 1 Q.B. 406 at 410; *Ruxley Electronics & Construction Ltd and Another v Forsyth* [1996] A.C. 344 at 367 f.; *McGregor*, 26-013.

[998] [1996] A.C. 344.

[999] [1996] A.C. 344 at 344.

[1000] *Harrison v Shepherd Homes Ltd* (2011) 27 Const. L.J. 709; vgl. auch *Britton/Fairweather*, S. 104 f.

"If he [the claimant] *reasonably intends to sell the property in its damaged state, clearly the diminution in capital value is the true measure of damage. If he reasonably intends to occupy it and to repair the damage, clearly the cost of repairs is the true measure."*[1001]

Wieder einmal zeigt sich, dass die Berechnung von Schadensersatz stark vom Einzelfall bzw. dem Ermessen des Richters abhängt, was auch in *Linklaters v McAlpine* zum Ausdruck kommt:

„[…]*the judge will be left with a decision based on the evidence as to what is the appropriate solution which will, all things being equal, reasonably put the claimant back into the position it would have been if there had been no material breaches of contract."*[1002]

Weiter sind die Kosten für eine eventuell erforderliche Ersatzunterkunft für die Zeit während der Reparaturarbeiten sowie Nutzungs-[1003] und Verdienstausfall[1004] ersatzfähig. Eine Entschädigung für erlittene psychische Unannehmlichkeiten des Erwerbers kann z.B. nur erlangt werden, wenn dieser das Gebäude selbst bewohnen wollte,[1005] nicht wenn er eine Weiterveräußerung geplant hatte.[1006]

Für eine Lösung vom Vertrag im Fall einer Schlechtleistung muss ein schwerer Vertragsbruch (*repudiatory breach*) vorliegen – die einfache Schlechterfüllung der Arbeiten (*defective work*) ist nicht ausreichend, wenn sie nicht substantiell ungeeignet ist, den Anforderungen des Vertrages gerecht zu werden.[1007] Voraussetzung ist die Erfüllung der allgemeinen Anforderungen an einen schweren Vertragsbruch, wonach der Kern des Vertrages (*root of the contract*) durch die

---

[1001] *Dodd Properties Ltd v Canterbury City Council* [1980] 1 W.L.R. 433 at 456 per Donaldson LJ.
[1002] [2010] E.W.H.C. 2931 (TCC) para 125.
[1003] *Applegate v Moss* [1971] 1 Q.B. 406; *McGregor*, 26-016.
[1004] *Bevan Investments v Blackhall & Struthers* (1978) 11 B.L.R. 78 CA; *McGregor*, 26-016.
[1005] *Rawlings v Rentokil Laboratories* [1972] E.G.D. 744; *McGregor*, 26-020.
[1006] *Hutchinson v Harris* (1978) 10 B.L.R. 19 CA; *McGregor*, 26-020.
[1007] *Sheffield v Conrad* (1987) 22 Con. L.R. 108, CA; *Chitty on Contracts*, Vol. II, 37-218.

Schlechtleistung betroffen sein muss. Generell wird die Lösung vom Bau(träger)vertrag in der Literatur eher stiefmütterlich behandelt und auch in der Praxis ist der Anspruch auf Schadensersatz die deutlich relevantere Alternative.

Ein Anspruch auf (Nach)Erfüllung mittels *specific performance* kommt in Folge einer mangelhaften Bauleistung nicht in Betracht. Wie bereits erläutert, ist dieses Institut der *equity* nur dann einschlägig, wenn die Rechtsbehelfe des *common law* i.e.S. dem Geschädigten keinen ausreichenden Ersatz bieten können. Bauleistungen können jedoch von mehreren Personen am Markt erbracht werden, weshalb die Gewährung von Schadensersatz zur Deckung der Kosten für die Durchführung der Arbeiten durch Dritte ausreichend sind. Bei der Übertragung der Rechtspostionen am Grundstück liegt der Fall dagegen anders: Das konkrete vertragsgegenständliche Grundstück kann nur vom Berechtigten übertragen werden[1008], so dass die Gewährung von Schadensersatz nicht zielführend wäre, da allein mit finanziellen Mitteln das konkrete Grundstück auf grund seiner Einzigartigkeit nicht zu beschaffen ist. Dann aber kann auf *specific performance* zurückgegriffen werden. Insofern gibt es hinsichtlich der Rechtsfolgen von Verletzung verschiedener Komponenten des Bauträgervertrages deutliche Unterschiede.

(2) Vertragliche Haftung und die *doctrine of merger*

Die Geltendmachung vertraglicher Rechtsbehelfe ist bei reinen Grundstückskaufverträgen nach der Erfüllung (*completion*) auf Grund der *doctrine of merger* nicht mehr möglich, da der Vertrag in der *deed* aufgeht.[1009] In der Entscheidung *Lawrence v Cassel*[1010] wurde für einen Bauträgervertrag jedoch festgelegt, dass die die Bauleistung betreffenden Bestimmungen nicht von diesem Grundsatz umfasst sind. Diese Entscheidung ist für Bauträgerverträge in England und Wales und die Geltendmachung von Ansprüchen nach Erfüllung damit von erheblicher Bedeutung. Die Parteien können die Wirkung der *doctrine of merger* aber abbedingen; auch in den *SCOS* ist eine derartige *non-merger-clause* in *condition 7.3 SCOS* verankert, die die Wirkung des Vertrages über die Erfüllung hinaus sichert.

[1008] Die Situation eines Erwerbs vom Nichtberechtigten ist nicht Gegenstand dieser Arbeit.
[1009] Siehe oben, F. I. 4. (Einleitung).
[1010] [1930] 2 K.B. 83 at 88 f. per Scrutton L.J; vgl. dazu oben, F. II. 8.

Condition 7.3 SCOS
Completion does not cancel liability to perform any outstanding obligation
under this contract.

(3) Haftung aus *tort*

Ein Anspruch auf Schadensersatz wegen mangelhafter Leistung kann neben dem Vertrag auch auf Grundlage des *tort of negligence* geltend gemacht werden, wenn der *developer* eine entsprechende Sorgfaltspflicht verletzt hat. Grundsätzlich kann ein Anspruch aus *tort* neben einem vertraglichen Anspruch bestehen; aber nicht überall dort, wo Verträge bestehen, ergeben sich automatisch auch deliktische Pflichten:

> "*Absent any assumption of responsibility, there do not spring up between the parties' duties of care co-extensive with their contractual obligations. The law of tort imposes a different and more limited duty upon the manufacturer or builder. That more limited duty is to take reasonable care to protect the client against suffering personal injury or damage to other property. The law of tort imposes this duty, not only towards the first person to acquire the chattel or the building, but also towards others who foreseeably own or use it.*"[1011]

Die Frage nach einer Haftung des Bauträgers und Bauunternehmers nach *tort*-Grundsätzen ist ebenso wie das Verhältnis zu einer eventuellen vertraglichen Haftung nicht ohne Schwierigkeiten und vor allem nicht einheitlich zu beantworten. Relevant ist vor allem die Frage, ob sich die Haftung auch auf reine Vermögensschäden erstreckt.

Während in *D. & F. Estates Ltd. v. Church Commissioners for England*[1012] und *Murphy v Brentwood District Council*[1013] eine *tort*-Haftung für Baudienstleister im Hinblick auf reine Vermögensschäden abgelehnt wurde, wurde diese in *Robinson v PE Jones* im Grundsatz für den *developer* angenommen. Entscheidender

---

[1011] *Robinson v PE Jones* [2011] 3 W.L.R. 815 at 829; vgl dazu auch *Britton/Fairweather*, S. 49.
[1012] [1989] A.C. 177.
[1013] [1991] 1 A.C. 398.

Unterschied war im zuletzt genannten Fall, dass der beklagte Bauträger auch vertraglich mit dem Kläger verbunden war; hieraus ergab sich die aus der Grundsatzentscheidung *Hedley Byrne & Co Ltd v Heller and Partners Ltd*[1014] bekannte *assumption of responsibility* (in etwa „Annahme einer Verantwortlichkeit"), die für eine entsprechende *duty of care* erforderlich ist. Dass bei *Robisnon v PE Jones* im Ergebnis dennoch eine deliktische Haftung abgelehnt wurde, ist auf den von den Parteien vereinbarten Haftungsausschluss bzw. die Beschränkung der Haftung auf das Regime der *NHBC* Versicherung (dazu ausführlich im nächsten Punkt) zurückzuführen. Der Ausschluss verstieß auch nicht gegen den *Unfair Contract Terms Act 1977*.[1015] In der Praxis ist sehr häufig von derartigen Haftungsbegrenzungen auszugehen, so dass eine über den Vertrag hinausgehende Haftung nach den Grundsätzen des *tort law* nicht in Frage kommt.

Neben der Möglichkeit zum vertraglichen Haftungsausschluss bildet vor allem die fehlende grundsätzliche Ersatzfähigkeit reiner Vermögensschäden die große Schwäche der Haftung nach den Gesichtspunkten des *tort of negligence*. Beispielsweise sind der Wertverlust der Immobilie oder entgangene Gewinne sowie weitere Kosten (z.B. für eine vorübergehende alternative Unterbringung) nicht ersatzfähig. Dies sind aber die Positionen, die beim Vorliegen von Mängeln den größten und entscheidenden Umfang ausmachen. Eingeschlossen sind lediglich solche Schäden, die aus Verletzungen der körperlichen Integrität oder der Beschädigung von Eigentum resultieren, welches nicht am Gebäude, sondern an anderen Gegenständen besteht.[1016] Mit Hilfe der sogenannten *complex structure theory*[1017] wurde versucht, dieses Hindernis zu umgehen: Der Ansatz geht von der Aufteilung eines Gebäudes in mehrere unabhängige Elemente aus (Dach, Wände, Böden etc.), so dass im Fall des Übergreifens der Beschädigung auf verschiedene Elemente jeweils „andere Teile" im Sinne des *tort of negligence* betroffen und die entstandenen Schäden somit ersatzfähig sind.[1018] Diese Theorie wurde jedoch in

---

[1014] [1964] A.C. 465.

[1015] So die vorinstanzliche Entscheidung des *High Court* in *Robinson v PE Jones* [2010] EWHC 102 (TCC) para 87.

[1016] *Robinson v PE Jones* [2011] 3 W.L.R. 815 at 829; vgl dazu auch *Britton/Fairweather*, S. 49.

[1017] Die *complex structure theory* wurde erstmals in *D. & F. Estates Ltd. v. Church Commissioners for England* [1989] A.C. 177 erwähnt und als Möglichkeit der Einbeziehung reiner Vermögensschäden in die *tort*-Haftung diskutiert.

[1018] *D. & F. Estates Ltd. v. Church Commissioners for England* [1989] A.C. 177 at 206 f. per Lord Bridge.

Murphy v Brentwood als zu konstruiert im Grundsatz abgelehnt,[1019] auch wenn eine Hintertür für besondere Konstellationen offen gelassen wurde.[1020]

An dieser Stelle zeigen sich Parallelen zu der im deutschen Recht bekannten Konstellation des „weiterfressenden Mangels" bzw. der Schwimmerschalter-Entscheidung des BGH[1021]; hier wurde die deliktische Haftung anders als in *Murphy v Brentwood* für einen bereits bei Gefahrübergang teilweise mangelhaften Kaufgegenstand bejaht, was in der Literatur wiederum kritisiert wurde.[1022]

Damit ist im Großteil aller Fälle eine Klage auf Grundlage des *tort of negligence* gegen Bau- und Subunternehmer, Architekten und Gutachter wenig zielführend, da reine Vermögensschäden in aller Regel nicht ersatzfähig sind. Dasselbe gilt für eine Klage gegen einen *developer*, der die Bauarbeiten weder selbst durchführt noch durch eigene Leute durchführen lässt: Ihn trifft in dieser Konstellation keine deliktische Sorgfaltspflicht bzgl. der ordnungsgemäßen Errichtung, sondern nur im Hinblick auf die Auswahl und Überwachung der entsprechenden Personen.[1023] Die funktionell gleiche Regelung ist im deutschen Recht gemäß § 831 Abs. 1 S. 2 BGB verankert. Verletzungen in diesem Zusammenhang dürften nur schwer nachzuweisen sein.

(4) Haftung auf Grundlage des *Defective Premises Act 1972*

Diesen Schwächen der *negligence*-Haftung wurde durch die Einführung des *Defective Premises Act 1972* entgegengewirkt. Das Gesetz ist in der Folge des *Law Commission Report* aus dem Jahr 1970[1024] entstanden und begründet deliktische Pflichten im Hinblick auf die Errichtung von neuen[1025] Gebäuden: In *s.1(1) DPA*

[1019] *Murphy v Brentwood D.C.* [1991] 1 A.C. 398 at 470 per Lord Keith of Kinkel.

[1020] *Murphy v Brentwood D.C.* [1991] 1 A.C. 398 at 497 per Lord Jauncey, der als Beispiel eine Stahlkonstruktion nannte, die von einem separaten Hersteller eingebaut wurde und elementar wichtig für die Stabilität von Böden und Wänden ist.

[1021] Urteil vom 24.11.1976 – VIII ZR 137/75.

[1022] MüKo/*Westermann*, § 437, Rn 62. m.w.N.

[1023] *Britton/Fairweather*, S. 48.

[1024] Law Commission, *Civil Liability of Vendors and Lessors for Defective Premises* (Law Com No 40, 1970).

[1025] Entgegen der Intention des Gesetzgebers sind Gebäude, die lediglich erweitert oder umgebaut werden, bislang vom Anwendungsbereich nicht umfasst, vgl. *Jenson v Faux* [2011] 1. W.L.R. 3038 at 3042 f. per Longmore LJ; *Britton/Fairweather*, S. 65.

1972 ist geregelt, dass die Bauarbeiten sachgemäß und mit angemessenen Materialien durchgeführt werden müssen; das Haus muss darüber hinaus den Zweck der Bewohnbarkeit erfüllen. Diese Pflichten werden bereits durch *implied terms* in alle Bau- und Bauträgerverträge integriert, so dass es hier zu Überschneidungen zwischen deliktischer und vertraglicher Haftung kommt. Für eine genaue Darstellung der Pflichten bzw. der Erfüllung des Zwecks der Bewohnbarkeit kann auf die obigen Ausführungen verwiesen werden.[1026] Adressaten sind neben Bauunternehmern auch *developer*, Architekten und Gutachter. Wichtiger Vorteil für den Käufer gegenüber einem Ersatzanspruch aus dem *tort of negligence* ist die Einbeziehung der Haftung für reine Vermögensschäden, ohne dass eine vertragliche Verbindung erforderlich wäre. Dies macht den Rechtsakt vor allem für Zweiterwerber attraktiv und für Klagen gegen Subunternehmer, zu denen kein Vertragsverhältnis besteht. Zudem ist es gemäß *s.6(3) DPA 1972* nicht möglich, die Haftung auf Grundlage des *DPA 1972* vertraglich auszuschließen.

In *s.2 DPA 1972* wird die Anwendbarkeit des Gesetzes jedoch für den Fall ausgeschlossen, dass die Parteien ein anerkanntes Modell (*approved scheme*) in den Vertrag aufnehmen, welches dem Käufer durch die Bereitstellung entsprechender Rechtsbehelfe einen vergleichbaren Schutz bietet. Laut *Britton* sei die *NHBC*-Versicherung nur bis 1979 als Modell in diesem Sinne qualifiziert worden, was einen parallelen Rückgriff sowohl auf die Rechtsbehelfe der *NHBC*-Versicherung als auch auf die des *DPA 1972* mittlerweile zuließe; die Lage sei jedoch bis heute unklar.[1027] Ein entsprechendes Urteil in dieser Frage ist bislang nicht ergangen.

b) Haftung nach den *Standard Conditions of Sale*

In der Folge wird die Haftung gemäß der *Standard Conditions of Sale* untersucht. Die sehr praxisrelevanten *SCOS* beinhalten in erster Linie Regelungen, die den Grundstückskauf betreffen; detaillierte Bestimmungen zur Errichtungsleistung sind nicht vorhanden.

Die Rechtsbehelfe der Parteien für den Fall von Abweichungen der geschuldeten von der tatsächlich erbrachten Leistung sind im siebten Abschnitt geregelt. Auch

---

[1026] Siehe F. II. 4.; zum Erfordernis der Bewohnbarkeit eines Hauses nach dem *DPA 1972* vgl. *Bole v Huntsbuild Ltd* [2009] EWCA Civ. 1146.

[1027] So *Britton/Fairweather*, S. 66 mit Hinweis auf die SI 1979/381 der *Law Commission* und den OFT report 2008, Annexe H.

hier macht sich der Einfluss des *caveat emptor*-Prinzips bemerkbar: Anstelle einer klassischen Mängelhaftung oder gar einer Mangeldefinition wird in *condition 7.1 SCOS* unter dem Titel „*Errors and omissions*" nur die Haftung der Parteien für falsche Erklärungen behandelt, die sie im Zusammenhang mit dem Vertrag abgegeben haben. Eine Unterscheidung dieser Erklärungen, wie sie im *common law* zwischen *misrepresentation* und *misdescription* vorgenommen wird,[1028] existiert jedoch nicht.

Gemäß *condition 7.1.1 (a) SCOS* kann der Erwerber Schadensersatz geltend machen, wenn ein *material difference* zwischen dem Erklärten und den tatsächlichen Eigenschaften des Vertragsgegenstandes vorliegt. Das Verschulden des Erklärenden spielt dabei keine Rolle. Der Schadensersatzanspruch ist vertraglicher Natur, selbst wenn es sich bei der falschen Erklärung nach den Grundsätzen des *common law* um eine *misrepresentation* handelt, bei der die Grundsätze der *tort*-Haftung eingreifen.[1029]

Die Aufhebung des Vertrages ist gemäß *condition 7.1.1(b) SCOS* möglich, wenn die falsche Erklärung leichtfertig bzw. in betrügerischer Absicht abgegeben wurde, *condition 7.1.1(b)(i) SCOS* oder wenn der Vertragsinhalt essentiell von dem abweicht, was der Erwerber erwarten konnte und den Vertrag bei Kenntnis der wahren Umstände nicht abgeschlossen hätte, *condition 7.1.1(b)(ii) SCOS*. Umschrieben wird die mögliche Lösung vom Vertrag mit dem Begriff der *rescission*, wobei zumindest zweifelhaft ist, ob hiermit *rescission* im Sinne des *common law* gemeint ist. Nach *condition 7.4.2(a)(iii) SCOS* kann, wenn auch in einem anderen Zusammenhang, neben der *rescission* ein Schadensersatzanspruch geltend gemacht werden; dies ist bei einer *rescission* nach *common law* nicht möglich, da der Vertrag rückwirkend aufgehoben wird und keine Grundlage für weitere Ansprüche darstellen kann.[1030]

Die Rechtsfolgen der Vertragsaufhebung sind in *condition 7.1.2 SCOS* niedergelegt und sehen vor, dass der Käufer die Anzahlung zurückerhält und seinerseits

---

[1028] *Adams*, The Standard Conditions of Sale (first edition) – a critique, Conveyancer and Property Lawyer 1990, 179 (193 f.); Zu den Unterschieden zwischen *misrepresentation* und *misdescription*, siehe auch oben, F.II.1.,2.

[1029] *Adams*, Conveyancer and Porperty Lawyer 1990, S. 179 (194).

[1030] Hier ist nur ein Schadensersatzanspruch *anstelle* der Vertragsaufhebung möglich (*damages in lieu of rescission*), vgl. F.I.4.

alle erhaltenen Titeldokumente zurückgibt sowie die Eintragung der ihm durch
den Vertrag bis dahin zugesicherten Rechte im Register unterlässt.

Die in den *SCOS* verankerten Grundsätze verkörpern letztlich im Wesentlichen
das, was auch durch das *common law* bzw. den *Misrepresentation Act 1967* im
Falle von falschen Erklärungen vorgesehen ist. Allerdings sind die Anforderungen von *condition 7.1.1(b) SCOS* an die Lösung vom Vertrag durch die benachteiligte Partei höher als nach den Grundsätzen der *misrepresentation*, wonach theoretisch bereits eine schuldlos abgegebene Falschangabe ausreichend ist.[1031]

c) Private Mängelversicherungen – *NHBC Buildmark*

Das System der Gewährleistungsrechte im *common law* wird in der Praxis häufig
von (Standard-)Verträgen überlagert, die ein eigenes Regime für den Umgang mit
Mängeln, der Insolvenz des Bauträgers und einer kontaminierten Grundstücksfläche bereitstellen. In die meisten Absprachen wird die *NHBC Buildmark Scheme*,
eine private Versicherung des Erwerbers gegen die soeben erwähnten Risiken bei
einem Erwerb von Neubauten, einbezogen. Sie besteht aus insgesamt fünf Ab-
schnitten (*sections*) und sieht für die Zeit nach der Erfüllung eine zweistufige Absicherung gegen physische Mängel vor. Die entsprechenden Dokumente sind auf
www.nhbc.co.uk frei zugänglich.

Während *section 1 NHBC Buildmark* den Erwerber vor den Folgen einer Insolvenz und dem kriminellem Verhalten des *developer* in der Zeit vor der Erfüllung
des Vertrages schützt (hierauf wird in der Folge unter F. III. 3. genauer eingegangen), betrifft *section 2* den Schutz des Käufers in den ersten beiden Jahren nach
Fertigstellung des Gebäudes (*initial guarantee period*). Sollten in dieser Zeit
Mängel auftreten, wird der *builder* bzw. *developer* verpflichtet, diese unter Berücksichtigung der technischen Vorgaben des *NHBC* auszubessern. Schlägt die
Nachbesserung fehl, tritt das *NHBC* selbst ein und kann nach eigenem Ermessen
entweder die Reparaturkosten übernehmen (hier liegt die Haftungsobergrenze für

---

[1031] Vgl. oben, F. II. 1. c).

neu errichtete Gebäude bei 1.000.000 Pfund[1032]) oder die Mängel selbst beseitigen. Die letzte Variante ist für das *NHBC* oft günstiger, da sich auf diesem Weg die Kosten besser kontrollieren lassen.

In *section 2 NHBC Buildmark* wird ein Streitbeilegungsservice unter Einbeziehung eines Schiedsgerichtes etabliert, so dass *developer* und Erwerber im Streitfall nicht zwingend ein staatliches Gericht anrufen müssen. Sollte der *developer* in der Folge des Prozesses zur Leistung einer Ersatzzahlung verurteilt werden und dennoch nicht zahlen (können), übernimmt das *NHBC* den Ausgleich des Schadens.

Section 3 NHBC Buildmark betrifft die Jahre 3 bis 10 nach Fertigstellung (*structural guarantee period*). Im Falle auftretender Mängel kann der Käufer in dieser Phase direkt Rückgriff beim *NHBC* nehmen, ohne sich zuvor an den Baudienstleister wenden zu müssen. Das *NHBC* verpflichtet sich aber nur dann zur Reparatur des Gebäudes, wenn durch einen Mangel (*defect*) zusätzlich auch ein Schaden am Gebäude entstanden ist (*putting right any physical damage caused by the defect*). Ein Mangel liegt nach *NHBC*-eigener Definition bei einem Verstoß gegen die *NHBC* Bestimmungen[1033] vor; die Voraussetzungen eines Schadens (*damage*) oder des Ursachenzusammenhangs zwischen *defect* und *damage* sind nicht näher definiert. Hier fehlt es mithin an einer präzisen Beschreibung wesentlicher Haftungsvoraussetzungen. Das Schutzniveau dieser Bestimmung liegt darüber hinaus unter dem, was das *common law* im Falle einer Schlechtleistung vorsieht; dort ist, wie bereits erläutert, schon das Vorliegen eines Mangels an sich für einen Anspruch auf Ersatz der Reparaturkosten ausreichend, unabhängig davon, ob ein Schaden am Gebäude entstanden ist.[1034]

Section 4 und *section 5* betreffen die Rolle des *NHBC* bei Verstößen gegen die *Building Regulations 1984* bzw. bei Bodenkontaminationen. Beide Abschnitte beziehen sich jeweils auf die Zeit nach Ablauf der ersten beiden Jahre nach der Erfüllung des Vertrages. Sollte es durch einen Verstoß gegen die *Building Regulations 1984* zu einer gegenwärtigen Gefahr für die Bewohner kommen (*present or*

[1032] *NHBC Buildmark – Section 2 – Part 2 NHBC's Obligations – Financial Limits.*

[1033] *NHBC Rules for Builders and Developers – Definitions and Interpretations.*

[1034] Vgl. auch *Britton/Fairweather*, S. 26.

imminent danger to the physical health and safety of the occupants), leistet das
NHBC Ersatz für die Ausräumung der Gefahrenquelle, behält sich aber auch an
dieser Stelle vor, die Instandsetzung selbst durchzuführen. Das gilt auch für die
Beseitigung einer Bodenkontamination gemäß *section 5*.

Beide Abschnitte haben eine Auffangfunktion und sind erforderlich, da nicht jeder Verstoß gegen die *Building Regulations 1984* oder jede Bodenkontamination
auch einen *defect* und damit eine Haftung im Sinne der vorangehenden *sections 2*
bzw. *3* darstellen. Nach den Grundsätzen des *common law* haftet der Grundstücksverkäufer im Übrigen nicht direkt für ein kontaminiertes Grundstück, in dieser
Hinsicht greift das *caveat emptor*-Prinzip. Der Erwerber kann sich allerdings
durch den Abschluss einer derartigen Versicherung oder durch vertragliche Absprachen bzgl. der Haftung vor den Folgen einer später zu Tage tretenden Konta-
mination schützen.[1035] Dies spielt vor allem bei industriell genutzten Grundstücken eine Rolle, deren Bodenflächen Belastungen ausgesetzt waren.

Der Vorteil der *NHBC Buildmark Scheme* gegenüber den entsprechend anwend-
baren Haftungsgrundsätzen des *common law* ist der günstigere und schnellere
Weg zur Konfliktlösung verglichen mit einer Klage vor staatlichen Gerichten. Die
Vermeidung eines langen, kostenintensiven Prozesses ist vor allem für private
Käufer attraktiv.

Zudem birgt die *NHBC Buildmark Scheme* die Möglichkeit, den *developer* durch
die Pflicht zur Reparatur zur tatsächlichen Erfüllung seiner vertraglich geschuldeten Aufgaben zu bewegen und erzielt damit ein Ergebnis, das im Übrigen nur
durch einen Anspruch auf *specific performance* erreicht werden kann. Ein derartiger (Nach)Erfüllungsanspruch kommt jedoch bei Auftreten von Mängeln am
noch zu errichtenden Bauwerk nach dem *common law* gerade nicht in Betracht;
einschlägig ist bei mangelhafter Bauleistung ein Anspruch auf Schadensersatz
(s.o.). An dieser Stelle ist eine Wechselwirkung im Umgang mit einer mangelhaften Leistung durch das *common law* und individualvertraglichen Abreden des
freien Marktes zu beobachten: Letztere schaffen durch die Versicherung des
NHBC eine eigene Lösung für die im *common law* nicht vorgesehene Möglichkeit, den Baudienstleister zur Nachbesserung im Wege der Nacherfüllung zu verpflichten. Hierin liegt weniger die Unangepasstheit des englischen Rechts an das
moderne Wirtschaftssystem, als vielmehr seine liberale Grundhaltung, die auch

---

[1035] Ausführlich dazu *Cuckson*, I.C.C.L.R. 1992, 3(8), S. 278 (279 f.).

schon im Rahmen der Baukontrolle deutlich wurde.[1036] Nicht alle Fragen im Hinblick auf die Qualität oder den Umgang mit Mängeln müssen demnach durch den Gesetzgeber vorgegeben werden, da der Markt durchaus in der Lage ist, eigenständig zufriedenstellende Lösungen zu finden. Im Ergebnis gibt es damit zwar keinen gesetzlichen Zwang zur Durchführung von Reparaturen durch einen vertragsbrüchigen Baudienstleister, wohl aber einen ökonomischen Zwang dahingehend, sich entsprechenden individualvertraglichen Absprachen zu unterwerfen, da es Baudienstleister, die das Versicherungssystem des *NHBC* oder vergleichbarer Versicherungen nicht anbieten, auf dem Markt sehr schwer haben dürften.

Neben den Vorteilen der *NHBC Buildmark* bringt dieses System auch Nachteile für den Erwerber eines neuen Gebäudes mit sich. Anders als nach den Grundsätzen des englischen Rechts ist neben einem Mangel auch ein Schaden am Gebäude erforderlich, der zusätzlich vorliegen bzw. nachgewiesen werden muss.[1037] Zudem sind kleinere Mängel (sog. *snagging items*), deren Reparatur bis zu 1200 Pfund in Anspruch nimmt, nicht von der *NHBC* Versicherung abgedeckt.[1038] Entsprechende Rechtsbehelfe können dann nur vor einem staatlichen Gericht geltend gemacht werden, was auf Grund der Kosten und des Risikos aber häufig nur wenig lohnenswert ist. An dieser Stelle besteht eine beachtliche Schutzlücke, vor allem für Verbraucherkäufer.[1039]

Darüber hinaus gibt es Schadenspositionen, die ausdrücklich vom Anwendungsbereich der *NHBC* Versicherung ausgenommen sind: Hierzu zählen Feuer- oder Flutschäden, der Wertverlust der Immobilie, entgangene Nutzungen und entgangener Gewinn bzw. entgangene Gewinnaussichten.[1040] Zudem gibt es Höchstgrenzen für die Ersatzfähigkeit einer alternativen Unterbringung während eventueller Reparaturarbeiten.[1041]

Da ein fest vorgegebenes Zeitfenster, in dessen Rahmen der Baudienstleister im Falle eines Mangels die Reparaturen durchführen muss, nicht besteht, hat der Käufer kein effektives Druckmittel, um tatsächlich eine zügige Reparatur durchzusetzen. Vielmehr ist er unter Umständen angehalten, aktiv bei der Beseitigung

[1036] Siehe oben, B. V. 1.
[1037] *NHBC Buildmark – Section 3.*
[1038] *NHBC Buildmark – Section 3.*
[1039] *Britton/Fairweather*, S. 15.
[1040] *NHBC Buildmark – Section 3.*
[1041] *NHBC Buildmark – Section 3.*

der Mängel mitzuwirken und dem Baudienstleister Zugang zu den Räumlichkeiten zu gewähren; widersetzt er sich, droht der Verlust sämtlicher Rechte aus der *NHBC*-Versicherung.[1042]

Zudem kann der *developer* eine zeitlich über das Gewährleistungsregime der *NHBC Buildmark* hinausgehende *tort*-Haftung[1043] ausschließen; ein solcher Ausschluss verstößt nicht gegen den *Unfair Contract Terms Act 1978*.[1044]

Die private Versicherung der NHBC zur Sicherung der Qualität von Neubauten muss nach all dem kritisch gesehen werden. Das auf den ersten Blick unkomplizierte und kostengünstige System hat zwar eine langjährige Tradition, bietet aber nicht den umfassenden Schutz, von dem Verbraucher auf den ersten Blick vielleicht ausgehen.[1045]

Das Modell der *NHBC Buildmark* richtet sich nicht zwingend an den Bauträger selbst. Möglich ist auch, dass der vom Bauträger eingesetzte Bauunternehmer auf Grundlage der *NHBC*-Versicherung zur Mangelbeseitigung oder Zahlung von Schadensersatz herangezogen wird. Dann kann sich die Frage stellen, gegen wen ein geschädigter Erwerber wegen Mängeln am Vertragsgegenstand zuerst und auf welcher Grundlage vorgehen kann.

In *Holloway v Chancery Mead Ltd*[1046] wurde zwischen dem Ehepaar *Holloway* und dem *developer Chancery Mead Ltd* ein Bauträgervertrag geschlossen, bei dem der wirtschaftlich zu *Chancery Mead Ltd* gehörende, aber selbständige Bauunternehmer *Brodsworth* die Bauarbeiten übernehmen sollte. Darüber hinaus wurde zwischen den Eheleuten *Holloway* und *Brodsworth* für den Fall auftretender Mängel das Vorgehen nach den Grundsätzen der *NHBC Buildmark* vereinbart. Als nach der Erfüllung Mängel am Gebäude auftraten, verlangten die Käufer von

---

[1042] *Britton/Fairweather*, S. 28.

[1043] Die regelmäßige Frist beträgt sechs Jahre, *s.2 Limitation Act 1980*; bei einem versteckten Mangel jedoch gilt gemäß der auf Grund der durch den *Latent Damage Act 1986* geschaffenen *s.14A(4)(b) Limitation Act 1980* eine dreijährige Verjährungsfrist, die erst dann zu laufen beginnt, wenn der Mangel tatsächlich entdeckt wurde oder hätte entdeckt werden müssen. Spätestens 15 Jahre nach Auftreten des Mangels tritt aber auch in diesem Fall die Verjährung ein, *s.14B (1) Limitation Act 1980*.

[1044] *Robinson v PE Jones* [2010] E.W.H.C. 102 (TCC) para 87.

[1045] Dies stellte auch das *Office of Fair Trading* fest, OFT report 2008, para 6.42 ff.

[1046] [2007] E.W.H.C. 2495 (TCC).

Chancery Mead als *developer* Ersatz für diverse Positionen (Reparatur, alternative Unterbringung, Zwischenlagerung von Einrichtungsgegenständen, psychische Unannehmlichkeiten) und wollten ihre Forderungen vor einem Schiedsgericht durchsetzen; *Chancery Mead* allerdings verwies auf den mit *Brodsworth* vereinbarten Streitbeilegungsservice des *NHBC Buildmark*, der Vorrang vor dem schiedsgerichtlichen Verfahren habe. Dieser Einwand war jedoch nach Ansicht des *High Court* unbegründet, da die *NHBC*-Vereinbarung nur im Verhältnis zum Bauunternehmer eine Rolle spiele und Ansprüche aus dem Vertrag mit dem *developer* parallel dazu geltend gemacht werden könnten.[1047] Der Fall läge demnach anders, wenn *developer* und *builder* in einer (juristischen) Person vereint wären; dann wäre das Vorgehen nach dem Regime des *NHBC* vorrangig.

Grundsätzlich besteht damit die Möglichkeit einer parallelen Haftung des *developer* aus der *NHBC Buildmark* und den allgemeinen Rechtsbehelfen nach *common law*;[1048] entscheidend kommt es auf die individuelle Absprache an bzw. darauf, ob die Parteien die Haftung entsprechend begrenzt haben. Eine Beschränkung der Haftung auf das durch das *NHBC* vorgegebene Regime ist grundsätzlich zulässig.[1049]

d) Vergleich zur Situation in Deutschland

Bei der Mängelhaftung muss auch im deutschen Recht danach differenziert werden, ob der Boden des Grundstückes oder das zu errichtende Bauwerk betroffen ist; im ersten Fall ist Kaufrecht[1050], im zweiten Werkvertragsrecht[1051] anzuwenden. Sollte sich ein Mangel der Grundstücksfläche (z.B. in Form einer Belastung des Bodens durch Chemikalien) auch auf die Qualität des Gebäudes auswirken, bleibt es bei der werkvertraglichen Haftung.[1052]

[1047] [2007] E.W.H.C. 2495 (TCC) para 55 ff.

[1048] *NHBC Buildmark – Conditions of Cover.*

[1049] *Robinson v PE Jones* [2010] EWHC 102 (TCC) para 87.

[1050] BGH 27.4.1984 – V ZR 137/83; vgl. auch *Basty*, Rn. 1080; Staudinger/*Peters/Jacoby*, Vorbem. zu §§ 631 ff., Rn. 152.

[1051] BGHZ 63, 96; BGH NJW 1979, S. 1406 (1406 ff.); vgl. auch Staudinger/*Peters/Jacoby*, Vorbem. zu §§ 631 ff., Rn. 152.

[1052] OLG München NJW-RR 199, S. 455 (457); *Basty*, Rn. 1085; Staudinger/*Peters/Jacoby*, Vorbem. zu §§ 631 ff., Rn. 152.

Sowohl das Gewährleistungsregime des deutschen Kaufrechts als auch des Werkvertragsrechts gehen vom gleichen (subjektiven) Mangelbegriff aus.[1053] Ein Mangel liegt demnach gemäß § 434 Abs.1 BGB bzw. § 633 Abs. 2 BGB vor, wenn das Grundstück bzw. das Bauwerk nicht die vereinbarte Beschaffenheit aufweisen. Fehlt es an einer entsprechenden Vereinbarung, ist auf die vertraglich vorgesehene Verwendung und hilfsweise auf die gewöhnliche Verwendung abzustellen. Im Mangelfall finden die in § 437 BGB bzw. § 634 BGB normierten Rechtsbehelfe Anwendung. Die in § 634 BGB geregelten Rechte entfallen jedoch gemäß § 640 Abs. 2 BGB, wenn der Besteller das Werk in Kenntnis der Mängel abnimmt.

In erster Linie kommt der in beiden Regimen unterschiedlich ausgestaltete Anspruch auf Nacherfüllung in Betracht,[1054] der auf die Behebung der Mängel im Wege einer Instandsetzung oder Reparatur abzielt. Im Rahmen der Errichtung des Bauwerks ist unerheblich, ob der Mangel aus einem Fehler bei der Planung, der Bauaufsicht oder der Bauausführung resultiert; §§ 634 Nr. 1, 635 BGB ist in allen Fällen anwendbar.[1055] Ein derartiger Anspruch auf Nacherfüllung ist im *common law* genauso unbekannt wie das im deutschen Werkvertragsrecht geregelte Institut der Selbstvornahme (§§ 634 Nr. 2, 637 BGB). Ein Mangel stellt im englischen System einen Vertragsbruch (*breach of contract*) dar, bei dem (wie bereits erläutert) in aller Regel verschuldensunabhängig Ersatz des entstandenen Schadens zu leisten ist.[1056] Die Anordnung einer Realerfüllung ist im englischen Recht nur in Form der *specific performance* und diese wiederum nur in engen Grenzen möglich; zudem ist sie subsidiär gegenüber einem Anspruch auf Schadensersatz.[1057] Die Reparatur des Vertragsgegenstandes kann damit nicht durch einen im *common law* verankerten Anspruch erreicht werden. Allerdings ist dieser Punkt von der Mängelversicherung des *NHBC* abgedeckt: Gemäß *section 2 NHBC Buildmark* ist bei Schäden am Gebäude eine Instandsetzung durch den *builder* oder hilfsweise das *NHBC* selbst vorgesehen (s.o.); somit wird das Anspruchsziel des

---

[1053] BT-Drucks 14/7052, 204; Staudinger/*Peters/Jacoby*, § 633, Rn. 168.

[1054] § 437 Nr. 1 BGB bzw. § 634 Nr. 1 BGB. Im Kaufrecht hat der Käufer gemäß § 439 BGB die Wahl, ob er Nachbesserung oder Neulieferung geltend macht; im Werkvertragsrecht kann der Unternehmer gemäß § 635 BGB entscheiden, ob er nachbessert oder das Werk neu herstellt. Regelmäßig wird hier die kostengünstigere und praktikablere Alternative der Nachbesserung gewählt.

[1055] *Locher/Locher*, Rn. 643.

[1056] Siehe oben G. I.

[1057] Siehe oben G. I. 3; *Anson's Law of Contract*, S. 609 m.w.N.

§ 439 BGB bzw. § 635 BGB in England und Wales in der Regel individualvertraglich in Form des Abschlusses der *NHBC*-Versicherung erreicht. Ein Äquivalent zur Selbstvornahme ist jedoch auch im Rahmen der *NHBC Buildmark* nicht verortet.

Neben dem Anspruch auf Nacherfüllung sowie der im Werkvertragsrecht vorgesehenen Selbstvornahme werden in Deutschland im Falle eines Mangels die Rechtsbehelfe des allgemeinen Schuldrechts gemäß § 437 Nr. 2, 3 BGB bzw. § 634 Nr. 3, 4 BGB für anwendbar erklärt.

Beim Rücktritt, der Minderung und dem Schadensersatzanspruch statt der Leistung[1058] muss berücksichtigt werden, dass die Geltendmachung grundsätzlich eine Frist zur Nacherfüllung für den Schuldner voraussetzt;[1059] der Berechtigte kann im Übrigen frei zwischen den verschiedenen Rechtsbehelfen wählen, sofern die jeweiligen Voraussetzungen gegeben sind. Die Nacherfüllung im Rahmen des Werkvertragsrechts kann der Anspruchsgegner im Falle unverhältnismäßiger Kosten gemäß § 635 Abs. 3 BGB verweigern.

Das aus dem Fristsetzungserfordernis folgende sogenannte „Recht zur zweiten Andienung" spielt in England und Wales konsequenterweise schon wegen der im *common law* nicht vorhandenen Möglichkeit der Nacherfüllung keine Rolle. Darüber hinaus hat der Geschädigte auf Grund der dominanten Stellung des Schadensersatzanspruches keine entsprechend große Auswahl zwischen den verschiedenen Rechtsbehelfen. Wie im Fall einer Minderung kann der Erwerber in England und Wales zwar eine Herabsetzung des Kaufpreises verlangen; dies ist aber technisch gesehen kein eigener Rechtsbehelf, sondern eine Modalität der Geltendmachung eines Schadensersatzanspruches.

Der Umfang des Ersatzanspruches ist in Deutschland auf den zur Beseitigung des Mangels erforderlichen Betrag gerichtet und nicht auf den Ersatz des objektiven

---

[1058] Die Geltendmachung von Reparaturkosten fällt unter den Schadensersatz statt der Leistung gem. § 280 Abs. 1, 3, § 281 BGB.

[1059] Keine Nachfristsetzung erfordert der Schadensersatzanspruch *neben* der Leistung gemäß § 280 Abs. 1 BGB, der jedoch (wie auch der Anspruch auf Schadensersatz statt der Leistung) abhängig vom Vertretenmüssen des Schuldners ist.

Minderwertes.[1060] Damit besteht hier im Wesentlichen eine Parallele zum englischen System, in dem der Anspruch auf Schadensersatz grundsätzlich den gleichen Umfang hat.[1061] In Ausnahmefällen kommt in England die Erstattung des Minderwertes in Betracht, soweit die geltend gemachten Wiederherstellungskosten unverhältnismäßig hoch sind.[1062] In Deutschland dagegen sind die Mangelbeseitigungskosten auch dann ersatzfähig, wenn sie den objektiven Minderwert erheblich übersteigen.[1063] Dem zum Ersatz Verpflichteten bleibt aber die Möglichkeit eines Rückgriffs auf § 251 Abs. 2 S. 1 BGB: Hiernach kann, wenn die Naturalrestitution nur mit unverhältnismäßigen Aufwendungen möglich ist, eine Entschädigung in Geld gezahlt werden, die sich nach dem objektiven Minderwert der Leistung bemisst;[1064] das Integritätsinteresse des Geschädigten muss in diesem Fall des Überschreitens der Opfergrenze beim Schädiger zurückstehen.[1065]

Vorrangig vor den gesetzlichen Bestimmungen zu berücksichtigen ist bei der Haftung für eine mangelhafte Leistung auch in Deutschland der individuelle Vertrag zwischen Bauträger und Erwerber. Im Hinblick auf die Bauleistung kommt eine Einbeziehung der VOB/B in Frage. Allerdings eignen sich längst nicht alle dort geregelten Bedingungen für eine Anwendung auf Bauträgerverträge;[1066] wird die VOB/B dennoch in den Bauträgervertrag einbezogen, bleiben unpassende Regeln „materiell gegenstandslos".[1067] In § 13 VOB/B sind die Mängelansprüche des Auftraggebers geregelt, hier zeigen sich allerdings kaum Unterschiede zum gesetzlichen Werkvertragsrecht. Gemäß § 4 Nr. 7 VOB/B kann aber bereits vor der Abnahme die Mängelbeseitigung verlangt werden; dies ist im Rahmen der §§ 631 ff. BGB nicht möglich.

Die individualvertragliche Einbeziehung einer mit der *NHBC*-Versicherung in England und Wales vergleichbaren Mängelversicherung, die dem geschädigten

---

[1060] BGH 10.3.2005 – VII ZR 321/03; Staudinger/*Schiemann*, § 249, Rn. 2 ff; vgl. auch, *Basty*, Rn. 1085.

[1061] *East Ham Corp v Bernard Sunley* [1966] A.C. 406; *McGregor* 26-001; siehe oben G. III.1. a).

[1062] *Ruxley Electronics & Construction Ltd and Another v Forsyth* [1996] A.C. 344; siehe oben G. III.1. a) bb) (1).

[1063] BGH 10.3.2005 – VII ZR 321/03; vgl. auch, *Basty*, Rn. 1085.

[1064] MüKo/*Oetker*, § 251, Rn. 14, 70; Staudinger/*Schiemann*, § 251 Rn. 17 f., 24 f.

[1065] MüKo/*Oetker*, § 251, Rn. 35; vgl. auch BGH NJW 2009, S. 1066 (1067).

[1066] Hansen/Nitschke/Brock/*Hansen*, Rn. 119; vgl. dazu näher oben, C. II. 3.

[1067] BGH 1988, 142 (143).

Erwerber neben dem Bauträger einen weiteren Adressaten für Regressansprüche zur Verfügung stellt, ist in Deutschland nicht üblich.

2. Nichtvornahme der Leistung

Bleibt die Übertragung eines Rechtes am Grundstück aus, kommt in England und Wales in erster Linie ein Anspruch auf *specific performance* in Betracht, auch wenn diesem Rechtsbehelf im Übrigen eine Ausnahmestellung im englischen Recht zukommt.[1068] Die Anwendung für Bauträgerverträge inklusive der hierin verankerten Pflicht zur Errichtung der Immobilie ist dem Umstand geschuldet, dass auf Grund der Einzigartigkeit jeden Grundstücks ein Anspruch auf Schadensersatz anstelle der Erfüllung in dieser Konstellation nur unzureichend Abhilfe schaffen würde.

Im Rahmen eines reinen Bauvertrages dagegen kann bei Ausbleiben der Errichtung fast ausnahmslos nicht auf *specific performance* zurückgegriffen werden; der Bauherr kann in aller Regel mit einem Anspruch auf Schadensersatz angemessen entschädigt werden[1069] und die Arbeiten beispielsweise von Dritten ausführen lassen. Generell gibt es kaum Rechtsprechung zu der Frage des vollständigen Ausbleibens von Bauleistungen. Dies liegt auch an den universell angewandten Standardbedingungen, die in derartigen Fällen eigene Mechanismen zum Umgang mit derartigen Problemen vorsehen. Die einzige Entscheidung, die sich konkret mit der Thematik mit dem Ausbleiben der Leistung befasst, findet sich in *Mertens v Home Freeholds Co*[1070]; sie stellt bis heute den *leading case* dar und betrifft einen reinen Bauvertrag. Im zu Grunde liegenden Sachverhalt verschleppte der beklagte Bauunternehmer bewusst die Durchführung des Vertrages, bis die damalige Regierung die Fortsetzung von Bauarbeiten im ganzen Land abhängig von der Erteilung einer Genehmigung machte, deren Voraussetzungen zu dem Zeitpunkt nicht bestanden. Drei Jahre später vervollständigte der klagende Bauherr den Bau in Eigenregie; das Gericht gewährte ihm einen Ersatzanspruch in Höhe der Fertigstellungskosten abzüglich der im Vertrag vorgesehenen Kosten.

[1068] *McGregor*, 22-003; Zur Anwendung der *specific performance* bei Grundstücksverträgen siehe bereits oben, G. I. 3.

[1069] *Mertens v Home Freeholds Co* [1921] 2 K.B. 526 CA; Der Umfang des Schadensersatzes beläuft sich auf die Kosten für die Fertigstellung des Gebäudes abzüglich des im Vertrag vorgesehenen Preises.

[1070] [1921] 2 K.B. 526 CA.

Im Gegensatz dazu ist im Rahmen eines Bauträgervertrages die Fortsetzung der Bauarbeiten durch den Erwerber in Eigenregie nicht möglich, da der Bauträger auf eigenem Grund und nicht dem des Erwerbers baut; dem Erwerber fehlen dann die entsprechenden Rechte am Grundstück, um die Arbeiten durchzuführen. Es spricht daher einiges dafür, in dieser Konstellation einen Anspruch auf *specific performance* für alle Leistungen im Rahmen eines Bauträgervertrages zu gewähren. Es wäre praxisfern, *specific performance* lediglich für die Übertragung der am Grundstück bestehenden Rechte zuzusprechen und parallel dazu für die unterbliebene Durchführung der Bauarbeiten einen Anspruch auf Schadensersatz zu gewähren. Der Bauträger hat sich durch den Vertrag schließlich verpflichtet, die dort spezifizierte und einzigartige Immobilie auf dem entsprechenden Grundstück herzustellen, was kein Dritter ersatzweise leisten kann. Die Rechtsprechung hat sich bislang allerdings noch nicht mit dieser konkreten Frage beschäftigt.

Voraussetzung für einen Anspruch auf *specific performance* ist, dass der Verkäufer rechtlich dazu in der Lage ist, das Grundstück zu übertragen.[1071] Die Möglichkeit des Käufers, die vertraglich versprochene Leistung zu erhalten, ist essentiell.[1072] Demnach kann ein Nichtberechtigter, der über seine Inhaberschaft täuscht, nicht auf Erfüllung verklagt werden.

Als weiterer Rechtsbehelf im Falle der Nichtvornahme der Leistung kann der Erwerber den Vertrag als beendet betrachten und in der Folge neben der Anzahlung auch die Kosten für die *investigation of title* vom *developer* zurückverlangen.[1073]

Ebenfalls kommt ein alleiniger Anspruch auf Schadensersatz in Betracht: In jedem Fall ersatzfähig ist der Marktwert des Grundstückes, den es bei Abschluss des Vertrages aufwies,[1074] abzüglich des Kaufpreises, auch wenn der Marktwert oft nicht leicht zu bestimmen ist.[1075] Damit ist ein Anspruch auf Schadensersatz

---

[1071] *Re Scott and Alvarez's Contract* [1895] 2 Ch. 603 at 615; *Megarry/Wade*, 15-115.

[1072] *E. Johnson Co (Barbados) Ltd v N.S.R. Ltd* [1997] A.C. 400 at 409 ff.; *Megarry/Wade*, 15-115.

[1073] *Re Hare and O'More's Contract* [1901] 1 Ch. 93 at 96 f., hier war die Geltendmachung von *specific performance* gegenüber dem Grundstücksverkäufer unbillig, so dass nur die Aufhebung des Vertrages in Frage kam; vgl. auch *McGregor*, 22-003.

[1074] *McGregor*, 22-006 m.w.N.

[1075] *McGregor*, 22-005.

vor allem dann vorteilhafter als eine Lösung vom Vertrag, wenn der Verkäufer keinen Titel übertragen kann und der Marktwert den Kaufpreis übersteigt; so gehen dem Käufer die Vorteile des guten Geschäftes nicht verloren. Seine weiteren Kosten (z.B. für die *investigation of title*) sind aber nicht ersatzfähig, da sie auch dann angefallen wären, wenn das Geschäft ordnungsgemäß durchgeführt worden wäre.[1076] Übersteigt dagegen der Kaufpreis den Marktwert des Grundstückes, kann der Käufer die von ihm aufgewandten Kosten zusätzlich geltend machen.[1077]

Auch die Frage nach den Konsequenzen bei einem Ausbleiben der Leistung wird in England und Wales in aller Regel individualvertraglich geregelt. Der Erwerber wird durch die *NHBC*-Versicherung zumindest teilweise geschützt: *Section 1* sieht für den Fall, dass der Bauträger nicht mit den Arbeiten beginnt, die Erstattung von 10 Prozent des Kaufpreises (entspricht der Summe der Anzahlung), maximal aber 100.000 Pfund vor.[1078] Zu weiteren Kosten des Erwerbers, wie vergeblichen Aufwendungen, trifft die *NHBC*-Versicherung keine Regelungen. Eine Finanzierung oder die Fortführung der noch ausstehenden Bauarbeiten durch das *NHBC*, kommen darüber hinaus nur in Betracht, wenn mit den Bauarbeiten zumindest schon begonnen wurde.[1079]

Im deutschen Recht wird im Fall der Nichtleistung bei einem Bauträgervertrag auf die allgemeinen Regeln zurückgegriffen. Zunächst kann die Erfüllung des Vertrages verlangt werden, die sich je nach betroffener Vertragskomponente entweder aus § 433 Abs. 1 S. 1 BGB oder aus § 631 Abs. 1 BGB ergibt. Bei endgültigem Ausbleiben der Leistung kommen ein Anspruch auf Schadensersatz statt der Leistung gemäß § 280 Abs. 1, 3, § 281 BGB und der Rücktritt vom Vertrag gemäß § 323 Abs. 1 BGB in Betracht. Damit entsprechen die Konsequenzen im Wesentlichen dem, was im Ergebnis auch im englischen System vorgesehen ist. Zu beachten ist wiederum, dass in Deutschland für den Schadensersatz statt der

---

[1076]*Re Daniel* [1917] 2 Ch. 405 at 412 per Sargant J; *Cullinane v British "Rema" Manifacturing Co Ltd* [1954] 1 Q.B. 292 at 308.

[1077] *Kessel*, Erwerb und Besitz einer Immobilie in England und Wales, in: Haus- und Grundbesitz im Ausland, Gruppe 4 / L, S. 44 m.w.N.

[1078] *NHBC Buildmark Section 1*.

[1079] *NHBC Buildmark Section 1*.

Leistung sowie für den Rücktritt eine vorherige Fristsetzung erforderlich ist, die dem Bauträger die Möglichkeit zur Erfüllung gibt.

3. Verzögerung der Leistung

Auch im Fall einer verzögerten Leistung durch den *developer* stehen dem Erwerber in England und Wales grundsätzlich die bei einem *breach of contract* einschlägigen Rechtsbehelfe zu. Wiederum nimmt der Anspruch auf Schadensersatz in diesem Zusammenhang die deutlich wichtigste Rolle ein.

Als Ersatz kann der Käufer den Nutzungsausfall in Höhe der gewöhnlichen Mieteinnahmen geltend machen, die zwischen dem vertraglich vorgesehenen Erfüllungstermin und der tatsächlichen Erfüllung hätten erwirtschaftet werden können; dies gilt sowohl für den Fall, dass die Immobilie selbst genutzt,[1080] als auch dann, wenn sie anderen zur entgeltlichen Nutzung überlassen werden soll (durch die Übertragung einer *lease*).[1081] Weitere ersatzfähige Posten sind z.B. der Ausgleich des Verdienstausfalls wenn die Immobilie gewerblich genutzt werden sollte[1082] oder für die Zwischenlagerungskosten von Einrichtungsgegenständen.[1083] Ebenso ersatzfähig ist der Betrag, den Käufer als Investoren dadurch verlieren, dass sie das in das Projekt investierte Kapital auf Grund der Verzögerung erst später als vereinbart durch einen Weiterverkauf erlösen können.[1084] In der dem letzten Beispiel zu Grunde liegenden Entscheidung beruhte die verzögerte Fertigstellung auf einem Planungsfehler des Architekten im Rahmen eines reinen Bauvertrages; dies hat auch für Bauträgerverträge eine Bedeutung, da der *developer* ebenfalls für die Planung haften muss.[1085] Schließlich können in gewissen

---

[1080] *Royal Bristol Permanent Building Society v Bomash* (1887) 35 Ch. D. 390; *McGregor*, 22-011.

[1081] *Jones v Gardiner* [1902] 1 Ch. 191; *McGregor*, 22-012.

[1082] *Great Eastern Hotel v John Laing Construction* (2005) 99 Con. L.R. 45, hier wurde ein *construction manager* für die verzögerte Fertigstellung einer Hotelrenovierung haftbar gemacht; vgl. auch *Bridge UK.Com Ltd v Abbey Pynford Plc* [2007] E.W.H.C. 728 TCC, wo die verzögerte Fertigstellung eines Gebäudefundamentes zu einem Betriebsausfallschaden der klagenden Druckerei führte.

[1083] *Phillips v Lamdin* [1949] 2 K.B. 33 at 44 f. per Croom-Johnson J.

[1084] *Earl's Terrace Properties Ltd v Nilsson Design Ltd* [2004] B.L.R. 273 para 72.

[1085] Siehe oben, F. II. 1., 2.

Grenzen auch Kosten für aus der Verzögerung folgende Unannehmlichkeiten geltend gemacht werden: In *Franks & Collingwood v Gates*[1086] wurden dem Kläger 500 Pfund zugesprochen, da er auf Grund der verspäteten Fertigstellung der Arbeiten an seinem Wochenendhaus letzteres an drei Wochenenden nicht nutzen konnte und die Weihnachtsfeiertage im Hotel verbringen musste.

Entscheidend und vor allem bei Folgeschäden intensiv diskutiert wird bei der Feststellung des exakten Schadensumfanges immer wieder die Frage der Vorhersehbarkeit *(foreseeability)*. Dass dieses Kriterium allein aber nicht ausreicht, sondern auch Billigkeitserwägungen zu berücksichtigen sind, um bei psychischen Unannehmlichkeiten Entschädigungen gewähren zu können, hat *Bingham LJ* in *Watts v Morrow*[1087] klargestellt:

> "*A contract-breaker is not in general liable for any distress, frustration, anxiety, displeasure, vexation, tension or aggravation which his breach of contract may cause to the innocent party. The rule is not, I think, founded on the assumption that such reactions are not foreseeable, which they surely are or may be, but considerations of policy.*"

Die Entscheidung wurde später auch durch das *House of Lords* in *Farley v Skinner* bestätigt.[1088]

In der Regel sehen die Bauträgerverträge individuelle Absprachen für den Verzug vor.[1089] Auch die *SCOS* regeln in *condition 7.2 SCOS* („*Late completion*") das Recht auf Schadensersatz im Falle der Leistungsverzögerung einer Partei, hier wird allerdings nicht zwischen Käufer und Verkäufer unterschieden.

[1086] (1983) 1 Con. L.R. 21 auch bekannt unter *Frank v Gates* [1984] C.L.Y. 1011.
[1087] [1991] 1 W.L.R. 1421 at 1445.
[1088] [2001] 3 W.L.R. 899; vgl. dazu auch *Adriaanse*, S. 325.
[1089] *Abbey/Richards*, S. 322.

Wird die Aufhebung des Vertrages als Folge der Verzögerung der Grundstücksübertragung angestrebt, ist Voraussetzung, dass die fristgerechte Erfüllung wesentlich für den Inhalt des Vertrages war (*time is of the essence*)[1090], bzw. dass ein
weiteres Festhalten am Vertrag nicht zumutbar wäre.[1091]

> "*When the delay becomes so prolonged that the breach 'assumes a charac-
> ter so grave as to go to the root of the contract,' the aggrieved party is
> entitled to rescind.*"[1092]

Wesentlichkeit in diesem Zusammenhang ist unter verschiedenen Umständen anzunehmen. Beispielsweise können die Parteien ausdrücklich in ihrem Vertrag
regeln, dass eine fristgemäße Erfüllung wesentlich sein soll.[1093] Die Festlegung
eines festen Erfüllungszeitpunkts allein ist hierfür nicht ausreichend.[1094]
In *Baht v Masshouse Developments Ltd*[1095] verpflichtete sich ein *developer* zwischen 2007 und 2008 zur Errichtung und Übertragung mehrerer Wohnungen; als
Erfüllungszeitpunkt wurde der Beginn des Jahres 2009 vereinbart. Im Oktober
2008 ging der vom *developer* beauftragte Bauunternehmer in die Insolvenz und
die Bauarbeiten stoppten. Erst im Januar 2010 wurden sie durch einen dritten Unternehmer wieder aufgenommen. Im März des gleichen Jahres beriefen sich die
Käufer der Wohnungen auf Grund der zweijährigen Verzögerungen auf einen wesentlichen Vertragsbruch, betrachteten den Vertrag als beendet und verlangten
ihre Anzahlungen zurück. Der *developer* lehnte dies ab, verlangte nach der Fertigstellung der Wohnungen im Mai 2011 seinerseits Zahlung und verbrauchte die
Anzahlung. Der Klage wurde stattgegeben, wenn auch mit einer etwas ungewöhn-
lichen Begründung. Es wurde zunächst entschieden, dass die Einhaltung der Zeit
kein wesentlicher Faktor des Vertrages war, da die Kläger nicht dargelegt hatten,
wann der *implied term*, der eine Fertigstellung innerhalb eines angemessenen
Zeitraums vorsieht, verletzt worden war. Zudem fehlte es auch an einer Auffor-

---

[1090] *Raineri v Miles* [1981] A.C. 1050 at 1093 per Lord Fraser of Tullybelton.
[1091] *Hongkong Fir Shipping Co. Ltd. v Kawasaki Kisen Kaisha Ltd* 2 Q.B. 26 at 61.
[1092] *Clipsham v Vertue* [1957] 2 Q.B. 401 at 430 per Devlin J.
[1093] *Abbey/Richards*, S. 321; *Adriaanse*, S. 158.
[1094] *Abbey/Richards*, S. 321.
[1095] [2012] P.L.S.C.S. 68 (Ch. D.).

derung des *developer* zur Erfüllung (*notice to complete*), welche die Nichterfüllung innerhalb eines angemessenen Zeitraums zu einem wesentlichen Faktor hätten machen können. Indessen wurde ein Verstoß gegen die Pflicht zur sorgfältigen Errichtung (*with all due diligence*) bejaht, da der *developer* die Fortsetzung des Baus sehr lange verschleppt hatte, um die Rentabilität des gesamten Vorhabens neu zu bewerten. Die dadurch entstandene Verzögerung erweckte den Eindruck, dass sich der *developer* selbst nicht mehr an die Absprache gebunden fühlte, so dass von einem wesentlichen Vertragsbruch ausgegangen und die Rückzahlung der Anzahlung angeordnet werden konnte.

Anhand der Entscheidung wird deutlich, dass die Setzung einer Frist zur Erfüllung in Form einer *notice to complete* wichtig für die Geltendmachung von Rechtsbehelfen im Falle von Verzögerungen der Leistung ist. Dass vorliegend ohne Fristsetzung dennoch die Vertragsaufhebung durchgeführt wurde, ist den besonderen Umständen des Falles geschuldet.

In *conditon 6.1.1 SCOS* wird der Zeitpunkt der Erfüllung festgelegt und gleichzeitig klargestellt, dass die Einhaltung dieses Termins grundsätzlich nicht wesentlich für den Inhalt des Vertrages ist.

Condition 6.1.1 SCOS

Completion date is twenty working days after the date of the contract but time is not of the essence of the contract unless a notice to complete has been served.

Die Wesentlichkeit der Einhaltung des Erfüllungszeitpunkts ist demnach solange nicht gegeben ist, bis eine Aufforderung zur Erfüllung (*notice to complete*) vorliegt. Diese Erklärung kann, sobald der Verzug eingetreten ist[1096], einseitig und ohne die Einhaltung einer bestimmten Form erteilt werden, wobei der Inhalt klar und unmissverständlich zum Ausdruck kommen muss.[1097] Die in der *notice to complete* gesetzte Frist muss zudem angemessen sein.[1098] In *conditon 6.8 SCOS*

[1096] *Behzadi v Shaftesbury Hotels Ltd* [1992] Ch. 1 at 24.
[1097] *Delta Vale Properties Ltd v Mills* [1990] 1 W.L.R. 445 at 452.
[1098] *Behzadi v Shaftesbury Hotels Ltd* [1992] Ch. 1 at 16.

wird klargestellt, dass die Partei, die eine Erfüllungsaufforderung auf den Weg bringt, ihrerseits bereit, in der Lage und willens sein muss, zu erfüllen; für die Nachfrist sind zehn Tage angesetzt.

Während auf Grundlage der *SCOS* für die Annahme der Wesentlichkeit immer ein Tätigwerden der Parteien erforderlich ist, ergibt sich dies bei einigen Verträgen bereits aus der Natur der Vereinbarung selbst. Hierzu gehören zum Beispiel Verträge, die den Verkauf einer zeitlich begrenzten *lease* beinhalten, da der Wert des Vertragsgegenstandes mit jedem Tag, um den sich die Erfüllung verzögert, abnimmt.[1099]

Wenn keine feste Zeit für die Erfüllung festgelegt wurde, muss diese innerhalb eines angemessenen Zeitraums (*reasonable time*) stattfinden, der nach den Umständen des Einzelfalles zu ermitteln ist und die Zeit berücksichtigt, die für die Vorbereitung der Dokumente etc. vonnöten ist.[1100] Die Rechtsbehelfe im Falle des erfolglosen Ablaufs der in der *notice to complete* gesetzten Frist werden auch in den *SCOS* geregelt und geben letztlich die Situation wieder, die auch nach dem *common law* gilt: Der Käufer kann gem. *condition 7.5 SCOS* Abstand vom Vertrag nehmen und seine Anzahlung zurückfordern. Er muss dann seinerseits alle Dokumente zurückgeben und die Registrierung etwaiger Rechte aus dem Vertrag unterlassen. Ihm steht es darüber hinaus frei, weitere Ansprüche auf Schadensersatz geltend zu machen.

Der in *condition 6.1.1 SCOS* festgelegte Erfüllungstermin von 20 Werktagen nach Vertragsabschluss wird bei Bauträgerverträgen regelmäßig nicht Inhalt der Vereinbarung. Da sich *developer* auf Grund der noch bevorstehenden Bauphase und den damit verbundenen Unsicherheiten häufig nicht auf die Festlegung eines konkreten Termins einlassen, wird individualvertraglich ein variables Datum festgelegt.[1101] Hier wird der Zeitpunkt z.B. auf zehn Tage nach Abschluss der Bauarbeiten festlegt.[1102] Damit unterscheidet sich die Situation bei Bauträgerverträgen sowohl von der Situation bei Kaufverträgen über bestehende Gebäude[1103] als auch

---

[1099] *Pips (Leisure Productions) v Walton* (1980) 43 P.&C.R. 415 at 419 f. per Sir Robert Megarry V.-C., hier ging es um eine *lease* mit 21-jähriger Laufzeit, die bei einer Restlaufzeit von 15 Jahren noch immer nicht übertragen worden war.

[1100] *Pips (Leisure Productions) v Walton* (1980) 43 P.&C.R. 415 at 426 per Sir Robert Megarry V.-C.

[1101] *Abbey/Richards*, S. 374 f.; *Britton/Fairweather*, S. 6 f.

[1102] *Baht v Masshouse Developments Ltd* [2012] P.L.S.C.S. 68 (Ch. D.).

[1103] *Britton/Fairweather*, S. 6.

von der bei reinen Bauverträgen[1104], wo in der Regel feste Erfüllungstermine vereinbart werden.

Hierin liegt ein nicht zu unterschätzendes Risiko für Erwerber, die den Verkauf ihrer bisherigen Immobilie mit dem Kauf der neuen Immobilie koordinieren müssen. Gelingt dies nicht, haben die Käufer im schlimmsten Fall weder ein Grundstück noch einen Regressanspruch gegen den *developer*. Das Rechtssystem hat auf diese Frage bislang keine Antwort gegeben und überlässt die Lösung dem Markt. Auch das *NHBC* oder der *consumer code*[1105] bieten keinen Schutz in dieser Hinsicht. Bauträger bieten in der Praxis daher an, die bisherige Immobilie des Käufers aufzukaufen und dies entsprechend auf den Kaufpreis für die neue Immobilie anzurechnen; so wird den Käufern das Weiterverkaufsrisiko abgenommen und sie haben bis zur Fertigstellung des neuen Hauses eine sichere Unterkunft. In einem aktuell geschwächten Markt scheint dies auch eine Möglichkeit für *developer* zu sein, Käufern entgegenzukommen, vor allem auf dem Wohnungsbausektor.

In Deutschland kommen für den Fall, dass der Bauträger mit der Erfüllung seiner Pflichten in Verzug gerät, die entsprechenden Rechtsbehelfe des allgemeinen Schuldrechts zur Anwendung. Demnach kommt der Anspruch auf Schadensersatz und ein Rücktritt in Betracht.

Unter den Voraussetzungen der § 280 Abs. 1, 2, § 286 BGB kann der Erwerber entgangene Mieteinnahmen[1106] oder im Fall einer Eigennutzung des Gebäudes die entsprechenden Gebrauchsvorteile[1107] geltend machen. Darüber hinaus typischerweise ersatzfähig sind die Kosten für eine anderweitige Unterbringung[1108] sowie für den Umzugs- und die Einlagerung von Einrichtungsgegenständen[1109]. Auch die erhöhten Bau-[1110] und Finanzierungskosten[1111] können im Rahmen eines Anspruches gemäß § 280 Abs. 1, 2, § 286 BGB geltend gemacht werden.

[1104] *Adriaanse*, S. 158.
[1105] Siehe oben, B. V. 1.
[1106] BGH NJW-RR 1990, S. 980 (980), umfasst ist demnach aber lediglich die Nettomiete, vgl. auch *Kniffka/Koeble*, 7. Teil, Rn. 51.
[1107] BGHZ 98, 212, 224; BGH NJW 1992, S. 1500 (1500).
[1108] *Kniffka/Koeble*, 7. Teil, Rn, 51; *Basty*, Rn. 991.
[1109] BGH NJW 1983, S. 2137 (2137 f.); *Basty*, Rn. 991.
[1110] z.B. auf Grund einer Tariferhöhung, vgl. *Kniffka/Koeble*, 7. Teil, Rn. 51.
[1111] BGH NJW 1993, S. 2674 (2675 f.); *Kniffka/Koeble*, 7. Teil, Rn. 51.

Die Parteien können sich auch auf einen pauschalisierten Schadensersatzanspruch bzw. einer Haftungsobergrenze für den Fall von Verzögerungen einigen; letztere darf sich aber nicht allein an den entgangenen Mietkosten orientieren, sondern muss auch die bereits erwähnten anderen Posten berücksichtigen.[1112]

Ferner kommt auch die Geltendmachung des sogenannten „Nichterfüllungsschadens" im Rahmen eines Schadensersatzanspruches statt der Leistung auf Grundlage der §§ 280 Abs. 1, und 3, 281 BGB in Betracht, der auch die Lösung vom Vertrag beinhaltet. Ersatzfähig in diesem Zusammenhang ist das positive Interesse, was auch die Mehrkosten für die Fertigstellung des Bauwerks durch einen Drittunternehmer nach Auflösung des ursprünglichen Vertrages einschließt.[1113]

Der Bauträger muss, wenn er sich Ansprüchen gemäß § 280 Abs. 1, 2, § 286 BGB bzw. gemäß § 280 Abs. 1, 3, § 281 BGB gegenübersieht, auf Grund der in § 280 BGB geregelten Beweislastumkehr nachweisen, dass er die Verzögerung nicht zu vertreten hat. Dies kann bei den oft komplexen Bauvorhaben schwierig sein, vor allem wenn der fragliche Zeitraum bereits länger zurückliegt.[1114]

Hinsichtlich des Umfangs des Schadensersatzanspruches wegen verzögerter Leistung zeigen sich wenig überraschend viele Parallelen zum englischen Recht. Ersatzfähig sind hier vor allem auf Grund der Verzögerung jeweils entgangene Nutzungen des Gebäudes. Auch die Vereinbarung vertraglicher Haftungsgrenzen bzw. eines pauschalisierten Schadensersatzes sind in England und Wales sowie Deutschland jeweils gängig. Durch die flächendeckend angewandte *NHBC*-Versicherung sind die Haftungsobergrenzen in England und Wales allerdings einheitlicher und klar umrissen. Der Anspruch auf Schadensersatz ist in beiden Systemen der praktisch wichtigste Rechtsbehelf; in Deutschland auch deshalb, weil eine Lösung vom Vertrag Risiken mit sich bringen kann (dazu sogleich).

Neben einem Anspruch auf Schadensersatz kann der Erwerber bei Vorliegen der entsprechenden Voraussetzungen auch gemäß § 323 BGB vom Vertrag zurücktreten. Ein Rücktrittsrecht besteht bereits vor Ablauf der vertraglichen Herstellungsfrist, wenn klar ist, dass der Fertigstellungstermin nicht eingehalten werden

---

[1112] *Basty*, Rn. 992, 990.
[1113] *Kniffka/Koeble*, 7. Teil, Rn. 52.
[1114] Vgl. *Kniffka/Koeble*, 7. Teil, Rn. 48.

kann.[1115] Der Rücktritt kann sich jedoch nicht auf den werkvertraglichen Teil des Bauträgervertrages beschränken, sondern betrifft ebenso die kaufvertragliche Komponente.[1116] Für den Erwerber ist ein Rücktritt vor allem dann mit Risiken verbunden, wenn keine Bürgschaft gemäß § 7 MaBV oder andere Mechanismen zur Sicherung der Rückzahlungsansprüche bestehen; die Rückgewähransprüche sind dann nicht abgesichert und es droht der Verlust geleisteter Teilzahlungen. Es ist daher aus dessen Sicht in der Regel vorzugswürdig, Schadensersatz geltend zu machen.[1117]

Die Lösung vom Vertrag erfordert sowohl in England und Wales als auch in Deutschland, dass die Verzögerung eine gewisse Erheblichkeit für den Vertrag hat. Das englische Recht setzt voraus, dass die Zeit einen wesentlichen Faktor darstellt (*time is of the essence*); in Deutschland muss für einen Rücktritt eine entsprechend erhebliche Pflichtverletzung vorliegen (§ 323 Abs. 5 S. 2 BGB). Gegenüber dem Anspruch auf Schadensersatz steht die Lösung vom Vertrag in beiden Systemen aber in ihrer Bedeutung zurück.

[1115] BGH NJW-RR 1992, S. 1141 (1143); BGH NJW 2001, S.1932 (1933); *Basty*, Rn. 993 mit Hinweis auf BGH NJW 2004, S. 2373 (2374), Gegenstand der Entscheidung war hier ein Kündigungsrecht.

[1116] BGH NJW 1985, S. 925 (926 f.).

[1117] *Basty*, Rn. 993.

H. Zahlungspflicht des Erwerbers

Im vorletzten Teil dieser Arbeit werden die Zahlungspflicht des Erwerbers im Rahmen von Bauträgerverträgen dargestellt und die Konsequenzen des Zahlungsverzuges. Die Zahlungsmodalitäten beider Systeme unterscheiden sich wesentlich, was sich auch spürbar auf die Konsequenzen verspäteter Zahlungen auswirkt.

I. Die Zahlung der vereinbarten Vergütung

Während im englischen System abgesehen von einer Anzahlung vor der Fertigstellung des Bauwerks keine weiteren Zahlungen vom Erwerber zu leisten sind, muss der Erwerber eines noch zu errichtenden Gebäudes in Deutschland Abschlagszahlungen nach Baufortschritt leisten und zwar noch bevor der Bauträger dafür eine Gegenleistung erbracht hat. Wie bereits deutlich wurde, baut der deutsche Bauträger zu einem weit größeren Teil mit dem Geld des Erwerbers als sein englisches Pendant. Dies hat großen Einfluss auf die rechtlichen und wirtschaftlichen Merkmale der jeweiligen Verträge in England und Deutschland.

1. England und Wales

Der Umfang und die Ausgestaltung der Zahlungspflicht des Erwerbers einer Immobilie sind in den *Standard Conditions of Sale* genauer niedergelegt. Der nach Fertigstellung zu zahlende Betrag setzt sich gemäß *condition 6.4 SCOS* aus dem vereinbarten Kaufpreis abzüglich einer bei Vertragsschluss geleisteten Anzahlung zusammen. Zu berücksichtigen sind darüber hinaus eventuell bereits entstandene Schadensersatzansprüche der Parteien sowie Versicherungszahlungen, die der Verkäufer während der Bauarbeiten in Folge des Eintritts eines entsprechenden Versicherungsfalles erhalten hat. Die Art und Weise der Zahlung bestimmt *condition 6.7 SCOS*.

6.7 SCOS – Means of payment

The buyer is to pay the money due on completion by a direct transfer of cleared funds from an account held in the name of a conveyancer at a clearing bank and, if appropriate, an unconditional release of a deposit held by a stakeholder.

Hiernach muss der Käufer am Tag der *completion* die fällige Summe auf ein Konto des Bauträgers bei dessen Geschäftsbank überweisen und die Freigabe einer an einen Treuhänder geleisteten Anzahlung erwirken.

Die Pflicht zur Leistung einer Anzahlung (*deposit*) durch den Erwerber entsteht in England und Wales in der Praxis mit dem Austausch der Vertragsdokumente.[1118] Sie ist weder gesetzlich noch durch die Rechtsprechung festgelegt und muss daher ausdrücklich im Vertrag verankert sein. *Condition 2.2 SCOS* enthält eine entsprechende Regelung, wonach eine Anzahlung in Höhe von zehn Prozent des Kaufpreises festgelegt wird; dieser Prozentsatz ist nicht zwingend, aber üblich.[1119] Im Vertrag kann davon nur nach unten abgewichen werden,[1120] eine über zehn Prozent liegende Anzahlung wird ohne das Vorliegen besonderer Umstände als unzulässige Vertragsstrafe eingestuft.[1121]

Falls der Erwerber seinen (Zahlungs-)Verpflichtungen aus dem Vertrag nicht nachkommt, kann der Grundstücksverkäufer das Geld auch dann für eigene Zwecke verbrauchen, wenn die Summe den zu kompensierenden Schaden übersteigen sollte.[1122] Die Anzahlung stellt einen wesentlichen Punkt des Vertrages dar, so dass der Grundstücksverkäufer im Falle ihres Ausbleibens Abstand vom Vertrag

---

[1118] *Abbey/Richards*, Property Law HB, S. 35; *Duckworth/Rodell*, S. 213.

[1119] *Duckworth/Rodell*, S. 213; *Megarry/Wade*, 15-107; *Brown*, UK Real Estate Conveyancing, in: Rechtsfragen der Immobilienfinanzierung in England und Wales, S. 24 (27).

[1120] *Duckworth/Rodell*, S. 213.

[1121] *Workers Trust Merchant Bank Ltd v Dojap Investments Ltd*, (1993) A.C. 573 at 578 per Lord Browne-Wilkinson; *Megarry/Wade*, 15-107.

[1122] *Megarry/Wade*, 15-107.

nehmen kann.[1123] Bei Bauträgerverträgen ist mit der Anzahlung häufig die Gewährung einer eintragungsfähigen *option*[1124] verbunden, welche dem Erwerber die Übertragung des entsprechenden Grundstücks zum vertraglich festgelegten Preis auch dinglich zusichert.[1125] Auf Grund der Zeitspanne, die bei Bauträgerverträgen zwischen Vertragsschluss und der Übertragung des am Grundstück bestehenden Rechtes nach Abschluss der Bauarbeiten besteht, ist eine derartige Sicherung auch sinnvoll.

Gezahlt wird in aller Regel per Banküberweisung oder Scheck (so sieht es *condition 2.2.4 SCOS* vor) an den Anwalt des Verkäufers, der die Anzahlung entweder als *agent* (entspricht der Funktion eines Vertreters) des Verkäufers oder als *stakeholder* (entspricht der Funktion eines Treuhänders) für beide Parteien entgegennehmen kann. Dies hat unterschiedliche Konsequenzen:

Bei einer Anzahlung direkt an den Verkäufer oder an dessen als *agent* auftretenden Anwalt erhält der Käufer ein eintragungsfähiges Pfandrecht (*lien*) in Höhe der Anzahlung an der Immobilie, wodurch die Zahlung des Käufers (beim Bestehen einer *option* zusätzlich) dinglich abgesichert wird.[1126] Auf der anderen Seite kann der Verkäufer bzw. Bauträger sogleich frei über das Geld verfügen; der Käufer ist für den Fall der Insolvenz des Bauträgers vor einem Verlust der Anzahlung durch die Versicherung des *NHBC* gesichert, die für diese Fälle eine Entschädigung vorsieht.[1127] Der Bauträger muss die erhaltene Anzahlung dann aber zumindest teilweise an das *NHBC* weitergeben, die auf diesem Weg eine Sicherheit für eventuell anfallende Reparaturen schafft.[1128]

Erfolgt die Anzahlung des Erwerbers jedoch gegenüber einem *stakeholder*, hat noch keine Leistung an den Verkäufer selbst, sondern an eine zwischen Grundstücksverkäufer und Käufer stehende Person stattgefunden, welche die Anzahlung für beide Parteien aufbewahrt; dann entsteht keine *lien* am Grundstück des Verkäufers bzw. Bauträgers.[1129] Im Falle einer Insolvenz des Bauträgers kann der Käufer die Anzahlung vom *stakeholder* zurückfordern, ohne dass diese durch eine

---

[1123] *Millichamp v Jones* [1982] 1 W.L.R. 1422 at 1430.

[1124] Eine *option* verkörpert ein eintragungsfähiges Recht *in equity* am Grundstück, das nicht von anderen Rechten verdrängt werden kann. In seiner Funktion entspricht es einem dinglichen Vorkaufsrecht, vgl. *Megarry/Wade*, 15-012.

[1125] *Duckworth/Rodell*, S. 213.

[1126] *Whitbread Co Ltd v Watt* [1902] 1 Ch. 835; *Megarry/Wade*, 15-108.

[1127] Hierzu und zu weiteren Inhalten der *NHBC*-Versicherung siehe E. II.

[1128] *Britton/Fairweather*, S. 23.

[1129] *Combe v Lord Swaythling* [1947] Ch. 625 at 629; vgl. auch *Megarry/Wade*, 15-108 f.

Insolvenz gefährdet würde, eine Versicherung der Summe durch das *NHBC* ist dann auch nicht erforderlich.

Schweigt der Vertrag zur Methode der Anzahlung, tritt der Anwalt des Verkäufers bzw. Bauträgers als *agent* auf;[1130] *condition 2.2 SCOS* sieht jedoch die Einsetzung eines *stakeholder* vor. Allerdings modifizieren viele *developer* die *SCOS* dahingehend, dass ihr Anwalt die Anzahlung als *agent* entgegennimmt,[1131] da ihnen auf diesem Wege ab Erbringung der Anzahlung die Verfügungsgewalt über das Geld sowie die Zinserträge zustehen.[1132]

Die gänzliche Umgehung von Anzahlungen ist eine seltene Ausnahme und ist nur vereinzelt bei Geschäften im innerfamiliären Bereich oder bei dem Verkauf einer Immobilie an große Unternehmen zu beobachten, die auf Grund ihrer Reputation keine Sicherheit in Form einer Anzahlung zu leisten brauchen.[1133]

Während die Anzahlung in England und Wales einen „*fundamental term of the contract*"[1134] darstellt, ist ihre Bedeutung im Rahmen von Bauträgerverträgen in Deutschland geringer. Weit bedeutender ist hier im Hinblick auf die Zahlungsmodalitäten die Frage der Sicherung der vom Erwerber zu leistenden Abschlagszahlungen.

2. Deutschland

Die Zahlungspflicht des Erwerbers im Rahmen eines Bauträgervertrages ist in Deutschland durch die Vereinbarung eines Festpreises und das System der Abschlagszahlungen geprägt. Die Vereinbarung eines Festpreises zwischen Erwerber und Bauträger für alle zu erbringenden Leistungen ist nicht nur üblich, sondern stellt sogar ein Wesensmerkmal des Bauträgervertrages dar.[1135] Dem Bauträger fallen damit (wie in England und Wales) das Kalkulationsrisiko und das Baupreisentwicklungsrisiko zu.[1136] Lohn- und Preissteigerungen oder unvorhergesehene zusätzlich erforderliche Leistungen betreffen Risiken, die der Bauträger auf

---

[1130] *Tudor v Hamid* [1988] 1 E.G.L.R. 251 at 255; *Megarry/Wade*, 15-106.

[1131] *Britton/Fairweather*, S. 2.

[1132] *Harington v Hoggart* (1830) 1 B. & Ad. 577 at 586 f.

[1133] *Duckworth/Rodell*, S. 214.

[1134] *Millichamp v Jones* [1982] 1 W.L.R. 1422 at 1430 per Warner J.

[1135] OLG Koblenz, NJW-RR 2003, S. 1173 (1174); *Basty*, Rn. 179.

[1136] *Basty*, Rn. 179.

Grundlage des Vertrages zu übernehmen hat, da sie von ihm bereits im Rahmen der Preisbildung berücksichtigt werden.[1137] Grundsätzlich möglich ist die Vereinbarung von Preiserhöhungsklauseln, die sich bei Formularverträgen aber an § 309 Nr. 1 BGB messen lassen müssen.

Die ebenfalls charakteristische Möglichkeit der Leistung von Abschlagszahlungen bereits vor der Fälligkeit gemäß § 641 BGB bei Abnahme und vor der Erbringung einzelner Bauleistungen ergibt sich aus § 650v BGB (entspricht inhaltlich § 632a Abs. 2 BGB a.F.) bzw. § 3 MaBV.[1138] Die erste Rate wird in der Regel vor Beginn der Erdarbeiten fällig.[1139] Wie bereits erwähnt, ist in der MaBV ein System etabliert, welches den Bauträger zur Bereitstellung von Sicherheiten gegenüber dem Erwerber verpflichtet, bevor er Zahlungsraten entgegennehmen darf.[1140] Auf diese Weise wird dem sich aus der Vorleistungspflicht ergebenden Risiko einer Insolvenz des Bauträgers, der mit dem Geld des Erwerbers baut, entgegengewirkt.

Voraussetzungen für die Entgegennahme von Raten sind zunächst gemäß § 3 Abs. 1 Nr. 1-4 MaBV die Wirksamkeit des Vertrages, die Eintragung einer Auflassungsvormerkung, die Freistellung des Vertragsobjektes von der Vormerkung vorgehenden Grundpfandrechten sowie die Erteilung der Baugenehmigung.[1141]

Der Bauträger kann durch Leistung einer Sicherheit für die Rückgewähr der Vermögenswerte des Erwerbers die Bestellung einer Vormerkung oder die Erbringung anderer in § 3 Abs. 1 Nr. 1-4 MaBV geforderter Entgegennahmevoraussetzungen gemäß § 7 MaBV abwenden, was in der Regel durch die Stellung einer Bürgschaft einer inländischen Bank erfolgt.[1142] Weiter ist gemäß § 3 Abs. 2 MaBV ein Zahlungsplan vorgesehen, der in maximal sieben bei Vertragsschluss festzulegende Raten zu unterteilen ist. Fälligkeit ist jeweils nur dann gegeben, wenn der entsprechende Stand der Bauarbeiten erreicht ist.[1143] Eine gegen diesen Zahlungsplan verstoßende vertragliche Abrede ist unwirksam; an deren Stelle tritt

---

[1137] *Pause*, Rn. 185.
[1138] BGH NJW 2001, S. 818 (819 f.); zu weiteren Einzelheiten im Hinblick auf die Anwendbarkeit der MaBV siehe oben C. I. 2.
[1139] *Pause*, Rn. 177.
[1140] Siehe dazu bereits oben, C. I. 2.; B. V. 1. sowie E. II.
[1141] Vgl. dazu ausführlich oben, E. IV.
[1142] Vgl. oben, E. IV.
[1143] Ausführlich dazu, *Basty*, Rn. 470 ff.

dann § 641 Abs. 1 S.1 BGB, so dass die Fälligkeit erst mit der Abnahme des Bauwerks insgesamt gegeben ist.[1144] Nimmt der Bauträger Zahlungen des Erwerbers entgegen, obwohl die Anforderungen des § 3 MaBV nicht erfüllt sind, macht er sich schadensersatzpflichtig.[1145]

Alternativ zum vorbezeichneten Abschlagszahlungsmodell kann der Erwerber allerdings auch bereits im Voraus, und bevor der Bauträger seinerseits Bauleistungen vornimmt, die geschuldete Vertragssumme erbringen. Aus steuerlichen oder bilanziellen Gründen kann dies auch im Interesse des Erwerbers sein. Diese Vorauszahlung ist von Abschlagszahlungen zu unterscheiden. Der Erwerber muss im Gegenzug dann aber durch eine entsprechend umfassende Vorauszahlungsbürgschaft abgesichert werden.[1146]

Im Übrigen sind zu Gunsten des Erwerbers auch die Klauselverbote gemäß § 309 Nr. 4 BGB (Zinsen dürfen erst bei Verzug und nicht bei schlichtem Zahlungsrückstand erhoben werden) und § 309 Nr. 5b BGB (Nachweismöglichkeit eines geringeren Schadens bei Pauschalisierung eines Zinsschadens) zu berücksichtigen.

Der Vergütungsanspruch des Bauträgers verjährt gemäß § 196 BGB in zehn Jahren.[1147]

Anders als im englischen System, wo sich die (abstrakten) Fälligkeitstermine für die Zahlungen des Erwerbers übersichtlich gestalten (Anzahlung bei Vertragsschluss, Restbetrag bei *completion*), ist das deutsche System, geprägt durch die verschiedenen gesetzlichen Sicherungsmechanismen, erkennbar komplexer ausgestaltet. Der Grund für dieses ausbalancierte Sicherungskonzept ist ein marktgerechtes Auffangen des vom Erwerber zu tragenden Vorleistungsrisikos. In Eng-

---

[1144] BGH NJW 2007, S. 1947 (1948); OLG Naumburg, NJW-RR 2010, S. 1323 (1326); vgl. dazu näher oben, C. I. 2.
[1145] OLG Karlsruhe, Urteil vom 26. Oktober 2010 – 8 U 170/09; *Basty*, Rn. 58, vgl. Rn. 489 ff.; vgl. zu den Konsequenzen aus Verstöße gegen die MaBV auch E. V.
[1146] Vgl. dazu ausführlich oben, E. IV. 2. b).
[1147] *Pause*, Rn. 393; *Basty*, Rn. 219.

land und Wales dagegen besteht dieses Risiko von vorneherein nicht, da abgesehen von der Anzahlung keine Zahlungen vor dem Abschluss der Bauarbeiten geleistet werden; die auf dem englischen Bausektor tätigen Bauträger sind in der Lage, die nötigen Mittel (zunächst) eigenständig zu generieren bzw. am Finanzmarkt zu beschaffen. Die Rückzahlung der Anzahlung des Erwerbers, welche die einzige vor Abnahme zu erbringende Geldleistung ist, ist für den Fall der Insolvenz des Bauträgers zudem durch die entsprechende Versicherung des *NHBC* gesichert. Die bedeutenden Unterschiede zwischen den Finanzierungsmodellen der Bauträger in Deutschland und England bzw. Wales wirken sich folglich deutlich auf die rechtlichen Rahmenbedingungen und Regelungsmechanismen aus: Im englischen System besteht kein Bedarf an einer wie in Deutschland vorhandenen hohen gesetzlichen Regelungsdichte.

Neben der Vergütungspflicht im Hinblick auf die Bauleistung und die Übertragung des Rechtes am Grundstück können den Erwerber darüber hinaus Zahlungspflichten bezüglich der Finanzierungsvermittlung, der Bauüberwachung oder der Wartung und Instandhaltung des Bauwerks treffen, wenn derartige Leistungen auch vom Vertrag umfasst sind.[1148] Diese Vertragsbestandteile sind ebenfalls beurkundungspflichtig, wenn der Bauträgervertrag mit ihnen steht und fällt; die MaBV ist diesbezüglich jedoch nicht anwendbar, da sich die Zahlungsmodalitäten nach dem Regime des jeweils anwendbaren Vertragstyps richten.[1149]

II. Konsequenzen des Zahlungsverzuges

Die Unterschiede zwischen den Finanzierungssystemen in Deutschland bzw. England und Wales wirken sich auch auf die jeweiligen Konsequenzen des Zahlungsverzuges aus, auch wenn im Grundsatz mit dem Schadensersatz und der Lösung vom Vertrag die gleichen Rechtsbehelfe einschlägig sind. Abweichungen gibt es vor allem hinsichtlich des Zeitpunktes der Geltendmachung der Rechtsbehelfe sowie den Voraussetzungen einer Lösung vom Vertrag.

Der Zahlungsverzug ist vor allem in England und Wales problematisch, da Grundstücksgeschäfte hier häufig Teil einer Kette mehrerer Transaktionen sind und der

---

[1148] *Basty*, Rn. 179.
[1149] *Basty*, Rn. 65 ff; 76.

Erlös aus einem Geschäft direkt für die Finanzierung des nächsten „Gliedes" verwendet wird. Die Auswirkungen von Störungen betreffen dann gleich mehrere Grundstücksgeschäfte.[1150]

1. England und Wales

Die Verletzung der Zahlungspflicht stellt im *common law* einen *breach of contract* dar, so dass die entsprechenden Grundsätze anwendbar sind.[1151] In erster Linie löst eine verspätete Zahlung die Pflicht der säumigen Partei zum Schadensersatz aus; davon umfasst sind die während des Verzuges anfallenden Zinsen[1152] und die laufenden Kosten der Immobilie[1153]. Der Verkäufer soll finanziell so gestellt werden, als wäre rechtzeitig erfüllt worden. In der Praxis unterliegen die Schadensersatzansprüche nahezu immer einer gesonderten Absprache der Parteien; die Nichtregelung dieser Frage hätte einen *open contract*[1154] zur Folge, der für die Praxis viele rechtliche Unsicherheiten birgt.

Stellt die fristgerechte Zahlung einen wesentlichen Umstand des Vertrages dar (*time is of the essence*), hat der Verkäufer bzw. Bauträger im Fall der Säumnis des Käufers darüber hinaus die Möglichkeit, sich vom Vertrag zu lösen und die hieraus resultierenden weiteren Kosten ersetzt zu verlangen.[1155] Ob die fristgerechte Erfüllung des Vertrages als wesentlicher Umstand qualifiziert werden kann, richtet sich nach verschiedenen Kriterien: Zum einen können die Parteien diese Frage explizit in ihre Absprache aufnehmen, weiter kann sich die Wesentlichkeit auch aus einer Fristsetzung des Gläubigers bei Fälligkeit (*notice to complete*) ergeben, in deren Folge die säumige Partei innerhalb eines angemessenen Zeitraums erfüllen muss.[1156] In der Entscheidung *Raineri v Miles* wurde die Frage der Wesentlichkeit ausführlich und unter Berücksichtigung vieler vorangegangener Entscheidungen behandelt: Demnach müssen die Parteien im Zweifel explizit festlegen, wann die fristgerechte Erfüllung einen wesentlichen Faktor des Vertrages

---

[1150] Siehe dazu die Entscheidung *Rainieri v Miles* [1981] A.C. 1050.
[1151] Vgl. G. I. 1., 2.
[1152] *Bartlett v Barclays Bank Trust Co. Ltd* [1980] Ch. 515 at 546 f.; *Silverman*, M 1.4.1 ff.
[1153] *Silverman*, M.1.4.2.
[1154] Siehe dazu C. II. 1.
[1155] *Raineri v Miles* [1981] A.C. 1050; *Delta Vale Properties Ltd v Mills* [1990] 1 W.L.R. 445 at 446; *Silverman*, M.1.1.1.
[1156] *Behzadi v Shaftesbury Hotels Ltd* [1992] Ch. 1.; *Abbey/Richards*, S. 321.

ausmacht; die Verständigung auf einen konkreten Erfüllungstermin allein ist hierfür noch nicht ausreichend.[1157]

Einmal mehr helfen an dieser Stelle die *SCOS* über Rechtsunsicherheiten hinweg und bieten nicht nur in der Frage nach der Wesentlichkeit der rechtzeitigen Leistungserbringung, sondern für den Zahlungsverzug im Allgemeinen klare Lösungen. Die Systematik entspricht im Wesentlichen den Grundsätzen des *common law*, ergänzt bzw. präzisiert diese aber.

In *condition 7.2.1 SCOS* ist im Hinblick auf die verspätete Leistung einer Partei vorgesehen, dass sie Schadensersatz (*compensation*) leisten muss, wenn ihr Verschuldensanteil größer als der der anderen Partei ist („*the party whose total period of default is the greater is to pay compensation to the other party*"). Eine Differenzierung zwischen den Leistungen des Verkäufers und des Käufers wird im Wortlaut der Klausel nicht vorgenommen; die Rechtsfolgen werden demnach für Leistungsverzögerungen im Allgemeinen behandelt. Die Höhe der zu zahlenden Verzugszinsen richtet sich nach der in *condition 1.1.1(e) SCOS* genannten Rate, die von der *Law Society* festgelegt wird (*the Law Society's interest rate*); diese liegt momentan bei 4 Prozent über dem Basiszinssatz der *Barclays Bank* und damit insgesamt bei 4,5 Prozent (Stand September 2013).[1158]

Die Frage nach der Wesentlichkeit der rechtzeitigen Leistungserbringung (Wann ist *time of the essence*?) ist in *condition 6.1 SCOS* geregelt: Sie ergibt sich wie nach den soeben dargestellten Grundsätzen des *common law* nicht bereits auf Grund eines im Vertrag festgelegten Erfüllungszeitpunkts; vielmehr ist eine *notice to complete* erforderlich. Gemäß *condition 6.8.2 SCOS* muss der säumige Käufer nach Erhalt dieser Zahlungsaufforderung innerhalb von zehn Tagen leisten, wobei die Frist an dem auf den Zugang folgenden Tag zu laufen beginnt. Die Voraussetzungen der *notice to complete* werden ebenfalls in den *SCOS* bestimmt, da sie im *common law* nicht im Detail umrissen werden.[1159] Gemäß *condition 6.8.1 SCOS* muss der sich auf eine *notice to complete* berufende Verkäufer seinerseits bereit, in der Lage und willens sein (*ready, able and willing*), zu erfüllen. Was sich im Einzelnen hinter diesen Formulierungen verbirgt, wird wiederum in

---

[1157] *Raineri v Miles* [1981] A.C. 1050 at 1078 per Viscournt Dilhorne.
[1158] Die jeweils geltende Rate ist auf der Homepage der *Law Society* www.lawsociety.org.uk abrufbar (letzter Abruf: Februar 2018).
[1159] Vgl. *Abbey/Richards*, S. 323.

condition 1.1.3 SCOS erläutert.[1160] Die *notice to complete* muss schriftlich abgegeben werden.[1161]

Bleibt die Zahlung trotz der *notice to complete* weiterhin aus, ist neben dem Anspruch auf Schadensersatz die Lösung vom Vertrag gemäß *condition 7.4.1 SCOS* und *condition 7.4.2 SCOS* möglich. Infolgedessen kann der Verkäufer frei über die Anzahlung des Käufers und die daraus gezogenen Zinserträge verfügen sowie das Grundstück und alle weiteren vom Vertrag umfassten Gegenstände weiterveräußern. Darüber hinaus muss der säumige Käufer die vom Verkäufer erhaltenen Dokumente zurückgeben und die Registrierung etwaiger Rechte rückgängig machen.

Insgesamt greifen damit im Falle des Zahlungsverzuges die für das englische Recht typischen Rechtsfolgen bei einem *breach of contract*. Rechtsbehelfe, die über den einschlägigen Anspruch auf Schadensersatz hinausgehen, kommen erst beim Vorliegen weiterer Voraussetzungen, wie vor allem der Wesentlichkeit der rechtzeitigen Erfüllung (*time is of the essence*), in Frage.[1162] Dies sehen die Grundsätze des *common law* in Übereinstimmung mit den sie praxisgerecht ergänzenden *SCOS* vor.

2. Vergleich mit der Situation in Deutschland

Im Falle des Zahlungsverzuges bei Bauträgerverträgen sind in Deutschland die allgemeinen für den Verzug geltenden Regeln anwendbar. Ähnlich wie im englischen Recht sind die Geltendmachung von Schadensersatz und unter weiteren Voraussetzungen die Lösung vom Vertrag die wichtigsten Rechtsbehelfe. Ein Unterschied besteht jedoch hinsichtlich des Zeitpunkts der Geltendmachung durch

---

[1160] *Condition 1.1.3 SCOS: A party is ready, able and willing to complete: (a) if he could be, but for the default of the other party, and (b) in the case of the seller, even though the property remains subject to a mortgage, if the amount to be paid on completion enables the property to be transferred freed of all mortgages (except any to which the sale is expressly subject)*; vgl. auch *Cole v Rose* [1978] 3 All E.R. 1121.
[1161] *Urban I (Blonk Street) Ltd v Ayres* [2013] EWCA Civ. 816 para 44; Formulierungsvorschlag bei *Abbey/Richards*, S. 338.
[1162] Vgl. dazu oben G. I. 1., 2.

258

den Bauträger. In Deutschland ist dies schon während der Bauphase möglich, da der Erwerber anders als in England und Wales bereits in diesem Zeitraum Abschlagszahlungen erbringen muss und dementsprechend in Verzug geraten kann.[1163]

Der Anspruch auf Ersatz des Verzögerungsschadens richtet sich nach § 280 Abs. 1, 2, § 286 BGB und sieht für Geldschulden gemäß § 288 Abs. 1 S. 2 BGB einen Zinssatz in Höhe von fünf Prozentpunkten über dem Basiszinssatz vor. Falls kein Verbraucher am Vertrag beteiligt ist, liegt der Zinssatz gemäß § 288 Abs. 2 BGB neun Prozentpunkte (Stand: Februar 2018) über dem Basiszinssatz. Aber auch im Fall der Beteiligung eines Verbrauchers ist eine formularmäßig vereinbarte Verzinsung i.h.v. neun Prozentpunkten über dem Basiszinssatz am Maßstab des § 309 Nr. 5 BGB möglich, wenn sie den nach dem gewöhnlichen Lauf der Dinge zu erwartenden Zinsschaden nicht übersteigt und dem Erwerber nicht der Nachweis verwehrt wird, dass der Zinsschaden nicht oder wesentlich niedriger eingetreten ist.[1164] Dies erscheint auch nicht unverhältnismäßig, da auch der Bauträger typischerweise auf eine zusätzliche Fremdfinanzierung durch Kredite angewiesen und damit einer größeren finanziellen Belastung ausgesetzt ist.

Grundsätzlich ist für die Geltendmachung des Verzögerungsschadens eine erfolglose Mahnung (§ 286 Abs. 1, S. 1 BGB) bzw. für den Rücktritt eine erfolglose Fristsetzung (§ 323 Abs. 1 BGB) erforderlich. Das funktionsäquivalente Instrument des englischen Systems bildet die soeben beschriebene *notice to complete*, die allerdings nur für eine Lösung vom Vertrag und nicht für einen Anspruch auf Schadensersatz erforderlich ist; insofern sind die Anforderungen in Deutschland strenger.

Vom Erfordernis der Mahnung bzw. Fristsetzung gibt es jedoch Ausnahmen in § 286 Abs. 2 BGB sowie § 323 Abs. 2 BGB. Einen bei Bauträgerverträgen relevanten Fall stellt das in § 286 Abs. 2 Nr. 2 BGB beschriebene der Leistung vorauszugehende Ereignis dar, in Folge dessen der Verzug eintritt, wenn zusätzlich auch eine angemessene Zeit abgelaufen ist. Ein Ereignis in diesem Sinn können

---

[1163] In England und Wales wird der Kaufpreis (mit Ausnahme der Anzahlung) erst nach Abschluss der Bauarbeiten im Rahmen der *completion* fällig, vgl. H. I. 1.

[1164] *Pause*, Rn. 387.

Mitteilungen des Bauträgers zum Stand der Bauarbeiten[1165] und Fälligkeitsmitteilungen des Notars[1166] darstellen. Ein angemessener Zeitraum liegt nach Auffassung des Gesetzgebers nach dem Ablauf von 30 Tagen vor[1167] und entspricht damit dem, was auch gemäß § 286 Abs. 3 BGB als spätester Zeitpunkt für den Verzugsbeginn bei einer Geldschuld vorgesehen ist – vorausgesetzt der am Vertrag beteiligte Verbraucher wurde in der Zahlungsaufforderung entsprechend darauf hingewiesen. Der im Vergleich zu anderen Schuldverhältnissen relativ großzügige Zeitraum von 30 Tagen (in der Literatur werden teilweise auch kürzere Fristen als ausreichend angesehen[1168]) ist auf die Eigentümlichkeiten von Bauvorhaben zurückzuführen, die auf Grund ihres Umfangs naturgemäß ein erhöhtes Potential für Unwägbarkeiten mit sich bringen.

Für den Rücktritt ist eine Fristsetzung unter anderem gemäß § 323 Abs. 2 Nr. 2 BGB entbehrlich, wenn „der Schuldner die Leistung zu einem im Vertrag bestimmten Termin oder innerhalb einer bestimmten Frist nicht bewirkt und der Gläubiger im Vertrag den Fortbestand seines Leistungsinteresses an die Rechtzeitigkeit der Leistung gebunden hat". Diese Voraussetzung entspricht der im englischen Recht für die Lösung vom Vertrag erforderlichen Wesentlichkeit der Rechtzeitigkeit der Leistung (*time is of the essence*), die sich aus dem Vertrag ergeben muss. Insofern sind zwischen dem deutschen und dem englischen System im Hinblick auf die Lösung vom Vertrag deutliche Parallelen erkennbar.

Die Vereinbarung einer Vertragsstrafe zugunsten des Bauträgers im Falle des Zahlungsverzuges ist gemäß § 309 Nr. 6 BGB unwirksam. Demgegenüber können sich die Parteien aber auf einen pauschalierten Schadensersatz verständigen, wobei die „Grenze" des § 309 Nr. 5 BGB berücksichtigt werden muss, nach welcher der Umfang des Ersatzanspruches nicht den Schaden oder die Wertminderung übersteigen darf, die nach gewöhnlicher Entwicklung zu erwarten ist und wonach dem Erwerber ausdrücklich der Nachweis gestattet sein muss, dass ein entsprechender Schaden oder eine Wertminderung nicht eingetreten ist. Durch den pauschalierten Schadensersatz können z.B. die mit einer Auflösung des Vertragsver-

---

[1165] *Wälzholz/Bülow*, MittBayNot 2001, Die Schuldrechtsreform in der notariellen Praxis – ein Überblick mit Checklisten und Formulierungsvorschlägen, S. 509 (521).
[1166] *Wälzholz/Bülow*, MittBayNot 2001, S. 509 (511).
[1167] *Basty*, Rn. 204; *Pause*, Rn. 384.
[1168] 10-14 Tage: *Wälzholz/Bülow*, MittBayNot 2001, S. 509 (521).

hältnisses stehenden typischen Nachteile wie der Planungsaufwand oder die Berücksichtigung von Sonderwünschen ausgeglichen werden.[1169] Zulässig ist auch die Veranschlagung eines Ersatzanspruches für die vom säumigen Erwerber gezogenen Nutzungen oder für Aufwendungen des Bauträgers, solange sie keine unangemessene Höhe erreichen, § 308 Nr. 7 BGB; der BGH hat in einer Konstellation, bei der die schlüsselfertige Errichtung eines Fertighauses geschuldet war, eine Pauschale in Höhe von zehn Prozent der Vergütung für zulässig gehalten.[1170]

In Abweichung von der MaBV ist auch eine Bestimmung zulässig, die eine Übergabe des Bauwerks nicht bereits bei Fertigstellung, sondern erst mit vollständiger Zahlung vorsieht, wodurch entsprechend Druck auf den Erwerber ausgeübt werden kann, seiner Zahlungspflicht pünktlich nachzukommen.[1171] In England entspricht es dagegen dem Normalfall, dass die Besitzübergabe erst mit der Zahlung im Rahmen der *completion* stattfindet. Auf diese Weise ist dem Risiko des Bauträgers, dass ein Erwerber das Grundstück mitsamt dem errichteten Bauwerk in Besitz genommen hat, ohne zu zahlen, die Grundlage entzogen.

Insgesamt wird deutlich, dass auch in Deutschland bei der Frage der Rechtsbehelfe im Falle des Zahlungsverzugs häufig nur durch detaillierte Parteiabsprachen bzw. den Rückgriff auf Klauselwerke wie die MaBV ein wirtschaftlich vernünftiges Maß an Praktikabilität und Vorhersehbarkeit zu erreichen ist. Die gesetzlichen Regelungen allein reichen weder in England und Wales noch in Deutschland aus. Insofern werden beide Systeme auch in diesem Punkt stark von Formularverträgen und der (Einzelfall-) Rechtsprechung geprägt.

[1169] *Basty*, Rn. 209.
[1170] BGH 27.4.2006 – VII ZR 175/05.
[1171] Vgl. *Basty*, Rn. 1022 ff.

I. Schlussbetrachtung

Die vergleichende Betrachtung von Bauträgerverträgen in England und Wales auf der einen und in Deutschland auf der anderen Seite offenbart im Ergebnis in verschiedener Hinsicht bedeutende Unterschiede zwischen den beiden Systemen. Diese betreffen zum einen die Gestaltung und Funktionsweise der Verträge und zum anderen die jeweils geltenden gesetzlichen Rahmenbedingungen. Auch die Art und Weise der Auseinandersetzung von Wissenschaft und Rechtsprechung mit Bauträgerverträgen weist große Differenzen auf; sie ist im deutschen Recht wesentlich intensiver als im englischen Recht.

Die Unterschiede gründen sich nicht nur auf die jeweiligen Eigenarten des *common law* bzw. des deutschen Rechts; vor allem müssen sie vor dem Hintergrund zweier unterschiedlich ausgestalteten Bauträgerkonzepte mit ihren jeweiligen auf dem Bausektor vorhandenen wirtschaftlichen Rahmenbedingungen beurteilt werden. Hieraus ergeben sich (teils grundsätzlich) anders ausgestaltete Problemstellungen und Risiken vor allem für die Erwerber noch zu errichtender Immobilien, welche durch die Vertragsgestaltung und die Gesetzgebung aufgefangen werden müssen.

Auf die Schwierigkeit eines internationalen Vergleiches verschiedener Systeme zur Übertragung von Grundstücken wurde auch in der *Murray*-Studie[1172] hingewiesen:

> *"It is also very difficult to find appropriate proxies to make economic comparisons of conveyancing systems or institutions on an international basis. [...] There are simply too many other variables, such as local substantive and procedural law, other professional exposures, and claims-friendliness of local legal cultures that affect these purported proxies to permit any reasonable correlation with quality or efficiency of conveyancing services."*

[1172] *Murray*-Studie, S. 3.

Die Situation bei einem Bauträgervertrag ist demgegenüber noch komplexer als die von Verträgen, welche lediglich die Übertragung von Grundeigentum vorsehen. Durch die Komponente der Errichtung des Gebäudes erst entstehen wesentliche Probleme, wie die Absicherung des Vorleistungs- und Insolvenzrisikos. Die einzelnen Komponenten des Bauträgervertrages und die ihnen zu Grunde liegenden Grundsätze mussten jeweils für sich untersucht und mit ihren Funktionsäquivalenten aus der anderen Rechtsordnung verglichen werden.

Im Grundlagenteil ist deutlich geworden, dass Bauträger und Bauträgervertrag in beiden Systemen grundlegend verschieden behandelt werden. In Deutschland wird der Bauträger sowohl gewerberechtlich als auch zivilrechtlich qualifiziert. Der Bauträgervertrag ist als Vertragstyp anerkannt und mittlerweile im BGB kodifiziert; das Bauträgerrecht kann als eigene Disziplin aufgefasst werden.

Durch die gesetzgeberische Kontrolle des Bauträgers selbst (im Rahmen des Gewerberechts) und der Vertragsdurchführung (durch die MaBV) sollen die Erwerber noch zu errichtender Immobilien vor den erwähnten Risiken, wie dem ersatzlosen Verlust von Abschlagszahlungen im Insolvenzfall des Bauträgers, geschützt werden. Die Regelungstechnik bzw. das Zusammenspiel der §§ 631 ff. BGB, der HausbauVO und der MaBV bilden dabei ein kompliziertes und unübersichtliches System; die hierbei auftretenden Widersprüche zur Klauselrichtlinie werden von der notariellen und gerichtlichen Praxis ignoriert. Nicht zuletzt deswegen können die bisherigen Versuche einer klaren und zusammenhängenden Regelung des Bauträgervertrages in Deutschland, sei es zivilrechtlich oder öffentlich-rechtlich, als missglückt bezeichnet werden. Hieran ändert sich auch durch die zum 1. Januar 2018 wirksame Baurechtsreform und die Aufnahme des Bauträgervertrages ins BGB nichts.

Demgegenüber besteht in England und Wales kein derartig komplexes gesetzliches Regelungs- bzw. Kontrollsystem. Dies liegt zum einen an der Eigenart des *common law* selbst und zum anderen am fehlenden Bedürfnis einer Kontrolle von außen, da das Vorauszahlungs- und Insolvenzrisiko des Erwerbers auf Grund der fehlenden Pflicht zur Vorauszahlung nicht bzw. nur in erheblich geringerem Maße besteht. Zudem wird der Erwerber in England bereits bei Abschluss eines Grundstückkaufvertrages durch den Erhalt von *beneficial ownership* bzw.

einer *lien* dinglich geschützt, was aus deutscher Perspektive höchst bemerkenswert ist und im direkten Widerspruch zu dem hier geltenden strengen Trennungsprinzip steht. Hierdurch wird der Erwerber in England bereits unabhängig von anderen vertraglichen oder gesetzlichen Mechanismen geschützt und ist insofern bessergestellt als der Erwerber in Deutschland. Dennoch gibt es auch in England Regelungsbedarf, jedoch tritt hier nicht automatisch der Gesetzgeber auf den Plan: Die Absicherung gegen die vor allem bei einer Insolvenz des Bauträgers auftretenden Risiken (Verlust der Anzahlung, Nichtfertigstellung des Baus, Baumängel) wird durch das private Versicherungssystem des *NHBC* jedenfalls überwiegend erreicht. Das *NHBC* nimmt als nicht-profitorientierter, privatrechtlicher Verein in diesem Zusammenhang eine überragende Bedeutung ein. Neben der Absicherung vertraglicher Risiken setzt es auch technische Standards für Baudienstleister, an deren Einhaltung alle registrierten Mitglieder gebunden sind (*Rules for Builders and Developers*). Bauträger, die keine Mitglieder des *NHBC* sind, haben am Markt, wenn überhaupt, nur geringe Erfolgschancen; die Mitgliedschaft ist ein wichtiges Qualitätsmerkmal. Die Sicherung der Standards funktioniert damit in England und Wales von Grund auf anders als in Deutschland, wo die Fragen der Qualitätssicherung und der Risikominimierung nicht dem Markt überlassen werden, sondern der Staat bzw. Gesetzgeber selbst in viel größerem Maße leitend einschreitet. Beide Systeme haben sich im Laufe der Jahre bewährt; das Versicherungssystem des *NHBC* hat dabei vor allem den Vorteil, dass es durch klare und übersichtliche Regelungen sehr transparent und verbraucherfreundlich ist. Mit einem Blick in die entsprechenden auf der Homepage des *NHBC* frei verfügbaren Versicherungsdokumente[1173] wird auch für Laien schnell deutlich, in welchen Fällen der Versicherungsschutz besteht; im Rahmen einer „Negativabgrenzung" werden auch die Fälle ausdrücklich und farblich abgehobenen genannt, in denen das *NHBC* keine Haftung übernimmt (z.B. Schäden, die auf einer Überschwemmung beruhen). Ein vergleichbar etabliertes System privater Versicherungen spielt demgegenüber auf dem deutschen Bauträgersektor keine Rolle.

Der Vergleich der anwendbaren Regelungskomplexe zum Grundstücksrecht und Grundbuchsystem muss vor allem vor dem historischen Hintergrund des *common law* gesehen werden. Die Einflüsse des Feudalismus sind in England nach wie vor

---

[1173] www.nhbc.co.uk.

deutlich spürbar. Nach wie vor gibt es nicht registrierte Grundstücke, deren Übertragung eigenen Regeln folgt.

Reformen setzen sich nur nach und nach (zuletzt vor allem durch den *LRA 2002*, der auch die Grundlage für den elektronischen Grundstücksverkehr geschaffen hat) durch. Nicht nur für Angehörige kontinentaleuropäischer Jurisdiktionen ist das Verständnis oft schwierig, auch für das englische Immobilien- und Baugewerbe selbst stellt dieser unübersichtliche Bereich ein Hindernis dar. Eine effektive wirtschaftliche Durchführung von Grundstücksgeschäften und vor allem Rechtssicherheit kann nur auf Grund der Regeln des *common law* nicht erreicht werden. Wiederum, wie schon im Zusammenhang mit der *NHBC*-Versicherung, wird dem Problem in England und Wales mit nichtstaatlichen Regelungen begegnet: Die von der *Law Society* entworfenen und stetig fortentwickelten *Standard Conditions of Sale* (*SCOS*) schaffen ein Grundgerüst wichtiger Bestimmungen, das in praktisch jedes Grundstücksgeschäft einbezogen wird. Hier werden die Pflichten und Rechtsbehelfe der Parteien geregelt, eine Modifikation steht den Beteiligten offen. Grundstückskaufverträge ohne die Einbeziehung der *SCOS* (*open contracts*) bilden seltene Ausnahmen.

Die flächendeckende Nutzung gleicher Standardbedingungen ist in Deutschland im Hinblick auf Grundstückskäufe dagegen nicht erkennbar. Ein umfassendes nichtstaatliches Regelungssystem ist auch nicht erforderlich; die gesetzlichen Bestimmungen liefern insoweit ausreichende Sicherheit. Etwas anderes gilt indes für Bauleistungen: Hier ergänzen und modifizieren die Bestimmungen der VOB/B, welche als allgemeine Geschäftsbedingungen zu qualifizieren sind, die für Bauverträge nur bedingt geeigneten Vorschriften des Werkvertragsrechts. Die Einbeziehung der VOB/B in Bauträgerverträge ist wiederum nicht ohne Einschränkungen möglich.

Festzuhalten bleibt, dass bei Bauträgerverträgen in England und Wales sowie in Deutschland (wenn auch mit Einschränkungen) auf ein Zusammenspiel gesetzlicher Regelungen und Standardbedingungen gesetzt wird.

Bei den Formanforderungen und Konsequenzen von Formverstößen haben sich in den untersuchten Systemen deutliche Parallelen gezeigt. Verstöße gegen die

Form führen grundsätzlich zur Nichtigkeit des Vertrages; es existieren aber auch Möglichkeiten zur Überwindung von Formfehlern. Letztere kommen bei besonderen Härtefällen in Betracht, z.B. in denen eine Partei die Formvorschriften arglistig zu ihrem Vorteil ausnutzt oder bei Vorliegen einer schweren Treuepflichtverletzung und existenzbedrohenden Konsequenzen. In England kann sich in diesen Fällen die benachteiligte Partei auf *proprietary estoppel*, einen Rechtsbehelf der *equity*, berufen oder einen *constructive trust* geltend machen, um den Mangel der Form zu überwinden und den Rechtserwerb zu ermöglichen. In Deutschland bleibt der Rückgriff auf § 242 BGB. Letztlich liegt es sowohl in England und Wales als auch in Deutschland in den Händen der Rechtsprechung, angemessene Lösungen für den Einzelfall zu entwickeln – die Kriterien sind in Deutschland allerdings konkreter umrissen.

Größere Differenzen haben sich dagegen im Zusammenhang mit den rechtlichen Folgen des Abschlusses eines Bauträgervertrages gezeigt: Während in Deutschland noch keine Änderung der dinglichen Rechtslage herbeigeführt wird, entsteht in England und Wales in *equity* bereits eine eintragungsfähige Rechtsposition für den Erwerber, das *beneficial ownership* sowie eine *lien*. Dies verschafft dem Erwerber beriets zu einem frühen Zeitpunkt Schutz vor Zwischenverfügungen und vor den Risiken im Fall der Insolvenz des *developer*. Das Verhältnis zwischen Erwerber und *developer* entspricht ab Vertragsschluss der eines *trust* oder quasi-*trust*. Die Entstehung dinglicher Rechte bereits bei Abschluss des schuldrechtlichen Vertrages ist aus deutscher Perspektive bemerkenswert. Das Verständnis der Einzelheiten und Zusammenhänge ist an dieser Stelle schwierig – auch in der englischen Rechtsprechung und Lehre bleiben Unklarheiten und Streitigkeiten. Um sich bereits bei Vertragsschluss eine dingliche Rechtsposition zu sichern, besteht für Erwerber in Deutschland die (oft genutzte) Möglichkeit, eine Auflassungsvormerkung ins Grundbuch eintragen zu lassen. Hier ist also die Initiative des Erwerbers gefragt, um sich gegenüber der gesetzlichen Ausgangslage eine besser geschützte Position zu verschaffen. Der Vergleich zwischen deutschem und englischem Recht bringt an dieser Stelle ein eher ungewöhnliches Ergebnis hervor: Ausnahmsweise ist der Erwerber, ohne tätig werden zu müssen, allein nach den Grundsätzen des *common law* in dinglicher Hinsicht besser geschützt als er es in der gleichen Situation nach deutschem Recht wäre. Im Übrigen nämlich sind für eine Bewältigung der auftretenden Risiken bei der Durchführung von Bauträger-verträgen nach englischem Recht oft weitere Maßnahmen erforderlich, was bereits am Beispiel der Einbeziehung der *NHBC*-Versicherungen deutlich wurde und auch auf die individualvertragliche Bestimmung des Zeitpunkts des Gefahr-übergangs deutlich wird.

Die Regelung des Gefahrübergangs bei Bauträgerverträgen berücksichtigt im Ergebnis in beiden Systemen die Interessenlage der Parteien angemessen und wird nach Abschluss der Bauarbeiten im Zeitpunkt der *completion* bzw. der Abnahme vollzogen. Zwar geht nach englischem Recht grundsätzlich bereits mit dem Abschluss eines Grundstückkaufvertrages die Gefahr des zufälligen Untergangs und der zufälligen Verschlechterung auf den Erwerber über, was den Abschluss entsprechender Versicherungen zu dessen Schutz erforderlich macht; bei Bauträger-verträgen wird in der Praxis jedoch von diesem Grundsatz durch Parteivereinbarungen abgewichen. Damit wird das gleiche Ergebnis erzielt, das sich in Deutschland bereits bei Zugrundelegung des dispositiven Rechts zeigt. Da der Erwerber während der Bauphase noch keine rechtliche Befugnis hat, auf das Grundstück einzuwirken oder es zu nutzen, würde ihn ein früherer Gefahrübergang auch unangemessen benachteiligen.

Die Insolvenzrisiken beim englischen und deutschen Bauträgermodell sind im Ausgangspunkt auf Grund der Unterschiede im Hinblick auf die Zahlungsmodalitäten und die dingliche Sicherung des Erwerbers sehr unterschiedlich ausgestaltet; dies gilt auch für die Methoden zur Bewältigung der jeweiligen Risiken. Im Ergebnis sind die Erwerber in England und in Deutschland jedenfalls im Hinblick auf die vor der Fertigstellung des Baus geleisteten Zahlungen abgesichert, unabhängig davon, ob es sich dabei um Voraus- oder Abschlagszahlungen handelt. Der Schutz wird in England vor allem durch die private *NHBC*-Versicherung und in Deutschland durch die Schutzvorschriften der MaBV und hier häufig durch Bank-Bürgschaften gewährleistet. Das Fertigstellungsrisiko müssen die Erwerber dagegen in beiden Ländern gleichermaßen tragen; hier bieten weder die Versicherungsmodelle des *NHBC* noch die Vorschriften der MaBV oder Bürgschaftsmodelle Schutz. Inwiefern die Fertigstellung der Bauarbeiten im Falle der Insolvenz des Bauträgers überhaupt (wirtschaftlich) sinnvoll ist, dürfte auch von der Art des

Bauprojekts abhängen. Diese Entscheidung haben die Erwerber aber letztlich weder in England noch in Deutschland in eigener Hand; insofern können das *NHBC* bzw. die bürgenden Banken in Deutschland entscheiden, ob sie dem Erwerber in dieser Konstellation alternativ die bisher geleisteten Zahlungen zurückerstatten.

Die Analyse des Pflichtenprogramms des Bauträgers hat das bereits in der Einführung skizzierte Bild einer Anzahl vielfältiger Pflichten aus unterschiedlichen Bereichen bestätigt. Während sich in Deutschland die Pflichten überwiegend aus dem Vertrag ergeben, müssen in England und Wales auch *title covenants* und das zwischen Vertragsschluss und Erfüllung bestehende *trust*-Verhältnis berücksichtigt werden. Die mit dem Recht am Grundstück verbundenen und dinglich wirkenden *title covenants* gewährleisten unter anderem die Dispositionsbefugnis des Veräußerers und die Sicherung der im Vertrag ausgewiesenen Eigenschaften des Grundstückes über den Zeitpunkt der Erfüllung hinaus. Dies ist auf Grund der *doctrine of merger* erforderlich, wonach die Wirkungen des schuldrechtlichen Vertrages mit der Übergabe der *deed* im Rahmen der Erfüllung enden. Etwas Vergleichbares gibt es im deutschen System nicht; der Bauträgervertrag hat auch nach der Abnahme Bestand. Die Gründe für das in England bestehende und aus kontinentaleuropäischer Sicht eigenwillige System lassen sich wiederum auf die feudalen Ursprünge des dortigen Grundstücksrechts zurückführen.

Im Zentrum des Pflichtenprogramms stehen die Errichtung des Gebäudes und die Übertragung der Rechte am Grundstück, wobei die Ausprägung im Einzelnen unterschiedlich ist. Dies zeigt sich vor allem am in England geltenden *caveat emptor*-Prinzip, welches die Haftung des Grundstückverkäufers auf versteckte Rechtsmängel beschränkt. Dieser Grundsatz bezieht sich allerdings nicht auf die Bauleistung; der Ausschluss der Haftung für physische Mängel wäre an dieser Stelle auch nicht sachgerecht. Anders als beim Kauf bestehender Gebäude hat der Erwerber während der Bauphase schließlich nur eingeschränkte Möglichkeiten zur Kontrolle der ordnungsgemäßen Leistungserbringung. Auch die *SCOS* haben diesem Umstand Rechnung mittlerweile Rechnung getragen und sehen eine Ausnahme vom *caveat emptor*-Prinzip für Bauträgerverträge vor.[1174] An diesem Beispiel ist gut erkennbar, dass die Komponenten des Bauträgervertrages in einem

---

[1174] *Condition 3.2.1 SCOS - The buyer accepts the property in the physical state it is in at the date of the contract unless the seller is building or converting it.*

Spannungsverhältnis stehen, da die Ihnen jeweils zu Grunde liegenden Prinzipien nicht immer in Einklang zu bringen sind. Das konnte auch für Bauträgerverträge in Deutschland festgestellt werden, wenn auch in einem anderen Zusammenhang: Hier ist die Inkorporierung der für Bauleistungen entwickelten VOB/B in Bauträgerverträge nicht ohne Einschränkungen möglich. Die Einstufung des Bauträgervertrages als typengemischter Vertrag *sui generis* trifft nach diesen Ergebnissen in beiden Ländern vollumfänglich zu.

Die Tatsache, dass die Existenz der Pflicht zur ordnungsgemäßen Errichtung im Rahmen eines Bauträgervertrages in England vereinzelt in Frage gestellt wurde, kann nach der Betrachtung des englischen Rechts nicht wirklich überraschen: Auf Grund der fehlenden Kategorisierung des Bauträgervertrages kommt es für den Umfang des Pflichtenprogramms stark auf den Einzelfall und die konkrete Parteiabsprache bzw. die Bewertung durch die gerichtliche Praxis an. Es ist nachvollziehbar, dass Bauträger in England versucht haben, sich der Pflicht zur ordnungsgemäßen Errichtung zu entziehen und nur der Haftung des Grundstücksverkäufers zu unterliegen; hier gelten das *caveat emptor*-Prinzip und ausweislich anderslautender Absprachen keine Haftung für die Zwecktauglichkeit des Vertragsgegenstandes. Allerdings ist die Pflicht zur ordnungsgemäßen Errichtung im Rahmen von Bauträgerverträgen mittlerweile anerkannt.

Innerhalb dieser Pflicht haftet der englische Bauträger wie der deutsche für die Qualität der Bauarbeiten, des Materials und darüber hinaus für die Zwecktauglichkeit des zu errichtenden Gebäudes. Gerade im Hinblick auf den letzten Punkt gab es Diskussions- und Klärungsbedarf in der englischen Rechtsprechung; die Annahme einer Zweckhaftung über den Vertragswortlaut hinaus ist im *common law* alles andere als selbstverständlich. Im Hinblick auf Bauträgerverträge ist sie nunmehr als *implied term* anerkannt, was überzeugend mit Beispielen der Zweckhaftung bei Verträgen, die ebenfalls Kauf- und Dienstleistungselemente enthalten (Verkauf einer maßgefertigten Zahnprothese[1175]; Autoreparatur inklusive des Einbaus neuer Ersatzteile[1176]) begründet bzw. klargestellt wurde. Der Bauträgervertrag hat sich damit auch in England und Wales deutlich von Verträgen über den Verkauf bestehender Gebäude abgegrenzt.

[1175] *Samuel v Davis* [1943] K.B. 526.
[1176] *G.H. Myers & Co. v Brent Cross Service Co* [1934] 1 K.B. 46.

Im deutschen System gab es keine derartigen Zweifel; die Haftung des Bauträgers ergibt sich im Hinblick auf die Zwecktauglichkeit des zu errichtenden Gebäudes schon aus § 633 Abs. 2 S. 2 BGB.

Besonderes Augenmerk muss in Deutschland auf die sich aus der MaBV ergebenden Sicherungspflichten gelegt werden. Die MaBV ist untrennbar mit einem Bauträgergeschäft verknüpft und dem Zahlungsmodell geschuldet, das die abschnittsweise Vorauszahlung der vertraglich vereinbarten Summe durch den Erwerber vorsieht, ohne dass letzterer bereits Eigentum an Grundstück und Gebäude erhält. Diese Praxis ist in England und Wales dagegen unbekannt; die bei Vertragsschluss zu leistende Anzahlung wird im Rahmen der *NHBC*-Versicherung abgesichert. Im Übrigen wird erst nach Fertigstellung gezahlt.

Die unterschiedlichen Zahlungsmodelle sind das absolut entscheidende Abgrenzungskriterium zwischen beiden Systemen. Hieraus ergeben sich weitreichende Konsequenzen für den Bedarf nach gesetzlichen Schutzmechanismen für Erwerber und für die staatliche Kontrolle des Bauträgers. Entsprechend groß ist in Deutschland die Bedeutung dieser Fragen in Lehre und Rechtsprechung; sie prägen das Bauträgerrecht nachhaltig.

Demgegenüber stellen sich diese Fragen in England gar nicht erst, so dass schon kein Anlass für eine ausgeprägte wissenschaftliche Auseinandersetzung besteht. Der Vergleich beider Systeme fällt an dieser Stelle schwer, da die Ausprägung der Baumodelle und die Risikolagen für den Erwerber in diesem Zusammenhang nahezu unvergleichlich sind.

Die völlig unterschiedliche Finanzierungsstruktur in Deutschland auf der einen und in England und Wales auf der anderen Seite beeinflusst das jeweilige Leitbild des Bauträgervertrages. Während in Deutschland zwei Dienstleistungen im Mittelpunkt des Bauträgervertrags stehen, nämlich die Errichtung des Bauwerks und die Bewältigung der Zahlungsströme, lässt sich der englische *sale of new property* eher als ein Sonderfall des Grundstückshandels mit Veredelung des Grundstücks durch den *developer* einordnen.

Auch im Rahmen der Rechtsbehelfe des Erwerbers bei Pflichtverletzungen des Bauträgers konnten deutliche Unterschiede zwischen englischem und deutschem

Recht aufgezeigt werden. Dies betrifft neben den Voraussetzungen auch die Hierarchie der Rechtsbehelfe untereinander. Das Haftungsregime der *misrepresentation* in England, das sowohl Schadensersatz als auch die Lösung vom Vertrag vorsieht, verkörpert ein Alleinstellungsmerkmal. Grundlage für Rechtsbehelfe bilden neben den Grundsätzen des *common law* auch die regelmäßig in den Vertrag inkorporierten *SCOS* und die Mängelversicherung des *NHBC*. Erneut wird das Zusammenspiel verschiedener Regelungsmaterien in England deutlich, während in Deutschland je nach betroffener Komponente des Bauträgervertrages auf die Haftungsregeln des Kauf- oder Werkvertragsrechts zurückgegriffen wird.

Bei der Betrachtung der Rechtsbehelfe im Einzelnen bietet vor allem die Untersuchung des Anspruches auf (Nach)Erfüllung interessante Erkenntnisse. Im Fall der Schlecht- oder Nichtleistung des Bauträgervertrages besteht ein besonderes Interesse des Erwerbers daran, dass die geschuldete Leistung noch vollumfänglich erbracht wird. Durch einen Anspruch auf Schadensersatz kann der einzigartige Anspruch auf Übertragung des konkreten Grundstückes mitsamt dem Gebäude schließlich nicht gleichwertig ersetzt werden. Während im deutschen Recht Ansprüche auf (Nach)Erfüllung bzw. Reparatur keine Besonderheit darstellen, nimmt der Anspruch auf *specific performance* in England eine Ausnahmestellung ein; bei reinen Bauverträgen findet er keine Anwendung. Etwas anderes gilt (auf Grund der Einzigartigkeit des jeweiligen vertragsgegenständlichen Grundstückes) nur bei Grundstückskaufverträgen. Zur Frage der Anwendbarkeit auf Bauträgerverträge gibt es keine Rechtsprechung, jedoch bringen hier wieder einmal die Regelungen der *NHBC*-Versicherung eine Lösung und schaffen auf vertraglicher Ebene ein System, das in Fällen von Mängeln oder eines Baustopps die Reparatur oder die Fortsetzung der Arbeiten vorsieht.[1177] Zwischen den auf Bauträgerverträge anwendbaren Grundsätzen des *common law* und nicht staatlichen Regelungen (in diesem Fall den Bedingungen der *NHBC*-Versicherung) bestehen demnach bemerkenswerte Synergien. Bei fehlenden marktgerechten Lösungen auf Ebene des dispositiven Rechts schaffen diese Bestimmungen Abhilfe. Auf Grund einer flächendeckenden Anwendung besteht für die Rechtsprechung dann keine

---

[1177] *NHBC Buildmark Cover section 1.*

Veranlassung, aber auch keine Möglichkeit, Lösungen allein durch einen Rückgriff auf die Institute des *common law* zu entwickeln.

Insgesamt offenbart sich der Bauträgervertrag sowohl in England und Wales als auch in Deutschland als vielschichtige Absprache mit Bezügen zu verschiedenen Rechtsgebieten, was ihn aus wissenschaftlicher Sicht zu einem gleichermaßen komplexen wie interessanten Untersuchungsgegenstand macht.

Trotz der wirtschaftlichen Bedeutung des Bauträgermodells, ist ein „Bauträgerrecht" als eigenständige Disziplin in England und Wales nicht vorhanden, was den Vergleich zur Situation in Deutschland erschwert; aber auch hierzulande fehlt es letztlich an einer zusammenhängenden und vor allem übersichtlichen gesetzlichen Fixierung.

Die anzuwendenden Regeln und Grundsätze des *common law* ergeben sich erst bei einer jeweils autonomen Betrachtung der einzelnen Komponenten des Vertrages. Hinzu kommt die große Bedeutung nichtstaatlicher Regelungen und Vertragsbedingungen vor allem in England und Wales, die wichtiger Bestandteil jedes Bauträgergeschäftes werden. Für Erwerber stellen sich die praxisnahen, verständlichen und transparenten Bedingungen (vgl. die *NHBC*-Versicherung) als vorteilhaft dar.

In Deutschland erfordert die im Gegensatz zum englischen System stärkere Verrechtlichung des Bauträgervertrages ein höheres Maß rechtlicher Beratung für alle Beteiligten.

Trotz der Vielzahl zu berücksichtigender rechtlicher Fragen darf nicht unerwähnt bleiben, dass der Erfolg eines Bauträgergeschäftes zu einem großen Teil schlicht abhängig von der Auswahl des richtigen Bauträgers ist.

Dem in der Einführung erwähnten Zitat von *Timothy Harvard,*

> *"Property Development is, after all, a hard practical world, where there is little room for pure academic thought"*[1178]

ist aber dennoch nur teilweise zuzustimmen. Die Durchführung eines Bauträgergeschäftes stellt zwar wie jedes Bauprojekt vor allem in tatsächlicher Hinsicht hohe Anforderungen an die Geduld und Flexibilität der Beteiligten. Ebenso gibt es aber viel Raum für rechtswissenschaftliche Untersuchungen dieses komplexen Baumodells. Dies ist während der Anfertigung der Arbeit deutlich geworden, die hoffentlich auch ein Anreiz für weitere Forschungen vor allem auf der bislang eher stiefmütterlich behandelten rechtsvergleichenden Ebene schaffen kann.

[1178] *Havard,* Contemporary Property Development, S. 66.

Aus unserem Verlagsprogramm:

Jochen Neumann
Der Ausgleich von Beeinträchtigungen durch benachbarte Bautätigkeit
Hamburg 2018 / 250 Seiten / ISBN 978-3-8300-9791-4

Tamar Nicklaß
**Die Bedeutung von DIN-Normen und Arbeitsstättenrichtlinie
im Mietrecht**
*Einschränkung der Eignung der Mietsache zum vertragsgemäßen
Gebrauch durch Überschreitung von Höchsttemperaturen*
Hamburg 2017 / 198 Seiten / ISBN 978-3-8300-9613-9

Markus A. Braun
**Ein Vergleich des Mietrechts in Deutschland, Österreich und der
Schweiz unter besonderer Berücksichtigung der Erhaltungspflichten
im Mietverhältnis**
*Möglichkeiten der Überwälzung von Schönheitsreparaturen auf den Mieter
von Wohn- und Gewerberaum*
Hamburg 2016 / 542 Seiten / ISBN 978-3-8300-8968-1

Martin Schwab
Rechtsfragen des sozialen Wohnungsbaus
Besonderheiten der Handhabung des Fördersystems in Berlin
Hamburg 2015 / 162 Seiten / ISBN 978-3-8300-8755-7

Eva Heidemann
**Eigentumsrechtliche Konzeptionsmöglichkeiten
bei grenzüberschreitender Bebauung**
Hamburg 2014 / 302 Seiten / ISBN 978-3-8300-7907-1

Fred Adam
Die Interessenabwägung bei der Realisierung von Grundpfandrechten
*Zum Anspruch gegen Grundpfandgläubiger auf Zustimmung zur
Verwertung des Grundstücks durch freihändigen Verkauf und zugleich
ein Beitrag zu den gesetzlichen Schuldverhältnissen im Sachenrecht*
Hamburg 2014 / 188 Seiten / ISBN 978-3-8300-7611-7

Ulrich C. Haselhoff
Der Schutz des Vermietervermögens in Mietnomadenfällen
*Analyse und Kritik zivil-, sozial- und strafrechtlicher
Gesetzesmechanismen*
Hamburg 2013 / 514 Seiten / ISBN 978-3-8300-7483-0

VERLAG DR. KOVAČ
FACHVERLAG FÜR WISSENSCHAFTLICHE LITERATUR

Postfach 57 01 42 · 22770 Hamburg · www.verlagdrkovac.de · info@verlagdrkovac.de